9791172445416.

JN394795

해커스PSAT

7급 PSAT FINAL 봉투모의고사

언어논리

약점 보완 해설집

해커스

실전모의고사 1회

모바일 자동 채점 및 성적 분석 서비스

정답

1	④	세부 내용 파악	6	①	세부 내용 파악	11	④	논리 추론	16	⑤	세부 내용 파악	21	⑤	세부 내용 파악
2	③	세부 내용 파악	7	④	문맥 추론	12	①	논리 추론	17	④	논지·견해 분석	22	③	문맥 추론
3	⑤	세부 내용 파악	8	⑤	문맥 추론	13	①	논리 추론	18	④	세부 내용 파악	23	②	문맥 추론
4	②	세부 내용 파악	9	⑤	문맥 추론	14	②	논리 추론	19	③	문맥 추론	24	③	논지·견해 분석
5	④	세부 내용 파악	10	⑤	문맥 추론	15	①	세부 내용 파악	20	④	논지·견해 분석	25	⑤	논지·견해 분석

취약 유형 분석표

유형별로 맞힌 개수, 틀린 문제 번호와 풀지 못한 문제 번호를 적고 나서 취약한 유형이 무엇인지 파악해 보세요.

유형	맞힌 개수	틀린 문제 번호	풀지 못한 문제 번호
세부 내용 파악	/10		
논지·견해 분석	/4		
문맥 추론	/7		
논리 추론	/4		
TOTAL	/25		

해설

1 세부 내용 파악

정답 ④

세 번째 단락에서 효종 재위 5년에 조총 부대는 청나라를 돕기 위해 나전정벌에 동원됐는데, 이는 청을 돕기 위한 의도보다는 조선의 군사력 확인 및 청의 군사력 파악을 위한 의도가 컸다고 했으므로 나선정벌에 동원된 조총 부대로 청의 군사력을 확인하려고 했음을 알 수 있다.

오답 체크

① 첫 번째 단락에서 효종이 재위한 때의 조선은 정묘호란과 병자호란을 연이어 겪어 나라의 정세가 어려운 상황이었으나 정세의 회복보다 북벌을 우선시하기 위한 명분을 내세우기 위해 김상헌, 송시열 등이 나섰다고 했으므로 효종은 나라의 정세 회복보다 북벌 강화를 위한 명분을 내세우는 데 집중했음을 알 수 있다.

② 두 번째 단락에서 효종은 즉위한 첫 번째 해에는 북벌 준비를 적극적으로 수행할 수 없었으나 이듬해 도르곤이 죽자 북벌 준비를 다시 추진했다고 했으므로 효종은 섭정왕 도르곤이 청나라를 군림하고 있을 당시 북벌을 추진하긴 했으나 적극적으로 수행할 수 없었으며 도르곤이 죽은 후 이를 다시 추진할 수 있었음을 알 수 있다.

③ 두 번째 단락에서 효종이 군사를 증강해 나간 당시 네덜란드 동인도회사 선원인 하멜은 조선으로 표류하였고, 조선은 하멜을 통해 조총 개량법을 전수받으며 군사력을 더욱 강화해 나갔음을 알 수 있으나 하멜이 본국으로 돌아간 후 조선의 조총 부대 군사력이 더욱 강화했는지는 알 수 없다.

⑤ 세 번째 단락에서 2차 나선정벌 발발 당시 청나라는 조선에 군사 요청을 하였으며, 효종은 이를 받아들여 신유를 총사령관으로 삼은 병력을 지원하였다고 했으므로 효종이 청에 신유를 총사령관으로 삼은 병력을 지원한 것은 제2차 나선정벌임을 알 수 있다.

2 세부 내용 파악

정답 ③

두 번째 단락에서 의상의 화엄사상은 권력을 왕권에 집중시키는 전제왕권 국가와 법률 중심의 정치체제를 뒷받침하는 구실을 하였다고 했고, 세 번째 단락에서 선종은 의상 등 중앙 귀족에 의해 법률적으로 체계화된 불교에 대응한다고 했으므로 화엄사상은 종교와 정치의 법률화에 일조하였음을 알 수 있다.

오답 체크

① 첫 번째 단락에서 신라 상대 불교는 신분제를 옹호할 수 있다는 측면에서 귀족들에게 수용되었다고 했으므로 신라가 불교를 수용함으로써 지배계층과 피지배계층을 구분한 것은 아님을 알 수 있다.

② 첫 번째 단락에서 신라의 불교는 나라에 충성하여 외세의 침입으로부터 국가를 지켜야 한다는 불교의 호국사상을 백성들에게 심어주었고, 이는 후세 삼국 통일을 이끌어 낸 사상적 뒷받침으로 작용했다고 했으므로 신라 불교의 호국사상은 삼국 통일에 기여하였음은 알 수 있으나, 두 번째 단락에서 신라 중대에 들어서 삼국 통일과 함께 등장한 전제왕권을 뒷받침해주는 역할을 화엄사상이 수행했다고 했으므로 화엄사상이 삼국 통일에 기여한 것은 아님을 알 수 있다.

④ 두 번째 단락에서 화엄사상은 궁극적으로는 일심에 근거하여 분열을 방지하고 통일된 신라를 유지하기 위한 근거로 활용되었다고 했으므로 화엄사상은 사회의 분열과 대립을 방지하기 위해 사용된 이념이었음은 알 수 있으나, 세 번째 단락에서 신라 하대는 분열의 시대였고, 선종은 중앙의 권위에 대항하는 6두품과 지방 호족 세력의 이념적 기반이 되었다고 했으므로 선종은 사회의 분열과 대립을 방지하기 위해 사용된 이념이 아님을 알 수 있다.

⑤ 세 번째 단락에서 신분차별에 대한 불만은 6두품에 의해 야기되었으며 선종이 중앙의 권위에 대항하는 6두품의 이념적 기반이 되었음은 알 수 있으나 선종 자체가 신분차별을 부정하였는지는 제시된 글을 통해 알 수 없다.

3 세부 내용 파악

정답 ⑤

마지막 단락에서 약한 태도를 가진 사람들은 강한 접종 메시지에 영향을 받아 기존 태도를 유지하려는 의지가 약해질 수 있지만 견고한 신념을 가진 사람들에게는 방어적 고착화를 초래할 위험이 있다고 했다. 따라서 동일한 강도의 접종 메시지에 대해서도 기존 태도의 견고함에 따라 수용자의 반응은 달라질 수 있음을 알 수 있다.

오답 체크

① 마지막 단락에서 견고한 신념을 가진 사람이라도 지나치게 강한 접종 메시지를 받으면 역효과가 날 수 있음은 알 수 있으나 접종이론이 이미 확고한 신념을 가진 집단에 보강 처치를 통한 저항성 강화를 권고하는 지는 제시된 글을 통해 알 수 없다.

② 세 번째 단락에서 '위협'은 개인이 자신의 신념이 공격받을 수 있다는 사실을 자각시켜 방어 본능을 일깨우는 것이라고 했으므로 위협 요소는 기존 신념을 지키기 위한 동기를 강화해주는 역할임을 알 수 있다.

③ 두 번째 단락에서 보강 처치는 기존 태도의 반복 보강을 통해 설득 저항력을 높이는 방식이라고 했으므로 보강 처치가 신념을 더욱 확고히 만들지만 새로운 설득에 대한 저항력을 길러주지 않는 것은 아님을 알 수 있다.

④ 두 번째 단락에서 접종 처치는 상대적으로 약한 수준의 반대 의견을 제시하고 이에 대한 방어 논리를 미리 준비하도록 함으로써 나중에 더 강력한 반대에 저항할 수 있게 하는 전략이라고 했으므로 접종 처치가 비교적 유연한 반대 의견을 제시해 접종 대상이 해당 의견을 받아들이도록 유도하는 전략은 아님을 알 수 있다.

4 세부 내용 파악

정답 ②

두 번째 단락에서 옻은 방부성과 내열성이 높아 목재의 내구성을 높이고 수명을 연장시킬 수 있다고 했고, 세 번째 단락에서 옻은 목재와의 결합력이 강해 목재의 겉표면이 쉽게 뜯어지지 않게 한다고 했으므로 옻은 목재의 겉표면을 오랫동안 보호하여 목재의 수명을 연장시킴을 알 수 있다.

오답 체크

① 첫 번째 단락에서 우리나라의 옻나무속 나무들 중 옻나무에서만 옻을 채취할 수 있다고 했으므로 우리나라의 모든 옻나무속 나무가 껍질에서 옻을 채취할 수 있는 것은 아님을 알 수 있다.

③ 세 번째 단락에서 신라시대에는 칠전이라는 기관을 설치하여 옻칠 공예를 전담하게 했고, 조선시대에도 옻칠 공예 전담 기구인 칠장을 설치했음을 알 수 있으나 칠전과 칠장이 옻나무 재배를 담당했는지는 알 수 없다.

④ 세 번째 단락에서 고려시대에는 팔만대장경에 옻칠을 하여 오랜 기간 동안 경판의 변형을 막고 수명을 연장시켰음을 알 수 있으나 팔만대장경이 세계에서 유일하게 옻나무로 제작되었는지는 제시된 글을 통해 알 수 없다.

⑤ 두 번째 단락에서 옻은 방부성과 내열성이 높아 목재의 내구성을 높이고 수명을 연장시키는 데 도움이 되었다고 했고, 선사시대의 선조들은 옻의 장점을 활용하여 생활도구나 무기류를 제작할 때 옻을 원료로 사용하였다고 했으므로 선사시대에 생활도구 가공 과정에 옻이 활용된 이유는 특유의 광택으로 고급스러운 느낌을 내기 때문이 아니라 내구성을 높일 수 있었기 때문임을 알 수 있다.

5 세부 내용 파악

정답 ④

첫 번째 단락에서 언어결정론에 따르면 무엇인가의 존재에 관해 느낌만 알 수 있다는 것은 사실상 존재하지 않은 것이라고 했으므로 문화결정론이 아닌 언어결정론에 따라 영어 사용자들이 남색이 존재한다는 느낌을 알더라도 해당 색이 존재한다고 볼 수 없음을 알 수 있다.

오답 체크

① 첫 번째 단락에서 언어결정론은 우리의 사고는 언어에 지배되기 때문에 머릿속에 떠오르는 생각이나 인식을 언어로 표현할 수 없다면 이는 사실상 존재하지 않는 것이라고 했으므로 언어결정론에 따르면 영어 사용자들은 남색에 대한 사고를 가질 수 없음을 알 수 있다.

② 첫 번째 단락에서 언어결정론은 우리가 사고할 수 있는 범위는 언어로 표현할 수 있는 범위에 한정된다고 했으므로 언어결정론에 따르면 영어 사용자들이 인식할 수 있는 색은 존재하는 영어 단어에 국한됨을 알 수 있다.

③ 두 번째 단락에서 문화결정론은 문화의 차이가 사고방식뿐만 아니라 언어의 차이도 가져온다고 했으므로 문화결정론에 따르면 색을 표현하는 언어의 차이는 문화의 차이로 인해 발생함을 알 수 있다.

⑤ 첫 번째 단락에서 언어결정론은 우리의 사고는 언어에 지배된다고 했고 두 번째 단락에서 문화결정론은 언어가 우리의 사고 방식에 일부 영향을 미칠 수는 있다고 했으므로 언어결정론과 문화결정론 모두 색과 관련된 언어는 색을 인식하는 데 영향을 미칠 수 있다고 봄을 알 수 있다.

6 세부 내용 파악

정답 ①

두 번째 단락에서 16세기 프랑스 춘분제는 3월 말에 시작되었고 춘분제 마지막 날인 4월 1일에 신년 선물을 주고받았음을 알 수 있다. 그러던 중 샤를 9세 때 신년이 1월 1일로 바뀌었으나 그 이후에도 프랑스 국민들은 춘분제를 끝내고 선물을 교환하는 문화를 유지하고 싶어 여전히 춘분제가 끝나는 4월 1일에 신년 선물을 주고받았다고 했으므로 16세기 프랑스 국민들은 신년이 바뀌어도 춘분제의 진행 시기는 그대로 유지했음을 알 수 있다.

오답 체크

② 첫 번째 단락에서 만우절이 언급된 가장 오래된 기록이 중세 영국의 제프리 초서의 작품 『수녀와 수도사 이야기』라고 했으나, 만우절은 적어도 그 이전부터 존재하였을 것으로 추측된다고 했으므로 만우절이라는 용어가 영국의 문학 『수녀와 수도사 이야기』에서 처음 쓰인 것인지는 제시된 글을 통해 알 수 없다.

③ 세 번째 단락에서 구약 성서 『노아의 방주』 설화에 나오는 비둘기의 헛수고를 기념하기 위해 만든 날이 만우절이 되었다는 설이 있다고 했으나 성서에 나온 비둘기를 기념하는 행사를 16세기 프랑스에서 한 것은 아님을 알 수 있다.

④ 세 번째 단락에서 불교에서는 춘분에서 3월 말까지 설법을 하였다고 했고, 3월 말일을 '야유절'이라고 칭하여 다른 사람에게 헛된 심부름을 시키는 등의 장난을 하였다고 했으므로 불교의 야유절은 4월 1일이 아닌 3월 말일에 행해졌음을 알 수 있다.

⑤ 두 번째 단락에서 16세기 프랑스 국왕인 샤를 9세가 기존과 다른 역법을 시행하여 신년이 1월 1일로 바뀌게 되었다고 했으므로 프랑스의 샤를 9세가 역법을 변경하면서 신년 행사가 4월 1일로 미루어진 것이 아님을 알 수 있다.

7 문맥 추론

정답 ④

㉣의 뒤에서 이성적 개인의 선택과 경험 그 자체가 가치의 위계를 입증한다고 했다. 즉, 자신의 행위 결과로 발생할 유용성을 판단할 수 있는 이성적 개인이 대립되는 가치들 중 하나를 선택했다는 경험 그 자체가 가치 간의 유용성 차이를 증명한다는 것이다. 따라서 가치 간의 상대적 유용성은 개인의 이성 보유 여부에 따라 결정되는 것이 아닌 이성을 갖춘 개인의 경험에 의해 결정되므로 ㉣을 '개인의 이성 보유 여부에 의해 결정된다'로 수정하는 것은 적절하지 않다.

오답 체크

① ㉠의 뒤에서 다리를 건너는 행인을 막는 시민의 행위는 적극적 자유의 실현이고, 행인의 입장에서는 타인으로부터 자신의 행위를 침해 받았으므로 소극적 자유를 침해당한 것이라고 했다. 따라서 이 상황은 두 자유가 조화롭게 발현되는 것이 아닌 적극적 자유 실현으로 인해 소극적 자유가 침해되어 두 권리가 충돌하는 상황이므로 ㉠을 '두 권리가 충돌하는 상황'으로 수정하는 것은 적절하다.

② ㉡의 앞에서 자유라는 가치를 보장해야 하는 이유는 자유가 절대적 가치이기 때문이 아니라 자유가 개인에게 유용한 상대적 가치이기 때문이라고 했고 ㉡의 뒤에서 자유보다 상대적으로 더 많은 유용성을 제공하는 가치가 존재한다면 해당 가치를 추구해야 한다고 했다. 따라서 ㉡을 '자유는 다른 유용한 가치에 의해 제한될 수 있음을 의미한다'로 수정하는 것은 적절하다.

③ ㉢의 앞에서 자유보다 상대적으로 더 많은 유용성을 제공하는 가치가 존재한다면 해당 가치를 추구해야 한다고 했으므로 다리를 건너는 행인을 막는 시민의 행위가 정당하다면 이는 시민의 적극적 자유가 행인의 소극적 자유보다 유용하기 때문임을 알 수 있다. 따라서 ㉢을 '다리를 건너려는 행인의 생존권이 다리를 건널 자유보다 더 유용하기 때문이다'로 수정하는 것은 적절하다.

⑤ ㉤의 앞에서 적극적 자유와 소극적 자유라는 가치들 중 특정 상황에서 이성적 개인이 어느 하나를 선택했다는 경험은 가치 간의 유용성의 차이를 증명한다고 했다. 즉, 이성적 개인의 선택은 자유라는 가치의 상대적 유용성을 보여준다. 또한 이성적 개인의 선택과 경험 그 자체가 가치의 위계를 입증하여 이성과 경험을 기준으로 객관적으로 우위에 있는 가치가 존재한다고 했으므로 두 자유가 충돌할 때 어떤 것이 우월한지의 여부는 상대적이면서 동시에 객관적임을 알 수 있다. 따라서 ㉤을 '두 자유의 충돌에서 어떤 것이 우월한지는 상대적이면서 객관적이라고 주장했다'로 수정하는 것은 적절하다.

8 문맥 추론

정답 ⑤

(가) 첫 번째 단락에서 귀추추론은 결론을 설명하기 위해 다양한 가설의 발생 확률과 해당 가설이 발생하였을 경우 결론을 도출할 수 있는 확률을 곱하였을 때 가장 높은 확률의 가설을 선택하는 추론이라고 했으므로 (가)에 들어갈 말은 '특정 독가스가 살포되었을 확률과 해당 독가스를 흡입할 확률을 곱하여'가 가장 적절하다.

(나) 첫 번째 단락에서 귀추추론은 가설의 발생 확률과 해당 가설이 발생하였을 경우 결론이 도출될 확률을 곱하였을 때 가장 높은 확률의 가설을 선택하는 추론이라고 했고, 두 번째 단락에서 사망한 군인이 어떤 독가스를 흡입하였는지 추론하는 것은 귀추추론이라고 했다. 이에 따라 독가스 A, B, C의 살포 확률과 이를 흡입할 확률을 곱하여 비교하면 독가스 A는 살포 확률 20%와 흡입할 확률 80%를 곱한 16%이고, 독가스 B는 살포 확률 20%와 흡입할 확률 40%를 곱한 8%이며 독가스 C는 독가스 A와 B의 두 배의 살포확률인 40%와 흡입할 확률 30%를 곱한 12%이다. 따라서 (나)에 들어갈 말은 '독가스 C가 원인일 확률이 독가스 B가 원인일 확률보다'가 가장 적절하다.

9 문맥 추론

정답 ⑤

인간에 비해 수명이 짧은 쥐의 텔로미어 길이는 인간의 텔로미어 길이의 3배가 넘으며 쥐의 DNA 복제 사이클당 텔로미어 감소율은 인간의 100배에 달한다고 했다. 따라서 빈칸에 들어갈 내용은 '생물종마다 텔로미어 길이보다 감소율이 더 중요하다'가 가장 적절하다.

10 문맥 추론

정답 ⑤

주인은 본래 투쟁의 승자이자 자기 욕망을 위해 생명까지 걸 수 있는 존재이며 노예는 초기에 생존을 위해 자신의 욕망을 근본적으로 포기한 존재였지만 노예는 노동을 통해 실질적인 생산활동을 주도하며 사회의 물질적 기반을 만들었다고 했다. 특히 주인은 노예의 노동에 전적으로 의존하면서, 생산 활동에서 배제되어 특권적 지위에 안주하게 되었고, 이 과정에서 주인은 노동의 실질적 가치를 외면한 채 단순 소유와 지배에만 집중함으로써 결과적으로 사회의 실질적 변화와 발전에서 점점 더 멀어졌다고 했다. 따라서 빈칸에 들어갈 내용은 '노예의 노동에 의존함과 동시에 점차 무능해지고 수동적인 존재로 전락하며'가 적절하다.

11 논리 추론

정답 ④

제시된 글에서 기호화가 필요한 문장을 정리하면 다음과 같다.

- 명제 1: ~안경 ∧ ~영어학원 ∧ 남학생 → 운동
- 명제 2: ~안경 ∧ 영어학원 ∧ 여학생 → 운동
- 명제 3: 운동 → 공부
- 명제 4: 기철 → 공부 ∧ ~영어학원 ∧ 남학생
- 명제 5: 유미 → ~운동 ∧ ~안경 ∧ 여학생

명제 1의 대우는 '~운동 → 안경 ∨ 영어학원 ∨ 여학생'이고, 명제 4에 따라 기철이는 '공부 ∧ ~영어학원 ∧ 남학생'이므로 기철이가 '~운동'이라면 '안경'이 참이다. 따라서 '기철이가 운동을 잘하지 않는 학생이라면, 안경을 쓴다.'는 반드시 참이다.

오답 체크

① 명제 2의 대우는 '~운동 → 안경 ∨ ~영어학원 ∨ 남학생'이고, 명제 5에 따라 유미는 '~운동 ∧ ~안경 ∧ 여학생'이므로 '~영어학원'이 참이다. 따라서 반드시 참이 아니다.

② 유미가 '~운동'이고 명제 3의 대우인 '~공부 → ~운동'이 참이나, 그 역이 참인지 알 수 없으므로 반드시 참은 아니다.

③ 기철이가 '공부'이고 명제 3에 따라 '운동 → 공부'가 참이나, 그 역은 참인지 알 수 없으므로 반드시 참은 아니다.

⑤ '~공부 ∧ 운동'은 명제 3의 대우 '~공부 → ~운동'와 모순되므로 반드시 참이 아니다.

12 논리 추론

정답 ①

제시된 조건을 기호화하여 정리하면 다음과 같다.

- 조건 1: A → ~B ∧ ~D
- 조건 2: (B ∧ C ∧ ~G) ∨ (~B ∧ ~C ∧ G)
- 조건 3: ~C ∨ ~D → ~A
- 조건 4: E ∨ F → A ∧ ~G
- 조건 5: ~F → C

A가 찬성한다면 D는 조건 1에 따르면 반대, 조건 3의 대우 'A → C ∧ D'에 따르면 찬성이 되어 가능하지 않은 경우이므로 A는 반대임을 알 수 있다. A가 반대하므로 조건 4의 대우 '~A ∨ G → ~E ∧ ~F'에 따라 E와 F도 반대하고, 조건 5에 따라 C는 찬성한다. 조건 2에서 B는 C와 같은 의견이고, G와는 의견이 다르다고 했으므로 B는 C와 같이 찬성이고, G는 반대이다. 한편 D는 제시된 조건만으로 찬성인지 반대인지 알 수 없다.

이상의 내용을 표로 나타내면 다음과 같다.

의원	A	B	C	D	E	F	G
찬반 의견	X	O	O		X	X	X

따라서 C는 찬성하고 E는 반대하므로 반드시 참이다.

오답 체크

② D가 찬성해도 찬성은 B, C, D 총 3명으로 과반수에 미치지 못해 부결되므로 반드시 참이 아니다.

③ B는 찬성하고 F는 반대하므로 반드시 참이 아니다.

④ D가 찬성한다면, G와는 의견이 상반되므로 반드시 참이 아니다.

⑤ A는 반대하고 B는 찬성하므로 반드시 참이 아니다.

13 논리 추론

정답 ①

갑~정의 진술을 기호화하여 정리하면 다음과 같다.

- 갑: (을 – 배려) ∨ (병 – 사랑)
- 을: (갑 – 배려) ∨ (병 – 희망)
- 병: (갑 – 배려) ∧ (병 – 사랑)
- 정: (정 – 미래) ∨ (갑 – 배려)

이에 따르면 주제가 '배려'인 경우로 가능한 회사는 갑과 을이고, 병의 주제로 가능한 것은 '사랑'과 '희망'이다. 따라서 우선 갑 또는 을의 주제가 '배려'라고 가정하여 가능한 경우를 정리하면 다음과 같다.

〈경우 1〉 갑의 주제가 '배려'인 경우

을과 정의 진술은 갑의 주제가 '배려'인 경우 항상 참이 되므로 을과 정의 진술은 참이다. 이때 병의 주제가 '사랑'인 경우 갑과 병의 진술이 모두 참이 되어 갑~정의 진술이 모두 참이므로 하나의 진술은 거짓이라는 조건에 부합하지 않는다. 또한 병의 주제가 '사랑'이 아닌 경우에도 갑과 병의 진술이 모두 거짓이 되어 역시 하나의 진술이 거짓이라는 조건에 부합하지 않는다. 따라서 갑의 주제는 '배려'가 아니다.

〈경우 2〉 을의 주제가 '배려'인 경우

갑의 진술은 참, 병의 진술은 거짓이다. 제시된 진술 중 하나의 진술만 거짓이므로 을과 정의 진술은 모두 참이다. 따라서 병의 주제가 '희망', 정의 주제가 '미래'이고, 갑의 주제는 '사랑'이다.

ㄱ. 갑 회사의 주제는 '사랑'이므로 반드시 참이다.

오답 체크

ㄴ. 을 회사의 주제는 '배려'이므로 반드시 참이 아니다.

ㄷ. 병 회사의 주제는 '희망'이므로 반드시 참이 아니다.

14 논리 추론

정답 ②

제시된 글에서 기호화가 필요한 문장을 정리하면 다음과 같다.

- 전제 1: ~수요일 오후 회담 ∨ 공동기자회견 → A국 목요일 일정
- 전제 2: ~B국 목요일 일정 → ~마지막 기조연설 ∧ ~출발 시각 변경
- 전제 3: ~출발 시각 변경 → ~방역점검회의 참석
- 전제 4: ~마지막 기조연설
- 전제 5: A국·B국 회동 → ~A국 목요일 일정 ∨ ~B국 목요일 일정
- 결론: ~A국·B국 회동

결론을 도출하려면 전제 5의 대우 'A국 목요일 일정 ∧ B국 목요일 일정 → ~A국·B국 회동'의 전건이 참이어야 한다. 'A국 목요일 일정'의 경우, 전제 1에 따라 '~수요일 오후 회담' 또는 '공동기자회견'이 확정되면 도출할 수 있다. 한편 전제 2의 대우는 '마지막 기조연설 ∨ 출발 시각 변경 → B국 목요일 일정'이고, 전제 4에 따라 '~마지막 기조연설'이 참이므로 '출발 시각 변경' 또는 전제 3의 '방역점검회의 참석'이 확정되는 명제가 추가되어야 'B국 목요일 일정'을 도출할 수 있다. 따라서 빈칸에 들어갈 내용은 'A국과 C국의 공동기자회견이 열렸고, B국 정상은 방역점검회의에 참석해야 했기'가 가장 적절하다.

오답 체크

① '수요일 오후 회담'을 추가해도 'A국 목요일 일정 ∧ B국 목요일 일정'은 확정되지 않으므로 적절하지 않다.

③ '출발 시각 변경'을 추가하면 'B국 목요일 일정'은 도출할 수 있지만, 'A국 목요일 일정'은 확정되지 않으므로 적절하지 않다.

④ '수요일 오후 회담 → B국 목요일 일정'을 추가해도 'A국 목요일 일정 ∧ B국 목요일 일정'은 확정되지 않으므로 적절하지 않다.

⑤ '~A국 목요일 일정 ∨ ~출발 시각 변경'을 추가해도 'A국 목요일 일정 ∧ B국 목요일 일정'은 확정되지 않으므로 적절하지 않다.

15 세부 내용 파악

정답 ①

ㄱ. 두 번째 단락에서 1차 면역반응의 경우 면역글로불린 G가 면역글로불린 M보다 더 많은 양이 생성되며, 2차 면역반응에서 생성되는 면역글로불린 M의 양은 1차 면역반응 때보다 적고 면역글로불린 G는 2차 면역반응에서 더 많이 형성된다고 했다. 따라서 1차 및 2차 면역반응에서의 면역글로불린 G보다 1차 면역반응에서의 면역글로불린 M의 양이 적음을 추론할 수 있다.

오답 체크

ㄴ. 두 번째 단락에서 1차 면역반응의 경우 면역글로불린 M이 가장 먼저 생성되며, 2차 면역반응에서는 면역글로불린 M과 면역글로불린 G 모두 항원에 노출된 후 항체가 만들어지기까지의 시간이 짧아짐은 알 수 있으나 면역글로불린 M과 면역글로불린 G 가운데 2차 면역반응에서 어떤 것이 더 먼저 생성되는지는 제시된 글을 통해 추론할 수 없다.

ㄷ. 세 번째 단락에서 면역글로불린 M은 1차 면역반응에서는 면역글로불린 G보다 친화력이 높고 이후 해당 항체에 다시 노출되더라도 친화력은 1차 면역반응 시와 동일하지만, 면역글로불린 G는 항원에 노출되는 횟수에 비례하여 친화력이 높아진다고 했다. 따라서 2차 면역반응에서 생성된 면역글로불린 G의 친화력은 1차 면역반응 때보다 높음을 알 수 있으나, 1차 면역반응에서 생성된 면역글로불린 M보다도 높은지는 제시된 글을 통해 추론할 수 없다.

16 세부 내용 파악

정답 ⑤

세 번째 단락에서 외해에서 형성된 거센 파도가 정면으로 들어오는 해안가는 이안류의 발생 가능성이 높다고 했다. 따라서 남풍의 영향으로 큰 파도가 밀려 들어올 때 해안선이 남동쪽을 향한 해변에는 파도가 비스듬한 방향으로 들어오지만, 해안선이 남쪽을 향한 해변에는 파도가 정면에서 밀려들어와 이안류의 발생 위험이 더 높음을 추론할 수 있다.

오답 체크

① 세 번째 단락에서 이안류에 휩쓸렸을 때 해안 쪽으로 수영해서는 안 되며, 좌우 45도 방향으로 헤엄쳐 흐름에서 빠져나오거나 해류가 끝나는 지점에 도달할 때까지 기다렸다가 해안 방향으로 돌아와야 한다고 했다. 따라서 이안류에 휩쓸리면 즉시 해류의 역방향으로 수영해서는 안 됨을 추론할 수 있다.

② 두 번째 단락에서 쇄파대에서 떠오르는 모래 퇴적물이 연안류에 의해 해안선을 따라 이동한다고 했고, 세 번째 단락에서 해안의 모래 퇴적물이 이안류를 따라 바다 방향으로 이동한다고 했다. 따라서 연안류와 이안류 모두 연안의 퇴적물을 이동시키는 역할을 함을 추론할 수 있다.

③ 첫 번째 단락에서 조류가 연안류에 큰 영향을 주며, 조류와 방향이 일치하면 연안류가 강해지고 반대 방향으로 작용하면 연안류가 약해진다고 했다. 따라서 조류의 방향이 연안류의 방향과 같아지게 되면 연안류의 흐름이 감쇠하는 것이 아닌, 그 흐름이 강해짐을 추론할 수 있다.

④ 두 번째 단락에서 연안류에 의해 모래의 이동 및 퇴적 작용이 일어나 사취, 사주와 같은 해안 지형이 만들어지며, 제주도의 성산 일출봉은 사주에 의해 육지와 연결된 섬인 육계도라고 했다. 따라서 제주도에는 이안류가 아닌, 연안류의 작용으로 모래가 퇴적되어 형성된 육계도가 있음을 추론할 수 있다.

⑤ 세 번째 단락에서 원인이 되는 결핍 응고인자가 다르더라도 증상은 동일하며, 중등증이나 경증 혈우병 환자에 비해 중증 혈우병 환자는 출혈의 빈도가 잦고 자연 출혈의 위험성도 크다고 했다. 따라서 외상 없이 발생하는 자연 출혈의 위험성은 혈우병 유형이 아닌, 응고인자가 부족한 정도와 관련 있음을 추론할 수 있다.

17 논지·견해 분석

정답 ④

ㄴ. 마지막 단락에서 물질 X가 생체에 미치는 약리작용 중 항산화 효과로 인해 A 그룹의 쥐에서 청력 손실이 유의미하게 감소했음을 알 수 있다. 이때 항산화 효과란 세포를 산화시키는 활성산소의 양을 감소시켜 세포의 산화와 산화로 인한 세포의 사멸을 억제하는 효과이며 이는 물질 X를 주입했을 때 활발하게 나타난다고 했으므로 물질 X를 주입하지 않을 때보다 주입할 때 활성산소의 양이 적어진다면 ㉠은 강화되므로 적절하다.

ㄷ. 마지막 단락에서 물질 X가 생체에 미치는 약리작용 중 항염 효과는 염증을 억제·제거하는 효과라고 했고, 항염 효과는 물질 X를 주입했을 때 활발하게 나타난다고 했으므로 물질 X를 주입할 때보다 주입하지 않을 때 염증 억제 효과가 활발하게 나타난다면 ㉠은 약화되므로 적절하다.

오답 체크

ㄱ. 두 번째 단락에서 A 그룹의 쥐는 물질 X를 주입한 반면, B 그룹의 쥐는 물질 X를 주입하지 않았다고 했고, 세 번째 단락에서 A 그룹 쥐의 청각유모세포는 B 그룹의 청각유모세포보다 손상 정도가 현저하게 낮았다고 했으므로 '물질 X를 주입하지 않을 때보다 주입할 때 청각유모세포가 더 심하게 손상된다면 ㉠은 약화되므로 적절하지 않다.

18 세부 내용 파악

정답 ④

두 번째 단락에서 혈우병 A는 F8 유전자의 결함으로 인해 제8응고인자가 부족하여 발병하는 것이라고 했고, 세 번째 단락에서 외상으로 인해 출혈이 발생한 혈우병 환자에게 혈장제제의 수혈을 통해 부족한 응고인자를 보충해야 한다고 했다. 따라서 혈우병 A 환자가 심한 외상을 입어 출혈이 발생한 경우 결핍된 제8응고인자를 보충하면 치료할 수 있음을 추론할 수 있다.

오답 체크

① 부모 중 아버지만 혈우병 발병 유전자를 보유했다면 유전자형은 아버지가 X'Y, 어머니가 XX이므로 딸은 아버지와 어머니로부터 X 염색체를 하나씩 받아 유전자형이 X'X이다. 이때 두 번째 단락에서 X'X는 정상 X 염색체에 의해 응고인자 생산이 보완되어 병증이 거의 발현되지 않아 보인자가 될 가능성이 높다고 했으므로 따라서 부모 중 아버지만이 혈우병 발병 유전자를 보유한 경우 그 딸이 혈우병 보인자일 확률은 50%인 것은 아님을 추론할 수 있다.

② 두 번째 단락에서 전체 혈우병 환자의 20~30%는 가족력 없이 자연적으로 발생한 돌연변이가 원인이라고 했으므로 아버지와 어머니 모두 혈우병 유전자가 없어도 그 아들에게서 혈우병이 발병할 수 있음을 추론할 수 있다.

③ 두 번째 단락에서 혈우병의 두 가지 유형 중 혈우병 A의 발생 빈도가 5~8배 더 높으며, 혈우병 A는 F8 유전자의 결함으로 인한 것이고 혈우병 B는 F9 유전자의 결함으로 인한 것이라고 했다. 따라서 혈우병 환자 중에는 F8 유전자에 돌연변이가 생긴 경우보다 F9 유전자에 돌연변이가 생긴 경우가 더 적음을 추론할 수 있다.

19 문맥 추론

정답 ③

브로카 실어증은 다른 사람의 말은 잘 이해하지만, 언어 표현에 있어 비유창성과 실문법증이 나타난다고 했다. 반면 베르니케 실어증은 유창하게 말하지만 타인이 하는 말을 이해하지 못하고, 발화 시 의미착어나 음소착어와 같은 착어 현상이 나타난다고 했다.

(가), (나) "오른손을 들어보세요."라는 말을 들었을 때 타인의 말을 이해할 수 있는 브로카 실어증 환자는 오른손을 들 것이고, 타인의 말을 이해하지 못하는 베르니케 실어증 환자는 지시사항과 상관없는 행동을 하거나 아무런 행동을 하지 않을 것이다. 따라서 (가)에 들어갈 말은 '브로카', (나)에 들어갈 말은 '베르니케'가 적절하다.

(다) 긴 문장을 읽어준 뒤 그 말을 그대로 말해보라고 했을 때 브로카 실어증 환자는 유창하게 언어 표현을 하지 못하기 때문에, 베르니케 실어증 환자는 타인의 말을 이해하지 못하기 때문에 그 말을 따라 하지 못할 것이다. 따라서 (다)에 들어갈 말은 '두 환자 모두'가 적절하다.

(라) 사과 그림을 보고 "배"라고 말하는 것은 목표 단어인 사과와 같은 의미 범주에 속하는 다른 과일을 말한 것이고, "아과"라고 말하는 것은 사과의 'ㅅ'을 'ㅇ'으로 바꿔 말한 것이다. 이때, 착어 현상은 베르니케 실어증의 특징이며, 베르니케 실어증 환자에게서는 좌뇌 측두엽의 베르니케 영역 손상이 관찰된다고 했다. 따라서 (라)에 들어갈 말은 '측두엽'이 적절하다.

20 논지·견해 분석

정답 ④

ㄴ. B에 따르면 브로카 실어증과 베르니케 실어증 모두 명사보다 동사의 인출을 어려워하며, 이는 명사에 비해 덜 구체적이고 다양한 의미를 갖는 동사의 특성 때문이다. 이때, 언어 습득 초기의 아동과 언어 습득이 완성된 아동 모두 명사보다 동사의 인출을 어려워하는 것은 명사에 비해 더 어려운 동사의 특성을 뒷받침한다. 따라서 이 연구 결과는 B의 주장을 약화하지 않으므로 적절하다.

ㄷ. C에 따르면 좌뇌 측두엽에 손상이 있는 베르니케 실어증 환자는 명사 인출에 더 어려움을 겪고, 좌뇌 전두엽에 손상이 있는 브로카 실어증 환자는 동사 인출에 더 어려움을 겪는다. 이때, 명사보다 동사 인출에 더 어려움을 보이지만 좌뇌 전두엽에는 손상이 없고 좌뇌 측두엽에는 손상이 있는 환자는 C의 주장과 상반된다. 따라서 이 연구 결과는 C의 주장을 약화하므로 적절하다.

오답 체크

ㄱ. A에 따르면 문법적으로 올바른 문장을 구성하는 데에 있어 명사보다 동사의 중요성이 크기 때문에, 문법능력이 약한 브로카 실어증 환자는 명사보다 동사의 인출을 더 어려워한다. 이때 단어 인출 과제에서 브로카 실어증 환자와 정상 성인 모두 동사 인출을 더 어려워했지만, 명사 인출과 동사 인출의 오류율 차이는 정상 성인의 경우가 더 작았다는 것은 브로카 실어증 환자가 정상 성인보다 동사 인출 시 오류가 더 많이 발생했음을 나타낸다. 따라서 이 연구 결과는 A의 주장을 약화하지 않으므로 적절하지 않다.

21 세부 내용 파악

정답 ⑤

ㄱ. 첫 번째 단락에서 유전자 클로닝을 위해서는 DNA 조각을 운반할 플라스미드 벡터를 준비해야 하며, 제한효소를 이용해 외래 DNA와 벡터를 자르고 연결효소 리가아제를 첨가하여 절단된 벡터와 외래 DNA를 연결하여 숙주세포에 넣는다고 했다. 따라서 원하는 DNA를 숙주세포에 도입하여 증식하게 만들기 위해서는 제한효소, 연결효소, 벡터가 필요함을 추론할 수 있다.

ㄴ. 첫 번째 단락에서 플라스미드는 항생제 저항성 유전자를 갖고 있어 항생제 처리를 해도 죽지 않는다고 했고, 두 번째 단락에서 항생제 선별법을 이용하면 항생제 저항성을 갖는 세균만 살아남아 벡터가 포함된 세균만 선별할 수 있다고 했다. 즉, 숙주인 세균이 항생제 저항성을 갖는다면 항생제 선별법을 통해 벡터가 들어 있는지 아닌지 알 수 없다. 따라서 항생제 선별법을 이용하기 위해서는 숙주가 항생제 저항성이 없는 세균이어야 함을 추론할 수 있다.

ㄷ. 두 번째 단락에서 재조합 DNA를 넣은 세균은 재조합된 DNA가 도입된 세균, 벡터만 들어 있는 세균, 외래 DNA만 들어 있는 세균, 그리고 DNA가 도입되지 않은 세균의 네 가지가 가능하다고 했다. 이때 항생제 선별법을 이용하면 벡터가 포함된 세균만 선별할 수 있고, 블루-화이트 선별법을 이용하면 성공적인 재조합 DNA는 흰색을 띤다고 했다. 따라서 항생제와 X-gal이 첨가된 배지에서 재조합 DNA를 주입한 세균을 배양했을 때 흰색을 띠는 것은 플라스미드 벡터에 원하는 DNA가 삽입되었으며, 그 재조합 DNA가 세균에 잘 들어갔음을 의미함을 추론할 수 있다.

22 문맥 추론

정답 ③

을은 조례 제3조를 적용하면 돌봄 지원 아동에 해당하나, 운영지침 제3조를 적용하면 돌봄 지원 아동에 해당하지 않아 조례와 운영규정이 불일치하는 문제가 발생하므로 을이 돌봄 지원을 받기 위해서는 운영지침 제3조에서 '다음 각 호에 모두 해당하는'을 '다음 각 호 중 어느 하나에 해당하는'으로 수정해야 한다.

오답 체크

① 조례 제9조에 따르면 돌봄센터는 수납한도액 10만 원 범위 내에서 이용 아동의 프로그램 활동비를 보호자에게 징수할 수 있고, 이용 아동에게 급식 및 간식비 등을 제공하는 경우에는 수납한도액 이외의 이용료를 10만 원 범위 내에서 아동의 보호자에게 추가 징수할 수 있다. 또한 운영지침 제8조 제1항에 따르면 돌봄센터는 이용 아동의 프로그램 활동비와 급식 및 간식 제공비를 20만 원 범위 내에서 보호자에게 징수할 수 있다. 따라서 조례와 운영지침에 제시된 수납한도액이 서로 일치하므로 '조례 제9조 제1항을 '수납한도액(월 20만 원) 내에서'로 수정한다.'는 ㉠의 내용으로 적절하지 않다.

② 조례 제3조 제3호로 '○○구 이후 초등학교 입학 예정인 아동'을 신설하더라도 조례 제3호와 운영지침 제3조가 일치하지 않아 을이 돌봄 지원을 받으면 운영지침을 위반하게 되므로 '조례 제3조 제3호로 '○○구 초등학교 입학 예정인 아동'을 신설한다.'는 ㉠의 내용으로 적절하지 않다.

④ 갑과 을은 ○○구에 주민등록이 되어 있다고 했으므로 을은 운영지침 제3조 제1호에 해당하나, 제2호에는 해당하지 않으므로 운영지침 제3조 제1호의 일부를 삭제하더라도 을은 돌봄 지원을 받을 수 없다. 따라서 '운영지침 제3조 제1호의 '부모와 함께'를 삭제한다.'는 ㉠의 내용으로 적절하지 않다.

⑤ 돌봄센터는 조례 제9조 제2항과 운영지침 제8조 제1항 제2호에 따라 이용 아동의 급식 및 간식 제공비를 아동의 보호자에게 추가 징수할 수 있으나, 운영지침 제8조 제1항 제2호를 삭제하면 추가 징수를 할 수 없어 운영지침을 위반하게 되므로 '운영지침 제8조 제1항 제2호의 내용을 삭제한다.'는 ㉠의 내용으로 적절하지 않다.

빠른 문제 풀이 Tip

조례와 운영지침 중 무엇도 위반하지 않고 을이 돌봄 지원을 받아야 하므로 어느 규정에서 을이 돌봄 지원을 받을 수 없게 되는지를 먼저 찾는다. 이후 을이 돌봄 지원을 받으려면 규정을 어떻게 개정해야 하는지 조례와 운영지침을 서로 비교한다.

23 문맥 추론

정답 ②

(가)는 세대주 요건은 충족하나, 주택청약종합저축 가입 기간 2년 이상 및 납입 횟수 24회 이상의 투기과열지구 1순위 주택청약종합저축 요건을 충족하지 못하므로 2순위가 된다. (나)는 주택청약종합저축 요건과 세대주 요건을 모두 충족하므로 1순위 신청자이다. (다)는 주택청약종합저축 요건은 충족하나, 세대주 요건을 충족하지 못하므로 2순위가 된다.

이때 자산 요건과 소득 요건을 충족하지 못한 (다)는 60m² 이하 주택형을 신청할 수 없고, (나)는 무주택세대구성원 요건을 충족하며, 그 외에 자산 요건과 소득 요건도 충족하므로 59m² 주택형과 84m² 주택형 모두 신청 가능하고, 주택형은 요건에 맞는 것 중 면적이 작은 주택을 신청하므로 면적이 더 작은 59m² 주택형을 신청한다.

이에 따라 접수 기간과 신청주택 유형을 기준으로 신청인 (가)~(다)를 분류하면 다음과 같다.

신청인 / 기준	(가)	(나)	(다)
접수 기간	12월 2주 차	12월 1주 차	12월 2주 차
주택형	59m² 주택형	59m² 주택형	84m² 주택형

ㄴ. (가)에 해당하는 ㉠과 (나)에 해당하는 ㉡이 같다면 ㉠과 ㉡에는 '59m² 주택형'이 들어가고, 이때 B에는 '접수 기간'이 들어가므로 적절한 판단이다.

오답 체크

ㄱ. A에 주택의 전용면적에 관한 기준인 '주택형'이 들어간다면, (가)에 해당하는 ㉣과 (다)에 해당하는 ㉥ 모두 '12월 2주 차'가 들어가므로 적절하지 않은 판단이다.

ㄷ. (가)에 해당하는 ㉠과 (다)에 해당하는 ㉢에 들어갈 내용이 서로 같은 것은 A에 '접수 기간'이 들어가는 경우뿐이다. 이때 B에 '주택형'이 들어가면 (나)에 해당하는 ㉤에는 '59m² 주택형', (다)에 해당하는 ㉥에는 '84m² 주택형'이 들어간다. 따라서 ㉠과 ㉢이 서로 같고, ㉤과 ㉥이 서로 같은 경우는 가능하지 않으므로 적절하지 않은 판단이다.

24 논지·견해 분석

정답 ③

ㄱ. A는 가족이나 친구들과의 사회적 유대를 형성하는 것은 비행을 예방할 수 있는 방안이라고 주장하므로 비행을 저지른 청소년과 그렇지 않은 청소년이 함께 학습하는 환경이 청소년 비행을 예방할 수 있다는 데에 동의할 것이다. 한편 B는 비행이나 일탈이 사회 구성원들 간의 상호 작용을 통해 학습된다고 주장하므로 비행을 저지른 청소년과의 학습 활동은 그렇지 않은 청소년들로 하여금 타인의 비행을 학습 및 모방할 기회로 작용할 수 있어 이것이 청소년 비행 예방 대책이라는 데에 동의하지 않을 것이다.

ㄴ. A는 가족들과의 유대가 약화될 경우 비행의 발생 가능성이 커진다고 주장하므로 부모와의 불화는 청소년 비행 확률을 높인다는 데에 동의할 것이다. 한편 C는 기대와 성취 결과 간의 격차로 인한 실패 경험이 부정적 감정을 야기하여 비행을 저지르게 된다고 주장하므로 목표로 했던 대학에 진학할 만큼의 성적이 나오지 않을 경우 비행을 저지를 가능성이 크다는 데에 동의할 것이다.

오답 체크

ㄷ. A는 가족들과의 유대가 깨지는 것을 두려워해 범죄를 저지르지 않는다고 주장하고, C는 부모나 친구와 관련된 긍정적 자극의 소멸 또는 부정적 자극이 청소년 비행의 원인이 될 수 있다고 주장하므로 A와 C는 가족들과의 애착관계가 깨지게 되면 청소년의 비행 가능성이 높아진다는 데에 동의할 것이다. 한편 B는 비행이나 일탈이 사회 구성원들 간의 상호 작용을 통해 학습된다고 주장하지만, 가족들과의 애착관계가 청소년 비행에 미치는 영향에 대한 B의 입장은 알 수 없다.

25 논지·견해 분석

정답 ⑤

ㄱ. 쟁점 1은 법원의 구속집행정지 결정에 대해 검사가 즉시항고를 하는 것이 영장주의에 위배되는가에서 비롯된 논쟁이다. 을은 영장주의의 본질은 수사기관의 자의적인 강제처분을 막는 것이지, 수사기관의 합리적 권한을 제한하는 것이 아니라고 해석하고 구속집행정지 결정에 대한 검사의 즉시항고는 검사가 합리적 의심이 있는 경우 상급 법원의 판단을 받을 수 있도록 하는 제도라고 본다면, 구속집행정지 결정에 대한 검사의 즉시항고는 수사기관의 합리적 권한이며 영장주의는 수사기관의 합리적 권한을 제한하는 것이 아니기 때문에 현행 조항 3항은 영장주의에 위배되지 않아 갑과 을 사이의 주장 불일치를 설명할 수 있으므로 적절하다.

ㄴ. 쟁점 2는 구속집행정지 결정 단계에서 석방된 피고인의 도주 가능성 유무를 판단 가능한지에서 비롯된 논쟁이다. 갑은 법원의 결정 단계에서 피고인의 도주와 증거인멸의 우려가 고려되어 현행 조항 3항을 삭제해도 문제가 없다고 주장한다. 이에 따라 피고인의 도주 가능성에 대한 사법 기관의 판단을 신뢰하지만 을은 피고인의 도주 가능성을 완전하게 예측하는 것은 불가능하며 피고인의 도주를 방지할 아무런 제도적 장치가 없다고 주장하므로 사법 기관의 판단에도 불구하고 피고인의 도주 가능성을 인정하고 있다. 따라서 갑은 피고인의 도주 가능성에 대한 사법 기관의 판단을 신뢰하지만, 을은 신뢰하지 않으므로 적절하다.

ㄷ. 쟁점 3은 무죄추정의 원칙을 구현해야 하는지에서 비롯된 논쟁이다. 갑은 무죄추정의 원칙을 구현하여 피고인의 기본권을 보호해야한다고 주장하고 을은 무죄 추정의 원칙으로 보호되는 피고인의 기본권 보호의 법익보다 형사사법의 신뢰성 확보라는 사회적 공익이 더 크다고 주장한다. 따라서 K국 의회에서 형사사법의 신뢰성 확보라는 사회적 공익보다 무죄추정원칙에 따른 피고인의 기본권 보호의 법익이 더 중요하다는 점을 고려하여 현행 조항 3항을 삭제한다면 갑은 삭제에 찬성할 것이고 을은 삭제에 반대할 것이므로 적절하다.

실전모의고사 2회

모바일 자동 채점 및
성적 분석 서비스

정답

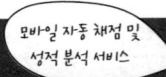

1	③	세부 내용 파악	6	②	세부 내용 파악	11	①	논리 추론	16	④	세부 내용 파악	21	①	문맥 추론
2	⑤	세부 내용 파악	7	⑤	문맥 추론	12	③	논리 추론	17	①	논지·견해 분석	22	⑤	문맥 추론
3	①	세부 내용 파악	8	④	문맥 추론	13	③	논리 추론	18	③	세부 내용 파악	23	①	문맥 추론
4	⑤	세부 내용 파악	9	⑤	문맥 추론	14	②	논리 추론	19	②	세부 내용 파악	24	③	논지·견해 분석
5	④	세부 내용 파악	10	⑤	문맥 추론	15	④	세부 내용 파악	20	③	논지·견해 분석	25	④	논지·견해 분석

취약 유형 분석표

유형별로 맞힌 개수, 틀린 문제 번호와 풀지 못한 문제 번호를 적고 나서 취약한 유형이 무엇인지 파악해 보세요.

유형	맞힌 개수	틀린 문제 번호	풀지 못한 문제 번호
세부 내용 파악	/10		
논지·견해 분석	/4		
문맥 추론	/7		
논리 추론	/4		
TOTAL	/25		

해설

1 세부 내용 파악

정답 ③

두 번째 단락에서 『사조보감』에 태조, 태종, 세종, 문종 네 명, 『선묘보감』에 선조, 『숙묘보감』에 숙종 각 한 명의 공적이 기록되어 있다고 했고, 세 번째 단락에서 정조가 영조 실록이 완성됨과 동시에 영조와 보감이 마련되지 않았던 12명, 총 13명의 선왕 실록 자료를 모두 모아 보감 편찬 작업을 진행했다고 했다. 따라서 그 모두를 통합해 1782년 완성된 『국조보감』 초판에는 총 4+2+13=19명의 선왕들의 공적이 기록되어 있음을 알 수 있다.

오답 체크

① 첫 번째 단락에서 보감에는 실록에서 국왕의 정통성과 도덕적 가치를 강조할 수 있는 핵심적인 내용과 선왕들의 모범적인 정치적 업적과 언행만을 발췌하거나 요약한 내용을 기록했다고 했으므로 보감이 실록에 수록된 모든 내용을 요약해 편집한 판본은 아님을 알 수 있다.

② 두 번째 단락에서 『사조보감』은 1457년에 편찬 작업을 시작하고 이듬해 완성되었다고 했으므로 『사조보감』이 편찬된 시기는 1458년임을 알 수 있다.

④ 세 번째 단락에서 정조가 영조의 실록이 완성됨과 동시에 영조를 포함한 선왕들의 보감 편찬 작업에 돌입했다고 했으므로 정조가 영조의 보감을 완성한 뒤에 실록 작성을 마무리한 것은 아님을 알 수 있다.

⑤ 두 번째 단락에서 1457년에 수찬청이 설치되고 보감 편찬 작업을 했다고 했고, 세 번째 단락에서 현재의 『국조보감』이 규장각에 소장되었다고 했으나, 수찬청이 맡고 있던 보감 편찬 업무가 규장각으로 이전되었는지에 대해서는 제시된 글을 통해 알 수 없다.

2 세부 내용 파악

정답 ⑤

첫 번째 단락에서 내시적 또는 금적이라는 명부에 이름을 올린 고려의 내시는 귀족 자제 중 능력이 뛰어난 사람이나 과거에 합격한 사람 중 성적이 우수한 사람이라고 했고, 세 번째 단락에서 조선시대에 들어서 내시는 환관과 동의어가 되어 남성의 성 기능을 잃은 관리를 의미하게 되었다고 했다. 따라서 금적에 이름이 오른 고려의 내시는 조선의 내시와는 달리 남성의 성 기능 상실 여부와는 무관함을 알 수 있다.

오답 체크

① 첫 번째 단락에서 고려 초기 내시는 내시원에 소속되었다고 했고 세 번째 단락에서 내시원은 조선시대에 들어서 폐지되었다고 했다. 또한 두 번째 단락에서 고려 초기 환관은 액정국에 소속되었다고 했고 세 번째 단락에서 고려 후기 공민왕 때 액정국이 내시부라는 명칭으로 개편되었다고 했다. 따라서 고려 후기에 환관과 달리 내시는 내시부가 아닌 내시원에 소속되어 있었음을 알 수 있다.

② 두 번째 단락에서 고려에는 궁형이 없었으며, 환관은 주로 사고로 남성의 성 기능을 잃은 사람들이 선발되었다고 했으므로 고려의 내시 중에는 궁형을 당한 환관 출신도 있었음은 아님을 알 수 있다.

③ 세 번째 단락에서 조선시대에 들어서 내시원이 폐지되었다고 했으므로 환관의 정치적 영향력이 강해짐에 따라 고려 후기에 내시원이 폐지된 것은 아님을 알 수 있다.

④ 첫 번째 단락에서 고려 초기 내시는 내시원에 소속되었으며, 고려의 내시는 왕명을 보좌하고 왕족의 재정을 관리하였다고 했으므로 고려 초기의 내시는 왕명을 보좌하며 왕족의 재정을 관리하는 내시원 소속 관료였음을 알 수 있다.

3 세부 내용 파악

정답 ①

세 번째 단락에서 부가가치세는 생산자가 창출한 부가가치만큼의 세금이므로 자신이 창출한 부가가치 이상의 세금에 대해서는 세금을 감면받을 수 있다고 했고, 자신이 창출하지 않은 부가가치의 대한 세금은 면제받을 수 있다고 했으므로 재화의 최종 생산자는 자신이 창출한 부가가치만큼만 세금을 납부할 수 있음을 알 수 있다.

오답 체크

② 세 번째 단락에서 최종 판매자 혹은 최종 생산자는 자신이 창출한 부가가치 이상의 세금은 감면받을 수 있음은 알 수 있으나 소비자가 자신이 부담해야 할 부가가치세의 일부를 감면받을 수 있는지는 제시된 글을 통해 알 수 없다.

③ 두 번째 단락에서 부가가치세는 제조업이나 소매업과 같이 단계별로 생산 및 거래가 이루어지는 업종에서 생산 단계별로 창출되는 부가가치에 과세하는 세금이라고 했으므로 부가가치세는 최종 거래 단계만이 아닌 단계별로 생산 및 거래가 이루어지는 업종에 생산 단계별로 창출되는 부가가치에 과세하는 세금임을 알 수 있다.

④ 두 번째 단락에서 부가가치세는 단계별로 생산 및 거래가 이루어지는 업종에서 생산 단계별로 창출되는 부가가치에 과세하는 세금이라고 했다. 소비자 가격이 1,100원인 재화의 10%에 해당하는 110원은 단계별로 창출되는 부가가치가 아닌 최종적인 재화 가격의 10%이므로 일반과세자인 최종 생산자가 소비자 가격이 1,100원인 재화를 판매하면 110원의 부가가치세를 납부해야 하는 것은 아님을 알 수 있다.

⑤ 첫 번째 단락에서 명목적으로 납부하는 사람은 납세자, 세금을 실제로 부담하는 사람은 담세자이며 부가가치세는 명목적으로는 판매자가 세금을 납부하지만 실질적으로는 물품을 구매하는 소비자가 세금을 부담한다고 했다. 따라서 부가가치세는 납세자인 판매자가 세금을 납부하고, 담세자인 소비자가 세금을 부담하는 간접세임을 알 수 있다.

4 세부 내용 파악

정답 ⑤

첫 번째 단락에서 징병제는 일부 상류층이 군 복무를 회피함에 따라 병력의 확보 및 관리 상 불평등의 문제가 발생할 수 있다고 했고, 두 번째 단락에서 미국이 모병제로 전환하면서 군 복무 시 의료보험, 대학 장학금과 같은 사회적 혜택과 높은 수준의 임금을 지급하자 병역 기피 현상이 사라졌다고 했으므로 병사들에게 각종 사회적 혜택과 높은 수준의 임금을 지급하는 것은 병력의 확보관리 상 발생하는 불평등의 문제를 완화하는 효과가 있음을 알 수 있다.

오답 체크

① 첫 번째 단락에서 징병제는 일부 상류층이 군 복무를 회피하면서 발생하는 불평등의 문제, 평화주의자에게 양심에 반하는 군 복무를 강제하는 인권 문제 등이 발생할 수 있다고 했고, 이로 인해 모병제 전환에 대한 논의가 진행되고 있다고 했으므로 불평등의 문제는 모병제가 아니라 징병제에서 발생하는 것임을 알 수 있다.

② 두 번째 단락에서 미국은 모병제 전환 이후 직업 군인 위주의 정예 병력으로 부대가 편성되면서 전투력이 향상되고, 존경과 신뢰를 얻을 수 있었음을 알 수 있으나 모병제에서 사기와 전투력이 높은 부대를 양성하여 양적인 성장을 추구할 수 있는지는 제시된 글을 통해 알 수 없다.

③ 세 번째 단락에서 미국은 안정적인 경제력을 바탕으로 모병제로의 전환에 따른 인건비의 급격한 상승을 감당할 수 있었고, 동시에 인구가 증가 추세에 있었기 때문에 입대 희망자의 수를 유지할 수 있었다고 했으므로 미국은 모병제로의 전환을 통해 병력 수를 감소시킴으로써 인건비를 절약할 수 있었음은 아님을 알 수 있다.

④ 세 번째 단락에서 미국은 인구가 증가 추세에 있었기 때문에 입대 희망자의 수를 유지할 수 있었으며 모병제 도입 당시 적대 세력으로부터 영토에 대한 직접적인 위협이 없었다는 점도 성공적인 모병제 전환의 주요한 요인이 되었음은 알 수 있으나, 국경지대에 군사적 위협이 존재하더라도 인구가 증가 추세에 있다면 성공적으로 모병제로 전환할 수 있는지는 제시된 글을 통해 알 수 없다.

5 세부 내용 파악

정답 ④

첫 번째 단락에서 무죄 추정의 원칙이란 형사 피고인의 유죄가 증명되지 않는 한 형사 피고인은 무죄로 처우 받아야 한다는 원칙이고, 무죄 추정 원칙에 포함되는 형사 절차상 부당한 대우 금지의 원칙에 따르면 공소를 제기한 검사가 형사 피고인의 유죄를 입증할 책임을 져야 한다고 했다. 따라서 형사 피고인의 유죄를 추정할 만한 합리적 의심이 있더라도 형사 피고인이 무죄의 입증책임을 지지 않음을 알 수 있다.

오답 체크

① 첫 번째 단락에서 무죄 추정의 원칙은 형사 피고인의 유죄가 증명되지 않는 한 형사 피고인은 무죄로 처우 받아야 한다는 원칙이라고 했고, 세 번째 단락에서 법관의 예단이 개입되지 않고 공정한 재판 절차 속에서 확정적인 증거에 의해서만 유·무죄를 판단해야 한다고 했으므로 무죄의 추정은 형사 피고인이 공정한 재판을 받기 위한 필요 조건임을 알 수 있다.

② 두 번째 단락에서 헌법재판소의 입장에 따르면 도주 방지는 계호 인력을 늘리거나 다른 수단에 의하여야 하고, 미결수용자 甲에게 재소자용 의류를 입힌 것은 형사 피고인의 기본권을 침해한 행위이며, 甲에게 마치 유죄가 확정된 죄인처럼 처우한 것이므로 무죄 추정 원칙에도 반한다는 것이라고 했다. 따라서 도주 우려가 있다는 이유로 미결수에게 기결수의 죄수복을 입히는 것은 정당화되지 않음을 알 수 있다.

③ 두 번째 단락에서 ○○구치소가 미결수용자 甲의 도주를 방지하기 위해 甲에게 재소자용 의류를 입혀 재판까지 받게 하여 甲이 헌법 소원을 제기하였다고 했으므로 무죄 추정의 원칙이 지켜지지 않아 형사 피고인이 헌법 기관에 구제를 요청한 사례가 있음을 알 수 있다.

⑤ 세 번째 단락에서 무죄 추정의 원칙은 형사 피고인을 무죄인 자로 처우하는 것을 넘어서 형사 절차에서 부당한 대우를 받지 않아야 한다는 점, 그리고 법관의 예단이 개입되지 않고 공정한 재판 절차 속에서 확정적인 증거에 의해서만 유·무죄를 판단해야 한다는 점을 모두 포괄하는 개념이라고 했으므로 형사 절차에서 부당한 대우를 받지 않을 권리와 공정한 재판을 받을 권리는 동일한 원칙에 기반을 둠을 알 수 있다.

6 세부 내용 파악

정답 ②

세 번째 단락에서 하야즈시는 틀에 밥을 담고 그 위에 생선을 올려 누른 채 칼로 써는 방식으로 만들었는데, 이때부터 초밥을 만드는 방법이 간편해지면서 생선은 초밥의 주재료에서 보조재료가 되었고 생선뿐만 아니라 다양한 재료로 초밥을 만들기 시작하였다고 했다. 따라서 하야즈시는 틀을 이용하여 간편하게 만들 수 있어 다양한 재료를 사용할 수 있었음을 알 수 있다.

오답 체크

① 첫 번째 단락에서 일본의 초기 초밥인 나레즈시는 밥이 발효되면 먹기 힘들 정도로 삭기 때문에 밥은 버리고 생선만 먹었다고 했으므로 일본의 초기 초밥이 생선과 밥을 함께 먹기 위해 만들어진 것은 아님을 알 수 있다.

③ 첫 번째 단락에서 나레즈시는 생선을 오래 두고 먹기 위해 발효를 시켰다고 했고, 두 번째 단락에서 나마나레는 나레즈시에서 숙성 기간만 단축한 것이라고 했으므로 나마나레가 생선을 발효시킨 이유는 식초를 쓰지 않고 신맛을 내기 위해서가 아니라 생선을 오래 두고 먹기 위해서임을 알 수 있다.

④ 마지막 단락에서 니기리즈시는 식초와 설탕을 섞은 단촛물을 밥에 넣은 밥 위에 신선한 생선살을 올린 형태로 만들었고 니기리즈시는 에도마에즈시라고도 불렸다고 했으므로 에도마에즈시는 생선을 발효하지 않았지만 단촛물을 이용하였기에 초밥에서 신맛을 느낄 수 있음을 알 수 있다.

⑤ 첫 번째 단락에서 나레즈시는 밥은 버리고 생선만 먹었기 때문에 귀족들도 기념일에만 먹을 수 있는 고급 음식에 속했다고 했고, 두 번째 단락에서 나마나레는 나레즈시와는 다르게 숙성 기간을 줄였다고 했으므로 나레즈시는 귀족들이 특별한 날 먹는 음식으로 나마나레보다 숙성기간이 길었음을 알 수 있다.

7 문맥 추론

정답 ⑤

두 번째 단락에서 똘레랑스는 개인의 이성을 존중하되 공공선에 초점을 두고 사회를 혁신하려는 적극적인 관용이라고 했고 똘레랑스는 개인 간의 이익 충돌을 오히려 사회 정의와 연대를 달성하는 수단으로 활용한다고 했으므로 ⓜ을 '현실을 받아들이고 갈등을 최소화하려는 사회 윤리'로 수정하는 것은 적절하지 않다.

오답 체크

① ㉠의 앞에서 탈러런스의 최종 목적은 양보와 타협 그 자체보다는 개인의 이익을 조정하여 사회적 비용을 줄이는 것이라고 했으므로 ㉠을 '철저히 경제 논리에 그 근본을 두고 있다'로 수정하는 것은 적절하다.

② ㉡의 앞에서 탈러런스의 최종 목적은 개인의 이익을 조정하여 사회적 비용을 줄이는 것이며, 이익 충돌로 인한 사회 갈등 비용을 최소화함으로써 기득권층의 이익을 보호하고 기존 사회 제도를 정상적으로 유지하기 위함이라고 했으므로 ㉡을 '사회 유지를 위한 개인의 타협을 중시'로 수정하는 것은 적절하다.

③ ⓒ의 뒤에서 똘레랑스는 개인 간의 이익 충돌을 오히려 사회 정의와 연대를 달성하는 수단으로 활용하는 것이라고 했으므로 ⓒ을 '이익 충돌을 통한 사회 연대 추구를 목적으로 한다'로 수정하는 것은 적절하다.

④ ⓔ의 앞에서 똘레랑스는 이익 충돌로 인한 사회적 비용을 계산하지 않으며, 이성에 기반한 이익 충돌을 완화하려 하지 않는다고 했으므로 ⓔ을 '이성에 기반한 가치를 그대로 받아들이는 관용이다'로 수정하는 것은 적절하다.

8 문맥 추론

정답 ④

(가) 첫 번째 단락에서 디지털 노마드 중에는 45%가 연간 100,000달러 이상의 소득을 올리고 있으며, 그중 약 4.4%는 연간 1,000,000달러를 상회하는 고소득을 기록했다고 했고 두 번째 단락에서 디지털 노마드 비자는 유치된 인재들의 납세와 소비를 통해 국가 경제를 활성화하기 위해 도입되었다고 했다. 따라서 (가)에 들어갈 말은 '디지털 노마드 비자를 발급받기 위해서는 나라마다 상이하지만 일정 수준 이상의 소득 증명이 요구된다'가 가장 적절하다.

(나) 포르투갈에서는 디지털 노마드 비자 제도 시행에 따른 디지털 노마드 인구 다수 유입으로 단기 주택 임대가 증가하여 현지인이 도심에서 밀려나는 젠트리피케이션 현상이 발생한다고 했다. 따라서 (나)에 들어갈 말은 '디지털 노마드의 유입으로 인해 도시 주거 시장에 구조적 변화가 발생하고 있다'가 가장 적절하다.

9 문맥 추론

정답 ⑤

첫 번째 단락에서 낮은 천장은 구속, 억제 등의 개념을 연상시켜 집중력을 높이는 데 유리하다고 했고, 두 번째 단락에서 빨간 배경에서 실험을 진행한 사람들이 신중한 태도를 바탕으로 세밀한 정보 처리에 높은 성과를 보였다고 했다. 따라서 빈칸에 들어갈 내용은 '낮은 천장과 빨간 배경의 환경은 창의적인 발상보다 정보 처리 능력 극대화에 효과적이다'가 가장 적절하다.

오답 체크

① 첫 번째 단락에서 천장이 높은 경우, 실제 높이의 차이에 따라 참가자들의 창의적 사고 능력에 차이가 있다고 했으므로 적절하지 않다.

② 개인이 인지 능력이 친숙한 공간에서의 학습기간에 영향을 받는지는 제시된 글을 통해서는 알 수 없으므로 적절하지 않다.

③ 첫 번째 단락에서 천장이 높을 경우 추상적이고 자유로운 발상에서 강점을 보이며, 두 번째 단락에서 파란 배경이 참신한 아이디어나 독창적인 해답을 도출하는 과제 해결 시 더 좋은 성과를 미치는데 영향을 준다는 것은 알 수 있으나 두 요소 중 어떤 것이 창의력에 더 큰 영향을 주는지는 제시된 글을 통해서는 알 수 없으므로 적절하지 않다.

④ 첫 번째 단락에서 신경건축학의 시각에서는 개인의 역량뿐 아니라 공간적 요소가 사고방식에 변화를 일으킬 수 있다고 했으므로 적절하지 않다.

10 문맥 추론

정답 ⑤

세 번째 단락에서 과학적 발견의 과정은 문제 해결을 위한 새로운 대안 발견에서 발견된 대안의 검증에 이르는 일련의 과정이며 과학에서 새로운 물질의 효과를 검증하는 과정은 실험 설계 과정에서 통계적 검증까지 과학적 사고와 지식이 적용되는 영역이라고 했다. 따라서 빈칸에 들어갈 내용은 과학적 발견이 과학적 사고 혹은 지식으로 설명이 불가능한 순수한 우연의 결과물이라는 입장을 반박하는 '새로운 것의 효과를 검증하는 과정을 포함하며, 이 과정에서 과학적 지식이 적용되므로 순수한 우연의 결과물이 아니다'가 가장 적절하다.

11 논리 추론

정답 ①

제시된 내용을 기호화하면 다음과 같다.

- 전제 1: ~(철수-다정) → (호준-다정)
- 전제 2: (지훈-세정) → ~(태원-다정)
- 전제 3: ~(호준-다정) ∨ (태원-다정)
- 결론: (철수-다정)

전제 1의 대우가 '~(호준-다정) → (철수-다정)'이고 결론이 '(철수-다정)'이므로 결론을 도출하기 위해서는 '~(호준-다정)'이 참이어야 한다. 이는 전제 3에서 '~(태원-다정)'이 참인 경우 도출이 가능하며, '~(태원-다정)'은 전제 2에서 '(지훈-세정)'이 참인 경우 도출이 가능하다. 따라서 '(지훈-세정) → ~(태원-다정) → ~(호준-다정) → (철수-다정)' 순으로 도출이 가능하므로 결론을 이끌어내기 위해 추가해야 할 전제는 '지훈이는 세정이에게 사탕을 주었다.'이다.

빠른 문제 풀이 Tip

제시된 전제를 기호화하여 각각의 관계를 파악한 후, 결론이 포함된 전제를 찾는다. 명제 간의 연결관계를 통해 어떤 전제가 참이어야 결론이 참이 되는지를 찾아 기준점으로 한 뒤 기준점과 선택지에 제시된 전제의 관계를 비교한다.

12 논리 추론

정답 ③

제시된 조건을 기호화하여 정리하면 다음과 같다.

- 조건 1: A ∨ B → C
- 조건 2: B ∧ D → ~E
- 조건 3: C ∨ E → F
- 조건 4: F → D
- 조건 5: E

조건 5에 따라 E 규정을 수정하므로 조건 3에 의해 'F'가 참이고, F 규정을 수정하면 조건 4에 의해 'D'도 참이 된다. 조건 2의 대우 'E → ~B ∨ ~D'에서 'D'가 참이므로 '~B'를 도출할 수 있다. 이에 따라 D, E, F 규정은 수정하고 B 규정은 수정하지 않음을 알 수 있다.

ㄱ. A 규정을 수정하는 경우, 조건 1에 의해 'C'가 참이 된다. 따라서 A, C, D, E, F 총 5개의 규정을 수정하여 법안은 폐지되므로 반드시 참이다.

ㄷ. C 규정을 수정하지 않는 경우, 조건 1의 대우 '~C → ~A ∧ ~B'에 따라 '~A'가 참이 된다. 따라서 D, E, F 총 3개의 규정을 수정하여 일부수정안으로 발의하므로 반드시 참이다.

오답 체크

ㄴ. A 규정을 수정하지 않는 경우, C 규정의 수정 여부는 확정되지 않는다. 따라서 C 규정을 수정하지 않으면 D, E, F 총 3개의 규정을 수정하여 일부수정안으로 발의할 수 있으므로 반드시 참은 아니다.

13 논리 추론

정답 ③

나현이와 라연이의 진술에 따라 마야가 A부처에 배치된다면 나현이와 라연이의 진술이 모두 참이 되어 1명의 진술만 참이라는 조건에 부합하지 않으므로 마야가 A부처에 배치된다는 진술은 거짓이다. 이에 따라 마야는 A부처에 배치되지 않는다. 또한 가인이와 마야의 진술에 따라 나현이가 A부처에 배치된다면 가인이와 마야의 진술이 모두 참이 되므로 역시 1명의 진술만 참이라는 조건에 부합하지 않는다. 이에 따라 가인이와 마야의 진술은 거짓이고 나현이도 A부처에 배치되지 않는다. 따라서 다운이의 진술만 참이 되고, 다운이는 가인이와 라연이가 A부처에 배치되지 않는다고 했으므로 A부처에 배치되는 주무관은 다운이다.

14 논리 추론

정답 ②

법무행정직 주사보가 1명만 배치되는 부서는 없으므로 법무행정직 주사보는 3명 모두 한 부처에 배치된다. 또한 법무행정직 주사보가 배치되는 부처에는 1명 이상의 일반행정직 주사보가 배치되므로 총 4명 이상의 주사보가 배치된다. 이때 배치되는 주사보의 수는 고용노동부가 가장 많고 기획재정부가 가장 적으며 배치되는 주사보의 수가 동일한 부처는 없으므로 배치 가능한 주사보의 수의 조합은 기획재정부, 행정안전부, 고용노동부 순으로 (2, 4, 6), (3, 4, 5)임을 알 수 있다. 이에 따라 배치되는 주사보의 수가 2명 또는 3명인 기획재정부에는 법무행정직 주사보가 배치될 수 없다. 또한 각 부처에는 두 직류의 주사보만 배치되고, 고용노동부에는 1명 이상의 재경직 주사보가 배치되며 재경직 주사보가 배치된 부처에는 1명 이상의 일반행정직 주사보가 배치되므로 고용노동부 역시 법무행정직 주사보가 배치될 수 없다. 따라서 법무행정직 주사보 3명과 일반행정직 주사보 1명이 행정안전부에 배치된다. 이를 토대로 고용노동부, 행정안전부, 기획재정부에 배치되는 주사보 수로 가능한 경우를 정리하면 다음과 같다.

구분	고용노동부			행정안전부	기획재정부		
일반행정직	2명	3명	3명	1명	2명	1명	1명
재경직	3명	2명	3명	-	1명	2명	1명
법무행정직	-			3명	-		

따라서 '행정안전부에는 법무행정직 주사보가 3명 배치된다.'는 반드시 참이다.

오답 체크

① 고용노동부에는 일반행정직 주사보가 3명 배치될 수도 있으므로 반드시 참은 아니다.

③ 기획재정부에는 재경직 주사보가 2명 배치될 수도 있으므로 반드시 참은 아니다.

④ 기획재정부에 배치되는 일반행정직 주사보의 수는 2명일 수도 있으므로 반드시 참은 아니다.

⑤ 고용노동부에 배치되는 재경직 주사보의 수는 기획재정부에 배치되는 재경직 주사보의 수와 다를 수도 있으므로 반드시 참은 아니다.

15 세부 내용 파악

정답 ④

ㄱ. 첫 번째 단락에서 대식세포는 병원균을 발견하면 케모카인이라는 세포 전달 물질을 분출하여 T림프구 등의 면역세포를 활성화한다고 했고, 두 번째 단락에서 T림프구는 B림프구에 세포 전달 물질인 사이토카인을 분출하는데, 이 사이토카인이 B림프구의 항체 생성을 활성화하여 병원균을 제거한다고 했으므로 케모카인과 사이토카인 모두 면역세포의 활성화를 위한 세포 전달 물질임을 추론할 수 있다.

ㄷ. 두 번째 단락에서 T림프구는 B림프구에 세포 전달 물질인 사이토카인을 분출하는데, 이 사이토카인이 B림프구의 항체 생성을 활성화하여 병원균을 제거한다고 했다. 또한 사이토카인 폭풍은 병원균을 모두 제거했음에도 불구하고 사이토카인이 체내에 남아 인체 내에서 면역력을 과도하게 증가시키기 때문에 대규모 염증 증상이 발생한다고 했으므로 B림프구의 항체에 의해 병원균이 모두 제거되었음에도 대규모 염증 증상이 일어난다면 체내에 사이토카인이 남아있을 가능성이 높음을 추론할 수 있다.

오답 체크

ㄴ. 두 번째 단락에서 세포성 면역이란 T림프구에 의해 활성화된 세포 독성 T림프구가 병원균에 감염된 세포를 직접 파괴하는 면역반응이라고 했고, 체액성 면역이란 B림프구가 T림프구의 도움으로 병원균을 공격할 수 있는 항체를 만들어 병원균을 제거하는 면역반응이라고 했으므로 T림프구가 B림프구로부터 항체를 생성하도록 하여 병원균을 제거하는 것은 체액성 면역임을 추론할 수 있다.

16 세부 내용 파악

정답 ④

마지막 단락에서 불규칙한 식사 및 극단적인 식단 제한으로 인한 지속적인 공복 상태는 그렐린 분비를 과도하게 자극한다고 했으므로 끼니를 자주 거르는 사람은 그렐린을 통해 분비되는 NPY와 AgRP 역시 과도하게 활성화될 것임을 추론할 수 있다.

오답 체크

① 세 번째 단락에서 렙틴은 NPY의 분비를 억제한다고 했으므로 NPY는 렙틴의 식욕 억제 기전에 의해 억제된다는 것을 추론할 수 있다.

② 세 번째 단락에서 렙틴은 식욕을 줄이고 에너지 소비를 촉진한다고 했지만 마지막 단락에서 렙틴 저항성이 발생하면 이미 높아진 렙틴 농도를 뇌가 제대로 인식하지 못한다고 했으므로 렙틴 저항성 상태에 빠진 사람에게 추가로 렙틴을 주입해도 식욕 억제가 일어나지 않아, 체중 감량에 도움이 되지 않을 수 있음을 추론할 수 있다.

③ 세 번째 단락에서 렙틴의 분비는 CART의 분비를 촉진함과 동시에 AgRP의 분비를 억제한다고 했음을 알 수 있지만, 그렐린에 의해 분비되는 AgRP 활성도와 CART 분비 간의 관계성은 제시된 글을 통해 추론할 수 없다.

⑤ 마지막 단락에서 불규칙한 식사 패턴이 지속되면 에너지 보존을 위해 그렐린 분비가 과도하게 촉진된다고 하였다. 따라서 끼니를 자주 거르는 사람은 그렇지 않은 사람보다 공복감을 느끼게 하는 그렐린이 많이 분비될 것임을 추론할 수 있다.

17 논지·견해 분석

정답 ①

ㄴ. 복잡한 환경 속에서 상호협력을 하며 성장해 온 사람의 뇌가 단순 업무를 하며 성장해 온 사람의 뇌보다 상대적으로 작다는 사실은 상호작용으로 인한 뇌 활용의 증가가 뇌 크기의 발달로 이어졌다는 연구 결과와 일치하지 않는다. 따라서 ㉠은 약화되므로 적절하다.

오답 체크

ㄱ. 오스트랄로피테쿠스 아파렌시스의 뇌가 320만 년 전 다른 포유류 동물의 뇌에 비해 훨씬 컸다는 사실은 인류가 집단 내의 복잡한 사회적 상호작용에 적응하기 위해 인간의 뇌가 많이 활용되었다는 연구 결과와 무관하다. 따라서 ㉠은 약화되지 않으므로 적절하지 않다.

ㄷ. 집단생활을 할 때보다 개인생활을 할 때 뇌의 활용이 더 활발하다는 사실은 인류가 집단 내의 복잡한 사회적 상호작용에 적응하기 위해 뇌가 많이 활용되었다는 연구 결과와 일치하지 않는다. 따라서 ㉠은 약화되므로 적절하지 않다.

18 세부 내용 파악

정답 ③

두 번째 단락에서 벌거숭이두더지쥐의 집단에는 방언이 있어, 같은 집단에 속하는 개체는 비슷한 소리를 낸다고 했다. 또한, 실험 1과 실험 2에서 실제 벌거숭이두더지쥐의 소리를 들려주었으나 같은 집단의 개체가 내는 소리를 들려준 실험 1에서는 반응하고, 다른 집단의 개체가 내는 소리를 들려준 실험 2에서는 반응하지 않았다고 했고 실험 4에서 다른 집단의 냄새를 입혔지만 같은 집단의 개체가 내는 소리가 나는 방에 반응했다고 했다. 따라서 벌거숭이두더지쥐는 냄새와 무관하게 자신이 속한 집단과 그렇지 않은 집단의 방언을 구분할 수 있다는 것이 실험 결과를 가장 잘 설명할 수 있다.

오답 체크

① 실험 1과 실험 2에서 벌거숭이두더지쥐는 같은 집단의 개체가 내는 소리에는 반응하고 다른 집단의 개체가 내는 소리에는 반응하지 않았다고 했으나, 자신이 속하지 않은 다른 집단의 개체와 의사소통이 가능한지는 제시된 글을 통해 알 수 없다.

② 첫 번째 단락에서 벌거숭이두더지쥐는 한 마리의 여왕 쥐가 번식을 담당하고 나머지 개체들은 식량 보급, 전투 등 각자 맡은 역할이 엄격하게 구분되어 있다고 했으나, 집단 내에서 맡은 역할에 따라 서로 다른 방언을 사용하는지는 제시된 글을 통해 알 수 없다.

④ 실험 4에서 같은 집단의 개체가 내는 소리가 들리고 다른 집단의 냄새가 나는 쪽에 반응하였다고 했으므로 벌거숭이두더지쥐는 후각 정보보다 청각 정보에 반응함을 알 수 있으나, 청각 정보와 후각 정보를 종합하여 같은 집단의 개체를 인지하는지는 제시된 글을 통해 알 수 없다.

⑤ 실험 1과 실험 3에서 실험 대상이 속한 집단의 방언을 들려주었으나 실제 벌거숭이두더지쥐가 내는 소리를 들려준 실험 1과 인공적으로 만든 소리를 들려준 실험 3 모두에서 반응하였다고 했다. 따라서 벌거숭이두더지쥐는 실제 벌거숭이두더지쥐가 내는 소리와 사람이 가짜로 만든 소리를 구분하지 못함을 알 수 있다.

19 세부 내용 파악

정답 ②

두 번째 단락에서 마르크스에 따르면 무계급 사회에 도달하기 위해서는 계급의식에 대한 철학이 전제되어야 하며, 진정한 계급의식으로 나아가기 위해서는 프롤레타리아와 부르주아지 계급을 구별하는 분명한 인지가 선행되어야 한다고 했다. 따라서 마르크스에 따르면 프롤레타리아가 스스로를 부르주아지와 구별하여 인지함으로써 진정한 계급의식으로 나아갈 수 있고 이를 통해 무계급 사회로의 전환이 시작될 수 있음을 알 수 있다.

오답 체크

① 두 번째 단락에서 마르크스에 따르면 프롤레타리아는 공통된 이해관계를 형성하는 집단끼리 결속하여 부르주아지라는 적에 맞서 무계급 사회를 창조하고자 투쟁해야 한다고 했으므로 프롤레타리아는 부르주아지를 포용하는 것이 아닌 부르주아지에 저항함으로써 무계급 사회에 도달할 수 있음을 알 수 있다.

③ 첫 번째 단락에서 마르크스에 따르면 프롤레타리아는 노동 속에서 만족감을 찾을 수 없어 생산활동 자체에서 소외된다고 했으므로 노동을 매개로 성취와 만족을 얻을 수 있을 때 프롤레타리아는 소외를 극복할 수 있음을 알 수 있으나, 부르주아지도 소외를 극복할 수 있는지는 제시된 글을 통해 알 수 없다.

④ 두 번째 단락에서 마르크스는 단순한 경제적 역할의 구분에서 진정한 계급의식으로 나아가기 위해서는 프롤레타리아와 부르주아지 계급을 구별하는 분명한 인지가 선행되어야 한다고 보았으므로 경제적 역할의 구분이 존재한다고 해서 필연적으로 계급의식이 발생하는 것은 아님을 알 수 있다.

⑤ 첫 번째 단락에서 마르크스가 주장하는 소외 현상 중 세 번째 소외는 부르주아지가 프롤레타리아의 노동에 의존하여 타인의 창조물을 향유하는 데에서 발생한다고 했으므로 부르주아지의 소외는 비자립적이라는 특성에서 비롯되었음을 알 수 있으나 첫 번째 소외와 두 번째 소외는 프롤레타리아가 창조물을 소유할 수 없는 점과 노동 속에서 만족감을 얻을 수 없는 점에서 발생한다고 했으므로 프롤레타리아와 부르주아지가 비자립적이라는 특성에서 비롯된 소외는 아님을 알 수 있다.

빠른 문제 풀이 Tip

첫 번째 단락에서는 프롤레타리아와 부르주아지라는 개념이 처음 등장하므로 키워드 위주로 대조하며 읽고, 두 번째 단락에서는 무계급 사회에 도달하기 위해 요구되는 조건들의 순서를 고려하며 읽는다.

20 논지·견해 분석

정답 ③

ㄱ. 두 번째 단락에 따르면 마르크스의 관점에서 프롤레타리아는 부르주아지에 저항해야만 스스로의 이익을 추구할 수 있는 집단이다. 그러나 프롤레타리아가 부르주아지와의 협상을 통해 저항 없이도 스스로의 이익 추구를 보장받을 수 있다는 진술은 마르크스의 관점과 반대 입장이므로 ㉠을 반박한다.

ㄴ. 두 번째 단락에 따르면 마르크스는 프롤레타리아가 공통된 이해관계를 형성하는 집단끼리 결속하여 부르주아지라는 적에 맞서고, 궁극적으로는 무계급 사회를 창조하고자 투쟁해야 한다고 주장한다. 그러나 역사적으로 모든 사회가 발전하기 이전에는 계급이 혁명적으로 개조되었다는 진술은 무계급 사회를 창조하기 위해 프롤레타리아의 혁명이 필요하다는 마르크스의 관점과 무관하므로 ㉠을 반박하지 않는다.

오답 체크

ㄷ. 첫 번째 단락에 따르면 마르크스는 자본주의 체제에서는 개인의 창조적 정신이 거세당하기 때문에 노동의 소외 현상이 발생한다고 보고, 창조성이 노동의 본질이라고 주장한다. 그러나 노동의 본질이 개인의 만족이 아니라 사회에 유용한 재화와 서비스를 제공하는 점에 있다는 진술은 마르크스의 관점과 반대 입장이므로 ㉠을 반박한다.

21 문맥 추론 정답 ①

ㄱ. 두 번째 단락에서 사구체성 단백뇨는 신장질환에 의하여 사구체의 모세혈관 장벽이 파괴되면서 발생하는 단백뇨라고 했고, 사구체성 단백뇨의 경우 분자 크기가 상대적으로 큰 단백질인 알부민이 주로 소변에서 검출됨을 알 수 있다. 따라서 '소변 내 알부민 단백질 검출량이 정상치보다 높을 경우, 신장의 모세혈관이 손상되었을 가능성이 높다.'는 ㉠의 내용으로 적절하다.

오답 체크

ㄴ. 두 번째 단락에서 세뇨관성 단백뇨의 경우 혈청 단백질의 배설이 증가한다고 했으므로 '소변 내 혈청 단백질의 검출량이 정상치보다 높을 경우, 신장 내 사구체의 모세혈관이 손상되었을 가능성이 높다.'는 ㉠의 내용으로 적절하지 않다.

ㄷ. 두 번째 단락에서 사구체성 단백뇨의 경우 알부민이 주로 소변에서 검출된다고 했고, 세뇨관성 단백뇨의 경우 혈청 단백질의 배설이 증가한다고 했으므로 이 경우 사구체와 세뇨관 모두 손상되었을 가능성이 높다. 따라서 '소변 내 알부민 단백질과 혈청 단백질 검출량이 모두 정상치보다 높을 경우 신장 내 세뇨관이 손상되었을 가능성은 낮다.'는 ㉠의 내용으로 적절하지 않다.

22 문맥 추론 정답 ⑤

을의 말에 따라 의견제출 및 자진납부 여부, 의견진술 심의회의 결과를 기준으로 가능한 경우를 정리하면 다음과 같다.

구분	의견제출	자진납부	의견진술 심의회 결과	과태료 부과 고지서 발부
경우 1	X	X	-	O
경우 2	O	X	가결	X
경우 3	O	X	부결	O
경우 4	X	O	-	X
경우 5	O	O (의견제출 후)	-	X

자진납부를 한 경우에는 <경우 4>와 <경우 5>에 따라 과태료 부과 고지서가 발부되지 않는다. 한편 자진납부를 하지 않은 경우에는 <경우 2>에 따라 의견진술 심의회에서 가결된 경우에만 과태료 부과 고지서가 발부되지 않는다. 따라서 빈칸에 들어갈 내용은 '자진납부를 하였는지 여부, 의견진술 심의회에서 가결된 건에 민원인이 제기한 건이 포함되었는지 여부'가 가장 적절하다.

오답 체크

① 의견제출을 했고 자진납부를 하지 않은 경우, 의견진술 심의회 결과를 확인하지 않으면 <경우 2>와 <경우 3>을 구분할 수 없으므로 적절하지 않다.

② 의견제출을 하지 않은 경우, 자진납부 여부를 확인하지 않으면 <경우 1>과 <경우 4>를 구분할 수 없으므로 적절하지 않다. 또한, 의견제출을 한 경우, 의견진술 심의회 결과를 확인하지 않으면 <경우 2>와 <경우 3>을 구분할 수 없으므로 적절하지 않다.

③ 자진납부를 하지 않은 경우, 의견제출 여부와 의견진술 심의회 결과를 확인하지 않으면 <경우 1>, <경우 2>, <경우 3>을 구분할 수 없으므로 적절하지 않다.

④ 의견제출 후 자진납부를 한 것이 아니고 의견진술 심의회에서 부결된 건이 아닌 경우, 의견제출 여부와 자진납부 여부를 확인하지 않으면 <경우 1>, <경우 2>, <경우 4>를 구분할 수 없으므로 적절하지 않다.

23 문맥 추론 정답 ①

ㄱ. 두 번째 단락에서 포유류는 정온동물이라고 했고, 세 번째 단락에서 조류도 정온동물이라고 했으므로 ㉠과 ㉢이 같은 특징이라면, A에는 체온이 일정한지를 따지는 기준이 들어간다.

오답 체크

ㄴ. 세 번째 단락에서 조류는 정온동물이라고 했고, 네 번째 단락에서 파충류는 변온동물이라고 했으므로 ㉣과 ㉥이 다른 특징이라면, B에는 체온이 일정한지를 따지는 기준이 들어간다.

ㄷ. ㉤에 '난생동물'이 들어간다면 기준 B는 체온이 일정한지를 따지는 기준이다. 따라서 ㉣에는 '정온동물'이 들어가야 한다.

24 논지·견해 분석 정답 ③

ㄱ. 을은 국가 간 협력의 파기를 감시 및 처벌할 국제법과 같은 국제제도가 있다면 국가 간 협력이 가능하다고 했고, 병은 국제제도를 통해 협력의 필요성과 협력국 사이에 긍정적 인식을 정착시킬 수 있다면 국가 간 협력이 가능하다고 했다. 한편 갑은 국제문제 해결에 있어 국제제도의 법과 윤리가 어느 정도 역할을 하고 있지만 강력한 구속력을 가지지 못한다고 했다. 따라서 을, 병과 달리 갑은 국제제도가 존재하더라도 국가 간 협력은 어렵다고 보고 있으므로 적절한 판단이다.

ㄷ. 병은 국제관계가 사회적·역사적 요소를 바탕으로 형성되는 인식 혹은 규범의 영향을 받기 때문에 따라서 국가 간 협력이 이루어지기 위해서는 국제관계를 둘러싼 인식의 개선이 필요하다고 했다. 따라서 병은 사회·역사에 대한 각국의 인식이 국가 간 협력 가능성에 영향을 미친다고 보고 있으므로 적절한 판단이다.

오답 체크

ㄴ. 을은 국제관계에서 협력이 서로에게 절대적인 이익을 가져다주는 것은 사실이라고 했으므로 적절하지 않은 판단이다.

25 논지·견해 분석 정답 ④

ㄱ. 쟁점 1에서 A가 근로 기간 3개월째가 되는 날인 2021년 12월 31일 근로를 마친 후에 해고 통보를 받았다면 A는 3개월간 근로한 것이므로 제1호에 따른 해고예고의 예외에 해당하지 않는다. 따라서 A가 근로 기간 3개월째가 되는 날인 2021년 12월 31일 근로를 마친 후에 해고 통보를 받았다면 A에게 해고예고수당을 지급해야 하여, 을의 주장은 옳지만 갑의 주장은 옳지 않으므로 적절한 분석이다.

ㄷ. 쟁점 3에서 사업장의 기물을 파손하여 생산에 차질을 빚게 한 C의 행위에 고의성이 있고, '사업장의 기물을 고의로 파손하여 생산에 막대한 지장을 가져온 경우'가 제3호의 '고용노동부령으로 정하는 사유' 중 하나라면 해고예고의 예외에 해당한다. 따라서 이 경우 C를 즉시 해고하여도 해고예고수당의 지급 의무가 없어, 갑의 주장은 옳고 을의 주장은 옳지 않으므로 적절한 분석이다.

오답 체크

ㄴ. 쟁점 2에서 갑이 B의 해고예고수당이 반환되어야 한다고 주장한 것은 해고가 유효할 경우에만 해고예고 및 해고예고수당 지급의 의무가 있다고 생각하기 때문이다. 반면 을은 B의 해고가 무효화되어도 해고예고수당은 반환하지 않아도 된다고 주장한다. 따라서 해고예고가 해고 사유의 정당성 및 그에 따른 해고의 효력과는 무관하다고 생각하는 것은 갑이 아닌, 을이므로 적절하지 않은 분석이다.

실전모의고사 3회

모바일 자동 채점 및 성적 분석 서비스

정답

1	③	세부 내용 파악	6	②	세부 내용 파악	11	④	논리 추론	16	①	세부 내용 파악	21	⑤	문맥 추론
2	②	세부 내용 파악	7	⑤	문맥 추론	12	③	논리 추론	17	③	논지·견해 분석	22	③	세부 내용 파악
3	⑤	세부 내용 파악	8	⑤	문맥 추론	13	④	논리 추론	18	⑤	논지·견해 분석	23	①	문맥 추론
4	②	세부 내용 파악	9	①	문맥 추론	14	③	논리 추론	19	①	문맥 추론	24	③	논지·견해 분석
5	②	세부 내용 파악	10	⑤	문맥 추론	15	④	세부 내용 파악	20	③	논지·견해 분석	25	②	논지·견해 분석

취약 유형 분석표

유형별로 맞힌 개수, 틀린 문제 번호와 풀지 못한 문제 번호를 적고 나서 취약한 유형이 무엇인지 파악해 보세요.

유형	맞힌 개수	틀린 문제 번호	풀지 못한 문제 번호
세부 내용 파악	/9		
논지·견해 분석	/5		
문맥 추론	/7		
논리 추론	/4		
TOTAL	/25		

해설

1 세부 내용 파악 정답 ③

두 번째 단락에서 백제의 수도는 사비성이라고 했고 세 번째 단락에서 계백 장군으로 하여금 사비성과 가장 가까운 황산벌에서 신라군을 격퇴하도록 하였으나 계백 장군은 전사하고 백제군은 전멸해 백제의 사비성과 웅진성이 연달아 함락되었다고 했다. 따라서 계백 장군이 전사하였던 신라와의 전투는 백제의 수도 방어와 밀접한 관련이 있었음을 알 수 있다.

오답 체크

① 두 번째 단락에서 백제 조정의 대신이 의견을 모으지 못하는 사이 신라군은 이미 탄현을 빠르게 통과하였다고 했으므로 탄현을 통과한 것은 당군이 아닌 신라군임을 알 수 있다.

② 두 번째 단락에서 신라군과 당군이 각각 백제의 북쪽인 남천정과 덕물도에 머물면서 상당기간 동안 병력을 움직이지 않아 백제로 하여금 연합군이 고구려를 공격할 것이라 판단하게 하여 백제가 의심하지 않았고, 백제는 연합군이 백강과 탄현으로 움직이기 시작하자 뒤늦게 상황을 파악했다고 했다. 따라서 백제는 북쪽 지역으로 넘어온 연합군의 동향을 파악하여 군사적 대응을 한 것은 아님을 알 수 있다.

④ 첫 번째 단락에서 7세기 백제는 의자왕이 사치와 향락에 빠지고, 무리하게 왕권 강화를 시도하면서 귀족 내부에서도 분열이 일어나는 중이었음은 알 수 있으나 의자왕이 사치와 향락에 빠진 원인이 백제 귀족의 분열을 막지 못한 것에서 비롯된 것이었는지는 제시된 글에서 알 수 없다.

⑤ 두 번째 단락에서 백제의 군사적 요충지는 백강과 탄현이고 흥수가 백제군이 백강과 탄현을 먼저 선점하여 연합군이 진입하지 못하도록 막아야 한다고 했으므로 흥수는 백제 조정의 대신들에게 군사적 요충지를 먼저 내준 후 연합군에 맞서라고 간언한 것은 아님을 알 수 있다.

2 세부 내용 파악 정답 ②

세 번째 단락에서 중국 황제의 십이장복에는 구장복에 새겨진 9가지 문양 외에 해와 달, 그리고 우주를 상징하는 성신이 새겨져 있었으며 조선시대 왕의 면복은 중국의 영향을 받아 제작되었다고 했다. 또한 마지막 단락에서 대한제국을 선포하면서 왕의 의복은 구장복에서 십이장복으로 변화하였고, 이는 대한제국이 황제국임을 표명하여 황제의 면복을 입었음을 의미하였다고 했으므로 대한제국 황제의 면복에는 성신 문양이 새겨져 있었음을 알 수 있다.

오답 체크

① 두 번째 단락에서 산은 만물에 혜택을 부여함을 의미한다고 했으나 세 번째 단락에서 칠장복에는 구장복에 새겨진 문양 중 왕을 상징하는 용과 산을 제외한 나머지 문양이 동일하게 있었다고 했으므로 만물에 혜택을 준다는 의미인 산 문양은 칠장복에 새겨져 있지 않았음을 알 수 있다.

③ 첫 번째 단락에서 조선시대 왕은 왕의 즉위식이나 제례, 궁중의례 등 중요한 행사 때 면복을 입었다고 했고, 왕의 면복이 구장복임을 알 수 있으나 조선시대 왕이 신하들과 집무 시에도 구장복을 입어 왕의 권위를 나타냈는지는 제시된 글을 통해 알 수 없다.

④ 두 번째 단락에서 도끼는 왕의 결단력을 의미하였고, 불이 권선징악을 의미한다고 했으므로 왕의 면복에 새겨진 도끼 문양은 왕의 결단력을 의미하였음을 알 수 있다.

⑤ 세 번째 단락에서 구장복에는 해와 달, 그리고 성신을 제외한 문양이 새겨져 있었으며 칠장복은 구장복보다 문양이 2가지 적었다고 했으므로 조선시대 왕세자가 입었던 칠장복에는 해와 달이 새겨져 있지 않았음을 알 수 있다.

3 세부 내용 파악 정답 ⑤

세 번째 단락에서 영국의 경우 명예훼손 처벌 규정은 표현의 자유가 권리가 아니었던 때에 제정된 구시대적 법안이라는 이유로 2010년 폐지되었다고 했으므로 영국의 명예훼손죄 폐지 배경에는 시대적 흐름이 반영되었음을 알 수 있다.

오답 체크

① 마지막 단락에서 대한민국의 경우 2000년대 들어 국회에서 사실적시 명예훼손 조항을 개정하거나 완전히 폐지하려는 시도가 있었으나 실제 법 개정이나 폐지로 이어지지는 못했다고 했으므로 대한민국 형법 제307조 제1항은 명예훼손에 대한 형사 조항을 폐지하는 국제적 추세를 반영해 개정된 바 있는 것은 아님을 알 수 있다.

② 두 번째 단락에서 형법 제310조는 사실적시 명예훼손에 관한 위법성 조각 사유로 규정되어 있으나 그렇다 하더라도 여전히 사실적시 명예훼손 혐의로 수사와 재판을 받을 수 있다는 점에서 표현의 자유는 위축된다고 했으므로 사실적시 명예훼손에 관한 위법성 조각 사유가 형법에 규정되어 있더라도 표현의 자유에는 영향을 줄 수 있음을 알 수 있다.

③ 마지막 단락에서 헌법재판소는 사실적시 명예훼손 조항에 대해 합헌 결정을 내렸고 그 이유로 표현의 자유가 위축되는 점을 고려해 사실적시 명예훼손 조항을 전부 위헌으로 결정한다면 명예 침해를 방치하게 된다고 보았기 때문이라고 하였으나 대한민국 헌법재판소가 명예가 훼손될 시 그 회복이 어렵다는 점을 들어 사실적시 명예훼손 조항의 합헌결정을 내렸는지는 제시된 글을 통해 알 수 없다.

④ 세 번째 단락에서 2010년 UN 인권이사회 특별보고관은 명예훼손에 대한 형사적 조치를 반대하며 이에 대한 구제책으로 비형사적 제재를 제안했으나 UN이 대한민국 사실적시 명예훼손에 대한 민사적 조치의 적용을 우려하는지에 대해서는 제시된 글을 통해 알 수 없다.

4 세부 내용 파악 정답 ②

첫 번째 단락에서 제품의 품질이나 가격만이 아니라 기업 윤리까지 생각하는 소비자가 윤리적 소비자라고 했고, 두 번째 단락에서 코즈 마케팅을 한다는 이유만으로 구매를 결정하지 않기 때문에 기본적으로 품질이 뒷받침되어야 한다고 했다. 따라서 제품 및 서비스의 품질이 보장되지 않는다면 코즈 마케팅은 성공할 수 없음을 알 수 있다.

오답 체크

① 첫 번째 단락에서 윤리적 소비자는 품질이 비슷한 제품들을 비교할 때 가격뿐만 아니라 윤리적 가치 판단을 한다고 했다. 따라서 윤리적 소비자가 제품이나 서비스의 가격을 고려하지 않는 것이 아닌, 가격뿐 아니라 윤리적 측면도 함께 고려하는 것임을 알 수 있다.

③ 두 번째 단락에서 증가하는 윤리적 소비자는 기업으로 하여금 윤리적 소비자의 의견에 동참하도록 유도한다고 했으므로 소비자가 기업에 영향력을 끼쳐 오늘날 윤리적 소비 경향이 나타나게 되었음을 알 수 있다.

④ 첫 번째 단락에서 윤리적 소비자는 자신들의 소비 행태가 기업에 윤리적인 제품을 만들어내도록 이끌 수 있다는 생각을 가진다고 했으므로 윤리적인 제품을 만들도록 요구하는 소비자는 합리적 소비자가 아니라 윤리적 소비자임을 알 수 있다.

⑤ 두 번째 단락에서 코즈 마케팅은 사회의 공익적 가치와 기업의 경제적 가치를 동시에 추구한다고 했으므로 코즈 마케팅을 하는 기업이 자신들의 이익보다 공공의 이익을 증대시키는 것을 목표로 하지는 않음을 알 수 있다.

5 세부 내용 파악

정답 ②

첫 번째 단락에서 경제적 규제와 사회적 규제는 명확한 구분이 어렵다고 했고, 두 번째 단락에서 경제적 규제는 그 파급효과가 상당하다고 했다. 따라서 경제적 규제의 파급효과가 크다는 것은 알 수 있으나, 경제적 규제이면서 사회적 규제인 경우와 경제적 규제이기만 한 경우 중 어떤 쪽의 파급효과가 더 큰지는 제시된 글을 통해 알 수 없다.

오답 체크

① 두 번째 단락에서 경제적 규제는 바람직한 시장 질서를 실현하고자 하는 정부의 개입이며, 특정 산업 분야에서 신규 사업자의 진입을 막음으로써 기존 사업자를 보호하기 위한 인허가 제도가 그 대표적인 예라고 했다. 따라서 정보 산업 분야의 기존 사업자를 보호하기 위한 진입 제한 규제는 바람직한 시장 질서를 실현하고자 하는 정부규제임을 알 수 있다.

③ 세 번째 단락에 따르면 사회적 규제는 시장실패를 해결하기 위한 것이며, 최근의 규제 완화 흐름 속에서도 사회적 규제는 강화하는 추세임을 알 수 있다.

④ 세 번째 단락에 따르면 산업안전 규제의 경우 이를 준수하기 위하여 사업자의 비용 부담이 발생한다는 점에서 경제적 규제라고 여길 수 있지만, 정부가 사회 구성원의 보건과 안전을 위해 규제하는 것이므로 사회적 규제로 분류됨을 알 수 있다.

⑤ 세 번째 단락에서 과거에 만들어진 규제가 현재 상황에 적절하지 않아 불필요한 비용을 발생시키는 경우가 있어 오늘날에는 양적 측면보다는 질적 측면에서의 규제 개선이 중요시되며, 환경오염과 화학사고 예방을 위한 화학물질 규제는 획일적 규제로 인해 기업의 비용 부담이 가중되는 등 문제가 있어 취급하는 화학물질의 위험성을 고려한 차등적 규제로 개선된 사례가 있다고 했다. 따라서 환경 보호를 위한 규제라고 할지라도 기업의 경제적 부담을 고려하여 규제를 재정비하는 경우가 있음을 알 수 있다.

6 세부 내용 파악

정답 ②

두 번째 단락에서 톰슨이 만든 통고무 타이어는 장애물에 의한 충격을 흡수하지 못했고, 던롭이 만든 공기 타이어는 압축 공기를 넣어 진동을 줄임으로써 승차감이 좋았다고 했다. 따라서 던롭이 발명한 공기 타이어는 통고무 타이어와 달리 충격 흡수력이 탁월했음을 알 수 있다.

오답 체크

① 첫 번째 단락에서 기원전 3500년경 수메르인은 3개의 나뭇조각을 이어 붙여 원판 형태의 바퀴를 만들었으며, 이는 통나무를 원판으로 잘라 만들었던 이전의 바퀴가 가진 단점을 보완하였다고 했다. 따라서 3개의 나뭇조각을 이어 붙인 원판 모양의 나무 바퀴가 기원전 3500년경부터 사용되었음을 알 수 있으나, 원판 형태의 바퀴가 언제부터 사용되었는지는 제시된 글을 통해 알 수 없다.

③ 두 번째 단락에서 던롭이 개발한 공기 타이어가 당시 개발 초기 단계였던 자동차에도 사용되었다고 했으므로 미쉐린 형제가 자동차용 튜브 타이어를 발명하기 전에도 공기 타이어가 자동차에 적용되었음을 알 수 있다.

④ 두 번째 단락에서 최근에는 타이어에 펑크가 나도 급격한 공기 누출이 일어나지 않아 안전성이 높은 튜브리스 타이어가 널리 적용됨은 알 수 있으나 현재 튜브 타이어가 사용되지 않는지는 제시된 글을 통해 알 수 없다.

⑤ 첫 번째 단락에서 히타이트족은 바큇살 바퀴를 발명했으며, 고대 이집트에서 동물의 가죽을 바퀴 테두리에 둘러 바큇살 바퀴를 튼튼하게 만들었다고 했으므로 동물 가죽을 바퀴에 적용한 것은 히타이트족이 아님을 알 수 있다.

7 문맥 추론

정답 ⑤

㉤의 앞에서는 이슬람의 교리가 전염병에 대한 수동적인 대응을 강조하였다고 했고, ㉤의 뒤에서는 칼리프 우마르가 본국으로 돌아오라고 했음에도 아부 우바이다는 교리에 순종하여 시리아에서 페스트로 목숨을 잃었다고 했다. 따라서 ㉤을 '자신이 사는 곳에 전염병이 발생해도 그곳을 떠나지 않았다'로 수정하는 것이 가장 적절하다.

8 문맥 추론

정답 ⑤

(가) 2020년을 기준으로 40세 남자의 기대여명은 41.53세, 60세 남자의 기대여명은 23.41세라고 했으므로 현재 연령과 기대여명의 합은 40세 남자의 경우 81.53세, 60세 남자의 경우 83.41세이다. 이에 비해 80.49세인 남자의 기대수명이 더 짧으며, 이는 0세에 죽지 않고 다음 연령까지 생존할 확률이 0세의 기대여명인 기대수명에 추가적으로 반영되었기 때문이라고 했다. 따라서 (가)에 들어갈 말은 '기대수명보다 길다'가 가장 적절하다.

(나) 1970년 대비 2020년에 40세 남자의 기대여명은 41.53−26.68=14.85세, 60세 남자의 기대여명은 23.41−12.74=10.67세 늘어난 반면에 남자의 기대수명은 80.49−58.74=21.75세 늘었으며, 이는 유아 사망률 감소가 기대수명의 증가에 큰 영향을 끼치기 때문이라고 했다. 따라서 (나)에 들어갈 말은 '기대수명만큼 많이 증가하지 않는다'가 가장 적절하다.

9 문맥 추론

정답 ①

두 번째 단락에서 민주 사회의 정치권력 정당성은 시민들의 합의에 의해 도출되므로 폭력은 민주 사회의 근간을 뒤흔드는 행위로 인식되었다고 했고, 세 번째 단락에서 민주 사회에서 폭력의 등장은 정치권력이 민주 사회의 규칙을 수호하지 못한 것이라고 했으므로 빈칸에 들어갈 내용은 '자발적 합의에 기반한 정치 권력의 정당성을 훼손하기 때문이다'가 가장 적절하다.

오답 체크

② 두 번째 단락에서 민주 사회의 정치권력 정당성은 자발성에 근거한 평화적 합의에 의해 결정된다고 했으므로 폭력을 휘두르는 집단은 정치적 정당성을 인정받을 수 없다. 따라서 폭력을 행사하는 테러 집단이 오히려 정치적 정당성을 인정받기 때문이라는 내용은 적절하지 않다.

③ 제시된 글에서 테러와 같은 폭력 행위가 시민에게 공포감을 주어 투표 행위를 억제하는지는 알 수 없으므로 평화에 익숙해져 있는 시민에게 공포감을 주어 투표 행위를 억제하기 때문이라는 내용은 적절하지 않다.

④ 제시된 글에서 강제적인 힘의 사용이 시민들을 테러에 가담하게 하는지는 알 수 없으므로 자발성이 아닌 강제적인 힘의 사용이 시민들을 테러에 가담하게 하기 때문이라는 내용은 적절하지 않다.

⑤ 제시된 글에서 폭력이 발생하면 테러 집단을 옹호하는 시민들이 등장하여 시민 간에 갈등이 발생하는지는 알 수 없으므로 테러 집단의 폭력을 옹호하는 시민의 등장으로 시민 간에 갈등이 발생할 수 있기 때문이라는 내용은 적절하지 않다.

10 문맥 추론 정답 ⑤

첫 번째 단락과 두 번째 단락에서 부르디외에 따르면 개인의 취향은 사회적 계급에 따른 환경의 차이가 반영된다. 이때 동계 올림픽에 작용한 아비투스는 '경제적·문화적 수준이 높은 국가에서 동계 올림픽을 개최한다'이고, 동계 올림픽을 개최하는 것은 부르디외가 주장하는 '개인의 취향'에 해당하므로 빈칸에 들어갈 내용은 '동계 올림픽 개최지 선정에 경제적·문화적 수준에 따른 국가별 계급이 반영된다'가 가장 적절하다.

11 논리 추론 정답 ④

제시된 글에서 기호화가 필요한 문장을 정리하면 다음과 같다.

- 전제 1: ~무지의 굴레 ∧ ~환상의 속박 → 계몽도달가능
- 전제 2: 환상의 속박 → 내면불안
- 전제 3: 내면불안 ≡ 정신혼란
- 전제 4: ~무지의 굴레
- 결론: 계몽도달가능

전제 1의 대우 '~계몽도달가능 → 무지의 굴레 ∨ 환상의 속박'과 전제 4를 통해 '~계몽도달가능 → 환상의 속박'을 도출할 수 있고 이를 전제 2와 연결해 '~계몽도달가능 → 환상의 속박 → 내면불안'을 도출할 수 있다. '~계몽도달가능 → 환상의 속박 → 내면불안'을 전제 3과 결합하면 '~계몽도달가능 → 환상의 속박 → 정신혼란'이 도출된다. 이때 결론인 '계몽도달가능'이 도출되기 위해서는 '~정신혼란'이 필요하다. 따라서 ㉠을 이끌어내기 위해 추가해야 할 전제는 '정신의 혼란은 존재하지 않는다.'가 가장 적절하다.

12 논리 추론 정답 ③

제시된 조건을 기호화하여 정리하면 다음과 같다.

- 조건 1: 빨간색 → ~파란색
- 조건 2: ~초록색 → 보라색
- 조건 3: 빨간색 ∨ ~남색 → 주황색
- 조건 4: ~노란색 ∨ ~파란색 → ~남색 ∧ ~초록색
- 조건 5: ~보라색

조건 5와 조건 2의 대우 '~보라색 → 초록색'에 따라 초록색을 구매하고, 조건 4의 대우 '남색 ∨ 초록색 → 노란색 ∧ 파란색'에 따라 노란색과 파란색도 구매한다. 또한, 조건 1의 대우 '파란색 → ~빨간색'에 따라 빨간색은 구매하지 않는다. 한편 조건 3에 따라 주황색과 남색 중 한 가지만 구매하거나 둘 다 구매하는 것이 가능하다.

이상의 내용을 표로 나타내면 다음과 같다.

구분	빨	주	노	초	파	남	보
경우 1	X	O	O	O	O	X	X
경우 2	X	X	O	O	O	O	X
경우 3	X	O	O	O	O	O	X

ㄱ. 〈경우 1〉과 〈경우 2〉에 따라 네 가지 색깔의 풍선을 구매하고, 〈경우 3〉에 따라 다섯 가지 색깔의 풍선을 구매하므로 반드시 참이다.

ㄴ. 〈경우 1〉과 〈경우 3〉에 따라 주황색과 초록색을 모두 구매할 수 있으므로 반드시 참이다.

오답 체크

ㄷ. 〈경우 1〉에 따라 빨간색과 남색 모두 구매하지 않을 수 있으므로 반드시 참은 아니다.

13 논리 추론 정답 ④

갑~무의 추측을 각각 명제 1~5로 하여 기호화하면 다음과 같다. 이때 추측이 맞은 경우를 참, 추측이 틀린 경우를 거짓이라고 한다.

- 명제 1: 을C ∧ 정A
- 명제 2: ~갑A ∧ ~을C
- 명제 3: 정B ∨ ~무A
- 명제 4: 무B
- 명제 5: 갑A ∨ 병C

명제 1과 명제 2가 각각 '을C', '~을C'로 모순이므로 둘 중 하나는 반드시 거짓이다. 따라서 명제 1이 참인 경우, 명제 2가 참인 경우로 나누어 가능한 경우를 확인한다.

〈경우 1〉 명제 1이 참인 경우

명제 2가 거짓, 명제 3~5가 참이다. 명제 1에 따라 을은 C부서, 정은 A부서에 배치되고, 제시된 조건에 따라 1명만 C부서에 배치된다고 했으므로 갑, 병, 무는 C부서에 배치되지 않는다. 병이 C부서에 배치되지 않으므로 명제 5에 따라 갑이 A부서에 배치되고, 명제 4에 따라 무가 B부서에 배치된다. 이때 제시된 조건에서 A부서에 2명, B부서에 2명을 배치한다고 했으므로 병은 B부서에 배치된다.

구분	갑	을	병	정	무
A부서	O	X	X	O	X
B부서	X	X	O	X	O
C부서	X	O	X	X	X

〈경우 2〉 명제 2가 참인 경우

명제 1이 거짓, 명제 2~5가 참이다. 명제 2에 따라 갑과 을은 각각 A부서, C부서에 배치되지 않고, 명제 4에 따라 무가 B부서에 배치된다. 갑이 A부서에 배치되지 않으므로 명제 5에 따라 병이 C부서에 배치되고, 제시된 조건에 따라 1명만 C부서에 배치된다고 했으므로 갑, 을, 정은 C부서에 배치되지 않는다. 갑은 A부서, C부서에 배치되지 않으므로 B부서에 배치되고, 제시된 조건에 따라 2명은 A부서, 2명은 B부서에 배치된다고 했으므로 을과 정은 A부서에 배치된다.

구분	갑	을	병	정	무
A부서	X	O	X	O	X
B부서	O	X	X	X	O
C부서	X	X	O	X	X

따라서 '정은 A부서에 배치된다.'가 반드시 참이다.

14 논리 추론

정답 ③

제시된 글에서 기호화가 필요한 문장을 정리하면 다음과 같다.

- 명제 1: ~청년 적격 → 비대면 적격
- 명제 2: 재택근무 적격 → 비대면 적격
- 명제 3: ~재택근무 적격 → ~청년 적격 ∨ ~지역 적격
- 명제 4: 장애인 적격 → 청년 적격
- 명제 5: ~비대면 적격

명제 1과 명제 2의 대우는 각각 '~비대면 적격 → 청년 적격', '~비대면 적격 → ~재택근무 적격'이고 명제 5가 '~비대면 적격'이므로 '청년 적격'과 '~재택근무 적격'이 참이다. 또한 '청년 적격'이 참이므로 명제 3에 따라 '~지역 적격'이 참임을 알 수 있다. 이때 2개의 사업에만 적격 판정을 내리므로 '장애인 고용 적격'은 반드시 참이 된다. 따라서 적격 판정을 받는 사업은 청년 해외진출 지원 협약 사업과 장애인 고용 촉진 지원 사업이다.

ㄷ. 장애인 고용 촉진 지원 사업은 적격 판정을 받으므로 반드시 참이다.

오답 체크

ㄱ. 청년 해외진출 지원 협약 사업은 적격 판정을 받으나 재택근무 촉진 사업은 부적격 판정을 받으므로 반드시 참이 아니다.

ㄴ. 지역 일자리 창출 협력 사업은 부적격 판정을 받으므로 반드시 참이 아니다.

15 세부 내용 파악

정답 ④

ㄱ. 첫 번째 단락에서 혈중 칼슘 농도가 높을 때는 칼시토닌의 분비 촉진과 파라토르몬의 분비 억제를 통해, 반대로 혈중 칼슘 농도가 저하되었을 때 파라토르몬 분비 촉진과 칼시토닌 분비 억제를 통해 체내 칼슘 농도가 일정하게 유지된다고 했다. 또한, 세 번째 단락에서 길항 작용은 하나의 기관에 두 가지 상반된 요인이 함께 작용할 때 한쪽이 기관의 기능을 촉진하면 다른 한쪽은 기관의 기능을 억제하는 것이라고 했다. 따라서 칼시토닌과 파라토르몬을 통한 혈중 칼슘 농도 조절은 길항 작용에 해당함을 추론할 수 있다.

ㄷ. 두 번째 단락에서 신경계의 작용은 매우 빠르게 전달되고 효과가 빠르게 사라지며, 호르몬의 작용은 전달 속도가 느리고 그 효과가 오래 지속된다고 했다. 따라서 신경계의 작용은 호르몬의 작용에 비해 전달 속도는 빠르고 효과의 지속성은 낮음을 추론할 수 있다.

오답 체크

ㄴ. 세 번째 단락에서 혈중 티록신 농도가 높아지면 음성 피드백으로 시상하부에서 TRH 분비와 뇌하수체 전엽에서 TSH 분비가 억제되어 티록신의 분비량이 줄어듦으로써 일정한 농도가 유지된다고 했다. 따라서 혈관에 티록신을 주사할 경우 혈중 티록신 농도가 높아지게 되므로 TRH와 TSH의 분비량이 감소함을 추론할 수 있다.

16 세부 내용 파악

정답 ①

두 번째 단락에서 제2형 당뇨병은 인슐린 저항성 증가로 인해 인슐린의 작용이 원활하지 않아 혈당이 올라가는 병을 의미한다고 했으므로 인슐린 저항성이 생기면 혈액 내 포도당 농도가 높아짐을 추론할 수 있다.

오답 체크

② 첫 번째 단락에서 글루카곤은 혈액 내 포도당의 농도를 증가시키는 역할을 한다고 했고, 두 번째 단락에서 제1형 당뇨병은 자가 면역반응으로 인해 췌장의 β 세포가 파괴되어 인슐린이 분비되지 않아 발병함을 알 수 있으나 β 세포가 파괴되면 이자가 인슐린과 글루카곤을 과다하게 분비하게 되는지는 추론할 수 없다.

③ 첫 번째 단락에서 α 세포는 글루카곤을 분비한다고 했으며, 글루카곤은 간에 저장된 글리코겐을 포도당으로 분해함을 알 수 있으나 간에서 포도당이 글리코겐으로 저장되면 α 세포 기능에 문제가 발생하는지는 추론할 수 없다.

④ 지문에서 인슐린의 반응 정도와 혈당 간의 상관관계에 대하여 알 수 없으므로 인슐린 반응 정도에 따라 혈액 내 포도당 농도를 추측할 수 있는지는 추론할 수 없다.

⑤ 첫 번째 단락에서 α 세포는 글루카곤을 분비한다고 했으며, 글루카곤은 혈액 내 포도당의 농도를 높임을 알 수 있으나 α 세포 기능에 문제가 발생하면 혈당이 떨어지지 않는지는 추론할 수 없다.

17 논지·견해 분석

정답 ③

ㄱ. 사람의 평균 목소리가 소리 2, 높은 톤의 여성 목소리가 소리 3인데, 종류 1은 소리 3에서 소리가 나는 방향으로 이동하고, 종류 2는 소리 2~3 모두 소리가 나는 방향으로부터 멀어졌다. 〈실험 결과〉에 따르면 종류 1은 크기가 크고 공격성이 강한 뱀, 종류 2는 포식자를 피해 먹이활동을 하는 뱀이므로 뱀의 성향을 고려하면, 종류 1은 소리를 따라 공격하기 위해, 종류 2는 사람을 피하기 위해 움직인 것으로 추측할 수 있다. 따라서 종류 1과 종류 2의 〈실험 결과〉는 모두 사람의 목소리를 감지할 수 있을 것이라는 가설을 강화한다.

ㄴ. 종류 3과 종류 5의 〈실험 결과〉는 소리가 나는 방향으로 움직이거나 공격한 것이 아니라, 소리가 나는 방향으로부터 멀어지거나 아예 움직이지 않는 반응을 나타냈으므로 뱀이 소리가 나는 방향에 공격성을 드러낼 것이라는 가설을 약화한다.

오답 체크

ㄷ. 종류 4의 〈실험 결과〉는 소리 1~3에서 모두 소리가 나는 방향으로부터 멀어진 것이므로, 종류 4가 특히 소리 2에서 머리를 급히 움직이는 행동이 증가한 것은 불안 또는 경계 행동이 증가한 것으로 추측할 수 있다. 이 결과만으로 소리 2의 감지를 더 빠르게 했는지는 알 수 없으므로, 종류 4의 〈실험 결과〉가 특정 소리를 다른 감각보다 더 빠르게 감지할 것이라는 가설은 강화하지도 약화하지도 않는다.

18 논지·견해 분석

정답 ⑤

ㄴ. 그룹 1은 동료 벌의 공굴리기 시연을 통해, 그룹 3은 목표와 보상만을 통해 목표 지점인 원까지 공을 굴려야 한다는 것을 훈련하였다. 이때, 그룹 1과 그룹 3의 〈실험 결과〉에서 그룹 3에 비해 그룹 1의 성공률이 높고 소요 시간도 더 짧았으므로 그룹 1의 훈련 방식이 더 효과적임을 알 수 있다. 따라서 벌에게 새로운 행동 패턴을 학습시킬 때 다른 개체의 행동을 통해 전체 과정을 보여주는 것이 효과적이라는 가설을 강화하므로 적절한 판단이다.

ㄷ. 그룹 2는 공이 목표 지점인 원까지 굴러가는 모습을 지켜봤고, 그룹 3은 공의 이동 경로를 보여주지 않았다. 이때, 그룹 2와 그룹 3의 〈실험 결과〉에서 그룹 3보다 그룹 2의 성공률이 높았으며, 성공한 그룹 2의 벌은 원과 가장 가까이에 있는 공을 선택했고 그룹 3의 벌은 원과 가장 멀리 있는 공을 선택했다. 이에 따라 그룹 2는 이동 거리가 더 짧은 공을 선택하는 효율적인 행동을 했으나 그룹 3은 그렇지 않았음을 알 수 있다. 따라서 공이 움직여 목표 지점까지 이동하는 경로를 학습하지 못한 벌의 경우 효율적인 행동을 선택하는 데 어려움을 겪는다는 가설을 강화하므로 적절한 판단이다.

오답 체크

ㄱ. 그룹 1은 동료 벌의 공굴리기 시연을 통해, 그룹 2는 저절로 움직이는 공을 통해 목표 지점인 원까지 공을 굴려야 한다는 것을 훈련하였다. 이때, 그룹 1과 그룹 2의 〈실험 결과〉에서 공을 굴려 원 안에 넣는 데 성공한 벌은 대부분 훈련시키지 않았던 원과 가장 가까운 공을 굴렸으므로 다른 벌의 시연을 통해 훈련한 그룹 1과 그렇지 않은 그룹 2 모두 보상을 얻기 위한 행동의 원리를 이해하여 최적의 경로를 찾는 효율적인 행동을 할 수 있음을 알 수 있다. 따라서 다른 벌의 시연을 통해 훈련하지 않으면 보상을 얻기 위한 행동의 원리를 이해할 수 없다는 가설을 강화하지 않으므로 적절하지 않은 판단이다.

19 문맥 추론

정답 ①

(가), (나) 유아기 기억상실은 7~8세를 기점으로 급격하게 어린 시절의 기억 소멸이 일어난다고 했으므로 7~8세 이전에는 어린 시절을 잘 기억하지만 이후에는 기억하지 못한다는 것을 뒷받침하는 실험 결과임을 알 수 있다. 따라서 빈칸에 들어갈 말은 "처음에 이야기했던 경험에 대해 '7세까지는' 60~70%를 기억한 반면, '8세 이후에는' 약 35%를 기억해 냈다"가 적절하다.

(다), (라) 실험에 사용한 사진 속 인물은 아이들의 4년 전 친구들이거나 낯선 사람들로 어느 쪽이든 아이들은 그게 누구인지 알아보지 못했지만, 이 실험을 통해 3세 무렵에 봤던 친구들의 모습을 의식적으로 회상하지는 못해도 기억의 파편이 머릿속에 남아 있음을 짐작할 수 있다고 했다. 따라서 빈칸에 들어갈 말은 "'낯선 사람의' 얼굴보다는 '기억나지 않는 친구의' 얼굴을 보여줬을 때 더 정확하게 비교해 냈다"가 적절하다.

20 논지·견해 분석

정답 ③

ㄱ. ㉠에 따르면 유아기 기억상실은 언어능력과 밀접한 관련이 있어, 언어 발달이 충분히 이루어지기 전에는 기억의 저장이 불안정하고 언어가 발달한 유아기 이후에는 언어적 사고를 통해 저장되지 않은 기억을 끄집어낼 수는 없게 된다. 따라서 언어를 사용하지 않는 원숭이에게서도 유아기의 기억이 소멸되는 현상이 발견된다는 것은 사람만이 갖는 언어능력으로는 유아기 기억상실을 설명할 수 없다는 것으로, ㉠을 약화하므로 적절한 평가이다.

ㄷ. ㉠에 따르면 언어능력이 발달하기 이전의 기억은 회상할 수 없으나 무의식이나 암시적 기억으로 남아 있게 되고, ㉡에 따르면 해마에서 새로운 뉴런이 만들어지는 과정에서 오래된 기억이 파괴되지만 완전히 소멸되는 것이 아니라 기억의 파편이 머릿속에 남아 있게 된다. 즉, ㉠과 ㉡ 모두 어린 시절의 경험이 저장은 되어 있지만 이를 의식적으로 회상할 수 없다는 내용이다. 따라서 영아기에는 뇌의 정보처리능력과 기억을 담당하는 회로가 발달하지 않아 이때의 기억이 저장되지 않는다는 사실이 밝혀지더라도 ㉠과 ㉡ 모두 강화되지 않으므로 적절한 평가이다.

오답 체크

ㄴ. ㉡에 따르면 기억 형성에 관여하는 해마에서 새로운 뉴런이 만들어짐에 따라 기존 뉴런 간의 연결이 끊어져 기억이 소멸한다. 따라서 태어난 지 얼마 안 된 어린 쥐는 하루 전에 받은 자극도 기억하지 못하였지만, 해마의 뉴런 생성을 억제하였더니 몇 주가 지나서도 이전에 받은 자극을 기억했다는 실험 결과는 해마의 뉴런 생성이 생애 초기의 기억 존속 및 소멸과 관련 있음을 뒷받침하여 ㉡을 약화하지 않으므로 적절하지 않은 평가이다.

21 문맥 추론

정답 ⑤

ㄱ. 을은 풍수해보험의 주요 가입 경로를 고려해 지자체 차원에서 적극적으로 홍보해야 한다는 의견을 제시했으므로, 풍수해보험에 대한 지자체의 홍보가 활발할수록 보험 가입률도 높은 상관관계가 있다면 을의 의견이 옳음을 알 수 있다. 따라서 '지자체별 풍수해보험 홍보 예산 규모에 따른 풍수해보험 가입률'을 확인하는 것은 적절하다.

ㄴ. 병은 자연재해 위험도에 대한 인식이 풍수해보험 가입 여부 판단에 영향을 미치기 때문에 풍수해가 자주 발생하는 지역에 집중해야 한다는 의견을 제시했으므로, 자연재해에 취약한 지역일수록 풍수해보험 가입에 대한 수요가 증가하는 상관관계가 있다면 병의 의견이 옳음을 알 수 있다. 따라서 '자연재해에 취약한 지역과 그렇지 않은 지역의 풍수해보험 수요 차이'를 확인하는 것은 적절하다.

ㄷ. 정은 무상으로 제공되는 재난지원금 수혜 실적이 있으면 풍수해보험에 가입할 유인이 줄어든다는 의견을 제시했으므로, 풍수해로 재난지원금을 받은 적이 있으면 풍수해보험 가입을 꺼리는 상관관계가 있다면 정의 의견이 옳음을 알 수 있다. 따라서 '전년도 풍수해 피해로 인한 재난지원금 수령자와 미수령자 각각의 풍수해보험 가입 희망자 비율'을 확인하는 것은 적절하다.

22 세부 내용 파악

정답 ③

2023학년도에 입학한 학생은 2023학년도 입학자까지 적용되는 장학제도를 적용받는다. 이때 직전 학기에 12학점 이상을 수강해야만 장학금 지원 대상이 되며, 1~2학년 학생에 대해서는 성적에 대한 제한이 따로 없다. 따라서 2023학년도에 입학한 3급 장애를 가진 1학년 학생이 직전 학기에 15학점을 수강했다면 학점에 관계없이 장학금을 받을 수 있음을 추론할 수 있다.

오답 체크

① 2019학년도에 입학한 학생은 2023학년도 입학자까지 적용되는 장학제도를 적용받는다. 장애등급에 따른 장학금을 차등 지급받는 학생의 경우 장애등급 증빙 서류를 추가로 제출해야 한다. 따라서 2019학년도에 입학한 1급 장애를 가진 3학년 학생이 장학금을 받기 위해서는 장애등급 증빙 서류를 추가로 제출해야 함을 추론할 수 있다.

② 2020학년도에 입학한 학생은 2023학년도 입학자까지 적용되는 장학제도를 적용받는다. 4학년 학생의 경우 직전 학기 평점 평균이 3.0 이상이어야 장학금 선발 대상이 된다. 따라서 2020학년도에 입학한 4급 장애를 가진 4학년 학생의 직전 학기 평점 평균이 2.8이라면 장학금 지원 대상에 해당하지 않음을 추론할 수 있다.

④ 2024학년도에 입학한 학생은 2024학년도 입학자부터 적용되는 장학제도를 적용받는다. 신규 장학제도의 경우 장애등급과 관계없이 110만 원의 장학금을 지급받을 수 있다. 따라서 2024학년도에 입학한 2급 장애를 가진 2학년 학생은 장애등급 증빙 서류 제출 없이도 110만 원의 장학금을 받을 수 있는 대상자임을 추론할 수 있다.

⑤ 2025학년도에 입학한 학생은 2024학년도 입학자부터 적용되는 장학제도를 적용받는다. 직전 학기에 12학점 이상을 수강해야만 장학금 지원 대상이 되며, 장학금 지급을 위한 별도의 성적 기준은 없으나 2024년도 입학자부터는 지원자가 선발 인원보다 많을 시 성적이 높은 순으로 장학금 대상자를 선정하게 된다. 따라서 2025학년도에 입학한 3급 장애를 가진 4학년 학생은 직전 학기에 15학점을 수강했더라도 장학금을 지급받지 못할 수도 있음을 추론할 수 있다.

23 문맥 추론

정답 ①

제시된 글에 따라 〈개정 근로제도 시행 시기〉를 정리하면 다음과 같다.

주52시간제	기업 규모	㉠ 공공기관 및 300인 이상 사업장 (특례제외업종 미포함)	㉡ 50인 이상 300인 미만 사업장	5인 이상 50인 미만 사업장
	시행 시기	2018년 7월	2020년 1월	㉢ 2021년 7월
관공서 공휴일의 민간적용	기업 규모	공공기관 및 300인 이상 사업장	㉣ 30인 이상 300인 미만 사업장	㉤ 5인 이상 30인 미만 사업장
	시행 시기	2020년 1월	㉥ 2021년 1월	2022년 1월
가족돌봄등 근로시간 단축제도	기업 규모	공공기관 및 300인 이상 사업장	30인 이상 300인 미만 사업장	5인 이상 30인 미만 사업장
	시행 시기	㉦ 2020년 1월	2021년 1월	㉧ 2022년 1월

첫 번째 단락에서 주52시간제는 공공기관 및 300인 이상 사업장의 경우 2018년 7월부터 시행하지만, 특례제외업종 중 300인 이상 사업장은 2019년 7월부터 시행한다고 했다. 따라서 2019년 상반기에, 특례제외업종인 300인 이상 사업장은 주52시간제가 시행되기 전으로 1주 최대 근로시간은 ㉠이 아닌 ㉡의 1주 최대 근로시간과 같으므로 적절한 설명이다.

오답 체크

② ㉡에는 '50인 이상 300인 미만 사업장', ㉣에는 '30인 이상 300인 미만 사업장'이 들어가 서로 다르므로 적절하지 않다.

③ ㉢에는 '2021년 7월', ㉥에는 '2021년 1월', ㉦에는 '2020년 1월'이 들어가 모두 다르므로 적절하지 않다.

④ 40인 규모의 사업장은 '30인 이상 300인 미만 사업장'인 ㉣에 해당하여, 2021년 1월부터 관공서 공휴일의 민간적용이 시행되므로 적절하지 않다.

⑤ 세 번째 단락에서 근로시간 단축의 사유를 기존의 임신·출산에서 가족돌봄, 본인건강, 은퇴준비, 학업 등으로 확대했다고 했다. 따라서 20인 규모의 사업장에 근무하는 사람은 ㉧ 전에도 임신을 사유로 근로시간 단축제도를 활용할 수 있었으므로 적절하지 않다.

24 논지·견해 분석

정답 ③

ㄱ. 갑은 소비자들이 식품을 구매한 후 섭취 전에 보관하는 기간을 고려해 다소 보수적으로 산정된 유통기한을 표기해야 한다고 주장하고, 을은 유통기한으로 식품 폐기 여부를 결정하게 되면 품질에 이상이 없음에도 폐기되는 경우가 많아지므로 그보다 길게 설정되는 소비기한을 함께 표기해야 한다고 주장한다. 이때 유통기한 표기제를 소비기한 표기제로 변경하되 기존 유통기한을 날짜 연장 없이 그대로 소비기한으로 표기한다면, 명칭은 달라지지만 유통기한에 따라 식품의 폐기 여부를 결정하는 것은 동일함을 알 수 있다. 따라서 갑은 이에 동의하지만, 을은 동의하지 않을 것이므로 적절한 분석이다.

ㄴ. 을은 유통기한 표기가 익숙한 국내 소비자를 위해 유통기한과 소비기한을 함께 표기해야 한다고 주장하고, 병은 소비자의 혼란을 야기할 수 있으므로 제품의 특성을 고려한 표기법을 사용해 한 가지 날짜만 써야 한다고 주장한다. 따라서 유통기한만 표기된 미국산 통조림을 한국에서 판매할 때 그 옆에 소비기한이나 품질유지기한이 표기된 라벨을 붙일 경우 소비기한에 대한 이해도를 높일 수 있어 을은 동의하지만, 소비자의 혼란을 야기할 수 있어 병은 동의하지 않을 것이므로 적절한 분석이다.

오답 체크

ㄷ. 갑은 오늘날 포장 기술과 유통 환경이 좋아져 유통기한이 약간 지난 식품이라도 섭취 시 문제가 발생할 가능성이 낮지만, 유통 및 판매 과정에서 적정 온도, 습도 등이 지켜지지 않을 수 있어 유통기한을 준수해야 한다고 주장하므로 보관 조건이 지켜진 식품은 유통기한이 지났더라도 소비기한 내에는 섭취해도 된다는 데에 동의할 것이다. 한편 병은 특정 식품은 적절한 보존방법만 준수한다면 유통기한이나 소비기한에 따른 기간보다 훨씬 더 오랜 기간 해당 식품 고유의 품질이 유지될 수 있다고 했으나, 어떤 식품이든 유통기한 이후에 섭취해도 된다는 견해는 아니므로 적절하지 않은 분석이다.

25 논지·견해 분석

정답 ②

ㄴ. 쟁점 2와 관련하여, 갑은 이용된 부분의 저작물 전체에서 차지하는 비중이 저작권을 판단하는 데 가장 중요하다고 생각한다면 대부분의 내용을 타 서적에서 인용하여 짜깁기한 B는 저작권법을 위반하였다고 주장할 것이고, 을은 이용된 부분이 저작물 전체에서 주요한 내용인지가 저작권을 판단하는 데 가장 중요하다고 생각한다면 인용한 내용 대부분이 부수적인 내용인 B는 저작권법을 위반하지 않았다고 주장할 것이다. 따라서 갑과 을의 주장에 대해 설명할 수 있다.

오답 체크

ㄱ. 쟁점 1과 관련하여, 타 서적에서 A로 인용한 부분이 모두 공익과 관련된 교육적인 내용이라고 하더라도 A에 인용된 부분의 비중이 저작자의 정당한 이익을 부당하게 해치지 않는 범위에 해당하는지와는 관련이 없다. 따라서 갑의 주장은 그르지만 을의 주장은 옳다고 분석하는 것은 적절하지 않다.

ㄷ. A와 B의 출간이 각 저작물의 판매량과 평가에 크게 영향을 주었다면, A와 B는 저작권법을 위반하였다고 볼 가능성이 생기게 된다. 따라서 을의 주장이 쟁점 1과 쟁점 2 모두에서 옳다는 분석은 적절하지 않다.

실전모의고사 4회

정답

1	④	세부 내용 파악	6	②	세부 내용 파악	11	①	논리 추론	16	②	세부 내용 파악	21	③	문맥 추론
2	③	세부 내용 파악	7	③	문맥 추론	12	③	논리 추론	17	③	논지·견해 분석	22	③	논지·견해 분석
3	②	세부 내용 파악	8	①	문맥 추론	13	③	논리 추론	18	④	세부 내용 파악	23	②	문맥 추론
4	①	세부 내용 파악	9	①	문맥 추론	14	⑤	논리 추론	19	⑤	문맥 추론	24	②	세부 내용 파악
5	①	세부 내용 파악	10	⑤	문맥 추론	15	⑤	세부 내용 파악	20	④	논지·견해 분석	25	②	논지·견해 분석

취약 유형 분석표

유형별로 맞힌 개수, 틀린 문제 번호와 풀지 못한 문제 번호를 적고 나서 취약한 유형이 무엇인지 파악해 보세요.

유형	맞힌 개수	틀린 문제 번호	풀지 못한 문제 번호
세부 내용 파악	/10		
논지·견해 분석	/4		
문맥 추론	/7		
논리 추론	/4		
TOTAL	/25		

해설

1 세부 내용 파악

정답 ④

세 번째 단락에서 지방 사회에서 불교와 관련된 제사 등은 호장층의 주도로 이루어졌다고 했고, 두 번째 단락에 따르면 호장층은 향리층 중에서 상층부에 속하는 세력이므로 일부 향리에게 불교 제사를 주도할 수 있는 권한이 있었음을 알 수 있다.

오답 체크

① 두 번째 단락에서 수취한 조세의 양이 모자란 경우 조세 수취의 실질적인 책임자였던 향리는 이를 채워야 했고 수령은 파면되는 등 조세 수취에 책임을 져야 했다고 하였다. 따라서 향리도 수령과 같이 조세 수취에 책임이 있음을 알 수 있다.

② 두 번째 단락에서 사법권은 수령에게만 부여되었으나 고려 초기에는 일부 속현에서 향리층 중에서도 상층부에 속하는 호장층에게 제한적으로 판결의 권한을 부여하였다고 했으므로 모든 향리에게 사법권이 있었던 것은 아님을 알 수 있다.

③ 세 번째 단락에서 향리가 지방 사회에서 행해지는 대부분의 제사를 주도적으로 담당하였다고 했으나 주현과 속현을 막론하고 자연적으로 중요한 곳에는 중앙 관료를 파견하여 제사를 지내게 하였다고 했으므로 지방 사회의 제사 중 중앙 관료가 담당하는 제사도 있었음을 알 수 있다.

⑤ 첫 번째 단락에서 수령이 파견되지 않는 속현 또는 향·소·부곡 등에서는 수령의 지휘 및 통제를 받는 향리가 행정을 처리하도록 했다고 하였다. 따라서 속현보다 규모가 작은 향·소·부곡에 대해서 수령의 지휘 및 통제를 받는 향리가 행정을 처리했음을 알 수 있다.

2 세부 내용 파악

정답 ③

첫 번째 단락에서 창경궁은 성종이 대왕대비인 정희왕후, 성종의 생모인 소혜왕후, 예종의 계비인 안순왕후를 모시기 위해 지은 별궁이라고 했고, 두 번째 단락에서 창경궁 내의 많은 전각이 언덕과 평지를 따라 터를 잡았다고 했으므로 성종이 대왕대비와 왕후를 모시기 위해 만든 궁궐인 창경궁은 지형의 변화 없이 건축물이 세워졌음을 알 수 있다.

오답 체크

① 첫 번째 단락에 따르면 임진왜란 때 왕실의 궁궐이 불타 당시 창경궁도 함께 소실되었으나, 세 번째 단락에서 일제강점기 일본의 조선 간섭도가 극심했던 순종 때 창경궁의 형태와 궁궐로서의 격이 크게 훼손되었다고 했으므로 창경궁의 위상이 크게 변화했던 사건은 임진왜란 때 발생한 화재가 아닌 1909년 순종 때임을 알 수 있다.

② 세 번째 단락에서 창경궁과 종묘 사이를 단절하기 위해 1932년 종묘와 연결된 부분에 도로를 건설했다고 했으므로 창경궁과 종묘 사이에 도로를 이은 이유는 궁궐 내의 왕래를 활성화하는 것이 아닌, 창경궁과 종묘를 단절시키기 위함임을 알 수 있다.

④ 두 번째 단락에 따르면 경복궁은 남북으로 일직선으로 이어지는 구조로 평지에 지어졌고, 주요 전각이 동향이 아닌 남향으로 지어졌음을 알 수 있다.

⑤ 세 번째 단락에서 일제가 창경궁의 이름을 창경원으로 바꾸어 창경궁이 궁궐로서 갖는 지위와 왕실의 상징성을 격하시켰고, 창경궁은 1980년대에 이르러서야 공개 관람이 중단되고 본래 이름으로 환원되며 복원 공사를 진행하였다고 했으므로 일제강점기 때 명칭이 변경되었던 창경궁은 복원 공사 이후 본래 이름으로 환원되었음을 알 수 있다.

3 세부 내용 파악

정답 ②

두 번째 단락에서 금화본위제는 금이 실제 거래에서 유통되고, 화폐와 금과의 교환이 보장되어 있는 통화체제라고 했고, 세 번째 단락에서 1차 세계대전 이전 영국의 경우 금화를 화폐처럼 사용했고, 은행거래에도 사용하였다고 했으므로 1차 세계대전 이전의 영국의 통화체제는 금본위제도 중 금화본위제를 실시했음을 알 수 있다.

오답 체크

① 두 번째 단락에서 금화본위제는 가장 원시적인 형태로 금화가 널리 유통되던 시기부터 사용된 방식이라고 했으므로 금지본위제가 금화본위제보다 먼저 시행된 화폐제도는 아님을 알 수 있다.

③ 첫 번째 단락에서 금은 전 세계 매장량이 적어 가치가 있을 뿐만 아니라 휴대가 쉬워 물건값을 지불하기 좋았기 때문에 많은 국가들이 화폐 가치를 금과 연계하여 사용하였는데, 이와 같이 금이 세계 화폐의 중심이 되는 체제를 금본위제도라고 했다. 따라서 금은 매장량이 풍부해 화폐와 교환이 용이했기 때문에 금본위제도가 탄생한 것은 아님을 알 수 있다.

④ 두 번째 단락에서 금환본위제는 실제로 금화를 유통시키지는 않는다고 했으므로 금환본위제는 금을 통화수단으로 사용하는 통화체제가 아님을 알 수 있다.

⑤ 두 번째 단락에서 통화량이 증가하면 금의 가치도 상승한다고 했고 세 번째 단락에서 1차 세계대전이 종전하자 각국은 전쟁 비용을 마련하느라 통화량을 폭증시켰고, 그 결과 영국은 화폐와 금화를 교환시켜주지 못하여 금본위제도를 포기했다고 했다. 따라서 1차 세계대전 이후 영국이 금본위제도를 포기한 이유는 화폐와 달리 고정된 금화의 수량으로 인해 금화의 가치가 상승했기 때문임을 알 수 있다.

4 세부 내용 파악

정답 ①

두 번째 단락에서 위정자의 염치가 지나쳐 행정의 융통성이 저해되면 나라의 곳간이 비고 백성의 원망이 커진다고 했다. 따라서 위정자의 염치가 지나치면 융통성이 없어 백성들이 고난에 빠질 수 있음을 알 수 있다.

오답 체크

② 세 번째 단락에서 유교에서는 부귀를 무조건 배격하지 않고 위정자의 염치는 정도에 따르면서 백성들의 안위를 우선시하는 것을 강조하였다고 했으므로 유교에서는 위정자의 염치를 최우선으로 여겨 부귀의 추구를 경계한 것은 아님을 알 수 있다.

③ 첫 번째 단락에서 맹자는 위정자가 갖추어야 할 가치로 염치를 강조하였고, 세 번째 단락에서 유교에서는 훌륭한 위정자는 융통성을 발휘하여 백성들의 삶을 윤택하게 만드는 자라고 보았음은 알 수 있으나 맹자가 백성들의 삶을 윤택하게 하기 위해 위정자가 염치를 실천할 것을 강조하였는지는 제시된 글을 통해 알 수 없다.

④ 두 번째 단락에서 다산은 위정자의 염치가 지나쳐 행정의 융통성이 저해되는 것에 대해 관리가 탐욕스러우면 백성에게 살길이 존재하나 너무 각박하게 염치만 차리면 살길이 막힌다고 비판하였다고 했다. 따라서 다산은 백성의 입장에서는 위정자의 염치가 지나친 것보다 몰염치한 것이 낫다고 보았음을 알 수 있다.

⑤ 세 번째 단락에서 유교에서 강조하는 위정자의 염치는 정도에 따르면서 백성들의 안위를 우선시하는 것이라고 했으므로 정도와 관계없이 백성들의 안위를 우선시하는 것은 아님을 알 수 있다.

5 세부 내용 파악

정답 ①

첫 번째 단락에서 2000년대에는 명품 위주의 소비나 브랜드 상품에 대한 소비가 증가하였다고 했으므로 2000년대에 성행하였던 소비 성향은 명품 위주의 소비임을 알 수 있다. 또한 두 번째 단락에 따르면 2010년대 초반에는 상품을 구매하는 것보다는 상품을 대여하거나 공유하는 등 비용 대비 효율적인 소비를 하는 경우가 많았고, 2010년대 후반에는 소비를 자제하고 절약적인 태도를 유지하는 것에 피로감을 느낀 소비자들이 명품이 아닌 작은 규모의 고급 상품을 구입하거나 자기 계발이나 취미 생활에 아낌없이 투자하는 소비가 증가하였다. 또한 세 번째 단락에서 2020년 이후에는 개인주의화된 소비자들이 한정된 비용으로 많은 경험을 하고 싶어 한다고 했으므로 2000년대에 성행하였던 소비 성향이 2020년대로 갈수록 두드러진 것은 아님을 알 수 있다.

오답 체크

② 두 번째 단락에서 2010년대 초반에는 IT 기술이 발전하며 중고거래 플랫폼이 활성화되었다고 했고, 세 번째 단락에서 2020년 이후에는 디지털 플랫폼이 더욱 발달하여 스트리밍 및 구독 서비스가 활성화되었다고 했으므로 2010~2020년대의 소비 플랫폼 및 서비스가 크게 발달한 주요 요인은 디지털 기술의 발전에 있음을 알 수 있다.

③ 세 번째 단락에서 2020년대 이후에는 비대면 생활로 전환함에 따라 개인 위주의 사회가 극소 단위로 파편화되었다고 했다. 또한 비대면 생활과 개인주의적 사회 경향이 지속될 가능성이 높아 소비 트렌드 역시 개인 위주의 소비 문화로 심화되고, 한정된 비용으로 효율적으로 소비하는 경향이 두드러질 것이라고 했으므로 2020년대 이후의 소비 트렌드는 개인주의적인 소비 성향을 가진 소비자가 더 많아질 것임을 알 수 있다.

④ 두 번째 단락에서 2010년대 초반에는 소비자들이 상품을 구매하는 것보다는 상품을 대여하거나 공유하는 등 비용 대비 효율적인 소비를 하는 경우가 많았다고 했고, 2010년대 미래보다는 현재 자기 자신만의 행복을 중시하려는 경향이 강해짐에 따라 저축을 하는 대신 자기 계발이나 취미 생활에 아낌없이 투자하는 소비가 증가하였다고 했으므로 2010년대에는 효용성을 강조하는 소비 성향과 현재 자신의 행복을 위해 투자하려는 소비 성향이 함께 드러났음을 알 수 있다.

⑤ 첫 번째 단락에서 2000년대에는 주식시장이 호황을 유지하였으므로 정부는 신용카드 사용을 장려하거나 내수진작을 추진하였고, 이에 따라 명품 위주의 소비나 브랜드 상품에 대한 소비가 증가하였다고 했다. 따라서 2000년대에 고급화된 소비가 증가한 이유는 정부가 경제 흐름에 따라 소비 장려 정책을 추진하였기 때문임을 알 수 있다.

6 세부 내용 파악

정답 ②

세 번째 단락에서 사회적 관점을 취하는 학자들은 저출산 문제를 해결하려면 자발적으로 출산할 수 있는 문화적 배경을 만들어가는 것이 필요하다고 했으므로 사회적 관점에 따르면 자발적 출산 문화를 형성하지 못할 경우 저출산 문제를 해결할 수 없음을 알 수 있다.

오답 체크

① 두 번째 단락에서 경제적 관점에 따라 저출산 문제를 해결하려면 출산했을 때의 비용 대비 편익이 출산하지 않았을 때보다 크도록 조정해야 한다고 했으므로 보조금은 출산한 가정에 지급해야 함을 알 수 있다.

③ 두 번째 단락에서 경제적 관점에서는 출산과 경제력의 상관관계가 크다고 했고, 세 번째 단락에서 사회적 관점에서는 가족에 대한 인식의 변화가 저출산에 미치는 영향이 더 크다고 했으므로 보조금을 지급하는 것은 사회적 관점이 아닌 경제적 관점에 따른 해결책임을 알 수 있다.

④ 세 번째 단락에서 사회적 관점에서는 저출산 문제를 해결하려면 결혼과 양육에 대한 새롭고 긍정적인 인식을 형성하는 것이 필요하다고 했고, 마지막 단락에서 사회적 관점에 따른 해결책은 저출산 추세가 매우 느리게 개선되었다고 했으므로 정부가 결혼과 출산에 대한 긍정적인 인식을 형성시켰다면 저출산 추세가 신속하게 완화되지는 않았을 것임을 알 수 있다.

⑤ 두 번째 단락에서 경제적 관점에 따라 저출산 문제를 해결하려면 출산했을 때의 비용 대비 편익을 높여야 한다고 했고, 마지막 단락에서 경제적 관점에 따른 해결책은 저출산 추세를 신속하게 완화해주었다고 했으므로 정부가 출산했을 때의 비용 대비 편익을 높이기 위해 출산 가정에 보조금을 지원했다면 저출산 추세는 매우 빠르게 개선되었을 것임을 알 수 있다.

7 문맥 추론

정답 ③

㉢의 앞에서 명제에 대한 관찰과 경험이 실제 사실과 일치할 때 그 지식 혹은 판단을 진리라고 할 수 있는데, 관찰과 경험을 통해 얻은 명제의 참·거짓을 판단하기 위해서는 또 다른 진리를 필요로 하여 진리에 대한 정의를 내리기 위한 노력이 논리적 오류를 만들게 된다고 하였으므로 ㉢을 '진리를 정의하기 위해 진리를 정의해야 한다는'으로 수정하는 것이 가장 적절하다.

오답 체크

① ㉠의 앞에서 새로운 지식 또는 판단이 우리가 진리로 여기는 지식이나 판단에 부합하면 해당 명제는 참이 되고 그렇지 않으면 거짓이 되며, 진리의 기준은 고정적이라고 했으므로 ㉠은 명제의 참과 거짓 여부는 바뀌지 않는다는 내용이 적절하다.

② ㉡의 앞에서 진리는 관찰과 경험이 축적되어 만들어진다고 했으므로 ㉡은 명제에 대한 관찰과 경험이 실제 사실과 일치할 때 그것을 진리라고 할 수 있다는 내용이 적절하다.

④ ㉣의 뒤에서 어떤 명제가 진리인 이유는 해당 명제를 진리라고 정의하였을 때 현상을 설명하는 데 가장 유용한 결과가 도출되기 때문이라고 했으므로 ㉣은 진리를 정의하는 최선의 방법은 결과론적인 관점에서 정의하는 것이라는 내용이 적절하다.

⑤ ㉤의 앞에서 어떤 명제가 진리인 이유는 그것이 논리적·경험적으로 모순이 없기 때문이 아니라, 해당 명제를 진리라고 정의하였을 때 현상을 설명하는 데 가장 유용한 결과가 도출되기 때문이라고 했으므로 ㉤은 진리가 상황에 따라 결정되는 특수한 것이라는 내용이 적절하다.

8 문맥 추론

정답 ①

(가) 비둘기집 원리에 따르면 비둘기 (n+1)마리가 n개의 비둘기집에 들어가면 적어도 하나의 비둘기집에는 2마리 이상의 비둘기가 들어가고, n개의 물건을 m개의 상자에 나누어 담을 경우 적어도 한 상자에는 n/m개 이하의 물건이 담기게 된다고 했다. 즉, 4개의 물건을 3개의 상자에 나누어 담을 경우 4/3 ≒ 1.3으로 물건이 많이 들어간 상자에는 2개 이상의 물건이 들어가게 되고, 물건이 적게 들어간 상자에는 1개 또는 0개의 물건이 들어가게 된다. 따라서 (가)에 들어갈 말은 '버림을 하면 된다'가 가장 적절하다.

(나) A와 모르는 사이인 D, E, F 중 E와 F가 서로를 모른다면 A, E, F 3명은 서로 모르는 사이이므로 모두 서로를 모르는 사이인 사람이 적어도 3명 존재하여 (1)은 참이다. 한편 D, E, F 세 사람이 서로서로 안다면 모두 서로를 아는 사이인 사람이 적어도 3명 존재하여 (1)은 참이다. 따라서 (나)에 들어갈 말은 '(1)은 참이다'가 가장 적절하다.

9 문맥 추론

정답 ①

첫 번째 단락에서 베이즈주의에 따르면 새로운 증거가 제시되어 행위자의 배경지식에 변화가 발생하였을 경우 증거에 대한 신뢰도가 증가하였다면 해당 증거는 이론을 입증함을 알 수 있다. 그러나 두 번째 단락에서 수성의 근일점 이동은 이미 19세기 과학자들에 의해 발견된 과거의 증거이고, 20세기 과학자에게 수성의 근일점 이동은 새로운 증거가 아니라고 했으므로 베이즈주의는 일반 상대성 이론을 입증하지 못한다. 따라서 빈칸에 들어갈 내용은 '수성의 근일점 이동에 관한 지식이 배경지식에 변화를 가져오지 않기 때문이다'가 가장 적절하다.

오답 체크

② 두 번째 단락에서 수성의 근일점 이동은 19세기 과학자들에 의해 이미 발견된 과거의 증거라고 했고, 베이즈주의에 따르면 과거의 증거는 이론을 입증할 증거로 활용될 수 없으므로 빈칸에 들어갈 내용으로 적절하지 않다.

③ 두 번째 단락에서 일반 상대성 이론은 태양의 중력이 주위의 공간에 변형을 일으킨다는 것을 설명하는 이론이라고 했고, 과학사에서 모든 과학자들은 수성의 근일점 이동이 일반 상대성 이론을 입증한다고 했으므로 빈칸에 들어갈 내용으로 적절하지 않다.

④, ⑤ 베이즈주의는 새로운 증거로 인해 배경지식에 변화가 발생하였을 경우 이론에 대한 신뢰도가 증가하거나 감소한다고 했으나, 일반 상대성 이론을 뒷받침하는 수성의 근일점 이동은 19세기 과학자들에 의해 이미 발견된 과거의 증거에 해당하므로 베이즈주의에 따르면 과거의 증거는 신뢰도가 감소하거나 증가하지 않는다. 따라서 빈칸에 들어갈 내용으로 적절하지 않다.

10 문맥 추론

정답 ⑤

첫 번째 단락에서 어려운 인지적 과제를 수행한 집단에서 글루타메이트가 분비가 더 많았으며 글루타메이트는 과도하게 축적될 시 뉴런 간 통신을 방해하고 독성 효과를 일으킬 수 있다고 했고 두 번째 단락에서 어려운 인지적 과제 수행 시 객관적으로 높은 피로도를 경험한다고 했다. 따라서 빈칸에 들어갈 내용은 '뉴런에 잠재적으로 해로운 글루타메이트의 과도한 축적을 방지하려는 뇌의 자기 보호 전략'이 가장 적절하다.

오답 체크

① 두 번째 단락에서 어려운 인지적 과제 수행 시 객관적으로 높은 피로도를 경험한다고 했으나 사람들이 어려운 인지적 과제를 기피하도록 만드는 결정적 요인이라는 것은 제시된 글을 통해 알 수 없으므로 적절하지 않다.

② 첫 번째 단락에서 어려운 인지적 과제를 수행한 집단에서 글루타메이트가 많이 분비됐는데 글루타메이트가 과도하게 축적되면 뉴런 간 통신을 방해한다고 했으므로 적절하지 않다.

③ 두 번째 단락에서 어려운 인지적 과제를 수행한 집단은 당장 조금 더 적은 금전적 보상을 선택하는 충동적 경향이 높았다고 했으므로 적절하지 않다.

④ 첫 번째 단락에서 어려운 인지적 과제를 수행한 집단에서 글루타메이트가 많이 분비됐다고 했으므로 적절하지 않다.

11 논리 추론

정답 ①

제시된 대화에서 기호화가 필요한 문장을 정리하면 다음과 같다.

- 전제 1: D → ~A ∧ ~B
- 전제 2: C ∨ ~D
- 전제 3: (가)
- 결론 1: ~D
- 전제 4: ~D → ~A ∨ C
- 전제 5: (나)
- 결론 2: B

결론 1을 도출하기 위해서는 전제 1의 대우 'A ∨ B → ~D'에 따라 'A ∨ B'가 확정되는 전제가 추가되어야 한다. 또는 전제 1에 따르면 'D → ~B'이고, 전제 2에 따르면 'D → C'이다. 이때 'C → B'라는 전제가 추가되면 'D → (B ∧ ~B)'가 되어 '~D'이므로 결론 1을 도출할 수 있다.

한편 결론 2를 도출하기 위해서는 (가)에 'A ∨ B'가 들어갈 경우 '~A'를 확정할 수 있는 전제가 추가되어야 하고, (가)에 'C → B'가 들어갈 경우 'C'를 확정할 수 있는 전제가 추가되어야 한다. 이때 전제 4에서 '~C'라면 '~A'를 도출할 수 있고, 'A'라면 'C'를 도출할 수 있다.

따라서 (가)에 들어갈 말은 'C를 선정하면 B도 선정해야 하기'이고, (나)에 들어갈 말은 'A를 선정한다'가 적절하다.

12 논리 추론

정답 ③

제시된 조건을 기호화하여 정리하면 다음과 같다.

- 조건 1: 갑 ∨ 정
- 조건 2: ~을 → 병
- 조건 3: 을 → ~정
- 조건 4: 갑 → 병 ∧ 무

조건 2의 대우 '~병 → 을'과 조건 3을 차례로 연결하면 '~병 → ~정'이고, '~병'이 참일 경우 조건 1에서 '갑'을 도출할 수 있다. 이때 조건 4의 대우 '~병 ∨ ~무 → ~갑'에 따르면 '~병 → ~갑'으로 모순이 발생한다. 따라서 '병'이 참이므로 반드시 선발되는 사람은 병이다.

13 논리 추론

정답 ③

갑에 따르면 병은 청렴성 강의를 수강했고, 을에 따르면 병은 어떤 강의도 수강하지 않았으므로 갑과 을 중 1명은 거짓을 말했다. 이때 갑의 말이 참이라면 을과 정의 말 모두 거짓이 되어 1명만이 거짓을 말했다는 조건에 위배된다. 이에 따라 갑의 말이 거짓이고, 병은 어떤 강의도 수강하지 않았으며, 정은 도덕성 강의를 수강했다. 한편 참인 정의 말에 따라 갑은 공익성 강의를 수강했음을 알 수 있다. 따라서 '을은 청렴성 강의를 수강했다.'는 반드시 참이다.

오답 체크

①, ② 갑은 공익성 강의를 수강했으므로 반드시 참이 아니다.

④ 병은 어떤 강의도 수강하지 않았으므로 반드시 참이 아니다.

⑤ 정은 도덕성 강의를 수강했으므로 반드시 참이 아니다.

14 논리 추론

정답 ⑤

㉠~㉤을 기호화하여 정리하면 다음과 같다.

㉠ 행복 → ~후회

㉡ 취약 인정 → 현재 즐김

㉢ 현재 즐김 → 행복

㉣ 현재 즐김 → ~후회

㉤ ~행복 → ~취약 인정

ㄱ. ㉠과 ㉢을 차례로 연결하면 '현재 즐김 → 행복 → ~후회'이므로 ㉣인 '현재 즐김 → ~후회'는 반드시 참이다.

ㄴ. ㉡과 ㉤이 참이라고 할지라도 '현재 즐김'과 '행복'의 관계를 알 수 없으므로 ㉢이 반드시 참이 되는 것은 아니다.

ㄷ. ㉤의 대우 '취약 인정 → 행복'과 ㉠을 차례로 연결하면 '취약 인정 → 행복 → ~후회'이므로 "삶에 있어서 우리에게 취약한 점이 있다는 사실을 인정하는 것이 후회 없는 삶이다."를 도출할 수 있다.

15 세부 내용 파악

정답 ⑤

세 번째 단락에서 어떤 번호를 사용하는지에 따라 정확도와 신뢰도에 차이가 발생한다고 했고, 가상번호 전화 걸기 방식은 실제 통신사를 이용하는 이용자의 번호로 조사하는 것이므로 응답률이 높아 더 유효한 결과를 얻을 수 있다고 했으므로 응답자의 응답률이 높을수록 조사의 신뢰도도 높아짐을 알 수 있다.

오답 체크

① 첫 번째 단락에서 자동응답 전화조사는 한꺼번에 여러 회선을 돌리며 조사를 진행할 수 있어 비용이 적게 든다는 점이 가장 큰 장점이라고 했으나, 두 번째 단락에서 CATI 전화조사가 기계가 아닌 사람이 조사를 하기 때문에 응답률이 높은 편이라고 했으므로 자동응답 전화조사는 응답률이 높지 않음을 알 수 있다.

② 두 번째 단락에서 CATI 여론조사는 기계가 아닌 사람이 조사한다고 했으나, 이 때문에 조사의 신뢰도가 높은지는 알 수 없다. 오히려 CATI 여론조사가 신뢰도를 높일 수 있는 이유로 컴퓨터를 통해 무응답의 이유를 실시간으로 집계하기 때문임을 제시하고 있다.

③ 세 번째 단락에서 무작위 전화 걸기는 임의로 생성되는 번호의 수가 매우 많고 원하는 지역 또는 원하는 성별을 특정할 수 없다고 했으므로 특정 지역의 경향을 분석하기에 적절하지 않음을 알 수 있다.

④ 세 번째 단락에서 가상번호 전화 걸기 방식은 주요 통신사로부터 원하는 지역 유권자들의 휴대전화 가상번호를 구입한다고 했으므로 주요 통신사가 아닌 사용자들은 조사에서 배제된다. 따라서 통신사별 편향을 최소화하는 것은 아님을 알 수 있다.

16 세부 내용 파악

정답 ②

ㄴ. 첫 번째 단락에서 물체에 반사된 빛에 따라 색채를 인지하게 되며 파장이 짧은 빛은 우리 눈에 푸른색으로 인지된다고 했다. 한편 두 번째 단락에서 밝고 선명한 파란색을 띠는 모르포 나비의 날개는 표면 구조에 의해 빛이 입사하면 보강 간섭을 일으키는 파장의 빛은 반사되고 상쇄 간섭을 일으키는 파장의 빛은 층을 투과해 소멸됨으로써 우리 눈에 파란색으로 보인다고 했다. 따라서 모르포 나비의 날개 표면에 빛을 비추면 파란빛의 파장은 보강 간섭을 일으켜 반사되고, 나머지 빛의 파장은 상쇄 간섭을 일으켜 소멸될 것임을 추론할 수 있다.

오답 체크

ㄱ. 두 번째 단락에서 자연계에 파란색 색소는 드물기 때문에 파란색을 띠는 동물은 구조색에 의한 것일 확률이 높다고 했고, 세 번째 단락에서 표면이 구조색을 띠더라도 대부분은 그 아래에 색소가 존재하여 구조색과 색소가 합쳐져서 색이 발현된다고 했다. 따라서 사람의 눈으로 보기에 파란색의 체색을 갖는 동물은 구조색을 갖는 동물일 가능성이 높으나, 구조색을 가진 동물도 체내에서 색소가 생성될 것임을 추론할 수 있다.

ㄷ. 세 번째 단락에서 카멜레온은 피부에 빛을 반사하는 2개의 층이 있어 피부를 당기거나 느슨하게 하여 나노결정의 격자구조를 바꿈으로써 피부의 색이 바뀐다고 했다. 따라서 카멜레온의 변색은 다양한 색소에 의한 것이 아닌, 구조의 변화에 의한 것임을 추론할 수 있다.

17 논지·견해 분석

정답 ③

제시된 실험에서 반응 시간이 짧은 것부터 순서대로 나열하면 'C – D – A – B'이다.

ㄱ. 도형 오른쪽에 표시되는 추가 조건이 A는 없고, B는 불일치 조건이다. 이때 반응 시간은 B보다 A가 더 짧았으므로 불일치 조건이 양쪽에 두 번 제시될 경우 의미적 간섭 효과가 커짐을 알 수 있다. 따라서 A와 B의 반응 시간 차이는 불일치 조건의 중복이 스트룹 효과를 증가시킨다는 가설을 강화하므로 적절하다.

ㄴ. 도형 오른쪽에 표시되는 추가 조건이 A는 없고, C는 색깔과 무관한 단어이므로 중립 조건이다. 이때 반응 시간은 A보다 C가 더 짧았으므로 중립 조건이 추가될 경우 의미적 간섭 효과가 작아짐을 알 수 있다. 따라서 A와 C의 반응 시간 차이는 중립 조건이 불일치 조건의 의미적 간섭 효과를 희석한다는 가설을 강화하므로 적절하다.

오답 체크

ㄷ. 도형 오른쪽에 표시되는 추가 조건이 C와 D 모두 중립 조건이지만, D는 상하 반전되어 표시되므로 가독성이 떨어진다. 이때 반응 시간은 D보다 C가 짧았으므로 중립 조건의 가독성이 낮은 경우 의미적 간섭 효과가 커짐을 알 수 있다. 따라서 C와 D의 반응 시간 차이는 불일치 조건에서 중립 조건이 추가될 경우, 추가 조건의 가독성이 낮을수록 방해 자극의 영향력을 약화시키는 효과가 있다는 가설을 강화하지 않으므로 적절하지 않다.

18 세부 내용 파악

정답 ④

두 번째 단락에서 동일하게 1시간 동안 운동하였으나 A 그룹은 유산소 운동만 했고, B 그룹은 근력 운동만 했다고 하였다. 세 번째 단락에서 운동을 전혀 하지 않은 D 그룹과 달리 A 그룹과 B 그룹 모두 총수면 시간이 늘었으나 그 시간이 A 그룹은 평균 23분, B 그룹은 평균 40분으로 B 그룹이 더 많이 증가하였다고 했다. 또한, B그룹은 수면 중 깨어나는 횟수가 줄었으나, A 그룹은 변화가 없었다고 했다. 따라서 수면의 질을 높이기 위해 한 가지 운동을 한다면, 유산소 운동을 하는 것보다 근력 운동을 하는 것이 더 효과가 있음을 추론할 수 있다.

오답 체크

① 세 번째 단락에서 유산소 운동과 근력 운동을 각 30분씩 한 C 그룹은 총수면 시간이 평균 17분 늘었다고 했으나, 유산소 운동과 근력 운동 중 어떤 것을 먼저 할 경우 수면의 질 개선에 더 도움이 되는지는 제시된 글을 통해 추론할 수 없다.

② 두 번째 단락에서 A 그룹은 유산소 운동만 1시간 동안 했고, C 그룹은 유산소 운동과 근력 운동을 각 30분씩 했다고 하였고 세 번째 단락에서 총수면 시간은 A 그룹이 평균 23분, C 그룹이 평균 17분 늘었다고 했으므로 유산소 운동을 30분 동안 할 때와 1시간 동안 할 때 모두 수면 시간이 늘어나는 효과가 있음을 추론할 수 있다.

③ 세 번째 단락에서 근력 운동만 한 B 그룹과 유산소 운동과 근력 운동을 병행한 C 그룹 모두 자다가 깨어나는 횟수가 줄어들었다고 했으므로 밤에 자다가 자주 깨는 사람은 근력 운동만 하는 것과 유산소 운동·근력 운동 병행 모두 좋음을 추론할 수 있다.

⑤ 세 번째 단락에서 운동을 한 A 그룹, B 그룹, C 그룹 내에서도 평소에 잠을 잘 자는 사람보다 잠을 잘 자지 못하는 사람들의 수면 시간 증가 폭이 더 크게 나타났다고 했으므로 운동을 통한 수면의 질 향상 효과는 평소 잠을 충분히 자는 사람보다 잠이 부족한 사람에게서 더 크게 나타남을 추론할 수 있다.

19 문맥 추론

정답 ⑤

불투명한 상자를 투명한 상자로 바꾸면, 내부는 윗부분과 아랫부분이 분리되어 있어 실험자가 보여준 시범에서 상자 윗부분에 대한 행동과 아랫부분에서 보상을 획득하는 것이 관련 없음을 파악할 수 있다. 이때 실험자의 행동을 정확하게 모방하기 위해서는 보상과 인과적 관계가 없음에도 상자 윗부분에 대한 행동을 하고, 보상을 얻으려는 목적을 위해서는 상자 윗부분에 대한 행동을 생략할 것임을 추론할 수 있다.

(가), (나) 침팬지는 절차보다 목적에 집중하였다고 했으므로 빈칸에 들어갈 말은 "침팬지는 보상을 얻는 데에 상자 윗부분이 불필요함을 '이해한' 것처럼, '바로 문을 열고' 사탕을 꺼내 먹었다"가 적절하다.

(다) 인간은 불필요한 행위일지라도 정확하게 모방하려 한다고 했으므로 아이들은 사탕을 꺼내는 데에 불필요한 행동인 막대기로 상자 위에 있는 나뭇조각을 쳐서 옮기는 행동도 그대로 수행했음을 알 수 있다. 따라서 빈칸에 들어갈 말은 "아이들은 상자가 불투명할 때와 '동일하게' 행동했다"가 적절하다.

20 논지·견해 분석

정답 ④

ㄴ. ㉡은 불필요한 행위까지도 정확하게 모방하려는 인간과 달리, 동물은 절차보다 보상을 획득하는 것과 같은 목적에 집중한다는 것이다. 따라서 원숭이에게 몇 가지 행동을 보여주고 따라 하게 하자 목적과 결과의 상관관계가 분명한 행동은 곧잘 따라 했으나 의미 없는 행동은 잘 따라 하지 못했다는 실험 결과는 동물은 목적이 불분명한 행동을 모방하지 않는다는 것으로 ㉡을 약화하지 않으므로 적절한 평가이다.

ㄷ. ㉢은 거울뉴런의 복잡성과 구조적 차이로 인해 인간이 동물보다 복잡한 모방능력을 갖는다는 것이다. 따라서 전두엽이 거울뉴런의 작용에 있어 중요한 역할을 하는데, 원숭이에 비해 인간의 전두엽 발달 정도가 월등히 높다는 사실은 ㉢을 강화하므로 적절한 평가이다.

오답 체크

ㄱ. ㉠은 고구마를 씻는 원숭이의 행동을 모방한 것이 다른 개체를 통해 새로운 행동 방식을 습득하는 참된 모방이 아니며 사회적 학습의 일종인 자극 강화의 사례라는 것이다. 따라서 처음 고구마를 씻어 먹은 원숭이와 밀접한 원숭이부터 그 행동을 따라 하기 시작하였다는 점에서 고구마를 씻는 원숭이 사례는 사회적 학습의 형태를 띤다는 사실은 ㉠을 약화하지 않으므로 적절하지 않은 분석이다.

21 문맥 추론

정답 ③

ㄱ. 을은 대여소별 자전거 재분배 문제에 초점을 맞춰야 한다는 의견을 제시했으므로 대여 건수가 많은 대여소와 반납 건수가 많은 대여소가 일치하지 않는다면 공공자전거 대여 서비스의 이용률을 높이기 위한 개선점으로 볼 수 있다. 따라서 'A시 공공자전거 대여 건수가 많은 상위 10% 대여소와 반납 건수가 많은 상위 10% 대여소 목록'을 확인하는 것은 적절하다.

ㄴ. 병은 공공자전거와 자전거도로의 조명을 보강하여 자전거의 야간 운행 안전성이 낮다는 문제를 해결해야 한다는 의견을 제시했으므로 자전거 교통사고가 주간보다 야간 시간대에 많이 발생한다면 공공자전거 대여 서비스의 이용률을 높이기 위한 개선점으로 볼 수 있다. 따라서 'A시의 자전거 교통사고 중 주간 시간대 발생률과 야간 시간대 발생률의 차이'를 확인하는 것은 적절하다.

오답 체크

ㄷ. 정은 다양한 연령대의 이용자를 확보해야 하며, 특히 10대 청소년의 이용률을 높여야 한다는 의견을 제시했으므로 10대의 공공자전거 이용률이 특히 저조하다면 공공자전거 대여 서비스의 이용률을 높이기 위한 개선점으로 볼 수 있다. 따라서 A시 공공자전거 이용자 중 10대부터 20대까지가 아닌, 10대 이용자의 비중을 파악하는 것이 적절하다.

22 논지·견해 분석

정답 ③

ㄱ. 갑의 견해는 영원히 소멸한다는 생각이 인간에게 사후세계가 존재한다는 허구적 믿음을 갖게 했다는 것이고, 병의 견해는 사후세계가 있다면 그 세계에는 영혼이 무한대로 유입되어야 하지만 영혼이 무한대로 늘어나는 세계는 존재할 수 없다는 것이다. 따라서 갑과 병 모두 사후세계가 존재하지 않는다고 본다.

ㄴ. 을의 견해는 사후세계에서의 영혼은 죽은 사람의 뇌에 구속되지 않고, 무한히 존재할 수 있어 여전히 의식의 근원이 될 수 있다는 것이다. 반면 갑의 견해는 의식은 뇌의 신경작용에서 비롯되었고, 뇌가 죽으면 의식도 존재하지 않는다는 것이다. 따라서 을은 뇌의 신경작용이 없더라도 의식이 존재하는 경우가 존재한다고 보지만, 갑은 그렇지 않다.

오답 체크

ㄷ. 을의 견해는 사후세계에서의 영혼은 무한히 존재할 수 있어 여전히 우리의 의식의 근원이 된다는 것이고, 병의 견해는 의식은 영혼이 있어야만 존재하므로 의식만 있고 영혼이 없는 세상은 존재할 수 없다는 것이다. 따라서 을과 병 모두 영혼이 의식의 근원이 된다고 보고 있으므로 사후에 의식이 존재한다면 영혼도 반드시 존재한다고 본다.

23 문맥 추론

정답 ②

제시된 글에 따라 개편 전후의 부가가치세 간이과세 제도 적용 기준을 정리하면 다음과 같다.

〈개편 전〉

연매출 / 기준	3,000만 원 미만	3,000만 원 이상 4,800만 원 미만	4,800만 원 이상 8,000만 원 미만
과세 방법	간이과세	㉠ 간이과세	㉡ 일반과세
부가가치세 납부	면제	㉢ 납부	납부
세금계산서 발급 의무	㉣ 없음	㉤ 없음	㉥ 있음

〈개편 후〉

연매출 / 기준	3,000만 원 미만	3,000만 원 이상 4,800만 원 미만	4,800만 원 이상 8,000만 원 미만
과세 방법	간이과세	간이과세	㉦ 간이과세
부가가치세 납부	면제	㉧ 면제	㉨ 납부
세금계산서 발급 의무	없음	없음	있음

따라서 부가가치세 납부 여부는 ㉢과 ㉨이 '납부'로 같고, ㉧이 '면제'로 ㉢과 다르므로 적절하다.

오답 체크

① ㉠과 동일한 과세 방법이 들어가는 것은 ㉡이 아니라 ㉦이므로 적절하지 않다.

③ ㉤에는 '없음'이 들어가므로 적절하지 않다.

④ 두 번째 단락에서 개편된 기준에 따르면 부동산 임대업을 하는 사업자는 연매출 4,800만 원 미만인 경우에만 부가가치세 간이과세 적용 대상이 된다고 했다. 따라서 연매출이 5,000만 원인 부동산 임대업자는 개편 이후 ㉦이 아니라, 일반과세가 적용되므로 적절하지 않다.

⑤ 네 번째 단락에서 이 개편으로 일반과세자가 간이과세자로 전환된 연매출 4,800만 원 이상 8,000만 원 미만 사업자의 경우 세금계산서 발급 의무가 유지된다고 했다. 따라서 ㉥에는 개편 후와 마찬가지로 '있음'이 들어가므로 적절하지 않다.

24 세부 내용 파악

정답 ②

두 번째 단락에서 진단서 발급일을 근로활동 불가기간의 시작일로 본다고 했고 표에 따르면 C 지역에서 수행하는 모형 2는 대기기간이 14일이다. 따라서 상병수당 신청용 진단서를 발급받은 12월 5일부터 31일까지의 27일이 근로활동 불가기간이고, 여기에서 대기기간을 제외한 27–14=13일이 급여기간임을 추론할 수 있다.

오답 체크

① 첫 번째 단락에서 상병수당의 지급 금액을 산정할 때 근로활동 불가기간에서 대기기간을 제외하고 급여기간을 계산한다고 했고, 표에 따르면 A 지역에서 수행하는 모형 1은 대기기간이 7일이다. 따라서 상병수당 급여기간은 근로를 하지 못한 10일 중 대기기간 7일을 제외한 3일임을 추론할 수 있다.

③ 표에 따르면 F 지역에서 수행하는 모형 3은 의료이용일수에 대해 급여하는 모형이고, 두 번째 단락에서 의료이용일수에 대해 급여하는 모형은 입원한 경우에만 상병수당을 신청할 수 있다고 했다. 따라서 F 지역에서 상병수당을 신청하는 근로자는 입원 사실을 증명해야 함을 추론할 수 있다.

④ 세 번째 단락에서 2단계 시범사업에 해당하는 모형 4는 G와 H 지역에서 수행한다고 했으므로 거주지와 근무지 모두 G 지역인 근로자는 다른 조건을 충족하더라도 해당 지역의 시범사업 기간이 아닌 2023년 5월 25일부터 6월 10일까지의 근로활동 불가기간에 대해 상병수당을 신청할 수 없음을 알 수 있다.

⑤ 두 번째 단락에서 신청 대상은 시범사업이 진행되는 지역에 거주하거나 해당 지역에 소재한 사업장에 근무하는 근로자라고 했고, 표에 따르면 H 지역에서 수행하는 모형 4는 근로활동 불가기간, I 지역에서 수행하는 모형 5는 의료이용일수에 대해 급여한다. 이때 의료이용일수에 대해 급여하는 모형은 입원한 경우에만 상병수당을 신청할 수 있다. 따라서 업무 외 부상으로 근로하지 못한 기간에 입원하지 않았다면 모형 5를 운영하는 I 지역에서는 신청할 수 없으므로 모형 4를 수행하는 H 지역에서 신청해야 함을 추론할 수 있다.

25 논지·견해 분석

정답 ②

ㄴ. 쟁점 2는 「의료법」 제○○조 제2항의 추가 진료과목에 대한 전문의가 종합병원에 전속하는 전문의이어야 하는지 알 수 없어 비롯된 논쟁이다. 이에 따라 제○○조 2항에서 말하는 전문의의 범위에 전속하지 아니하는 전문의가 포함된다는 사실이 밝혀진다면 종합병원 B가 「의료법」 제○○조 제2항을 위반하고 있다는 갑의 주장은 옳지 않지만 종합병원 B가 「의료법」 제○○조 제2항을 위반하지 않았다는 을의 주장은 옳다.

오답 체크

ㄱ. 쟁점 1은 「의료법」 제○○조 제1항 제2호에 따라 종합병원 A의 진료과목 7개가 무엇인지 알 수 없어 비롯된 논쟁이다. 따라서 종합병원 A의 진료과목이 내과, 외과, 소아청소년과, 영상의학과, 마취통증의학과, 진단검사의학과, 병리과라는 사실이 밝혀진다면 종합병원 A는 「의료법」 제○○조 제1항 제2호를 위반하지 않았으므로 갑의 주장은 옳지 않고, 을의 주장은 옳다.

ㄷ. 쟁점 1은 종합병원 A의 진료과목 7개에 필수 진료과목을 포함했는지 알 수 없어 비롯된 논쟁이고, 쟁점 2는 추가 진료과목에 대한 전문의가 종합병원에 전속하는 전문의이어야 하는지 알 수 없어 비롯된 논쟁이다. 따라서 종합병원 A 및 종합병원 B에 근무하는 필수 진료과목 전문의가 모두 해당 병원에 전속하는 전문의더라도 종합병원 A의 진료과목 7개가 모두 필수 진료과목인지, 종합병원 B의 추가 진료과목 전문의가 전속하는 전문의인지는 여전히 알 수 없으므로 갑의 주장이 쟁점 1과 쟁점 2 모두에서 옳지 않은지 역시 알 수 없다.

실전모의고사 5회

모바일 자동 채점 및 성적 분석 서비스

정답

1	①	세부 내용 파악	6	③	세부 내용 파악	11	②	세부 내용 파악	16	④	논리 추론	21	④	논지·견해 분석
2	①	세부 내용 파악	7	①	문맥 추론	12	①	논지·견해 분석	17	④	세부 내용 파악	22	④	논지·견해 분석
3	②	논지·견해 분석	8	③	문맥 추론	13	③	세부 내용 파악	18	②	세부 내용 파악	23	②	문맥 추론
4	⑤	논지·견해 분석	9	⑤	문맥 추론	14	③	논리 추론	19	③	세부 내용 파악	24	④	문맥 추론
5	①	세부 내용 파악	10	②	문맥 추론	15	⑤	논리 추론	20	②	논지·견해 분석	25	③	문맥 추론

취약 유형 분석표

유형별로 맞힌 개수, 틀린 문제 번호와 풀지 못한 문제 번호를 적고 나서 취약한 유형이 무엇인지 파악해 보세요.

유형	맞힌 개수	틀린 문제 번호	풀지 못한 문제 번호
세부 내용 파악	/9		
논지·견해 분석	/6		
문맥 추론	/7		
논리 추론	/3		
TOTAL	/25		

해설

1 세부 내용 파악 정답 ①

세 번째 단락에서 성균관은 공자의 제사가 거행되는 문묘가 존재하는 곳이라고 했고, 두 번째 단락에서 공자의 제사 등에 올릴 소가 필요했기 때문에 재인에게 현방이라는 푸줏간을 운영할 독점적 권리를 부여하여 재인은 한양 내 20여 곳에서 현방을 운영하였다고 했으므로 문묘의 제사에 올릴 소는 한양 내 현방에서 도축했음을 알 수 있다.

오답 체크

② 세 번째 단락에서 성균관은 공자의 제사가 거행되는 신성한 영역인 문묘가 존재하는 곳이었기 때문에 범죄자가 내부에 있더라도 수사기관의 출입이 허용되지 않았으며 성균관을 둘러싼 반촌도 성균관과 동일한 특혜가 적용되어 수사기관이 출입할 수 없었다고 했다. 따라서 반촌과 달리 성균관은 포졸이 출입하여 범죄자를 수색할 수 없었음은 아님을 알 수 있다.

③ 두 번째 단락에서 반인들은 1년에 6개월씩 성균관에 노역을 제공하고, 성균관에 노역을 제공하지 않을 때에는 각자 생업에 종사하였다고 했으므로 반인의 절반이 성균관에 노역을 제공하고 절반이 상업에 종사한 것이 아니라 모든 반인이 1년 중 6개월은 성균관에 노역을 제공하고 나머지 6개월은 상업에 종사한 것임을 알 수 있다.

④ 첫 번째 단락에서 반촌은 반궁을 둘러싸고 있다고 했고, 세 번째 단락에서 반촌은 외부인의 거주가 허락되지 않은 일종의 고립된 지역으로 내부에서만 혼인 등의 사회적 관계가 이루어졌다고 했으므로 반촌은 지리적으로 고립되지 않았으며, 내부에서만 사회적 관계가 이루어진 것은 외부인의 거주가 허락되지 않았기 때문임을 알 수 있다.

⑤ 첫 번째 단락에서 제후국에 세워진 학교는 반궁(泮宮)이라고 했는데, 벽옹은 사방을 물이 둘러싸고 있는 데 반해, 제후국의 학교는 반달 모양의 물이 학교의 한쪽만 둘러싸고 있었다고 했고 성균관을 반궁이라고 불렀다고 했다. 따라서 성균관을 반궁이라 부른 이유는 성균관의 사방을 물이 에워 싸고 있기 때문이 아님을 알 수 있다.

2 세부 내용 파악 정답 ①

첫 번째 단락에서 석씨 왕족들은 김씨 왕족이었던 내물의 즉위를 탐탁지 않게 여겼으며, 실성은 내물과 같은 김씨 왕족이지만 정치적으로 대립하고 있었다고 했다. 또한, 두 번째 단락에서 내물의 장자는 눌지라고 했다. 따라서 내물, 실성, 눌지 모두 김씨 왕족임을 알 수 있다.

오답 체크

② 두 번째 단락에서 석씨 왕족들의 전횡이 날로 심해지고, 신라 내부적으로 불만이 커져가자 신라의 정치적 혼란을 우려한 고구려가 실성에 대한 지지를 철회했다고 했다. 또한, 고구려가 실성에 대한 지지를 철회하자 내물을 지지하던 세력이 실성을 제거하고 내물의 장자인 눌지를 마립간으로 추대하였다고 했다. 따라서 눌지를 마립간으로 추대한 내물 지지 세력은 석씨 왕족들과 대립 관계에 있었음을 알 수 있다.

③ 두 번째 단락에서 내물의 삼남인 미사흔은 왜에 볼모로 보내졌다고 하였고, 세 번째 단락에서 박제상은 복호와 미사흔을 데려오라는 눌지의 명을 받았으나, 외교적 수단만으로는 미사흔을 신라에 데려올 수 없었다고 했다. 이에 박제상은 기지를 발휘해 미사흔을 신라로 탈출시켰고, 이에 감탄한 왕이 자신의 신하가 되기를 청하자 박제상은 거절하고 처형당했다고 했다. 따라서 박제상은 미사흔이 볼모로 보내졌던 왜에서 처형당했음을 알 수 있다.

④ 두 번째 단락에서 미사흔은 내물의 삼남이라고 했고, 세 번째 단락에서 눌지는 박씨 왕족이었던 박제상을 시켜 복호와 미사흔을 신라로 데려오라고 했다. 또한, 눌지는 박제상의 차녀를 미사흔의 아내로 삼게 하였다고 했다. 따라서 내물의 삼남은 왕족의 딸과 혼인했음을 알 수 있다.

⑤ 첫 번째 단락에서 내물은 실성을 고구려에 볼모로 보내고 고구려로부터 군사적 지원을 받았으며, 이러한 내물의 볼모 정책은 성공했지만, 고구려의 내정 간섭이 심화되었다고 했다. 또한, 세 번째 단락에서 눌지는 신라의 자주성을 회복하기 위해 박씨 왕족이었던 박제상을 시켜 복호와 미사흔을 데려오도록 했다. 따라서 내물의 볼모 정책 성공은 신라의 자주성을 약화하고 고구려에 대한 의존도를 심화시켰음을 알 수 있다.

3 논지·견해 분석 정답 ②

두 번째 단락에서 감정은 단순한 직관이나 영감이 아니라 철저한 검증 및 계산 과정을 거쳐 발현하는 합리적인 인식 능력이라고 했고, 경쟁심, 양보, 협력 등과 같은 도덕적 감정 역시 인류의 생존 경쟁 속에서 생존 확률을 극대화하기 위해 거듭 발전시킨 인식 능력이라고 했으므로 '감정은 인간이 계산 과정과 합리성을 기반으로 하여 발전시킨 인식 능력이므로 비합리적이지 않다'는 것이 글의 핵심 논지로 가장 적절하다.

오답 체크

① 제시된 글에서 감정은 비합리적이지 않다고 주장하고 있으나 과학적 통찰에 있어 감정을 신뢰하는 것이 더 합리적 인지에 대한 견해는 알 수 없으므로 글의 논지로 적절하지 않다.

③ 제시된 글은 감정과 이성을 구분해서는 안 된다는 당위성이 아니라 감정은 비합리적이지 않다는 것을 주장하고 있으므로 글의 논지로 적절하지 않다.

④ 두 번째 단락에서 감정이 비합리적으로 여겨지는 이유는 감정의 계산은 외부 대상을 지각하는 순간에 시작되는 것이 아니라 수백만 년 속에 축적된 데이터에 기반하여 무의식적으로 일어나기 때문이라고 했으므로 글의 논지로 적절하지 않다.

⑤ 제시된 글에서 감정은 이성과 마찬가지로 계산과 합리성에 기반을 둔 인식 능력이라고 주장하고 있으므로 글의 논지로 적절하지 않다.

4 논지·견해 분석

정답 ⑤

두 번째 단락에 따르면 지역화폐를 활용한 소비가 현재처럼 일시적인 현상에 그친다면 그 효과는 감소하므로 효과를 높이기 위해서는 지역화폐가 반복·순환적으로 활용될 수 있도록 접근성을 개선할 필요가 있다. 또한 첫 번째 단락에 따르면 우리나라는 현재 거의 모든 지자체에서 지역화폐를 발행하고 있고, 세 번째 단락에 따르면 지역화폐는 낙후지역에 한해 유통 범위를 좁게 설정해야 경제적 효과가 더 높아진다. 따라서 글의 논지는 '지역화폐를 통해 지역 및 국가 경제를 활성화하기 위해서는 접근성과 유통 범위를 개선해야 한다.'가 가장 적절하다.

오답 체크

① 세 번째 단락에서 인접 지역에서도 모두 지역화폐를 발행하여 시행한다면 어느 지역도 경제적 이익을 얻지 못한다고 했으나, 접근성과 유통 범위를 개선해야 장기적인 경제 활성화를 기대할 수 있다는 내용을 포함하지 않으므로 글의 논지로 적절하지 않다.

② 두 번째 단락에서 지역화폐는 대형마트를 제외하여 사용처가 한정되기 때문에 장기적으로는 지역화폐를 통해 경제 활성화를 기대하기 어렵다고 했으나, 유통 범위를 개선해야 경제적 실효성을 높일 수 있다는 내용을 포함하지 않으므로 글의 논지로 적절하지 않다.

③ 첫 번째 단락에서 지역화폐는 지역 내 소상공인을 보호하여 지역경제를 활성화할 목적으로 발행된다고 했으나, 제시된 글은 지역화폐가 접근성과 유통 범위를 개선해야 경제적 실효성을 높일 수 있음을 주장하고 있으므로 글의 논지로 적절하지 않다.

④ 두 번째 단락에서 지역화폐의 취득과 사용의 번거로움을 상쇄할 혜택이 없다면 지역화폐를 통해 개별 지자체 내의 장기적인 경제 활성화를 기대하기 어려우며 지역화폐의 효과를 높이기 위해서는 지역화폐가 반복·순환적으로 활용될 수 있도록 접근성을 개선할 필요가 있다고 했으나 유통 범위를 개선해야 경제적 실효성을 높일 수 있다는 내용을 포함하지 않으므로 글의 논지로 적절하지 않다.

5 세부 내용 파악

정답 ①

세 번째 단락에서 보툴리눔 독소 시술 시 주사량에 대한 기준이 아직 정립되지 않았다고 했으므로 보툴리눔 독소 시술 시 주입되는 주사량이 국제적인 기준에 따라 적용되는 것은 아님을 알 수 있다.

오답 체크

② 두 번째 단락에서 미용을 목적으로 한 보툴리눔 독소 시술은 안면윤곽 개선 및 주름 개선에 사용된다고 했고, 안면윤곽 개선을 위해서는 턱 근육, 주름 개선을 위해서는 표정 근육에 보톡스를 주사해야 함을 알 수 있다.

③ 세 번째 단락에서 보툴리눔 독소의 경우 혈관 내부로 흡수될 경우 분해 효소의 대사 작용만으로는 해독을 기대할 수 없다고 했고, 첫 번째 단락에서 보툴리눔 독소는 현재 알려진 독성 단백질 중 가장 치명적이라고 했으므로 보툴리눔 독소는 단백질 분해 효소의 대사 작용만으로 해독할 수 없음을 알 수 있다.

④ 첫 번째 단락에서 보툴리눔 독소를 근신경치료에 사용할 경우 부작용의 위험이 있어 상대적으로 위험이 적은 미용 시술에 대중적으로 활용되고 있다고 했으므로 미용 목적으로 보툴리눔 독소를 사용하는 것은 근신경치료보다 상대적으로 부작용 위험이 적음을 알 수 있다.

⑤ 두 번째 단락에서 사각턱을 완화하기 위한 보톡스 시술이라면 턱 근육에 보톡스를 주사하여 안면윤곽을 부드럽게 개선할 수 있으나, 골격적인 원인이 크다면 성형수술을 병행해야 한다고 했으므로 사각턱 개선을 위한 시술이라도 골격적인 원인이 큰 경우에는 보톡스 외에 성형수술을 병행해야 함을 알 수 있다.

6 세부 내용 파악

정답 ③

두 번째 단락에서 청년층을 대상으로 한 정신건강검진의 검진 주기는 2025년부터 10년에서 2년으로 단축한다고 하였다. 따라서 2026년 1월 1일에 청년 정신건강검진을 받는 사람은 2028년 1월에 청년 정신건강검진이 가능함을 알 수 있다.

오답 체크

① 두 번째 단락에서 청년의 정신건강 지원을 위해 청년층 정신건강검진도 확대하며, 검진 결과에 따라 치료가 필요한 청년은 정신건강의학과와 전국 정신건강복지센터로 안내 및 연계해 사후관리를 제공받을 수 있음은 알 수 있으나 청년층 정신건강검진을 받은 청년이 본인의 의지에 따라 사후관리를 받을 수 있는지는 제시된 글을 통해 알 수 없다.

② 두 번째 단락에서 우울, 불안 등 심리적 문제로 어려움을 겪는 청년들을 위한 청년마음건강 바우처는 3개월간 총 10회에 걸쳐 1대1 전문 심리상담을 제공하고 있으며, 이를 활용하면 좀 더 낮은 비용 또는 무료로 심리상담을 받을 수 있다고 하였다. 따라서 심리적 문제를 겪는 청년이 청년마음건강 바우처를 통해 별도의 비용 지불 없이 심리상담을 받게 되는 것은 아님을 알 수 있다.

④ 세 번째 단락에서 대학이 대학생 청년을 지원할 수 있도록 상담심리지원 노력 및 성과를 '대학기관 평가인증'에 반영한다는 것은 알 수 있으나 직장인 청년을 위한 전문상담 시행 기업에 대한 평가인증을 시행하는지는 제시된 글을 통해 알 수 없다.

⑤ 두 번째 단락에서 청년마음건강 바우처는 3개월간 총 10회에 걸쳐 1대1 전문 심리상담을 제공하고 있다고 하였으며, 세 번째 단락에서 중대산업재해 경험자·감정 노동자를 위한 직업트라우마센터도 2023년 14곳에서 2024년 23곳으로 확대 추진한다고 한다는 것은 알 수 있으나 청년마음건강 바우처를 통해 직업트라우마센터를 이용 가능한지에 대해서는 제시된 글을 통해 알 수 없다.

7 문맥 추론

정답 ①

을의 첫 번째 말에서 시민들에게 실질적으로 도움이 되는 목표가 추가되면 좋겠다고 했고, 공공디자인을 통해 시민의 삶의 질 향상에 기여한다는 내용을 추가하자고 제안했다. 따라서 정책 목표를 "공공디자인을 통해 시민의 삶의 질 향상에 기여"로 수정하는 것이 아니라 이 내용이 추가되어야 한다.

오답 체크

② 병의 첫 번째 말에서 공공 시설의 시각 디자인을 개선한다는 내용이 있는데 어떻게 개선한다는 것인지 조금 더 명확히 표현되면 좋겠다고 했고, 현재 A시는 버스 노선 안내도의 디자인에 대해 가독성을 높이는 것이 가장 시급하기 때문에 이 내용이 함께 드러나면 좋겠다고 했으므로 세부 내용을 "A시의 버스 노선 안내도를 포함한 공공 시설의 시각 디자인 개선"으로 수정하는 것은 적절하다.

③ 을의 두 번째 말에서 정책 수행을 위해 협력할 부처도 확대하면 좋겠다고 했고, 병의 두 번째 말에서 이번에는 협력할 부처를 중앙 정부와 B시로 한정하자고 했으므로 협력 업무를 "중앙 관계부처와 B시와 협력 및 정책 공동 수행"으로 수정하는 것은 적절하다.

④ 병의 두 번째 말에서 이번 정책의 목표가 시민들에게 잘 전해질 수 있도록 홍보 영상을 함께 제작하면 좋겠다고 했고, 영상에서 공공디자인이 시민들의 삶의 질 향상에 기여한다는 점을 나타내면 좋을 것 같다고 했으므로 행정 사항을 "시민들의 삶의 질 향상에 기여하는 공공디자인을 주제로 한 홍보 영상 제작"으로 수정하는 것은 적절하다.

⑤ 갑의 첫 번째 말에서 'A시 공공디자인 정책 계획안'을 시민들에게 발표하기 전에 계획안을 수정하여 보완하고자 한다고 했으므로 추후 업무를 "계획안 수정 후 시민들에게 발표"로 수정하는 것은 적절하다.

8 문맥 추론

정답 ③

ㄱ. 을은 시민들의 환경 의식 부족이 문제라고 하였으므로 환경 의식을 고양시킬 수 있는 교육을 통해 시민들의 행동이 유의미하게 개선된다면 온실 가스 배출량을 줄이기 위한 개선점으로 볼 수 있다. 따라서 '환경 의식을 고양시킬 수 있는 교육을 받은 시민 그룹의 교육 전과 교육 후의 일상생활 탄소 배출량'을 확인하는 것은 적절하다.

ㄴ. 병은 기업들의 탄소 배출에 대한 규제가 미비하다는 점이 원인이라고 보고 현재는 벌금이나 규제가 약하다 보니 기업들이 탄소 배출 감축보다 비용 지불을 선택하는 경우가 많은 것이 문제라고 했으므로 같은 기업이더라도 탄소 규제 강도에 따라 탄소 배출량이 다르다면 온실 가스 배출량을 줄이기 위한 개선점으로 볼 수 있다. 따라서 '탄소 규제가 강화된 국가와 그렇지 않은 국가에서 활동하는 동일 기업의 탄소 배출량 차이'를 확인하는 것은 적절하다.

오답 체크

ㄷ. 정은 신재생에너지 인프라 투자가 부족하다는 점이 문제라고 보지만 GDP 대비 신재생에너지 인프라 투자 비율에 따른 탄소 감축 목표를 확인하더라도 온실 가스 배출량을 줄이기 위한 개선점으로 볼 수 없다. 따라서 'GDP 대비 신재생에너지 인프라 투자 비율이 높은 국가와 낮은 국가의 탄소 감축 목표'를 확인하는 것은 적절하지 않다.

9 문맥 추론

정답 ⑤

(가) 인간이 추구해야 할 궁극적인 목표는 쾌락이고, 이 쾌락을 즐기기 위해선 욕구가 충족되어야 하지만, 인간은 현실적으로 모든 욕구를 누릴 수 없기 때문에 욕심에서 벗어나서 불안과 몸에 고통이 존재하지 않을 때 이상적 경지인 아타락시아 상태에 도달하게 된다고 했다. 따라서 (가)에 들어갈 말은 '인간은 자신의 욕구가 충족될 때 진정한 쾌락을 즐길 수 있다'가 적절하다.

(나) A 학파는 참된 행복이란 쾌락에서 나오는 것이 아니며, 인간의 본성인 이성에 맞추어 살아가는 것 그 자체가 덕이 되고 이 덕을 통해 참된 행복을 누릴 수 있다고 했다. 따라서 (나)에 들어갈 말은 '인간이란 존재는 이성으로 생긴 덕을 통해 진정으로 행복해질 수 있다고 주장한다'가 적절하다.

10 문맥 추론

정답 ②

(가) 첫 번째 단락에서 민주주의는 모든 인민의 목소리는 평등하다는 전제를 바탕으로 인민에 의한 지배를 핵심 가치로 하는 사상이고 사회의 공적 문제에 대해서 표출된 다양한 인민들의 의견 중 어떠한 것도 배제하지 않으며, 이러한 의견들 간의 충돌을 토의 등 공적 심의 과정을 통해 합의를 이루는 것을 목적으로 한다고 했다. 따라서 (가)에는 ㄱ. '모든 의견이 동등하게 중요하고 합의를 위해서는 의견들 간의 충돌이 필수불가결하기 때문이다'가 들어가는 것이 적절하다.

(나) 첫 번째 단락에서 민주주의는 인민의 의견들 간 충돌을 토의 등 공적 심의 과정을 통해 합의를 이루는 것을 목적으로 한다고 했고 두 번째 단락에서 자유주의는 공적 영역 중 개인의 철학적 영역이나 합의의 가능성이 거의 없는 사항들을 제외한 부분만 심의의 대상이 되는데, 이 대상들 중 사실상 개인의 철학적 세계관과 연결되어 있는 윤리와 기업의 경영 문제는 국가가 간섭해서는 안 될 분야가 되어 이와 관련된 구성원들의 의견을 배제한다고 했다. 따라서 (나)에는 ㄹ. '심의를 통해 구성원의 간의 합의를 추구하는 민주주의의 가치가 배제된다'가 들어가는 것이 적절하다.

11 세부 내용 파악

정답 ②

ㄴ. 첫 번째 단락에서 제물포 구락부는 1901년에 건축되었다고 했고, 두 번째 단락에서 기독교가 도입 초기에는 박해를 받았으나 1886년 한불수교조약 체결 이후 우리나라에 적극적으로 유입되었다고 했다. 따라서 제물포 구락부에서의 비공식 외교 활동은 1901년 이후의 일이므로 이 시기에는 기독교가 박해를 받지 않았음을 추론할 수 있다.

오답 체크

ㄱ. 두 번째 단락에서 선교를 목적으로 교회나 학교를 지을 때 외국 선교사나 건축가가 짓는 경우가 많았지만, 한국인 건축가들이 이러한 건축물을 설계하기도 하였다고 했으므로 선교나 교육 목적으로 우리나라에 지어진 모든 서양식 건축물이 외국인에 의해 건축된 것은 아님을 추론할 수 있다.

ㄷ. 마지막 단락에서 석조전은 영국인 건축가 하딩이 설계하였으며, 일제에게 국권을 빼앗긴 직후 준공되어 애초의 목적인 고종 황제와 황후가 머무는 황궁의 용도로는 한 번도 사용하지 못하였다고 했다. 따라서 외국인 건축가의 설계로 지어졌기 때문이 아니라, 일제의 국권 침탈로 인해 본래의 목적대로 사용되지 못한 것임을 추론할 수 있다.

12 논지·견해 분석

정답 ①

ㄱ. 갑은 인터넷 악플을 작성하는 사람들은 익명성 뒤에 숨어서 자신과 아무런 관련이 없는 타인을 상처주는 것에 대한 책임은 지지 않기 때문에 인간의 본성이 악하다고 보고, 인간의 이 악한 본성 때문에 인터넷 악플 문제가 더 심각해졌다고 주장한다. 반면 을은 타인을 응원하는 댓글을 작성하는 사람들도 많아졌으며, 익명성에 가려지더라도 자신의 표현에 대해 책임감을 갖는 사람들이 있으므로 인간의 본성은 오히려 선하다고 보고 있다. 따라서 갑은 인터넷 악플 문제가 인간의 악한 본성 때문에 심화되었다고 보지만 을은 그렇지 않으므로 적절하다.

오답 체크

ㄴ. 을은 익명성에 가려지더라도 자신의 표현에 대해 책임감을 갖는 사람들이 있으므로 인간의 본성은 선하다고 했으나, 병은 인간의 본성이 익명성이라는 환경에 따라 선하거나 악해질 수 있다고 보고 있으므로 인간의 본성은 익명성에 가려지더라도 변하지 않는다는 견해에 대해 을은 동의하지만 병은 동의하지 않으므로 적절하지 않다.

ㄷ. 갑은 인터넷 악플을 작성하는 사람들은 익명성 뒤에 숨어서 자신과 아무런 관련이 없는 타인을 상처주는 것에 대한 책임은 지지 않기 때문에 인간의 본성이 악하다고 보고, 병은 인터넷의 익명성은 인간을 선하게도 하고 악하게도 할 수 있기 때문에 인간 본성의 선악 여부를 판단하기 전에 인터넷의 익명성이 갖는 문제를 해결해야 한다고 본다. 그러나 갑과 병 모두 익명성의 문제를 해결한 이후의 인간의 본성에 대한 견해를 밝히지 않았으므로 익명성의 문제를 해결하면 인간의 본성이 선해질 수 있다는 것에 동의하는지는 알 수 없으므로 적절하지 않다.

13 세부 내용 파악

정답 ③

두 번째 단락에서 주관부서는 대외문서 접수대장과 대외문서 발송대장을 비치하고 기록·유지해야 하고, 위임부서는 주관부서의 권한을 위임받아 본부별로 자기 소관부서의 문서관리를 할 수 있다고 했으므로 호남지역본부는 호남지역 현장의 대외문서 접수대장 및 발송대장뿐만 아니라 제주지사의 대외문서 접수대장 및 발송대장을 관리할 수 있음을 추론할 수 있다.

오답 체크

① 두 번째 단락에서 위임부서는 주관부서의 권한을 위임받아 본부별로 자기 소관부서의 문서관리를 할 수 있다고 했으므로 영업팀 및 해외사업부의 문서 정리·보존·폐기 업무는 소속 문서관리 위임부서인 개발사업본부 관리팀이 관할함을 추론할 수 있다.

② 두 번째 단락에서 주관부서는 각 부서 및 현장의 모든 문서취급 관리에 대해 지도·감독해야 한다고 했고, 총무부가 갑 회사의 문서관리 주관부서이므로 총무부는 갑 회사 소속 모든 부서와 현장의 문서취급 관리에 대해 지도·감독할 의무가 있음을 추론할 수 있다.

④ 두 번째 단락에서 주관부서는 자기 소관부서에 관한 문서관리 업무뿐만 아니라 위임부서의 문서보존창고의 관리 및 문서의 보존과 폐기에 관한 모든 업무를 수행해야 한다고 했으므로 문서관리 주관부서인 총무부는 자기 소관부서인 본사 및 연구소의 문서관리뿐만 아니라 문서관리 위임부서인 개발사업본부 관리팀의 문서보존창고 관리에도 관여할 수 있음을 추론할 수 있다.

⑤ 세 번째 단락에서 위임부서와 지역별 현장은 문서를 종류별로 정리·보존·폐기해야 하고, 타 부서 관계자와 연락 및 협조를 할 경우 문서에 대한 책임 소재를 명확히 해야 한다고 했으므로 중부지역 부서와 영남지역 부서가 문서의 폐기에 대해 협조할 경우, 문서의 책임 소재는 중부 및 영남지역본부 중 어디에 둘 것인지 정립해야 함을 추론할 수 있다.

14 논리 추론

정답 ③

제시된 조건을 기호화하여 정리하면 다음과 같다.

- 조건 1: (A ∧ C) ∨ E
- 조건 2: ~D → ~B ∨ ~C
- 조건 3: E → F
- 조건 4: G → ~D
- 조건 5: ~F

조건 5와 조건 3의 대우 '~F → ~E'에 따라 E는 반대하고, 조건 1에 따라 A와 C는 찬성한다.

ㄱ. 최소한 A와 C 2명의 위원은 찬성하므로 반드시 참이다.

ㄴ. B가 찬성할 경우, 조건 2의 대우 'B ∧ C → D'에 따라 D도 찬성한다. 이때 조건 4의 대우 'D → ~G'에 따라 G는 반대한다. 따라서 A, B, C, D 4명의 위원이 찬성하여 갑 정책안은 가결되므로 반드시 참이다.

오답 체크

ㄷ. 조건 2에 따라 D가 반대하면 B도 반대한다. 따라서 G가 반대할 경우 B, D, E, F, G 5명의 위원이 반대하고, A와 C 2명의 위원이 찬성할 수 있으므로 반드시 참은 아니다.

15 논리 추론

정답 ⑤

제시된 글에서 기호화가 필요한 문장을 정리하면 다음과 같다.

- 전제 1: 육아휴직 예정 ∨ ~파견 3개월 초과 → ~파견
- 전제 2: (가)
- 전제 3: 남성 ∧ 결혼 → 3년 이내 출산
- 전제 4: (나)
- 결론: 파견 → 여성

결론의 대우는 '~여성 → ~파견'이고 '~여성'은 '남성'이므로 '남성 → ~파견'이 참이 된다. 전제 1에서 결론의 대우가 도출되기 위해 추가되어야 할 전제는 '남성 → 육아휴직 예정 ∨ ~파견 3개월 초과'이다. 이때 전제 3에 의해 남성은 기혼과 미혼으로 구분되므로 '남성 ∧ 결혼 → 육아휴직 예정' 또는 '남성 ∧ ~결혼 → ~파견 3개월 초과'가 추가되어야 한다.

ㄴ. 3년 이내로 아이를 출산한 것은 '3년 이내 출산 → 7세 이하 자녀'이고, '7세 이하 자녀 → 육아휴직 예정'이므로 전제 3에 의해 '남성 ∧ 결혼 → 육아휴직 예정'이다. 따라서 (가)에 들어갈 말은 ㄴ이 적절하다.

ㅁ. '~결혼 → 파견 2개월 이내'이고 '파견 2개월 이내 → ~파견 3개월 초과'이므로 '남성 ∧ ~결혼 → ~파견 3개월 초과'이다. 따라서 (나)에 들어갈 말은 ㅁ이 적절하다.

오답 체크

ㄱ. '육아휴직 예정 → 남성'이 추가되더라도 그 '역'인 '남성 → 육아휴직 예정'이 항상 참은 아니므로 적절하지 않다.

ㄷ. '여성 → 파견 3개월 초과'는 전제 1과 결론을 통해 도출할 수 있으므로 적절하지 않다.

ㄹ. '~이전 육아휴직 → 육아휴직 예정'이 추가되더라도 '남성 → ~이전 육아휴직'을 알 수 없으므로 적절하지 않다.

16 논리 추론

정답 ④

제시된 조건 중 기호화가 가능한 내용을 정리하면 다음과 같다

- 민기 ≡ 윤후
- 진솔 → ~윤후
- 지윤 → ~(민기 ∧ 진솔)

이때 '민기 ≡ 윤후'이므로 이를 다시 정리하면 다음과 같다.

- 민기 ≡ 윤후
- 진솔 → ~(윤후 ∧ 민기)
- 지윤 → ~(민기 ∧ 윤후 ∧ 진솔)

미국은 한 사람만 여행했고, 민기와 윤후는 여행 내내 동행했으므로 미국을 여행한 사람은 진솔 또는 지윤이다. 또한 '진솔 → ~(윤후 ∧ 민기)'이고 스위스와 스페인은 최소 두 사람이 여행했으므로 진솔이 스위스와 스페인을 여행했다면 지윤도 스위스와 스페인을 여행해야 한다. 그러나 '지윤 → ~(민기 ∧ 윤후 ∧ 진솔)'이므로 진솔과 지윤은 여행한 국가가 겹치지 않아야 한다. 이에 따라 진솔과 지윤은 스위스와 스페인을 여행할 수 없으므로 민기와 윤후가 스위스와 스페인을 여행했음을 알 수 있다. 또한 진솔이 미국을 여행했다면 지윤은 미국을 여행할 수 없으므로 프랑스를 여행해야 하고, 지윤이 미국을 여행했다면 진솔은 미국을 여행할 수 없으므로 프랑스를 여행해야 한다.

구분	민기	진솔		윤후	지윤	
스위스	O	X		O	X	
스페인	O	X		O	X	
미국	X	O	X	X	X	O
프랑스	X	X	O	X	O	X

따라서 스위스와 스페인은 민기와 윤후 두 사람, 미국과 프랑스는 진솔 또는 지윤 한 사람이 여행했으므로 '프랑스를 방문한 사람은 한 사람이다.'가 반드시 참이다.

오답 체크

① 스위스를 방문한 사람은 두 사람이므로 반드시 참이 아니다.
② 스페인을 방문한 사람은 민기와 윤후이므로 반드시 참이 아니다.
③ 미국을 방문한 사람은 지윤일 수도 있으므로 반드시 참은 아니다.
⑤ 프랑스를 방문한 사람은 진솔일 수도 있으므로 반드시 참은 아니다.

17 세부 내용 파악

정답 ④

두 번째 단락에서 RNA 바이러스에서 유전자 변이가 일어날 확률은 DNA 바이러스보다 최대 100만 배 높다고 했고, 세 번째 단락에서 RNA 바이러스의 경우 지속적인 유전자 변이로 인해 바이러스의 생존력이 높아지고 숙주에 쉽게 침투할 수 있게 되어 DNA 바이러스와 달리 감염자 수가 대폭 증가한다고 했으므로 바이러스 감염이 크게 확산될 확률은 DNA 바이러스보다 RNA 바이러스가 더 높음을 추론할 수 있다.

오답 체크

① 두 번째 단락에서 DNA 및 RNA 바이러스는 숙주 세포에 침투하여 자신의 유전물질을 복제하는 과정에서 오류가 발생함은 알 수 있으나, 숙주의 유전물질을 복제하는 과정에서 오류가 발생하는지는 추론할 수 없다.
② 두 번째 단락에서 DNA 바이러스는 유전물질의 복제 과정에서 숙주 DNA의 종합효소를 사용한다고 했으나, RNA 바이러스는 이러한 종합효소가 없다고 했으므로 RNA 바이러스는 DNA 바이러스와는 달리 숙주의 종합효소를 사용할 수 없음을 추론할 수 있다.
③ 세 번째 단락에서 에이즈 바이러스는 RNA 바이러스에 속한다고 했고, 두 번째 단락에서 RNA에 유전물질을 저장한 바이러스는 숙주 세포에 침투하여 자신의 RNA를 복제한다고 했으나, 에이즈 바이러스가 다른 RNA 바이러스보다 숙주 세포에 쉽게 침투할 수 있는지는 제시된 글을 통해 추론할 수 없다.
⑤ 세 번째 단락에서 인플루엔자 바이러스와 코로나 바이러스가 RNA 바이러스에 속한다고 했고, 두 번째 단락에서 RNA 바이러스에서 유전자 변이가 일어날 확률은 DNA 바이러스보다 최대 100만 배 높음을 알 수 있으나, 인플루엔자 바이러스의 유전자 변이 확률이 코로나 바이러스 유전자 변이 확률의 100만 배 이상인지는 제시된 글을 통해 추론할 수 없다.

18 세부 내용 파악

정답 ②

첫 번째 단락에서 적당한 수준의 스트레스는 신체와 정신에 긍정적인 자극을 줄 수 있다고 했다. 따라서 개인의 신체적 한계의 정도를 넘어서지 않는 스트레스는 신체 건강에 도움이 될 수 있음을 추론할 수 있다.

오답 체크

① 세 번째 단락에서 스트레스로 인한 심신의 질환을 예방하고 효과적으로 관리하기 위해서는 개인의 생활 리듬, 스트레스 해소 활동, 대인관계, 주인의식 등을 종합적으로 고려한 접근이 중요하다고 했다. 따라서 스트레스로 인한 심신의 질환은 생리학적 치료를 통해 가장 효과적으로 예방되는 것은 아님을 추론할 수 있다.
③ 두 번째 단락에서 셀리에의 일반적응 증후군에 따르면 저항기에 스트레스 저항력이 가장 강해지지만, 동시에 다른 종류의 스트레스 요인에 대해서는 저항력이 약화되는 특징이 있다고 했다. 따라서 일반적응 증후군에 따르면 저항기 단계에서 신체는 모든 스트레스 요인에 대한 저항력이 강화되는 것은 아님을 추론할 수 있다.
④ 두 번째 단락에서 첫 번째 단계인 경고반응기는 1~48시간 내에 발생한다고 하였으며, 세 번째 단계인 피폐기에는 충분한 휴식을 취해도 신체적 회복이 어렵다고 했다. 따라서 스트레서에 노출된 뒤 이틀 이내에 발생한 신체적 증상은 장기간의 휴식에도 불구하고 회복이 어려울 수 있는 것은 아님을 추론할 수 있다.
⑤ 세 번째 단락에서 생리학적 측면에서는 호르몬 균형 및 신경계 안정화가 핵심이며, 심리사회적 차원에서는 회복력 중심의 전략적 접근이 필수적이라고 했다. 따라서 스트레서에 의한 자극을 줄이려면 심리사회적 측면에서 신경계 안정화가 요구되는 것은 아님을 추론할 수 있다.

19 세부 내용 파악

정답 ③

〈실험〉에서 죽은 절지동물은 개미의 단백질 공급원이 되므로 죽은 절지동물이 많은 공간 1은 단백질의 공급이 충분한 환경이고, 상대적으로 죽은 절지동물이 적은 공간 2는 단백질의 공급이 부족한 환경이다.

ㄷ. 공간 1보다 공간 2에서 유충이 등장한 후 개미에 의해 제거되는 데까지 걸린 시간이 짧고 개미가 유충을 공격하는 빈도가 높았다고 했으므로, A 식물 주변의 곤충에 대한 개미의 공격은 단백질이 부족한 환경에서 더 활발해졌음을 알 수 있다. 따라서 단백질의 공급이 충분한 환경보다 단백질의 공급이 부족한 환경에서, 개미는 더 적극적으로 A 식물 가까이에 몰려들어 다른 곤충을 공격한다는 것은 적절한 추론이다.

오답 체크

ㄱ. 공간 1과 공간 2 모두 동시에 여러 종의 개미가 출현하였으며, 공격성이 강한 종의 비중은 공간 1과 공간 2 사이에 유의미한 차이가 없었다고 했다. 따라서 식물 A 주변에 공격성이 강한 종의 개미가 더 많이 모여들 확률은 단백질의 공급이 부족한 환경보다 단백질의 공급이 충분한 환경에서 더 높은지 알 수 없으므로 적절하지 않은 추론이다.
ㄴ. A 식물이 분비하는 탄수화물이 풍부한 수액은 개미의 먹잇감이라고 했고, 〈실험〉에서 공간 1과 공간 2에 동일한 수의 A 식물을 심었다고 했으므로 탄수화물의 공급이 부족한 환경에 대해서는 알 수 없다. 또한, 개미가 유충을 공격하는 시간은 공간 1보다 공간 2가 짧았다고 했으나, 공격성이 강한 종의 비중은 공간 1과 공간 2 사이에 유의미한 차이가 없어 어떤 종의 개미가 더 빠르게 공격했는지는 알 수 없으므로 적절하지 않은 추론이다.

20 논지·견해 분석

정답 ②

ㄴ. 변온동물의 화석은 나오지 않고 항온동물의 화석만이 발견되는 북극 지방에서 공룡 화석이 발견되었다는 연구 결과는 추운 기후에서 체온을 유지할 수 있어 극지방에서 생존했던 공룡이 있었음을 뒷받침한다. 따라서 이 연구 결과는 공룡이 종에 따라 항온동물인 경우와 변온동물인 경우가 있다는 ㉡을 약화하지 않으므로 적절하다.

오답 체크

ㄱ. 수각류인 오비랍토르의 체온이 파충류와 조류의 중간 정도이고 알을 낳았을 당시 해당 지역의 기온보다는 높았다는 연구 결과는 체온이 아주 높지는 않지만 바깥 온도와 관계없이 스스로 체온을 조절하는 공룡이 있었음을 의미한다. 따라서 이 연구 결과는 공룡이 변온동물과 항온동물의 중간 정도로 체온을 일정하게 유지할 수 있다는 ㉠을 약화하지 않으므로 적절하지 않다.

ㄷ. 체온이 높을수록 발생속도도 빨라 변온동물인 파충류는 항온동물인 조류보다 알의 부화기간이 길다고 했으므로 조반류 공룡알의 부화기간이 파충류알의 부화기간과 비슷하거나 더 길었다는 연구 결과는 조반류 공룡이 변온동물인 파충류와 유사성이 있음을 뒷받침한다. 따라서 이 연구 결과는 공룡이 중간 정도의 체온을 일정하게 유지할 수 있었다는 ㉠을 약화하지만, 조반류 공룡은 변온동물에 가까울 정도로 대사율이 낮았다는 ㉡을 약화하지 않으므로 적절하지 않다.

21 논지·견해 분석

정답 ④

ㄱ. ㉠에 따르면 정서는 신체적 변화를 지각한 뒤에 생겨나서, 웃고 있기 때문에 기쁨을 느끼고 울고 있기 때문에 슬픔을 느낀다. 무표정으로 만화를 보게 한 집단보다 웃는 표정을 짓고 만화를 보게 한 집단이 만화가 더 재미있었다고 평가했다는 실험 결과는 표정이라는 신체적 반응이 정서에 영향을 주었다는 것이다. 따라서 이 실험 결과는 ㉠을 강화하므로 적절한 평가이다.

ㄷ. ㉢에 따르면 신체적 각성과 그 각성이 무엇인지에 대한 인지적 해석을 통해 자신의 감정을 이해한다. 평지에서 이성을 만났을 때와 달리 심장이 뛰게 하는 흔들 다리의 한가운데서 이성을 만났을 때 상대를 더 매력적이라고 평가했다는 실험 결과는 흔들 다리 위에서 나타나는 신체 반응이 이성 때문이라고 생각하는 인지적 해석을 한 것이다. 따라서 이 실험 결과는 ㉢을 약화하지 않으므로 적절한 평가이다.

오답 체크

ㄴ. ㉡에 따르면 감각 정보가 대뇌피질과 시상하부에 동시에 전달되어, 대뇌피질에서는 감정을 느끼고 시상하부에 의해 감정과 관련된 신체적 반응이 일어난다. 따라서 동물의 뇌에서 대뇌피질만을 제거해도 대뇌피질이 제거되기 전과 동일한 감정의 신체 반응을 보였다는 것은, 감정의 신체 반응이 시상하부에서 조절된다는 ㉡을 약화하지 않으므로 적절하지 않은 평가이다.

22 논지·견해 분석

정답 ④

ㄴ. 두 번째 단락에서 캐논–바드 이론에 따르면 지각과 감정은 동시에 일어나기 때문에 맹수를 마주쳤을 때 심장이 빨리 뛰는 생리와 공포감이 느껴지는 정서적 체험이 동시에 발생한다고 하였다. 또한 척수가 손상되어 신체의 생리적 변화를 뇌에서 감지하지 못하는 사람도 감정을 느낄 수 있다고 하였다. 따라서 캐논–바드 이론에서는 척수가 손상된 사람이더라도 맹수를 마주치면 생리적 상태에 관계없이 무서운 감정을 느끼게 된다고 봄을 알 수 있다.

ㄷ. 세 번째 단락에서 샤흐터–싱어 이론은 신체적으로 각성이 일어나고, 이를 인지적으로 각성을 명명해야 자신의 감정이 무엇인지 이해한다고 하였다. 또한 실험을 진행한 결과 아드레날린을 투약받은 집단이 이를 비타민으로 알 때 주변 환경에 맞는 해석을 통해 자신의 정서를 판단했다고 하였다. 따라서 샤흐터–싱어 이론에서는 신체적 각성이 발생한 뒤 해당 각성을 명명하지 않을 경우 주변 환경에 따라 자신의 정서를 판단할 수 있다고 봄을 알 수 있다.

오답 체크

ㄱ. 첫 번째 단락에서 윌리엄 제임스는 신체적 변화를 지각함에 따라 정서가 생긴다고 주장하였으며, 랑게도 제임스와 동일한 신체적 반응 및 정서의 관련을 주장했다고 하였다. 또한 두 번째 단락에서 제임스–랑게 이론을 비판한 캐논–바드 이론에 따르면 지각과 감정은 순차적으로 일어나는 것이 아니라 지각과 감정이 동시에 일어난다고 하였다. 따라서 제임스–랑게 이론에서는 외부 자극에 대한 지각과 심리적으로 느껴지는 정서는 순차적으로 발현된다고 보았음을 알 수 있다.

23 문맥 추론

정답 ②

세 번째 규정에서 1개의 단위사업 내에 일반 및 특별 회계가 혼재할 경우 해당 단위사업을 2개로 분리해야 한다고 했으나 네 번째 규정에서 각각의 단위사업에 적용되는 회계가 서로 다르더라도 단위사업들의 정책사업 목적이 동일하다면 1개의 정책사업에 포함되어야 한다고 했고, 주거환경 개선사업의 단위사업 각각에 적용되는 회계는 1개의 단위사업 내에 혼재된 것이 아니므로 사업 개편을 하지 않아도 되므로 적절하지 않은 판단이다.

오답 체크

① 두 번째 규정에서 1개의 정책사업은 1개의 담당 조직에서만 운영되는 것을 원칙으로 한다고 했고, 대중교통 지원사업은 각 단위사업이 대중교통과와 교통정책과에서 담당하고 있으므로 1개의 담당 조직에서 정책사업이 추진될 수 있도록 사업 개편을 해야 하므로 적절한 판단이다.

③ 세 번째 규정에서 1개의 단위사업은 동일한 회계가 적용되어야 하고, 1개의 단위사업 내에 일반 및 특별 회계가 혼재할 경우 해당 단위사업을 2개로 분리해야 한다고 했으므로 기초생활보장 지원사업을 일반 회계와 특별 회계가 각각 적용받는 2개의 단위사업으로 분리해야 하므로 적절한 판단이다.

④ 두 번째 규정에서 1개의 정책사업은 1개의 담당 조직에서만 운영되는 것을 원칙으로 하며, 동일한 목적을 가진 정책사업이 다수의 조직에서 수행될 경우 정책사업명을 다르게 분리해야 한다고 했으나 주거환경 개선사업과 도시환경 조성사업은 정책목적이 동일하더라도 각 정책사업이 도시정책과와 환경정책과에서 담당하고 있고, 두 정책사업명이 분리되어 있으므로 사업 개편을 하지 않아도 되므로 적절한 판단이다.

⑤ 첫 번째 규정에서 1개의 정책사업이 복수의 목적을 가지고 있을 경우 해당 목적에 맞게 정책사업을 분리해야 한다고 했고, 주민기초생활보장 및 관광 지원사업은 복수의 목적을 가지고 있으므로 주민기초생활보장 지원사업과 관광 지원사업으로 분리해야 하므로 적절한 판단이다.

24 문맥 추론

정답 ④

을의 첫 번째 말에 따르면, 노인장기요양급여는 65세 이상 노인 또는 노인성 질병을 가진 65세 미만의 자가 노인장기요양인정을 신청한 후 등급을 받으면 수급할 수 있다. 또한 을의 세 번째 말에 따르면 65세 이상은 신청서와 의사소견서를 제출하되, 의사소견서는 신청서를 먼저 제출한 이후 제출이 가능하고, 65세 미만은 치매 등의 노인성 질병을 가진 경우 신청서와 의사소견서를 함께 제출하여 신청이 가능하다. 따라서 빈칸에 들어갈 내용은 '65세 이상이라면 의사소견서를 신청서 제출 이후에 제출하여도 장기요양인정 조사를 받을 수 있는'이 가장 적절하다.

25 문맥 추론

정답 ③

A시는 관할구역 전역이 공회전 제한장소로 지정되었으며, 제8조 제1항 및 제2항에 따르면 제한장소에서 공회전 자동차를 발견한 때에 해당 자동차 운전자에게 공회전을 중지하도록 경고하고 그때부터 공회전 시간을 측정하는 방법으로 단속이 진행된다. 이때 갑은 B주차장과 같이 공회전으로 인한 대기오염의 우려가 큰 곳에 대해서는 이보다 엄격한 단속이 필요하다고 민원을 제기하였으므로 특정 지역에 대해 더 엄격한 단속기준을 적용한다는 내용의 개정이 필요하다.

따라서 대기오염의 우려가 큰 일부 지역에 대해 더 철저한 단속이 이루어질 수 있도록 한 조례 개정 내용은 '제8조 제2항에 "다만, 중점 공회전 제한장소(터미널·차고지·주차장 등 특별히 공회전을 제한할 필요가 있는 지역을 말한다)에서는 발견한 때부터 측정한다."를 추가'가 가장 적절하다.

오답 체크

① 대기의 온도가 너무 높거나 낮은 경우에 한정하여 공회전 제한시간을 차별화하는 것이므로 적절하지 않다.

② 실무활동 중인 긴급자동차 및 이에 준하는 자동차를 공회전 제한의 예외 사항으로 두는 것이므로 적절하지 않다.

④ 공회전을 중지하도록 경고할 대상인 운전자가 운전석에 없을 경우 경고를 하지 않는다는 것이므로 적절하지 않다.

⑤ 제한시간을 초과하면 공회전 위반 확인서를 작성 및 교부하는 것은 모든 공회전 제한장소에서의 단속방법에 해당하므로 적절하지 않다.

실전모의고사 6회

모바일 자동 채점 및 성적 분석 서비스

정답

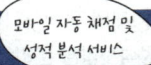

1	⑤	세부 내용 파악	6	①	세부 내용 파악	11	②	세부 내용 파악	16	②	논리 추론	21	②	논지·견해 분석
2	③	세부 내용 파악	7	④	문맥 추론	12	⑤	논지·견해 분석	17	⑤	세부 내용 파악	22	③	논지·견해 분석
3	②	논지·견해 분석	8	④	문맥 추론	13	⑤	세부 내용 파악	18	⑤	세부 내용 파악	23	⑤	문맥 추론
4	①	논지·견해 분석	9	②	문맥 추론	14	①	논리 추론	19	⑤	세부 내용 파악	24	②	문맥 추론
5	④	세부 내용 파악	10	④	문맥 추론	15	③	논리 추론	20	②	논지·견해 분석	25	④	문맥 추론

취약 유형 분석표

유형별로 맞힌 개수, 틀린 문제 번호와 풀지 못한 문제 번호를 적고 나서 취약한 유형이 무엇인지 파악해 보세요.

유형	맞힌 개수	틀린 문제 번호	풀지 못한 문제 번호
세부 내용 파악	/9		
논지·견해 분석	/6		
문맥 추론	/7		
논리 추론	/3		
TOTAL	/25		

해설

1 세부 내용 파악

정답 ⑤

두 번째 단락에서 정군은 교대로 근무하며 근무를 하지 않을 때는 농사를 지었다고 했고, 보인은 비상시에만 전투에 투입되고 평상시에는 농사를 지었다고 했으므로 조선의 정군과 보인은 농사와 국방의 의무를 모두 수행했음을 알 수 있다.

오답 체크

① 두 번째 단락에서 조선의 중앙군과 지방군은 모두 병적이라는 군적에 등재되었다고 했으나, 첫 번째 단락에서 고려의 지방군은 군적에 오르지 못한 군인들로 편제되었다고 했으므로 고려와 조선의 모든 군역 대상자가 군적에 등재되었던 것은 아님을 알 수 있다.

② 첫 번째 단락에서 고려의 중앙군에는 군적에 등재된 직업군인이 소속되었고, 군역에 대한 대가로 군인전이라는 토지를 지급받았음을 알 수 있다. 또한 두 번째 단락에서 조선의 중앙군은 녹봉이라는 경제적 보상은 갑사와 특수병이 지급받았음은 알 수 있으나 토지를 지급받았는지는 제시된 글을 통해 알 수 없다.

③ 첫 번째 단락에서 고려의 중앙군은 별도의 호적인 군적에 등재된 직업군인이고, 군역에 대한 대가로 군인전이라는 토지를 지급받았음을 알 수 있다. 그러나 고려의 지방군은 군적에 오르지 못한 군인들로 편제되었으며, 이들의 대부분은 전투나 방어보다는 노동과 잡역을 주로 담당하였다고 했으므로 고려의 지방군에는 군인전을 지급받는 직업군인이 포함되지 않았음을 알 수 있다.

④ 두 번째 단락에서 조선의 중앙군은 정군과 갑사, 특수병으로 나뉘었다고 했고, 중앙군은 복무기간에 따라 품계를 인정받았으나 녹봉이라는 경제적 보상은 갑사와 특수병만이 지급받았다고 했으므로 조선의 중앙군 모두가 녹봉을 지급받았던 것은 아님을 알 수 있다.

2 세부 내용 파악

정답 ③

첫 번째 단락에서 왕세자의 곤룡포는 서연복, 왕세손의 곤룡포는 강서복이라 불렀으며 왕세자와 왕세손은 같은 색깔의 곤룡포를 입었다고 했다. 또한, 두 번째 단락에서 왕세자는 사조원룡보를 가슴과 등, 양쪽 어깨에 붙였으며, 왕세손은 삼조방룡보를 가슴과 등에만 붙였다고 했다. 따라서 왕세자의 서연복은 용보가 4개, 용보 속 용의 발톱은 4개이고 왕세손의 강서복은 용보가 2개, 용보 속 용의 발톱은 3개이므로 용보의 개수와 용보 속 용의 발톱 개수로 서연복과 강서복을 구분할 수 있음을 알 수 있다.

오답 체크

① 첫 번째 단락에서 왕은 세종 이후부터 대한제국 시기 전까지 대홍색의 곤룡포를 입었다고 했다. 또한, 왕세자와 왕세손은 같은 색깔의 곤룡포를 입었으며, 중종 대에는 아청색의 곤룡포를 착용하였다고 했다. 따라서 중종 대에 왕의 곤룡포는 대홍색으로 구별되지만, 왕세자와 왕세손의 곤룡포는 아청색으로 같아 신분 차이가 드러나지 않음을 알 수 있다.

② 두 번째 단락에서 태조어진 속의 곤룡포는 가슴에 있는 용보의 크기가 매우 크고 어깨의 용보는 그보다 작은 데 비해, 영조어진 속 곤룡포의 용보는 가슴에 있는 것은 크기가 약간 작아지고 어깨에 있는 것은 크기가 약간 커진 형태라고 했다. 따라서 어진 속 태조의 곤룡포에 비하여 영조의 곤룡포에서 가슴의 용보는 작아지고 어깨의 용보는 커졌음을 알 수 있으나, 영조의 곤룡포에서 어깨의 용보가 가슴의 용보보다 큰지는 제시된 글을 통해 알 수 없다.

④ 첫 번째 단락에서 어진을 통해 청색의 곤룡포를 입은 태조의 모습은 확인할 수 있지만, 그 외에는 조선 초기 왕들의 곤룡포가 어떤 색이었는지에 대한 사료가 남아 있지 않다고 했다. 또한, 세종 26년에 명으로부터 대홍색 곤룡포를 사여받아 입었다고 했다. 따라서 세종이 명에서 사여받은 이후에 붉은색 곤룡포를 입었다는 것은 알 수 있으나, 집권 초기에 어떤 색의 곤룡포를 입었는지는 제시된 글을 통해 알 수 없다.

⑤ 두 번째 단락에서 황태자의 곤룡포에는 오조룡보를 사용하였으며, 고종과 순종 황제의 용보에는 5개의 발톱을 가진 용이 여의주를 물고 있는 모습이 그려져 있다고 했다. 따라서 대한제국 시기에 황제와 황태자의 용보 속 용의 발톱 수는 같으나, 황제의 용보 속에는 여의주를 물고 있는 용이 그려져 있으므로 황태자의 것과 동일하지 않음을 알 수 있다.

3 논지·견해 분석

정답 ②

이 글은 가부장 제도를 우리나라 고유의 전통이라 여기는 입장에 대하여, 그 역사가 깊지 않을뿐더러 바람직한 관습으로 보기 어려운 가부장 제도를 전통으로 여겨서는 안 되며 넓은 시야로 바라보고 전통과 역사를 이해해야 한다는 내용의 글이다. 따라서 이 글의 논지는 '전통을 올바르게 이해하기 위해서는 역사 전체를 조망해야 한다.'가 가장 적절하다.

4 논지·견해 분석

정답 ①

두 번째 단락에서 철학자 A는 신화를 1차 의미 전달 체계에 새로운 이미지 또는 수사학적 개념을 부여하여 사회 관습적이고 주관적인 의미를 전달하는 2차 의미 전달 체계라고 정의하고 있다. 또한 세 번째 단락에서 이런 신화는 자연화 이데올로기를 통해 허구성에 대한 의심 없이 신화를 합리적인 것으로 인식하고 받아들이게 한다고 주장한다. 결국 신화는 현대 사회의 이데올로기 혹은 의도를 은폐한 채 그들의 메시지를 자연스럽게 전달하기 위한 수사법에 불과하다고 했으므로 이 글의 논지로 '신화는 기표와 결합된 단일의 기의에 새로운 의미를 부여하여 특정 의도를 은폐하려는 수사법에 해당한다.'가 가장 적절하다.

오답 체크

② 제시된 글은 신화의 의미 전달 체계로 인해 신화의 허구성이 의심 없이 받아들여지는 것에 대한 문제제기이지 신화가 합리성을 결여하였다는 것에 대한 문제제기가 아니므로 글의 논지로 적절하지 않다.

③ 세 번째 단락에서 신화는 제작하는 사람이 이데올로기 혹은 의도를 어떠한 이미지 또는 수사학적 개념으로 드러나지 않게 왜곡·조작하여 교묘하게 납득시킨다고 했으므로 제작자의 의도를 직관적으로 전달하는 의미 전달 체계가 아님을 알 수 있다. 따라서 글의 논지로 적절하지 않다.

④ 제시된 글은 신화라는 의미 전달 체계에 관해 서술하고 있을 뿐 신화의 허구성에 속지 말아야 한다는 당위적인 논지를 전개하고 있지 않으므로 글의 논지로 적절하지 않다.

⑤ 세 번째 단락에서 신화는 그 의미 전달 체계의 특성상 필연적으로 자연화 이데올로기 기능을 수행하며 이로 인해 신화 제작자의 의도가 은폐되어 그 허구성에 대한 의심 없이 신화 수용자에게 신화가 자연스럽게 받아들여짐을 알 수 있다. 그러나 이는 신화 제작자의 의도가 자연화 이데올로기라는 것이 아니라 신화 제작자의 의도가 신화라는 수사법으로 인해 자연스럽게 받아들여진다는 것이므로 글의 논지로 적절하지 않다.

5 세부 내용 파악

정답 ④

두 번째 단락에서 목표수질은 하천의 단위유역을 기준으로 지정된다고 했고, 세 번째 단락에서 하천의 단위유역을 쪼개어 소유역으로 나눈 후 소유역별 할당부하량을 산정한다고 했다. 즉, 하천의 소유역은 단위유역보다 좁은 범위이다. 따라서 특정 소유역이 할당부하량을 초과하여 오염물질을 배출하더라도 다른 소유역의 오염물질 배출량이 할당부하량보다 적으면 단위유역 전체로는 목표수질을 맞출 수 있음을 알 수 있다.

오답 체크

① 두 번째 단락에서 하나의 하천 내에서도 단위구역에 따라 상이한 목표수질이 적용될 수 있다고 했고, 세 번째 단락에서 하천의 단위유역을 소유역으로 나누어 소유역별 할당부하량이 산정된다고 했다. 따라서 동일한 하천 내에서도 단위유역에 따라 목표수질이 다르게 설정될 수 있고, 소유역별로 할당부하량이 다르게 설정될 수도 있음을 알 수 있다.

② 첫 번째 단락에서 TMDL의 핵심 개념은 실제로 배출된 오염물질의 총량을 오염물질 배출 허용량 이내에서 관리하는 것이라고 했다. 따라서 TMDL에 따르면 오염물질의 양이 동일하게 유지되지 않더라도 정해진 범위 이내에서의 변동은 허용될 수 있으므로 목표수질설정과 기본계획수립이 TMDL에서 오염물질의 양을 동일하게 유지하기 위한 수단은 아님을 알 수 있다.

③ 세 번째 단락에서 수질모델링을 통해 단위유역에서 배출해도 되는 오염총량을 설정하여 소유역별 할당부하량이 산정된다고 했고, 마지막 단락에서 QUAL2E와 같은 모델링 기법의 운용에 있어 그 정확성이나 예측도가 떨어져 목표한 수질 개선을 달성하지 못한다는 문제가 있다고 했다. 따라서 TMDL에 참여한 모든 자치단체가 수질모델링을 통해 도출된 소유역별 할당부하량을 준수하더라도 수질모델링 과정에서의 오류로 인해 수질 개선 목표를 달성하지 못할 수 있음을 알 수 있다.

⑤ 두 번째 단락에서 BOD는 미생물이 물속 유기물을 분해할 때 사용하는 산소의 양을 의미하며, BOD가 높을수록 수질이 좋지 않음을 나타낸다고 했다. 따라서 BOD 항목의 목표 수치를 주변 지역보다 더 높게 잡은 지역이 아니라, BOD 항목의 목표 수치가 더 낮은 지역이 보다 강화된 수질 기준을 적용한 것임을 알 수 있다.

6 세부 내용 파악

정답 ①

두 번째 단락에서 맞벌이 가구의 경우 신혼·신생아 Ⅰ유형은 가구당 월평균 소득의 90% 이하, 신혼·신생아 Ⅱ유형은 가구당 월평균 소득의 120% 이하를 충족해야 한다고 하였다. 따라서 맞벌이 신혼부부의 가구당 월평균 소득이 110%라면 신혼·신생아 Ⅱ유형에 신청할 수 있음을 알 수 있다.

오답 체크

② 두 번째 단락에서 신혼·신생아가구 매입임대주택은 다가구주택 등에서 시세의 30~40%로 거주할 수 있는 Ⅰ유형에 1,490가구를, 아파트·오피스텔 등에서 시세의 70~80%로 거주할 수 있는 Ⅱ유형에 1,212가구를 모집할 예정이라고 하였으나 시세 금액은 파악할 수 없으므로 Ⅱ유형 이용 시보다 Ⅰ유형 이용 시에 저렴한 임대료로 이용할 수 있는지 여부는 알 수 없다.

③ 세 번째 단락에서 신생아가구는 1순위 입주자로 우선 공급 대상자에 해당한다고 했으므로 무주택자인 25세 미혼 청년이 아닌 신생아가구가 1순위 입주자에 해당함을 알 수 있다.

④ 두 번째 단락에서 청년 매입임대주택은 최대 10년 동안 거주할 수 있다고 했으며, 세 번째 단락에서 결혼 7년 이내 신혼부부는 신혼·신생아 매입임대주택 입주자 모집에 신청할 수 있다고 하였으나 결혼 7년 이내 신혼부부도 매입임대주택에서 최대 10년까지 거주할 수 있는지는 알 수 없다.

⑤ 첫 번째 단락에서 ○○부는 전국 16개 시도에서 청년과 신혼부부, 신생아 출산 가구를 대상으로 매입임대주택 입주자를 모집한다고 하였다. 따라서 청년가구와 신혼부부·신생아가구 모두 전국 16개 시도 모두에서 매입임대주택 입주자 신청을 할 수 있음을 알 수 있다.

7 문맥 추론

정답 ④

정은 참가자가 안내판을 찍어서 수정한 안내문안과 함께 제출하도록 했던 다른 공모전의 참여율이 높지 않았기 때문에 공모 대상이 되는 문화재를 선정하여 기존 문안을 홈페이지에서 확인할 수 있게 하자고 했고, 무는 정의 의견이 시민들의 쉬운 참여를 가능하게 하여 좋은 방안이라고 했다. 따라서 응모 방법에 안내문안 제출 시 수정이 필요한 안내판의 사진을 첨부한다는 내용을 추가하는 것은 적절하지 않은 수정이다.

오답 체크

①은 을의 의견, ②와 ⑤는 병의 의견, ③은 무의 의견이 반영된 적절한 수정이다.

8 문맥 추론

정답 ④

정책 A, B, C, D의 평가 결과를 정리하면 다음과 같다.

구분	정책 유효성	민원 접수 빈도	최종 평가 결과
정책 A	보통(고용 안정)	많음	낮음
정책 B	유효하지 않음	적음	보통
정책 C	보통(생계 안정)	적음	높음
정책 D	유효함(고용 안정+생계 안정)	많음	보통

ㄱ. 생계 안정을 실현한 정책 C와 D의 최종 평가 결과는 각각 '높음', '보통'이고, 생계 안정을 실현하지 않은 정책 A와 B의 최종 평가 결과는 각각 '낮음', '보통'이다. 따라서 생계 안정을 실현하지 않은 정책이 실현한 정책보다 최종 평가 결과가 높지 않으므로 적절하다.

ㄷ. 한 개의 평가 요소에서 가장 낮은 평가를 받고, 나머지 한 개의 평가 요소에서 가장 높은 평가를 받은 정책은 B와 D이다. 정책 B는 정책 유효성이 '유효하지 않음'으로 가장 낮은 평가를 받았지만 민원 접수 빈도가 '적음'으로 가장 높은 평가를 받았고, 정책 D는 민원 접수 빈도가 '많음'으로 가장 낮은 평가를 받았지만 정책 유효성이 '유효함'으로 가장 높은 평가를 받았다. 이때 정책 B와 D의 최종 평가 결과는 각각 '보통'으로 동일하므로 적절하다.

오답 체크

ㄴ. 정책 유효성의 등급이 '유효함'이 아닌 정책은 A, B, C이고, 이 중 민원 접수 정도가 '적음'인 정책은 B와 C이다. 정책 B와 C의 최종 평가 결과는 각각 '보통', '높음'이므로 적절하지 않다.

9 문맥 추론

정답 ②

(가) 첫 번째 단락에서 컨트롤로지는 몸과 마음을 통제하는 운동법이란 뜻을 가지고 있다고 했고, 두 번째 단락에서 요가와 체조 등 제자리에서 할 수 있는 운동을 조합하여 만들어진 초창기의 컨트롤로지는 마음의 안정을 가져다주는 정신치료의 성격도 함께 가지고 있었다고 했으므로 (가)에 들어갈 말은 '신체회복과 정신안정의 조화를 추구'가 적절하다.

(나) 세 번째 단락에서 오늘날 '필라테스'는 아름답고 건강한 몸을 만들 수 있는 운동이라는 인식이 널리 퍼져있고, 근력단련과 미용관리 중심으로 이루어지고 있다고 했으므로 (나)에 들어갈 말은 '정신회복보다는 건강과 아름다움을 추구'가 적절하다.

10 문맥 추론

정답 ④

(가) 세력 균형 이론에 따르면 세력 간의 힘이 비슷해야 어느 한 세력이 다른 세력을 흡수하기 위한 전쟁을 벌이기 어렵고, 실제 펠로폰네소스 전쟁에서는 약소국의 국력 증강이 세력 균형 이론이 예측한 결과와는 다른 결과를 만들었다고 했다. 이에 따라 (가)에는 약소국의 국력이 증가하여 세력 간의 균형이 유지되면 전쟁 발발 확률이 낮아진다는 세력 균형 이론의 내용이 나와야 한다. 따라서 (가)에 들어갈 말은 '국가 간 국력의 격차가 작아질수록 세력 간 균형이 유지되어 전쟁 발발 확률이 낮아진다'가 적절하다.

(나) 펠로폰네소스 전쟁이 발생한 이유는 단순히 국가 간의 힘의 우위가 아니라 심리적 요소에 있고 국가 간 평화를 유지하기 위해서는 힘의 균형을 맞추는 것보다 국가 간 신뢰를 구축해야 한다고 했다. 이에 따라 (나)에는 펠로폰네소스 전쟁은 아테네 국력 증강의 목적이 평화인지 세력 침탈인지 알 수 없기 때문에 아테네에 대한 스파르타의 신뢰가 불확실했다는 내용이 들어가야 한다. 따라서 (나)에 들어갈 말은 '아테네의 국력 증강은 스파르타에 대한 위협으로 작용하여 전쟁 불안을 심화시킨다'가 적절하다.

11 세부 내용 파악

정답 ②

ㄴ. 첫 번째 단락에서 양자컴퓨터는 큐비트의 수가 n개일 때 2^n가지의 상태를 처리할 수 있는 일관된 수학적 원리를 보여준다고 했으므로 큐비트가 5개일 때는 $2^5=32$가지, 큐비트가 8개일 때는 $2^8=256$가지 상태를 처리한다. 따라서 8개의 큐비트는 5개의 큐비트 대비 $256/32=8$배 더 많은 상태를 처리할 수 있음을 추론할 수 있다.

오답 체크

ㄱ. 세 번째 단락에서 현재 개발 초기 단계에 있는 양자 컴퓨터는 최소 수천 개에서 수만 개의 큐비트 확보, 오류율 감소, 양자 특성 유지를 위한 정밀한 제어 기술 등 해결해야 할 기술적 과제들이 산재해 있다고 했다. 따라서 양자 컴퓨터의 상용화를 위해서는 양자의 특성이 제거된 신진 기술을 통한 오류율 감소가 필수적인 것은 아님을 추론할 수 있다.

ㄷ. 두 번째 단락에서 양자 컴퓨팅의 도입은 기존 GPU와 CPU 기반 시스템 대비 복잡한 AI 모델의 학습 시간을 획기적으로 단축한다고 했다. 따라서 CPU 기반 시스템은 양자 컴퓨터를 활용했을 때보다 AI 모델의 학습 속도를 개선할 수 있는 것은 아님을 추론할 수 있다.

12 논지·견해 분석

정답 ⑤

ㄱ. A에 따르면 진행자가 빈 상자 하나를 보여줌으로써 상품을 받을 확률이 1/3에서 1/2로 바뀌기 때문에 처음의 선택을 유지해야 한다. 따라서 A는 진행자가 하나의 상자를 여는 행위로 인해 상품을 받을 확률이 높아지게 된다고 보므로 적절하다.

ㄴ. B에 따르면 참가자가 1번을 선택한 상황에서 상품이 있는 상자가 1번이라면 진행자는 2번과 3번 중 임의의 하나를 보여주고, 상품이 있는 상자가 2번이라면 진행자는 3번을 보여줄 수밖에 없다. 즉, 진행자는 참가자가 선택한 상자와 상품이 들어 있는 상자를 제외하고 남은 것 중에서 빈 상자를 보여준다는 것이다. 따라서 B는 진행자가 열어서 보여주는 상자에는 절대로 상품이 없을 것이라고 보므로 적절하다.

ㄷ. 진행자가 상품이 어디에 있는지를 모르는 상태에서 임의로 하나의 상자를 열어 보여줬는데, 그 상자가 비어 있었다면 다른 두 상자는 상품이 있을 확률이 50:50이다. 따라서 진행자는 상품이 있는 상자가 무엇인지 모르고 있다는 전제가 추가될 경우 1번을 선택하면 상품을 받을 확률이 1/2이라고 한 A의 답변은 옳고, 1/3이라고 한 B의 답변은 옳지 않으므로 적절하다.

13 세부 내용 파악

정답 ⑤

ㄱ. 갑의 첫 번째 말에서 빈곤선은 빈곤한 사람과 그렇지 않은 사람을 가르는 기준이며, 절대적 빈곤은 최소한의 인간다운 생활을 유지하기 위해 필요한 상품의 구입을 위한 최저 생계비를 기준으로 판단한다고 했다. 따라서 절대적 빈곤선은 최소한의 인간다운 삶을 유지하는 데 필요한 소득의 한계 수준임을 추론할 수 있다.

ㄴ. 갑의 첫 번째 말에서 절대적 빈곤선은 최저 생계비를 기준으로 한다고 했고, 갑의 두 번째 말에서 상대적 빈곤선은 중위소득의 50%를 기준으로 한다고 했다. 따라서 최저 생계비가 중위소득의 50%보다 낮다면 상대적 빈곤선이 절대적 빈곤선보다 높은 것이므로 절대적 빈곤 가구는 모두 상대적 빈곤 가구에 해당함을 추론할 수 있다.

ㄷ. 갑의 세 번째 말에서 물가 수준은 유지되면서 경제가 성장한다면 절대적 빈곤선은 변하지 않으나 소득 증가로 인해 상대적 빈곤선은 높아지게 되며, 빈곤갭이란 상대적 빈곤선에 해당하는 소득과 하위소득계층에 속하는 사람들의 소득 차이 정도라고 했다. 따라서 경제가 호황으로 상대적 빈곤선은 높아질 때 하위소득계층의 평균 소득은 변함이 없다면 빈곤갭의 값은 커짐을 추론할 수 있다.

14 논리 추론

정답 ①

제시된 글에서 기호화가 필요한 문장을 정리하면 다음과 같다.

- 조건 1: A시 생계 논의 9월 → A시 복지 논의 10월
- 조건 2: A시 복지 논의 9월 ∨ A시 재난 논의 10월 → A시 고용 논의 9월
- 조건 3: B시 고용 결정 9월 → A시 고용 논의 10월
- 조건 4: A시 재난 논의 9월 → A시 고용 논의 9월
- 조건 5: (A시 생계 논의 9월 ∨ B시 고용 결정 9월) ∧ ~(A시 생계 논의 9월 ∧ B 시 고용 결정 9월)

조건 2는 'A시 복지 논의 9월 → A시 고용 논의 9월'과 'A시 재난 논의 10월 → A시 고용 논의 9월'로 나눌 수 있고, 지원자금 증액에 관한 모든 논의와 결정은 9월 또는 10월에 반드시 진행되므로 'A시 재난 논의 10월 → A시 고용 논의 9월'과 조건 4에 따라 'A시 고용 논의 9월'은 항상 참이다. 'A시 고용 논의 9월'가 참이므로 조건 3의 대우 '~A시 고용 논의 10월 → ~B시 고용 결정 9월'에 따라 'B시 고용 결정 10월'이 참이고, 조건 5에 따라 'A시 생계 논의 9월'도 참이다. 또한 'A시 생계 논의 9월'과 조건 1에 따라 'A시 복지 논의 10월'이 참이다.

ㄱ. A시 고용안정지원자금 증액 논의는 9월에 이루어지므로 반드시 참이다.

오답 체크

ㄴ. A시 재난지원자금 증액의 논의 여부는 알 수 없으므로 반드시 참은 아니다.

ㄷ. A시 복지지원자금 증액 논의와 B시 고용안정지원자금 결정은 모두 9월에 이루어지지 않으므로 반드시 참이 아니다.

15 논리 추론

정답 ③

세 가지 강좌를 신청할 수 있는 모든 경우의 수를 정리하면 다음과 같다.

구분	경우 1	경우 2	경우 3	경우 4	경우 5	경우 6	경우 7	경우 8
요가	O	O	O	O	X	X	X	X
탁구	O	X	O	X	O	O	X	X
테니스	O	O	X	X	O	X	O	X

갑의 첫 번째 말에 따라 세 강좌를 모두 신청한 사람은 없으므로 〈경우 1〉은 가능하지 않고, 을의 첫 번째 말에 따라 탁구만 신청한 사람도 없으므로 〈경우 6〉도 가능하지 않다. 한편 갑의 두 번째 말에 따라 요가와 테니스를 함께 신청한 〈경우 2〉는 가능하지 않고, 요가는 신청하지 않고 테니스는 신청한 〈경우 5〉와 〈경우 7〉은 가능함을 알 수 있다. 이때 적어도 한 명은 탁구 교실과 테니스 교실을 함께 신청했다는 것은 〈경우 5〉가 반드시 존재한다는 것이다. 따라서 ㉠은 〈경우 7〉을 소거할 수 있는 '요가 교실을 신청하지 않은 사람은 모두 탁구 교실을 신청했다.'가 적절하다.

오답 체크

① 요가 교실을 신청한 사람은 모두 탁구 교실을 신청했다는 것은 〈경우 4〉를 소거하는 전제이므로 적절하지 않다.

② 탁구 교실을 신청한 사람은 모두 요가 교실을 신청했다는 것은 〈경우 5〉를 소거하는 전제이므로 적절하지 않다.

④ 탁구 교실을 신청하지 않은 사람 중 요가 교실을 신청한 사람은 없다는 것은 〈경우 4〉를 소거하는 전제이므로 적절하지 않다.

⑤ 테니스 교실을 신청하지 않은 사람 중 탁구 교실을 신청한 사람은 없다는 것은 〈경우 3〉을 소거하는 전제이므로 적절하지 않다.

16 논리 추론

정답 ②

제시된 조건을 기호화하면 다음과 같다.

- 조건 1: 갑 → 병 ∨ 무
- 조건 2: 을 → 병 ∧ 정
- 조건 3: 병 → ~갑 ∧ ~무
- 조건 4: 정 → 병
- 진술 5: ~병

병이 고용노동부에 배치되지 않으므로 조건 4의 대우 '~병 → ~정'에 따라 정도 고용노동부에 배치되지 않고, 조건 2의 대우 '~병 ∨ ~정 → ~을'에 따라 을도 고용노동부에 배치되지 않는다. 신규 채용된 일반행정 주무관 중 2명을 고용노동부에 배치한다고 했으므로 을, 병, 정을 제외한 나머지 갑과 무가 고용노동부에 배치된다.

ㄴ. 을은 고용노동부에 배치되지 않고, 무가 고용노동부에 배치되므로 반드시 참이다.

오답 체크

ㄱ. 갑은 고용노동부에 배치되므로 반드시 참이 아니다.

ㄷ. 정이 고용노동부에 배치되지 않으면, 무가 고용노동부에 배치되므로 반드시 참이 아니다.

17 세부 내용 파악

정답 ⑤

ㄴ. 두 번째 단락에서 대장암 치료에 사용되는 5-FU는 암세포 성장을 억제하는 동시에, 암 줄기세포의 활성화를 유발하여 암의 재발을 야기한다고 했다. 또한, 세 번째 단락에서 대장암 환자 유래 오르가노이드에 5-FU 단독 처리 시에는 치료 후 암 줄기세포가 증가했고, 5-FU와 WNT 억제제 복합 처리 시에는 5-FU에 의한 암 줄기세포 활성화가 저해되었다고 했다. 따라서 WNT 억제제와의 병용치료를 통해 5-FU의 항암 치료 효과를 높이고 대장암 재발 가능성을 낮출 수 있음을 추론할 수 있다.

ㄷ. 세 번째 단락에서 5-FU 치료 과정에서 p53에 의해 WNT 신호전달체계가 활성화되고 치료 후에 암 줄기세포가 증가하였으며, 대부분의 암 환자는 WNT 신호전달체계가 활성화되어 있다고 했다. 따라서 WNT 신호전달체계가 암의 줄기세포 활성화에 관여하여 암세포가 재성장하게 됨을 추론할 수 있다.

오답 체크

ㄱ. 첫 번째 단락에서 암 억제인자인 p53은 손상된 DNA를 수선하는 단백질을 활성화한다고 했고, 세 번째 단락에서 5-FU 치료 과정에서 p53이 전사인자로 작용하여 WNT 신호전달체계가 활성화된다고 했다. 따라서 5-FU 기반의 항암제를 사용할 경우 p53에 의해 WNT 신호전달체계가 활성화된다는 것은 알 수 있으나, p53이 DNA 손상 세포를 수선하는 기능을 잃게 되는지는 제시된 글을 통해 추론할 수 없다.

18 세부 내용 파악

정답 ⑤

두 번째 단락에서 심박수가 증가한 생쥐는 심박수가 증가하지 않은 생쥐와 달리 레버 누르기를 아예 포기하는 경우가 많았다고 했고 세 번째 단락에서 뇌섬엽 활동을 억제하자, 심박수가 높았을 때와 달리 불안 행동이 크게 줄어들었다고 했다. 이에 따라 뇌섬엽 활동을 억제하면 심박수가 높아지지 않으며, 심박수가 높지 않은 생쥐는 심박수가 높은 생쥐와 달리 레버 누르기를 포기하지 않은 경우가 많음을 추론할 수 있다. 따라서 뇌섬엽이 억제된 생쥐는 분당 심박수가 높은 생쥐보다 전기가 나오는 레버를 누를 가능성이 높음을 추론할 수 있다.

오답 체크

① 두 번째 단락에서 심박수가 증가하지 않은 대조군 생쥐는 호기심을 가지고 아무 데나 돌아다녔지만, 심박수가 증가한 생쥐는 그런 호기심 행동이 억제되었고 심박수가 증가한 생쥐는 대조군 생쥐와 달리 전기가 나오는 레버를 누르는 것을 아예 포기하는 경우가 많았다고 했다. 따라서 호기심 행동을 많이 하는 생쥐는 그렇지 않은 생쥐보다 전기가 나오는 레버를 적게 누르는 것은 추론할 수 없다.

② 두 번째 단락에서 생쥐의 심박수를 인위적으로 설정하고, 다른 변수를 통제하기 위해 광유전학을 이용한 통로 단백질을 이용했음은 알 수 있으나, 광유전학으로 심박수 질환의 증상을 치료할 수 있는지는 제시된 글을 통해 추론할 수 없다.

③ 두 번째 단락에서 인위적으로 심박수를 높인 생쥐에게서 불안 관련 행동이 증가했다고 했으므로 불안한 감정 상태는 전적으로 외부 자극에 대한 뇌의 해석에 의해서만 결정된다는 것은 추론할 수 없다.

④ 두 번째 단락에서 통로 단백질은 빛을 받으면 중앙의 통로가 열려 세포 바깥의 양이온이 세포 안으로 이동하면서 신호를 발생시키는데 이러한 장치를 통해 연구팀은 심박수를 인위적으로 조절할 수 있다고 했고 세 번째 단락에서 생쥐의 심박수를 증가시킬 때와 같은 원리로 빛을 이용하여 뇌섬엽 활동을 억제했다고 했다. 따라서 통로 단백질이 발생시킨 양이온의 이동을 통해 뇌섬엽 활동을 조절할 수 있음을 추론할 수 있다.

19 세부 내용 파악

정답 ⑤

ㄱ. 세 번째 단락에서 펄스-라벨링 실험에서는 세포에 방사성 동위원소 황을 계속 투여한다고 했다. 실험 1에서는 방사성 동위원소 황을 세포에 계속 투여하므로 실험 1은 펄스-라벨링 실험임을 알 수 있다. 두 번째 단락에서 펄스 추적 실험은 단백질의 구성 요소인 방사성 동위원소 황을 세포에 단시간 투여한다고 했다. 따라서 실험 2의 경우 방사성 동위원소 황을 세포에 단시간 투여하므로 펄스 추적 실험임을 알 수 있다.

ㄴ. 두 번째 단락에서 펄스 추적 실험을 통해 일정 시간 간격으로 세포소기관들을 얻어 방사성 동위원소인 황이 관찰되는지를 분석하여 일정한 단백질의 이동 경로를 파악할 수 있다고 했다. 또한 방사성 동위원소 황은 단백질로 합성된 후에 이동한다고 하였으므로 특정 세포소기관으로 이동 전에는 세포소기관에서 방사성 동위원소 황이 관찰되지 않다가, 특정 세포소기관으로 이동한 후에 방사성 동위원소 황이 관찰될 것임을 추론할 수 있다. 실험 1의 결과 소포체, 골지체, 소낭에서 방사성 동위원소 황이 검출된 결과를 정리하면 다음과 같다.

구분	소포체	골지체	소낭
5시간 후	O	X	X
10시간 후	O	O	X
15시간 후	O	O	O

실험 1에서 5시간 후 소포체에서만 방사성 동위원소 황이 관찰됐으므로 5시간이 지난 때에는 소포체에만 단백질이 존재하고 골지체와 소낭에는 존재하지 않음을 알 수 있다. 10시간 후 소포체와 골지체에서 방사성 동위원소 황이 관찰됐으므로 5시간 전 소포체에 위치하던 단백질이 골지체로 이동하고, 새롭게 합성된 단백질이 소포체로 이동했음을 알 수 있다. 또한, 15시간 후 소포체에서 골지체로 이동한 단백질이 최종적으로 소낭으로 이동함으로써 10시간 때에는 방사성 동위원소 황이 검출되지 않았던 소낭에서도 15시간 후에는 방사성 동위원소 황이 검출되는 것을 볼 수 있다. 15시간 후 골지체에서 발견되는 방사성 동위원소 황은 10시간 후에 소포체에 있었던 단백질이 골지체로 이동하여 관찰된 것이며, 15시간 후 소포체에서 발견되는 방사성 동위원소 황은 새롭게 합성된 단백질이 소포체에 존재함으로써 관찰되는 것이다. 따라서 단백질의 이동 경로는 소포체-골지체-소낭임을 알 수 있다.

ㄷ. 두 번째 단락에서 펄스 추적 실험은 방사성 동위원소 황을 세포에 단시간 투여한다고 했으므로 황을 투여한 이후 합성되는 모든 단백질에 방사성 동위원소가 있는 펄스-라벨링 실험과 달리 펄스 추적 실험은 방사성 동위원소 황을 투여한 시간에 합성된 단백질에만 방사성 동위원소 황이 관찰됨을 알 수 있다. 따라서 방사성 동위원소 황이 표지된 단백질이 한 세포소기관에서 다른 세포소기관으로 이동하게 되면 이전에 위치했던 세포소기관에서는 더 이상 방사성 동위원소 황이 발견되지 않고, 새롭게 이동한 세포소기관에서만 방사성 동위원소 황이 관찰되게 된다. 실험 1에 따라 단백질의 이동 경로는 소포체-골지체-소낭 순이므로, 실험 2의 결과 소포체, 골지체, 소낭에서 방사성 동위원소 황이 검출된 결과를 정리하면 다음과 같다.

구분	소포체	골지체	소낭
5시간 후	O	X	X
10시간 후	X	O	X
15시간 후	X	X	O

따라서 실험 2에서 방사성 동위원소 황 투입 15시간 후 소낭에서 방사성 동위원소 황이 검출됨을 알 수 있다.

20 논지·견해 분석

정답 ②

ㄷ. 두 번째 단락에 따르면 최적의 수면 시간을 가진 A 그룹의 경우 렘수면 동안 감정 관련 감정 신호 전달이 일시적으로 억제되며, 특히 부정적 감정 신호의 차단이 두드러지게 나타난다. 따라서 실험 결과는 최적의 수면 시간을 보장받으면 수면이 제한되었을 때보다 렘수면 동안에 뇌가 부정적 감정을 효과적으로 선별하여 차단한다는 것을 강화하므로 적절하다.

오답 체크

ㄱ. 마지막 단락에 따르면 렘수면 중 일주기 동안 축적된 단기 기억은 장기 기억 네트워크로 재구성되는데, 이 기억 통합 과정에서 부정적 기억은 편도체에서 선택적으로 저장 및 변환된다. 따라서 실험결과는 렘수면 동안 부정적인 기억은 해마에서 선별하여 처리된다는 것을 강화하지 않으므로 적절하지 않다.

ㄴ. 두 번째 단락과 세 번째 단락에 따르면 렘수면 동안에 수상돌기는 계속해서 신호를 활발히 수신하지만, 세포체는 의도적으로 기능을 정지시켜 실제 신호 전달을 차단한다. 따라서 실험 결과는 수면이 제한된다면 최적의 수면 시간을 보장받았을 때와 달리 렘수면 동안에 수상돌기로의 신호 전달이 선택적으로 차단된다는 것을 강화하지 않으므로 적절하지 않다.

21 논지·견해 분석
정답 ②

ㄴ. 갑은 동물을 기르고 죽이는 과정에서 동물에게 고통이 가해지기 때문에 육식은 정당화될 수 없다고 주장한다. 즉, 육식이 정당화되려면 동물에게 고통이 가해지지 않아야 한다는 것이므로 갑의 논증에 따르면 동물을 고통 없이 기르고 고통 없이 죽일 수 있을 때에만 육식이 정당화될 수 있다는 분석은 적절하다.

오답 체크

ㄱ. 갑은 채식이 오히려 육식을 했을 때보다 건강한 삶을 영위할 수 있게 돕는다고 주장하고 있으나, 을은 인간이 완전히 채식을 하는 것은 불가능하다고 주장할 뿐, 채식이 육식보다 인간의 건강 증진에 더 도움이 된다고 보는지는 알 수 없다. 따라서 적절한 분석이 아니다.

ㄷ. 을은 자연법칙에 따라 인간이 육식을 하는 것은 순리라고 주장하므로 자연법칙에 따르는 것이 정당하다고 보고 있음을 알 수 있다. 그러나 갑은 동물이 자연 상태에서는 겪지 않아도 되는 고통을 인간의 육식 때문에 겪게 된다고 주장하고 있을 뿐, 자연법칙에 따르는 것이 정당하다고 보는지 그렇지 않은지는 알 수 없다. 따라서 적절한 분석이 아니다.

22 논지·견해 분석
정답 ③

ㄱ. 갑에 따르면 인간은 육식을 하지 않아도 영양학적으로 문제없이 살아갈 수 있으며, 신체 활동에 필요한 영양소는 채식으로도 섭취할 수 있다. 이때, 채식만 한 인간의 영양 상태가 채식과 육식을 고루 섭취한 인간의 영양 상태보다 나쁘다면 갑의 주장은 약화되므로 적절하다.

ㄴ. 을에 따르면 동물의 개체 수가 과도하게 많아지면 생태계의 먹이 사슬이 무너질 수 있으며, 인간의 육식은 자연계의 흐름을 정상 범주로 하기 위한 주요 수단으로 활용될 수 있다. 이때, 지중해 바다 생태계를 파괴하는 외래종 파란 꽃게를 인간이 요리하여 먹음으로써 지중해 내 파란 꽃게의 개체 수가 줄어들었다면, 을의 주장을 뒷받침하는 근거가 된다. 따라서 을의 주장은 약화되지 않으므로 적절하다.

오답 체크

ㄷ. 갑에 따르면 단순히 인간의 쾌락만을 위한 육식은 윤리적으로 정당화될 수 없다. 이는 갑이 인간이 육식을 할 때 쾌락을 느낀다는 사실을 기반으로 쾌락만을 목적으로 육식을 해서는 안 된다고 주장하는 것임을 나타낸다. 따라서 육식을 통해 인간의 쾌락이 증대되었다는 실험 결과는 갑의 주장을 강화하는 것이지 을의 주장과는 무관하여 을의 주장은 강화되지 않으므로 적절하지 않다.

23 문맥 추론
정답 ⑤

두 번째 매뉴얼에 따르면 A 부서는 사업부서가 필요한 구비서류를 첨부하였는지 확인하고, 구비서류의 내용과 요청사항의 내용이 일치하는지 확인해야 한다. B 부서 공문에는 A 부서가 C 부서에서 평가한 사업평가서, 업무협약서, 사업비 청구서, 사업위탁기관의 사업자 등록증 및 통장사본을 제출 요청했고, B 부서가 사업위탁기관과의 업무협약서를 첨부하였다고 했으나 구비서류 항목인 '붙임'에는 업무협약서가 첨부되지 않았으므로 A 부서는 B 부서에 사업위탁기관과 진행한 업무협약서 구비서류의 첨부를 재요청할 것임을 추론할 수 있다.

오답 체크

① 첫 번째 매뉴얼에 따르면 A 부서는 사업비 지출 요청에 관하여 지급액이 누락되지 않고 정확히 작성되었는지 확인해야 하고, B 부서 공문에는 지급액이 3천만 원으로 명시되어 있다. 따라서 A 부서는 B 부서에 사업비의 지급액을 명시하도록 재요청하지 않을 것임을 추론할 수 있다.

② 세 번째 매뉴얼에 따르면 보조금과 같은 예산과목은 사업부서의 사전절차 없이 A 부서에 직접 지출 요청이 가능하고, B 부서 공문에는 예산과목이 민간사업보조금으로 명시되어 있다. 따라서 A 부서는 B 부서가 사업비에 관한 사전절차를 진행하도록 답변하지 않을 것임을 추론할 수 있다.

③ 첫 번째 매뉴얼에 따르면 A 부서는 사업비 지출 요청에 관하여 수령처가 누락되지 않고 정확히 작성되었는지 확인해야 하고, B 부서 공문에는 수령처가 주식회사 D로 명시되어 있다. 따라서 A 부서는 B 부서가 아닌 주식회사 D에 사업비를 지출할 것임을 추론할 수 있다.

④ 첫 번째 매뉴얼에 따르면 A 부서는 사업비 지출 요청에 관하여 사업 목적이 누락되지 않고 정확히 작성되었는지 확인해야 하나, 사업비가 사업 목적에 맞게 책정되었는지 평가하는 것은 매뉴얼에 제시되지 않았으므로 추론할 수 없다.

24 문맥 추론
정답 ②

을의 세 번째 말에 따르면 공직자의 영리 업무 기준에 대해 시간 강사처럼 정기적으로 일정 기간 이상 반복되는 행위에 대해서 사전 신고를 받고 있는 것이라고 했으므로 공직자의 영리 업무 기준은 정기적으로 일정 기간 이상 반복되는 행위이다. 또한 사례금은 상한액을 초과해서 받지 않아야 한다고 했으므로 사례금을 받는 것 자체가 금지되는 것은 아니다. 따라서 빈칸에 들어갈 내용은 '계속적으로 재산상의 이득을 취하는 영리 업무에 해당합니다'가 가장 적절하다.

25 문맥 추론
정답 ④

조례 제11조 제3항에서 군수는 정착지원금을 지원받은 사람이 정착지원금을 목적 외의 용도로 사용하거나 부정한 방법으로 지원받은 사실이 발견되는 경우에는 정착지원금의 전액을 회수하여야 한다고 했으나, 규칙 제5조 제1항 제1호에서 조례 제11조 제3항의 정착지원금을 목적 외의 용도로 사용한 경우 일부 회수하고 부정한 방법으로 지원받은 사실이 발견되는 경우 전액 회수한다고 했으므로 조례와 규칙이 불일치한다. 따라서 갑이 지원받은 정착지원금의 전액을 회수하는 내용으로 조례와 규칙이 일치되기 위해서는 규칙 제5조 제1항 제1호의 '목적 외의 용도로 사용한 경우 일부 회수하고'를 '목적 외의 용도로 사용한 경우 전액 회수하고'로 개정하는 것이 가장 적절하다.

오답 체크

① 조례 제11조 제2항의 '혼인신고를 하고 신부가 입국하여 외국인으로 등록한 날부터'를 '혼인신고를 한 날부터'로 개정하더라도 조례와 규칙이 불일치하므로 ㉠의 내용으로 적절하지 않다.

② 조례 제11조 제3항의 '정착지원금을 지원받은 날로부터'를 '정착지원금을 신청한 날로부터'로 개정하더라도 조례와 규칙이 불일치하므로 ㉠의 내용으로 적절하지 않다.

③ 조례 제11조 제3항의 '2년 내에 군 이외의 지역으로 전출한 때'를 '2년 내에 군 이내의 지역으로 전출한 때'로 개정하더라도 조례와 규칙이 불일치하므로 ㉠의 내용으로 적절하지 않다.

⑤ 규칙 제5조 제1항 제1호의 '목적 외의 용도로 사용한 경우 일부 회수하고 부정한 방법으로 지원받은 사실이 발견되는 경우 전액 회수한다'를 '부정한 방법으로 지원받고 목적 외의 용도로 사용한 경우 전액 회수한다'로 개정하더라도 조례와 규칙이 불일치하므로 ㉠의 내용으로 적절하지 않다.

실전모의고사 7회

모바일 자동 채점 및 성적 분석 서비스

정답

1	②	세부 내용 파악	6	④	논지·견해 분석	11	⑤	논지·견해 분석	16	⑤	논지·견해 분석	21	③	논지·견해 분석
2	④	세부 내용 파악	7	①	문맥 추론	12	①	논리 추론	17	④	논리 추론	22	④	논지·견해 분석
3	①	세부 내용 파악	8	⑤	문맥 추론	13	③	문맥 추론	18	⑤	논리 추론	23	①	문맥 추론
4	③	세부 내용 파악	9	①	세부 내용 파악	14	①	세부 내용 파악	19	⑤	논리 추론	24	④	문맥 추론
5	③	세부 내용 파악	10	④	문맥 추론	15	②	논지·견해 분석	20	②	세부 내용 파악	25	⑤	논지·견해 분석

취약 유형 분석표

유형별로 맞힌 개수, 틀린 문제 번호와 풀지 못한 문제 번호를 적고 나서 취약한 유형이 무엇인지 파악해 보세요.

유형	맞힌 개수	틀린 문제 번호	풀지 못한 문제 번호
세부 내용 파악	/8		
논지·견해 분석	/7		
문맥 추론	/6		
논리 추론	/4		
TOTAL	/25		

해설

1 세부 내용 파악

정답 ②

두 번째 단락에서 유형은 죄인의 관직 여부에 따라 집행하는 곳이 달랐다고 했으므로 조선시대에는 죄인의 관직 여부에 따라 유형을 집행하는 기관이 상이했음을 알 수 있다.

오답 체크

① 첫 번째 단락에서 조선의 유형은 명나라의 기본 법전인 『대명률』에 따라 유형의 등급을 세 가지로 나누었다고 했으나, 조선은 명나라와는 달리 국토가 좁아 죄인의 거주지로부터 유배지까지 거리를 6백 리, 7백 5십 리, 9백 리로 조정하여 등급을 정했다고 했으므로 조선시대의 유형 등급은 『대명률』의 기준을 동일하게 적용하지는 않았음을 알 수 있다.

③ 세 번째 단락에서 유형은 실제로는 유배지 내에서 자유롭게 돌아다닐 수 있었다고 했으나, 안치형은 유형에 처한 죄인의 집 주변에 울타리를 쳐서 죄인과 외부를 완전히 단절하였다고 했으므로 안치형에 처한 죄인은 유배지 내에서라도 집 밖을 자유롭게 돌아다닐 수는 없었음을 알 수 있다.

④ 첫 번째 단락에서 판결이 확정되지 않은 미결수는 감옥에 갇혀있었다고 했으므로 조선시대에는 판결이 확정되지 않은 미결수는 유배지로 보낼 수 없었음을 알 수 있다.

⑤ 세 번째 단락에서 죄인이 유배지에 도착하면 지방 관아에서는 거주할 장소를 마련해주었는데, 죄인이 유력한 관료인 경우 극진한 대접을 받았다고 했으나, 관찰사가 죄인이 거주할 장소를 마련해주었는지는 제시된 글을 통해 알 수 없다.

2 세부 내용 파악

정답 ④

첫 번째 단락에서 중국 고대의 한문 문체인 사륙변려체는 국내외 문서에서 빈번히 쓰였기 때문에 고려 광종 대에 치러진 과거시험에서 사륙변려체의 작성 능력을 평가하는 과목이 포함되어 있었다고 했다. 따라서 고려시대에 사륙변려체는 대(對)중국 외교 시뿐만 아니라 국내 문서에서도 사용되었음을 알 수 있다.

오답 체크

① 첫 번째 단락에서 고려 광종의 과거 시행이 왕권을 강화하기 위한 것으로 알려져 있으나, 외교 역량을 강화하기 위한 목적도 존재했다고 했다. 따라서 광종의 과거 제도 시행에 왕권 강화의 목적이 없었던 것은 아님을 알 수 있다.

② 두 번째 단락에서 조선시대에는 관직의 수가 부족하여 식년시 문과 급제자도 등용되지 못하는 상황에서 비정기 문과가 자주 열려, 과거에 급제하였음에도 관직을 얻지 못하는 이들도 많았다고 했다. 따라서 고려시대가 아닌 조선시대에는 과거에 급제한 뒤에 임용되지 못하는 사람이 크게 늘었음을 알 수 있다.

③ 두 번째 단락에서 조선 전기에는 식년시 문과로 선발되는 인원이 더 많았으나 조선 후기에는 비정기 문과로 급제하는 인원이 더 많아졌다고 했다. 따라서 조선 전기와 달리 조선 후기에 비정기 문과의 급제자 수가 더 많아졌음을 알 수 있으나, 조선 전기에는 식년시 문과가 더 많이 시행되고 조선 후기에는 비정기 문과가 더 많이 시행되었는지는 제시된 글을 통해 알 수 없다.

⑤ 두 번째 단락에서 고려시대와 달리 조선시대의 과거 제도는 양반 관료층의 특권을 유지하는 데에 기여하여, 명종 대까지는 비정기 문과가 서울에 거주하는 일부 특권계층에게 유리하게 시행되었으며 양반의 요구에 부응해 비정기 문과가 자주 열렸다고 했다. 따라서 조선시대에 과거 제도가 양반층의 특권을 유지하는 데에 일조하였음을 알 수 있으나, 과거 응시자격이 일부 특권층에게만 부여되었는지는 제시된 글을 통해 알 수 없다.

3 세부 내용 파악

정답 ①

두 번째 단락에서 비배제성은 누구도 공공재 생산에 필요한 비용을 부담하지 않으려 하기 때문에 시장에서 공공재가 생산되기 어렵게 만든다고 했고, 세 번째 단락에서 현대 사회 공공재의 절대다수는 정부가 세금을 바탕으로 직접 공급하고 있다고 했으므로 공공재의 생산에 비용이 소요되지 않는 것은 아님을 알 수 있다.

오답 체크

② 세 번째 단락에서 소비자들이 공공재를 가능한 많이 소비할수록 사회 전체의 편익을 극대화하므로 공공재에 가격을 설정하는 것은 사회적으로 바람직하지 않다고 했으므로 공공재에 가격을 설정하지 않는 것이 사회 전체의 편익 극대화에 유리함을 알 수 있다.

③ 두 번째 단락에서 공공재인 등대는 배를 운항하는 선장들이 등대의 건설 비용을 내지 않더라도 등대를 이용하는 데 배제되지 않는 무임승차의 유인이 존재한다고 했으므로 공공재인 등대는 대가 없이 혜택을 누릴 수 있어 무임승차의 유인이 존재함을 알 수 있다.

④ 세 번째 단락에서 공공재는 무임승차의 문제와 가격설정의 문제로 시장에 의해 공급되기 어렵기 때문에 현대 사회 공공재의 절대 다수는 정부가 세금을 바탕으로 직접 공급하고 있다고 했으므로 대부분의 공공재는 정부에 의해 공급됨을 알 수 있다.

⑤ 첫 번째 단락에서 비경합성이란 한 사람의 소비가 다른 사람의 소비를 방해하지 않는 것이라고 했고, 맑은 공기는 한 소비자의 소비량에 상관없이 모든 소비자가 소비할 수 있으므로 비경합성을 가짐을 알 수 있다.

4 세부 내용 파악

정답 ③

마지막 단락에서 인유두종바이러스 자체를 치료하는 방법은 없으며 백신은 인유두종바이러스 감염 전에 감염을 예방하는 역할을 한다고 했다. 따라서 백신인 가다실 4가를 인유두종바이러스 감염 후에 맞음으로써 치료할 수 없음을 알 수 있다.

오답 체크

① 첫 번째 단락에서 인유두종바이러스 저위험군은 암을 일으키지 않는다고 했고, 세 번째 단락에서 인유두종바이러스 2번은 저위험군에 속한다고 했다. 따라서 인유두종바이러스 2번은 암을 일으키지 않음을 알 수 있다.

② 세 번째 단락에서 평편 사마귀는 인유두종바이러스 3번과 10번, 사마귀상표피이상증은 인유두종바이러스 2번, 3번, 10번이 일으킨다고 했다. 따라서 인유두종바이러스 3번, 10번은 평편 사마귀와 사마귀상표피이상증 모두 일으킬 수 있으므로 평편 사마귀와 사마귀상표피이상증을 모두 일으킬 수 있는 바이러스가 있음을 알 수 있다.

④ 마지막 단락에서 가다실 9가는 인유두종바이러스 6번, 11번, 16번, 18번, 31번, 33번, 45번, 52번, 58번을 예방한다고 했다. 또한, 두 번째 단락에서 인유두종바이러스 16번, 18번, 31번, 33번은 인유두종바이러스 고위험군에 속한다고 했고, 세 번째 단락에서 인유두종바이러스 6번, 11번은 인유두종바이러스 저위험군에 속한다고 했다. 따라서 가다실 9가는 인유두종바이러스 고위험군뿐만 아니라 저위험군 감염 또한 예방함을 알 수 있다.

⑤ 두 번째 단락에서 인유두종바이러스 고위험군이 일으키는 자궁경부이형성증 2단계의 치료로 레이저 치료를 쓸 수 있다고 했고, 세 번째 단락에서 인유두종바이러스 저위험군이 일으키는 질환 중 곤지름에 레이저 치료를 쓸 수 있다고 했다. 따라서 레이저 치료는 인유두종바이러스 고위험군으로 인한 질병뿐만 아니라 저위험군으로 인한 질병에도 쓰일 수 있음을 알 수 있다.

5 세부 내용 파악

정답 ③

두 번째 단락에서 한센병의 감염 메커니즘이 명확히 밝혀진 것은 아니라고 했으므로 한센병 환자의 감염 경로가 정확하게 판단되고 있는 것은 아님을 알 수 있다.

오답 체크

① 세 번째 단락에서 프로민, 시바, 디아존과 같은 제한된 항생제가 사용되던 종래와 달리, 현재는 댑손, 리팜핀, 클로파지민 등 선택지가 크게 확대되었다고 했으므로 시바는 현재 한센병 치료를 위한 항생제로 사용하고 있음을 알 수 있다.

② 마지막 단락에서 2024년에는 국내에 총 5명의 신규 환자가 발생하였으나, 내국인 환자는 없었다고 했으므로 우리나라의 경우 2024년에는 내국인 신규 한센병 환자가 발생하지 않았음을 알 수 있다.

④ 마지막 단락에서 국내 한센병 환자 발생 추이는 2008년 이후 꾸준히 한 자릿수를 유지하고 있다고 했으므로 2010년의 국내 한센병 환자 수는 10명 미만임을 알 수 있다.

⑤ 두 번째 단락에서 대부분의 사람들은 나균에 대한 저항성을 갖고 있어 나균이 몸속에 침입하여도 쉽게 한센병에 걸리지는 않는다고 했으므로 대다수 인간의 면역체계는 나균 감염에 대해 강력한 방어 기제를 갖추고 있음을 알 수 있다.

6 논지·견해 분석

정답 ④

이 글은 정부의 정책은 개인의 편익과 비용에 영향을 미쳐 개인의 행동 변화를 가져오며, 이로 인해 개인이 합리적인 판단이 사회 전체적으로는 불합리한 결과를 낳는 구성의 오류를 야기할 수 있으므로 사회 전체의 비용을 우선해 개인의 행위를 유도하거나 억제해야 한다고 주장하는 글이다. 따라서 이 글의 논지는 '정부는 구성의 오류가 발생하지 않도록 정책이 개인의 행동에 미치는 영향을 고려해야 한다.'가 가장 적절하다.

7 문맥 추론

정답 ①

(가) 두 번째 단락에서 우리나라에서 사용되는 가족이라는 단어는 유교 문화에서 파생된 것이 아니고 일제강점기 당시 조선에는 없던 가족법이 제정되고 가족이라는 단어가 사용되면서 지금 우리가 인식하는 가족 관념이 형성되었다고 했고 세 번째 단락에서 우리는 여전히 일제 강점기에 만들어지고 유포된 가족과 가족법의 영향 안에 살고 있고 식민지 조선의 가족 관념이 오래전부터 존재했던 전통의 연장인 것처럼 왜곡되었음에도 우리는 이에 대해 무관심하다고 했다. 따라서 (가)에 들어갈 말은 '강하다'가 적절하다.

(나) 두 번째 단락에서 우리는 여전히 일제 강점기에 만들어지고 유포되었던 가족과 가족법의 영향 안에 살고 있다고 했고 세 번째 단락에서 일제시대에 새롭게 유입된 가족 관념은 기존의 관념을 대체하였다고 했다. 따라서 (나)에 들어갈 말은 '준다'가 적절하다.

(다) 가족 담론은 그 배경이 되는 시대의 사회적 영향을 강하게 받아 시간에 따라 유동적이며, 복잡하고 다층적인 역사적 시간성을 담고 있다고 했다. 따라서 (다)에 들어갈 말은 '일률적인'이 적절하다.

8 문맥 추론

정답 ⑤

세 번째 단락에서 연소의 연쇄반응을 일으키는 열에너지를 차단할 수 있는 화학적 소화약제를 투입하여 화재를 진압하는 방법을 억제소화라고 했으므로 ⓜ을 '소방대가 열에너지를 차단하는 소화약제를 투입하였다면 억제소화를 시도했다고 볼 수 있다'로 수정하는 것이 적절하다.

오답 체크

① ㉠의 앞에서 화재를 진압하기 위해서는 각종 소화장비를 이용하여 연소의 4요소 중 하나 이상을 제거해야 한다고 했으므로 ㉠은 화재현장에서 온도, 산소, 가연물, 연쇄반응 중 하나 이상을 제거했다는 것을 의미한다는 내용이 적절하다.

② ㉡의 앞에서 유류화재의 경우 기름에 산소의 접촉을 차단하는 물체를 사용하여 화재를 진압하고 화재현장이 밀폐된 공간인 경우 비활성기체를 불어넣으면 공기 중에 남아있는 산소를 밀어내 화재를 진압한다고 했으므로 ㉡은 비활성기체를 사용하는 질식소화는 실내화재나 유류화재를 진압하는 데 사용된다는 내용이 적절하다.

③ ㉢의 앞에서 산림화재 등의 경우 확산 방향에 따라 가연물을 제거하는 방식으로 화재를 진압한다고 했으므로 ㉢은 확산 방향의 가연물을 미리 제거하여 화재를 자연 소멸시킬 수 있다는 내용이 적절하다.

④ 두 번째 단락에서 산소를 차단하여 화재를 진압하는 방법을 질식소화라고 하는데, 이때 질식소화는 질소와 같이 다른 물질과 화학반응이 잘 일어나지 않는 비활성기체를 사용한다고 했으므로 ㉣은 화재를 진압하기 위해 소방대가 질소방출밸브를 사용하였다면 질식소화를 시도했을 가능성이 높다는 내용이 적절하다.

9 세부 내용 파악

정답 ①

두 번째 단락에서 성염색체 XY의 일부인 SRY 유전자가 TDF라는 인자를 만들어 미분화된 성선을 정소로 발달시키고, 정소는 MIS를 만들어 뮐러관을 퇴화시키고 테스토스테론을 만들어 볼프관을 발달시킨다고 했다. 또한 세 번째 단락에서 정소에서 만들어진 테스토스테론은 알파환원효소에 의해 디하이드로테스토스테론으로 바뀌고, 디하이드로테스토스테론은 디하이드로테스토스테론에 노출되지 않았다면 대음순으로 발달할 미분화된 외부 생식기를 음낭으로 바꾼다고 했다. 따라서 성염색체 XY를 가졌지만 알파환원효소가 작동하지 않는 경우에는 정소의 발달, 볼프관 발달, 뮐러관 퇴화는 정상적으로 이루어지지만 디하이드로테스토스테론은 생성되지 않아 음낭, 음경, 귀두는 발달하지 않았을 것임을 추론할 수 있다.

오답 체크

② 첫 번째 단락에서 일반적인 경우에는 3가지 정의에 따른 성별이 일치하며, 여성은 성염색체가 XX라고 했다. 또한 두 번째 단락에서 정소는 MIS를 만들어 원래 MIS에 노출되지 않았더라면 발달했을 뮐러관을 퇴화시키고, 테스토스테론을 만들어 원래 테스토스테론에 노출되지 않았더라면 퇴화돼 사라졌을 볼프관을 발달시킨다고 했다. 또한 같은 두 번째 단락에서 여성의 경우 정소 대신 난소가 발달하기 때문에 MIS와 테스토스테론이 생성되지 않는다고 했다. 따라서 여성의 경우 테스토스테론이 없으므로 볼프관이 퇴화하고, MIS가 없으므로 뮐러관이 발달할 것임을 추론할 수 있다.

③ 두 번째 단락에서 TDF에 노출되지 않으면 미분화된 성선은 난소로 발달한다고 했다. 또한 첫 번째 단락에서 미분화된 성선이 난소로 발달하는 경우는 여성으로 본다고 했다. 따라서 성염색체 XY를 가진 사람에서 SRY 유전자의 문제로 TDF가 생성되지 않으면 성선 기준에 다른 성별은 여성이 됨을 추론할 수 있다.

④ 세 번째 단락에서 남성과 여성은 음핵과 귀두처럼 형태나 기능은 다르나 기원이 같은 기관인 상동기관을 가진다고 했으며, 디하이드로테스토스테론은 디하이드로테스토스테론에 노출되지 않았다면 대음순으로 발달할 미분화된 외부 생식기를 음낭으로, 소음순으로 발달할 미분화된 외부 생식기를 음경으로 발달시킨다고 했다. 따라서 대음순과 음낭, 소음순과 음경이 서로 형태는 다르지만 기원은 같은 기관임을 추론할 수 있다.

⑤ 첫 번째 단락에서 일반적인 경우에는 3가지 정의에 따른 성별이 일치한다고 했고, 미분화된 성선이 정소로 분화하는 경우 남성으로 정의한다고 했다. 세 번째 단락에서 정소에서 만들어진 테스토스테론은 알파환원효소에 의해 디하이드로테스토스테론으로 바뀌고 디하이드로테스토스테론은 디하이드로테스토스테론에 노출되지 않았다면 대음순으로 발달할 미분화된 외부 생식기를 음낭으로, 소음순으로 발달할 미분화된 외부 생식기를 음경으로, 음핵으로 발달할 미분화된 외부생식기는 귀두로 발달시킨다고 했다. 따라서 정상적인 성 분화 과정을 거친 사람이 정소를 가지고 있다면 외부 생식기는 디하이드로테스토스테론에 노출되었음을 추론할 수 있다.

10 문맥 추론

정답 ④

ㄴ. 모집단위 감사는 양성평등 채용목표제를 적용했다고 했으므로 "감사" 항목을 삭제하는 것은 적절하다.

ㄷ. 모집단위 외무영사는 지방인재 채용목표제를 적용하여 1명을 추가로 합격시켰다고 했으므로 외무영사의 추가 합격 인원 항목의 "2명"을 "1명"으로 수정하는 것은 적절하다.

오답 체크

ㄱ. 모집단위 일반행정(일반)은 지방인재 채용목표제 적용 전 합격 인원 172명에 22명이 추가로 합격했다고 했으므로 일반행정의 최종 합격 인원 항목은 "194명"이 적절하다.

11 논지·견해 분석

정답 ⑤

ㄱ. 갑은 아직 유전자 변형 작물 섭취가 인체에 부작용을 야기한다는 보고가 없으므로 미래의 식량 위기에 대비해 유전자 변형 기술을 발전시켜야 한다고 주장한다. 을은 지금까지는 유전자 변형 식품 섭취의 부작용이 보고되지 않았으나, 이를 통해 미래에 인간에게 미칠 영향을 예측하는 것은 위험하다고 주장한다. 따라서 갑과 을 모두 과거에 유전자 변형 기술을 작물 재배에 사용하여 부작용이 발생한 경우는 없었음을 인정하므로 적절하다.

ㄴ. 갑은 유전자 변형 기술이 농작물의 생산능력을 향상시킬 것이라고 주장한다. 한편 을은 유전자 변형 기술로 생성된 작물이 기존 품종의 생산을 감소시키고, 바이러스나 이상 기후로 인해 유전자 변형 품종의 생산량이 급감할 수 있어 궁극적으로 식량 생산능력이 저하될 수 있다고 주장한다. 따라서 을은 유전자 변형 기술이 장기적으로 인류의 식량 생산에 부정적인 영향을 끼칠 수 있다고 보지만, 갑은 그렇지 않으므로 적절하다.

ㄷ. 갑은 이상 기후로 인해 식품 생산량이 감소하는 문제를 극복하기 위해 유전자 변형 작물이 필요하다고 주장한다. 한편 을은 유전자 변형 기술로 생성된 품종이 이상 기후로 인해 변화하는 환경에 적응하지 못해 생산량이 급감한다면 오히려 이러한 품종을 대체하는 데 어려움을 겪을 것이라고 주장한다. 따라서 갑은 기후 변화로 인한 농작물 생산량 감소에 유전자 변형 작물이 대안이 될 수 있다고 보지만, 을은 그렇지 않으므로 적절하다.

12 논리 추론

정답 ①

제시된 논증을 기호화하여 정리하면 다음과 같다.

㉠ 생물학적 유사 ∧ 인과적 메커니즘 동일

㉡ ~생물학적 유사 입증 ∨ ~인과적 메커니즘 동일 입증 → ~인간과 실험동물 유사성

㉢ 생물학적 유사 입증 ∧ ~인과적 메커니즘 동일 입증

㉣ ~인간과 실험동물 유사성

㉤ ~인간과 실험동물 유사성 → ~결과 인간 적용

㉥ 동물실험 정당화 → 결과 인간 적용

㉦ ~동물실험 정당화

ㄱ. ㉡과 ㉢으로부터 ㉣이 도출된다. ㉣의 '~인간과 실험동물 유사성'이 참이고, ㉤과 ㉥의 대우 '~결과 인간 적용 → ~동물실험 정당화'를 연결하면 '~인간과 실험동물 유사성 → ~결과 인간 적용 → ~동물실험 정당화'가 되므로 ㉣, ㉤, ㉥을 통해 ㉦이 도출된다. 따라서 ㉡과 ㉢으로부터 도출되는 결론 ㉣이 ㉦을 도출하는 전제로 사용되므로 적절한 분석이다.

오답 체크

ㄴ. ㉢을 조건문 형태인 '생물학적 유사 입증 → 인과적 메커니즘 동일 입증'으로 바꾸면 ㉣이 도출되지 않으므로 적절하지 않은 분석이다.

7회

해커스PSAT 7급 PSAT FINAL 봉투모의고사 언어논리

ㄷ. ⓔ을 '결과 인간 적용 ∧ ~부작용 발생 → 인간과 실험동물 유사성'으로 바꾸면, 그 대우 '~인간과 실험동물 유사성 → ~결과 인간 적용 ∨ 부작용 발생'에 따라 '~결과 인간 적용'이 참인지 거짓인지 알 수 없어 ⓢ이 도출되지 않으므로 적절하지 않은 분석이다.

13 문맥 추론 정답 ③

관계 전이성이란 여러 대안 간의 투표를 통해 결정되는 선호 관계가 항상 일관적임을 의미하며, 투표의 역설은 관계 전이성을 충족하지 못하기 때문에 발생한다고 했으므로 빈칸에 들어갈 내용은 '특정 대안에 대한 유권자의 선호가 일관적이지 않기 때문에'가 가장 적절하다.

14 세부 내용 파악 정답 ①

ㄱ. 세 번째 단락에서 관계 전이성이란 여러 대안 간의 투표를 통해 결정되는 선호 관계가 항상 일관적임을 의미한다고 했고, 관계 전이성이 없어 나타나는 투표의 역설 현상은 합리적인 의사결정을 방해한다고 했으므로 합리적인 의사결정을 하기 위해서는 투표의 역설 현상을 최소화해야 함을 추론할 수 있다.

오답 체크

ㄴ. 세 번째 단락에서 투표의 역설 현상은 관계 전이성을 충족하지 못하기 때문에 발생하며, 투표의 역설 현상이 자주 나타나기 때문에 다수결 원칙으로 합리적인 의사결정을 내리는 것이 어려운 일임을 알 수 있으나, 다수결 원칙에 따라 투표를 하면 투표 결과에 반드시 관계 전이성이 없는지는 제시된 글을 통해 알 수 없다.

ㄷ. B와 C를 먼저 투표에 부칠 경우 갑이 B, 을이 C, 병이 B를 선택하여 A와 B가 투표에 부쳐지고, 이후 A와 B를 투표에 부치면 갑이 A, 을이 A, 병이 B를 선택하여 A가 최종 여행지가 된다. 그러나 병은 B를 가장 선호하고 A를 가장 선호하지 않으므로 병이 본인이 가장 선호하는 여행지로 여행을 가기 위해서는 B와 C를 먼저 투표에 부치는 결정은 하지 않을 것임을 추론할 수 있다.

15 논지·견해 분석 정답 ②

을의 첫 번째 말에서 완전한 쾌락을 추구하려면 불완전한 쾌락을 가려낼 수 있는 이성을 갖추어야 한다고 했다. 따라서 을에 따르면 '완전한 쾌락 추구 → 이성을 갖춤'이므로 이성을 갖추는 것은 완전한 쾌락을 추구하기 위한 필요조건임을 알 수 있다.

오답 체크

① 갑의 두 번째 말에서 쾌락의 극대화를 위해서라면 비도덕적이거나 반사회적인 행위도 행해야 한다고 했으나, 그것이 사회적 규범에 어긋나지 않는 행위보다 더 큰 쾌락을 얻게 하는지는 알 수 없다.

③ 갑의 첫 번째 말에서 고통이 악이고 쾌락은 선이며 쾌락이 삶의 목적이자 행동의 기준이라고 했고, 갑의 두 번째 말에서 더 강렬한 쾌락을 얻기 위해 이성이 필요하다고 했다. 한편 을의 두 번째 말에서 쾌락을 추구하는 것이 삶의 목표가 되어야 한다고 했고, 을의 첫 번째 말에서 완전한 쾌락을 추구하려면 불완전한 쾌락을 가려낼 수 있는 이성을 갖추어야 한다고 했다. 따라서 갑과 을 모두 고통은 회피해야 할 대상이며, 쾌락을 추구하기 위해 이성이 필요하다고 여김을 알 수 있다.

④ 갑의 두 번째 말에서 쾌락을 생산하는 데에 도움이 되는 경우에만 덕이나 우정과 같은 것을 추구해야 한다고 했고, 을의 두 번째 말에서 우정과 덕 자체가 정신적인 고통과 불안이 없는 상태로 이어진다면 쾌락을 추구하는 것으로 봐야 한다고 했다. 따라서 갑과 을 모두 덕과 우정을 추구하는 것이 쾌락을 얻는 행위가 아닐 수 있다고 여김을 알 수 있다.

⑤ 갑의 두 번째 말에서 쾌락을 극대화하기 위함이라면 비도덕적이거나 반사회적인 행위라 할지라도 행해야 한다고 했고, 을의 첫 번째 말에서 도덕적으로 살지 않으면 참된 쾌락에 이를 수 없다고 했다. 따라서 비도덕적이거나 반사회적인 행위가 갑의 입장에서는 쾌락을 위한 것이고 을의 입장에서는 그렇지 않은 행위일 수는 있지만, 그러한 모든 것이 비도덕적이거나 반사회적인 행위는 아님을 알 수 있다.

16 논지·견해 분석 정답 ⑤

ㄱ. 갑은 인공지능의 발전으로 인간의 업무 효율성이 증대되었으며, 의미없이 반복적으로 해야 했던 일에서 벗어나 창의적이고 진보된 활동을 통해 자아실현을 이룰 수 있게 될 것이라고 주장한다. 따라서 갑은 인공지능의 발전으로 인간의 삶이 더 나아질 것임을 전제로 하고 있으므로 적절하다.

ㄴ. 을은 인공지능이 자동차와 같이 한정적인 분야에 영향을 끼치는 기술 혁신과는 차원이 다르며, 발전 속도나 양상 측면에서 기존의 기술 진보와 차이가 있다고 했다. 따라서 을은 인공지능이 기존의 기술 진보와는 다른 차원의 기술임을 주요 근거로 삼고 있으므로 적절하다.

ㄷ. 갑은 기술의 진보로 감소하는 일자리보다 새롭게 창출되는 일자리가 더 많았음을 근거로 인공지능이 인간의 일자리를 대체할 것을 우려하지 않아도 됨을 주장하고, 을은 인공지능으로 인해 새롭게 생겨나는 일자리 또한 인공지능이 차지하여 인간의 일자리가 줄어들 것임을 주장한다. 따라서 인공지능으로 인해 이전에 없던 새로운 일자리가 생겨날 것이라는 데에는 갑과 을 모두 동의할 것이므로 적절하다.

17 논리 추론 정답 ④

제시된 조건을 기호화하여 정리하면 다음과 같다.

- 조건 1: ~A ∨ ~B → C
- 조건 2: D ∧ E → ~B
- 조건 3: ~C → F ∧ ~G
- 조건 4: ~G → ~C
- 조건 5: ~A ∨ ~F
- 조건 6: G → B ∧ F

C가 참여하지 않을 경우 조건 1의 대우 '~C → A ∧ B'와 조건 5에 따르면 '~F'가 도출되지만, 조건 3에 따르면 'F'가 도출되므로 모순이 발생한다. 이에 따라 C는 참여한다. C가 참여하므로 조건 4의 대우 'C → G'에 따라 G도 참여하고, 조건 6에 따라 B와 F도 참여한다. B가 참여하므로 조건 2의 대우 'B → ~D ∨ ~E'에 따라 D와 E 중 최소 1개 기업은 참여하지 않고, F가 참여하므로 조건 5에 따라 A는 참여하지 않는다.

이상의 내용을 표로 나타내면 다음과 같다.

A	B	C	D	E	F	G
X	O	O			O	O

따라서 청년 취업박람회에 반드시 참여하는 기업은 B, C, F, G로 총 4개이다.

18 논리 추론 정답 ⑤

제시된 조건을 기호화하면 다음과 같다.

- 전제 1: 총무과 → ~기혼
- 전제 2: 3년 이상 ∧ 회계학 → 석사
- 전제 3: ~회계학 ∨ ~3년 이상 → 기혼
- 전제 4: 유학 → 회계학 ∨ ~기혼
- 전제 5: ~기혼 ∨ 총무과 → ~유학

ㄱ. 전제 1의 대우인 '기혼 → ~총무과'와 전제 3을 연결하면 '~3년 이상 → ~총무과'가 도출된다. 따라서 'A의 근무 기간이 3년 이상이 아니라면, 총무과가 아니다'는 반드시 참이다.

ㄴ. A가 회계학을 전공하지 않았다면 전제 3에 따라 '기혼'이 도출된다. 이때 전제 4의 대우는 '~회계학 ∧ 기혼 → ~유학'이므로 A가 회계학을 전공하지 않았다면 '~유학'이 도출된다. 따라서 'A가 회계학을 전공하지 않았다면, 유학 경험이 없다'는 반드시 참이다.

ㄷ. A가 유학 경험이 있다면 전제 5의 대우 '유학 → 기혼 ∧ ~총무과'에 따라 '기혼 ∧ ~총무과'이고, '기혼'이 참이므로 전제 4에 따라 '회계학'이 도출된다. 또한 A의 근무 기간이 3년 이상이라면 전제 2에 따라 '석사'가 도출된다. 따라서 'A가 유학 경험이 있고 근무 기간이 3년 이상이라면, 석사 학위를 보유하고 있다'는 반드시 참이다.

19 논리 추론 정답 ⑤

제시된 조건을 기호화하여 정리하면 다음과 같다.

- 조건 1: ~A → E
- 조건 2: B → ~C
- 조건 3: ~B → ~D ∧ ~E
- 조건 4: (D ∧ ~E) ∨ (~D ∧ E)

조건 4와 조건 3의 대우 'D ∨ E → B'에 따라 'B'가 참이고, 조건 2에서 '~C'를 도출할 수 있다. 이에 따라 갑이 수강하는 강의로 가능한 경우를 나타내면 다음과 같다.

구분	A	B	C	D	E
경우 1	O	O	X	O	X
경우 2	O	O	X	X	O
경우 3	X	O	X	X	O

ㄴ. 〈경우 3〉에 따라 갑이 2개의 강의만 수강한다면 E가 포함되므로 반드시 참이다.

ㄷ. 〈경우 1〉에 따라 A, B, D 3개의 강의를 수강할 수 있으므로 반드시 참이다.

오답 체크

ㄱ. 〈경우 2〉에 따라 A를 수강할 때 D는 수강하지 않을 수 있으므로 반드시 참은 아니다.

20 세부 내용 파악 정답 ②

ㄴ. 두 번째 단락에서 기온이 낮을 때는 빙하 속 산소동위원소비가 낮아지고, 기온이 높아질 경우 빙하 속 산소동위원소비가 높아진다고 했다. 따라서 빙하 속의 산소동위원소비는 당시의 기온과 양의 상관관계를 보임을 추론할 수 있다.

오답 체크

ㄱ. 첫 번째 단락에서 관측 기록이 남아 있지 않은 시대의 기후는 빙하나 해저 퇴적물과 같은 자연물을 분석하여 추측할 수 있다고 했으나, 기록이 남아 있지 않은 시대의 대기 상황만을 분석할 수 있는 것은 아님을 추론할 수 있다.

ㄷ. 두 번째 단락에서 기온이 낮을 때는 바닷속에 존재하는 산소 중 질량이 무거운 것은 증발이 잘 이루어지지 않아 해수에서 대기로의 ^{18}O 이동이 약해지고, 기온이 높아질 경우 바닷속 산소는 질량과 상관없이 증발이 활발히 이루어져 해수 속 산소동위원소비는 낮아진다고 했다. 따라서 기후가 온난할 때에 비해 한랭할 때 해수 속 $^{18}O/^{16}O$의 값이 더 높게 나타날 것임을 추론할 수 있다.

21 논지·견해 분석 정답 ③

ㄱ. 제시된 글의 논지는 유산균을 인위적으로 섭취하지 않는 것이 면역력에 더 도움이 된다는 것이다. 그러나 유산균을 섭취한 갓난아이가 그렇지 않은 갓난아이에 비해 외부 감염에 대한 면역력이 더 높았다면 이는 유산균 섭취가 면역력에 더 도움이 된다는 의미이므로 글의 논지를 약화한다.

ㄴ. 제시된 글에서 집중력 부족과 불안 증세를 보이는 42명의 환자 중 약 80%의 환자가 유산균을 섭취하고 있다는 사례가 유산균을 인위적으로 섭취하지 않는 것이 면역력에 더 도움이 된다는 주장의 근거로 활용되고 있다. 그러나 집중력 부족과 불안 증세를 보이는 환자 중 유산균을 섭취하지 않은 환자가 유산균을 섭취하여 해당 증세가 개선되었다면 이는 유산균 섭취가 면역력에 도움이 된다는 의미이므로 글의 논지를 약화한다.

오답 체크

ㄷ. 제시된 글에서 유산균을 인위적으로 섭취하지 않는 것이 면역력에 더 도움이 된다는 근거로 집중력 부족과 불안 증세를 보이는 환자 중 약 80%의 환자가 유산균을 섭취하고 있다는 사례를 제시하고 있다. 이는 집중력 부족과 불안 증세가 면역력을 저하시킨다는 것을 전제한 것이다. 따라서 집중력 부족과 불안 증세가 면역력과 무관하다는 것은 전제를 반박하는 것이므로 글의 논지를 약화한다.

22 논지·견해 분석 정답 ④

ㄴ. 어린아이에게 '비교'라는 단어를 알려줘도 단어의 의미를 이해하지 못하는 이유는 어린아이가 사물을 같은 것끼리 묶어서 사고하는 능력을 갖추지 않았기 때문이므로 사고가 언어에 영향을 미친다는 것을 의미한다. 따라서 이 연구결과는 언어가 사고에 영향을 미친다는 B의 주장을 약화하므로 적절하다.

ㄷ. 한자가 알파벳에 비해 창의적 사고력을 기르는 데 불리하다는 것은 언어가 인간의 지적 사고를 결정함을 의미한다. 따라서 사고가 언어를 결정한다는 A의 주장을 약화하고, 언어가 사고에 영향을 미친다는 B의 주장을 약화하지 않으므로 적절하다.

오답 체크

ㄱ. 에스키모인이 눈에 대해 수십 가지 이상의 단어를 보유하고 있는 이유는 북극에서 자주 접하게 되는 눈을 세부적으로 인지하게 된 것이기 때문이므로 사고와 사회적 환경이 언어에 영향을 미친다는 것을 의미한다. 따라서 이 연구결과는 사고가 언어를 결정한다는 A의 주장을 약화하지 않으므로 적절하지 않다.

23 문맥 추론

정답 ①

을의 첫 번째 말에 따르면 「지방자치법」 제30조에 따른 효력우위의 원칙이 적용되는 경우가 아니면, 시·도의 조례와 시·군 및 자치구의 조례는 상하관계에 있는 것이 아니다. 이때 을의 세 번째 말에 따르면 한옥 지원과 관련한 사무는 광역지방자치단체뿐만 아니라 기초지방자치단체에서도 자율적으로 수행할 수 있으므로 B시 조례는 A도 조례와 별개의 자치법규로서 지위를 가진다.

한편 을의 세 번째 말에 따르면 B시 조례로 규정하려는 내용은 「한옥 등 건축자산의 진흥에 관한 법률 시행령」에서 시·도와 시·군 및 자치구를 구분하지 않고 지방자치단체의 자치법규로 정하도록 위임한 것으로서, 조례로 제정할 수 있는 법령의 범위도 벗어나지 않는다.

따라서 빈칸에 들어갈 내용은 'A도 조례에도 불구하고 융자지원까지 포함하여 B시 조례로 규정할 수 있습니다'가 가장 적절하다.

오답 체크

② 을의 세 번째 말에 따르면 한옥 지원과 관련한 사무는 A도와 B시가 공동으로 수행하는 사무에 해당하지 않으므로 적절하지 않다.

③ 을의 첫 번째 말에 따르면 광역지방자치단체로부터 위임받은 사무, 광역지방자치단체와 기초지방자치단체가 공동으로 수행하는 사무가 아니라면 광역지방자치단체와 기초지방자치단체 자치법규는 별개의 자치법규로서 지위를 가지므로 적절하지 않다.

④ 을의 세 번째 말에 따르면 「한옥 등 건축자산의 진흥에 관한 법률 시행령」에서 시·도와 시·군 및 자치구를 구분하지 않고 지방자치단체의 자치법규로 정하도록 위임한 사무이므로 적절하지 않다.

⑤ 을의 세 번째 말에 따르면 보조지원뿐만 아니라 융자지원도 조례로 제정할 수 있는 법령의 범위를 벗어나지 않으므로 적절하지 않다.

24 문맥 추론

정답 ④

갑의 두 번째 말에서 A씨는 일자리안정자금의 사업주 요건을 갖추었다고 했고, 갑의 세 번째 말에서 A씨의 직원들은 근로자 요건을 모두 갖추었으며 A씨가 인터넷 사용에 익숙지 않다고 했다. 또한 을의 세 번째 말에서 온라인 신청 외에 방문·우편·팩스 등을 통한 신청은 사업장 소재지 관할 근로복지공단에서 가능하다고 했다. 따라서 빈칸에 들어갈 내용은 '일자리안정자금 지원 요건을 충족하므로 근로복지공단 관할 지사를 방문하여 신청하면 된다'가 가장 적절하다.

오답 체크

① 갑의 세 번째 말에서 A씨의 직원들은 모두 월 보수액이 올해 최저임금 월 환산액의 110% 수준이라고 했으므로 최저임금 위반이라는 내용은 적절하지 않다.

② 을의 두 번째 말에서 사업주와 배우자, 사업주 직계 존비속 등의 특수관계인에 대해서는 지원하지 않는다고 했으나, 갑의 세 번째 말에서 A씨는 근로자 요건을 모두 충족한다고 했으므로 고용된 직원이 특수관계인에 해당한다는 내용은 적절하지 않다.

③ 갑의 두 번째 말에서 A씨는 학원을 운영하며 5명의 직원을 고용한 사업주라고 했으므로 공동주택 경비·청소원에 대한 내용은 적절하지 않다.

⑤ 을의 두 번째 말에서 법률상 고용보험 적용대상이 아닌 경우 근로관계 확인이 가능한 서류를 제출하면 신청 가능하다고 했으나, 갑의 세 번째 말에서 A씨의 직원들은 모두 고용보험에 가입되어 있다고 했으므로 근로관계 확인 가능한 서류를 첨부해야 한다는 내용은 적절하지 않다. 또한, 을의 세 번째 말에서 온라인이 아닌 방문·우편·팩스로 신청하려면 사업장 소재지 관할 근로복지공단에서 가능하다고 했으므로 국민연금공단 팩스로 서류를 발송한다는 내용은 적절하지 않다.

25 논지·견해 분석

정답 ⑤

쟁점 1은 주취감경이 책임주의 원칙을 준수하는가에서 비롯된 논쟁이고, 쟁점 2는 주취감경 폐지가 범죄 예방 효과를 가질 수 있는가에서 비롯된 논쟁이다.

ㄱ. 쟁점 1에서 갑은 음주 행위가 스스로의 선택이며, 주취감경은 책임주의 원칙을 훼손한다고 본다. 그러나 을은 음주가 충동 조절 능력을 저하시켜 행위자가 자신이 한 행동의 결과를 제대로 판단하기 어려울 수 있다고 본다. 따라서 갑과 을은 음주 상태의 범죄 행위를 자발적 선택에 따른 위험 부담이라고 보는지, 인지 및 충동 통제 능력의 일시적 저하로 인한 불가피한 상황으로 보는지에 대해 근본적 차이를 드러내고 있으므로 적절하다.

ㄴ. 쟁점 1에서 갑은 같은 범죄를 저지르고도 술을 마신 사람만 감경될 가능성이 있는 것이 형평성을 해친다고 주장하고, 을은 오히려 심신상태를 고려하지 않은 일괄적 처벌이 형평성을 잃게 만든다고 주장한다. 따라서 쟁점 1과 관련하여 갑은 동일 범죄에서 음주 여부에 따른 차등 처벌이 형평에 반한다고 주장하나, 을은 심신 상태를 일괄 배제하는 일률적 처벌이 오히려 형평성을 침해한다고 보므로 적절하다.

ㄷ. 쟁점 2에서 갑은 주취감경 폐지가 처벌 회피에 대한 인식을 차단하고, 범죄 예방 효과를 가질 것이라고 주장한다. 이는 처벌이 강화될 경우 행위자가 범죄를 저지르기 전에 이를 인식하고 행동을 조절할 수 있다고 보는 입장이다. 그러나 을은 음주 상태에서의 행위자는 처벌 가능성을 논리적으로 고려할 능력이 부족하므로 처벌 강화가 실질적인 예방 효과를 가지지 못할 수도 있다고 반박한다. 따라서 갑과 을의 의견 불일치는 행위자가 처벌 가능성을 인식하는 시점에 대한 해석 차이에서 비롯되었으므로 적절하다.

실전모의고사 8회

모바일 자동 채점 및 성적 분석 서비스

정답

1	②	세부 내용 파악	6	②	논지·견해 분석	11	④	논지·견해 분석	16	⑤	논지·견해 분석	21	③	논지·견해 분석
2	④	세부 내용 파악	7	②	문맥 추론	12	⑤	논리 추론	17	①	논리 추론	22	③	논지·견해 분석
3	②	세부 내용 파악	8	③	문맥 추론	13	①	문맥 추론	18	③	논리 추론	23	①	문맥 추론
4	①	세부 내용 파악	9	③	세부 내용 파악	14	③	논지·견해 분석	19	④	논리 추론	24	⑤	문맥 추론
5	②	세부 내용 파악	10	④	문맥 추론	15	④	세부 내용 파악	20	④	세부 내용 파악	25	③	논지·견해 분석

취약 유형 분석표

유형별로 맞힌 개수, 틀린 문제 번호와 풀지 못한 문제 번호를 적고 나서 취약한 유형이 무엇인지 파악해 보세요.

유형	맞힌 개수	틀린 문제 번호	풀지 못한 문제 번호
세부 내용 파악	/8		
논지·견해 분석	/7		
문맥 추론	/6		
논리 추론	/4		
TOTAL	/25		

해설

1 세부 내용 파악

정답 ②

두 번째 단락에서 광개토대왕이 한강 이북 지역을 차지하고 그의 아들 장수왕이 한강 유역에서 백제와 신라를 밀어내고 한반도 남부까지 영토를 확장했으며, 한강 유역 점령을 위한 전략적 요충지인 장미산성에는 한강 유역을 점령했던 시기의 삼국 유물이 발견된다고 했다. 따라서 장미산성에는 고구려가 한강 유역을 차지하기 전인 광개토대왕 이전 재위했던 왕 시대의 유물은 남아있지 않을 것임을 알 수 있다.

오답 체크

① 두 번째 단락에서 백제는 삼국 중 가장 먼저 한강을 차지하며 전성기를 맞이했으나 고구려에 의해 밀려났고, 이후 신라와 손잡고 고구려를 공격해 한강 하류를 되찾았으나 탈환했던 한강 유역을 신라에 다시 빼앗겼다고 했다. 따라서 백제는 고구려에 한강 유역을 빼앗기기 전 전성기를 맞이했으며, 고구려로부터 한강 유역을 탈환하였으나 이를 신라에 빼앗긴 것임을 알 수 있다.

③ 첫 번째 단락에서 한강은 중국과의 해상 교역로가 연결되는 지점이었다고 했고, 두 번째 단락에서 백제가 신라와 손을 잡고 되찾았던 한강 유역은 동맹을 깬 신라에 의해 다시 빼앗겼다고 했다. 따라서 백제가 신라와 손을 잡고 한강 유역을 되찾았음은 알 수 있으나, 이를 다시 빼앗겼기 때문에 중국과의 교류를 재개할 수 있었는지는 제시된 글을 통해 알 수 없다.

④ 세 번째 단락에서 우왕 대와 공양왕 대에 한양으로 천도하였으나 개경으로 환도하였다고 했으므로 고려시대에 한양으로 일시 천도하여 고려의 수도가 개경이 아니었던 시기도 있음을 알 수 있다.

⑤ 세 번째 단락에서 고려를 건국한 왕건은 송악의 호족 출신이었으며, 남경 건설 당시부터 한강 일대의 중요성이 부각되어 고려 말에 들어 한양 천도가 추진되었다고 했다. 따라서 고려 문종 시기에 한강 유역의 중요성이 인식되기 시작한 것이 왕건의 출신 지역이기 때문은 아님을 알 수 있다.

2 세부 내용 파악

정답 ④

두 번째 단락에서 동국지도에 사용된 백리척은 100리를 1척으로 하고, 산지나 계곡처럼 굴곡이 있는 지형의 경우에는 1척을 120~130리로 하여 차이를 두었다고 했다. 따라서 동국지도에서 지형이 평평한 곳과 험준한 곳은 축척의 비를 다르게 했음을 알 수 있다.

오답 체크

① 첫 번째 단락에서 현재까지 전해지는 가장 오래된 한반도 지도인 조선방역지도는 명종 연간에 제작되었으며, 일본에 유출되었다가 1930년에 되찾아왔다고 했다. 한편 세 번째 단락에서 동양에서 가장 오래된 세계지도인 혼일강리역대국도지도는 태종 2년인 1402년에 제작되었으며, 15세기 후반에 만들어진 것을 포함해 4점의 필사본이 일본에 전해진다고 했다. 따라서 조선시대의 지도 중 현전하는 가장 오래된 지도는 혼일강리역대국도지도이며, 이 지도는 우리나라에 반환되지 않았음을 알 수 있다.

② 첫 번째 단락에서 조선방역지도에는 제주도와 대마도까지 그려져 있다고 했고, 두 번째 단락에서 동국지도는 우산도를 정확히 그려 넣어 독도가 우리 고유의 영토임을 드러낸다고 했다. 따라서 조선방역지도가 제작될 당시 제주도가 조선의 영토로 인식되었음을 알 수 있으나, 독도도 그려했는지는 제시된 글을 통해 알 수 없다.

③ 두 번째 단락에서 영조가 홍문관으로 하여금 정상기의 동국지도를 모사하여 보관하도록 함으로써 동국대지도가 만들어졌다고 했으므로 영조가 정상기에게 지도 제작을 지시한 것은 아님을 알 수 있다.

⑤ 첫 번째 단락에서 조선방역지도의 경우 도에 따라 다른 색으로 칠해 팔도를 구분하였다고 했고, 두 번째 단락에서 동국지도에는 팔도가 각각 서로 다른 색으로 칠해져 있다고 했다. 따라서 동국지도뿐만 아니라 조선방역지도 역시 색깔을 이용해 팔도를 구분한 조선 전도임을 알 수 있다.

3 세부 내용 파악

정답 ②

첫 번째 단락에서 정부는 빈민구제위원회를 선출하여 빈민법에 따른 정책을 정부가 세운 원칙과 규제에 따라 실천하도록 철저히 통제하였다고 했으므로 빈민구제위원회가 자율적으로 빈민 구제 활동을 한 것은 아님을 알 수 있다.

오답 체크

① 두 번째 단락에서 구빈법은 실질적인 빈민 구제 방안으로서 제 역할을 다하지 않았다고 했고, 세 번째 단락에서 산업화의 진행에 따라 빈민의 사회적 지위와 빈민에 대한 처우는 극도로 저하되었다고 했으므로 구빈법이 실제로 시행된 후에도 빈민 구제는 큰 성과를 내지 못했음을 알 수 있다.

③ 두 번째 단락에서 구빈법은 노동능력자에게 생활 보호를 위한 현물을 제공하고 그 대가로 작업장에서 강제로 노동을 하게 하였다고 했으므로 구빈법은 노동능력이 있는 빈곤자에게도 생활보호를 위한 복지를 제공하였음을 알 수 있다.

④ 첫 번째 단락에서 구빈법은 기존에 교회를 중심으로 산발적으로 제공되던 빈민 구제를 정부 책임으로 처음 명시한 법이라고 했으므로 구빈법이 시행되기 전에는 정부를 중심으로 한 공식적인 빈민 구제가 이루어지지 않았음을 알 수 있다.

⑤ 두 번째 단락에서 구빈법은 빈민의 친척, 남편 또는 부인, 부모 혹은 자녀들이 부양능력이 있을 경우에는 해당 빈민을 구제 대상에서 배제하였다고 했으므로 구빈법은 노동능력이 없더라도 부양능력이 있는 자식이 있을 경우 구제 대상에서 배제하였음을 알 수 있다.

4 세부 내용 파악

정답 ①

두 번째 단락에서 물리적 처리 방식인 침전 방식은 용존성 유기물 제거에 대한 효율성이 떨어진다고 했고, 세 번째 단락에서 생물학적 처리 방식인 호기성 공정은 고농도 유기물의 경우 산소 소모 속도보다 산소 전달 속도가 느려 효율성이 떨어진다고 했다. 따라서 용존성 유기물 제거에 효율성이 떨어지는 것은 호기성 공정이 아닌, 침전 방식임을 알 수 있다.

오답 체크

② 세 번째 단락에서 생물학적 처리 방식은 미생물의 대사 과정을 이용하여 하수 유기물을 제거하는 공법임을 알 수 있다.

③ 세 번째 단락에서 호기성 공정은 산소로 미생물을 증식시켜 얻어진 호기성 호흡을 이용한 처리 방식이고, 혐기성 공정은 산소 공급은 필요 없으나 미생물이 화학적으로 결합된 산소를 이용하여 오염물질을 제거하는 방식이라고 했다. 따라서 호기성 공정과 혐기성 공정 모두 오염물질 제거에 산소가 이용됨을 알 수 있다.

④ 세 번째 단락에서 호기성 공정은 산소로 미생물을 증식시켜 처리하는 방식이라고 했고, 마지막 단락에서 활성슬러지법은 하수에 산소를 공급하여 증식시킨 미생물을 통해 오염물질을 응집하여 침전지에서 분리하는 것이라고 했다. 따라서 활성슬러지법은 호기성 공정을 통해 응집된 오염물질을 침전을 통해 폐수에서 분리시키는 공법임을 알 수 있다.

⑤ 두 번째 단락에서 침전 방식은 용존성 유기물 제거 시 응집제를 주입하여 침전 처리의 효율성을 높이고, 여과 방식은 여과 공정의 처리 효율을 높이기 위해 여과 전에 응집제를 사용한다고 했다. 따라서 침전 방식과 여과 방식 모두 응집제를 사용함으로써 폐수 처리 효율을 높임을 알 수 있다.

5 세부 내용 파악

정답 ②

표에 따르면 진행 방식의 구조화 정도가 낮은 방법은 C이고, 마지막 단락에서 C는 조사자의 풍부한 경험과 고도의 기술이 요구되어 A와 B에 비해서 사용이 제한적이라고 했으므로 적절하다.

오답 체크

① 표에 따르면 아이디어 발견 가능성이 높은 방법은 A이고, 두 번째 단락에서 A는 B나 C에 비하면 상대적으로 적은 비용이 든다는 장점이 있다고 했으므로 적절하지 않다.

③ 표에 따르면 깊이 있는 응답의 정도가 높은 방법은 B이고, B는 질문의 민감성 정도가 보통이므로 적절하지 않다.

④ 세 번째 단락에서 B는 조사 대상자 개개인의 의견이 상이하여 A에 비해 조사 결과를 정리하고 결론을 도출하는 데에 어려움이 따른다고 했고, 마지막 단락에서 C는 직접적인 질문과 응답의 방식으로 진행되지 않아 조사 목적에 맞게 결과를 분석하고 해석하는 것이 쉽지 않다고 했다. 따라서 B와 C 중 조사 결과의 해석이 더 용이한 방법이 무엇인지는 제시된 글을 통해 알 수 없다.

⑤ 표에 따르면 C는 진행 방식의 구조화 정도가 낮고, 마지막 단락에서 C는 단어, 문장, 그림 등을 제시하고 느낌이나 연상되는 것을 말하게 하는 식으로 간접적이고 비구조화된 자극을 활용한다고 했으므로 적절하지 않다.

6 논지·견해 분석

정답 ②

제시된 글은 각 개인의 특성은 각자의 독특한 개인사에 의해 형성되므로 문화의 차이로 개인의 특성을 설명하는 시도는 합리적이지 않다고 주장한다. 따라서 글의 논지는 '문화의 차이에 따른 인종의 차이가 통계적으로 입증되더라도 이것으로 개인의 특성을 설명할 수는 없다.'가 가장 적절하다.

오답 체크

① 인종의 차이에 대한 규명이 인종 차별을 정당화한다는 것은 문화의 차이만으로 개인의 특성을 설명하려는 것이 합리적이지 않다는 글의 핵심 내용과 무관하므로 글의 논지로 적절하지 않다.

③ 제시된 글은 개인의 특성이 개인사에 의해 형성되므로 문화의 차이만으로 개인의 특성을 설명할 수 없다고 주장하며, 개인의 특성이 결정되는 요인을 설명하기 위해 과학적 근거를 제시해야 한다는 당위성을 주장하고 있지는 않다. 따라서 글의 논지로 적절하지 않다.

④ 첫 번째 단락에서 인종주의는 주장을 입증하는 과학적인 근거를 제시할 수 없었다고 했으나 제시된 글의 핵심 내용은 문화의 차이만으로 개인의 특성을 설명하려는 것은 합리적이지 않다는 것이므로 글의 논지로 적절하지 않다.

⑤ 두 번째 단락에서 문화에 따라 다른 행동 패턴을 가지기 마련이라고 했으나 제시된 글의 핵심 내용은 문화의 차이만으로 개인의 특성을 설명하려는 것은 합리적이지 않다는 것이므로 글의 논지로 적절하지 않다.

7 문맥 추론

정답 ②

(가) 미니멀리즘 패션은 미니멀리즘에서 강조하고 있는 단순함과 최소화에 근간을 둔 채 발전한 패션이라고 했고, 샤넬은 진취적으로 활동하는 여성들을 위해 형태가 단순하여 입고 다니기 편안한 디자인을 발표하였다고 했으므로 (가)에 들어갈 말은 '장식성을 배제하고 실용성을 중시하는 디자인'이 가장 적절하다.

(나) 미니멀리즘은 어떠한 형태가 일정한 질서를 갖추고 반복적으로 나타나는 디자인을 자주 구사한다고 했고, 미니멀아트 조각의 선구자인 도널드 저드는 자신의 작품이 특수한 조각의 부분으로 보이기보다는 하나의 물체나 구조물처럼 보이길 원하는 의도가 깔려 있다고 했으므로 (나)에 들어갈 말은 '부분보다는 단일화된 전체 질서를 강조하게 되어'가 가장 적절하다.

8 문맥 추론

정답 ③

㉢의 뒤에서 충분한 수면을 취한 사람과 수면을 전혀 취하지 않은 사람의 뇌 영역 영상을 비교·분석한 결과, 수면을 전혀 취하지 않은 사람의 뇌 영역의 활동이 크게 감소한 것으로 드러났다고 했으므로 ㉢을 '타인에 대한 공감 능력과 이타심'으로 수정하는 것이 가장 적절하다.

오답 체크

① ㉠의 뒤에서 연구팀은 수면 부족이 사회성에 어떤 부정적인 영향을 미치는지 조사하기 위해 실험을 진행하였다고 했다. 따라서 ㉠은 '사회성 결여에도 영향을 미친다'는 내용이 적절하다.

② ㉡의 앞에서 낯선 사람을 돕겠다는 설문에 답한 경우는 24시간 밤을 새었을 때가 적었던 것으로 드러났다고 했다. 따라서 ㉡은 '수면 부족이 심할수록 이타심이 줄어든다'는 내용이 적절하다.

④ ㉣의 앞에서 미국은 '서머타임' 때 낮 시간이 1시간 늘어나 미국인들의 잠재적 수면 손실이 발생한다고 했고 ㉣의 뒤에서 수면 부족이 심할 때 타인을 배려하는 행위 빈도가 줄어든다고 했다. 따라서 ㉣은 '서머타임 때가 서머타임이 아닌 때보다' 10% 더 감소한 것으로 드러났다는 내용이 적절하다.

⑤ ㉤의 앞에서 연구팀은 범세계적으로 수면 부족이 유행하고 있으며, 수면 부족은 개인, 공동체, 국가 모두를 덜 관대하게 만든다고 주장했고 ㉤의 뒤에서 모든 사람들이 수면 시간 확보하는 데 신경을 써야 한다고 강조하였다고 했다. 따라서 ㉤은 '국가 전체의 이타적 정서를 해치는 일'이라는 내용이 적절하다.

9 세부 내용 파악

정답 ③

세 번째 단락에서 1996년부터는 차종을 두 자릿수로 표시하였으며, 이때 차종 기호는 지역별로 할당되어 두 자릿수의 차종 기호가 등록한 시·군·구를 나타내었다고 했다. 따라서 1999년에 '서울 50 가 1234'와 '서울 50 나 9876'의 등록 번호가 부여된 두 차량은 차종 기호가 50으로 같으므로 같은 구청에서 등록하였음을 추론할 수 있다.

오답 체크

① 두 번째 단락에서 초록색 바탕에 흰색 글씨로 된 자동차 번호판은 1973년부터 2004년까지 사용되었다고 했고, 세 번째 단락에서 차종을 두 자릿수로 표시한 것은 1996년부터라고 했다. 따라서 흰색 바탕에 검은색 글씨로 된 자동차 번호판은 차종 기호가 두 자릿수로 변경된 1996년이 아닌, 2004년 이후에 사용되었음을 추론할 수 있다.

② 두 번째 단락에서 1973년 개편에 따라 렌터카를 나타내는 용도 기호로는 '허'가 쓰였다고 했으므로 1980년에 등록 번호를 부여받은 '경기 3 하 5678'은 렌터카가 아님을 추론할 수 있다.

④ 마지막 단락에서 2004년부터는 번호판에서 지역명을 빼고, 차종 기호와 용도 기호를 윗줄에 넣는 것으로 변경되었다고 했으므로 2005년에 등록한 자동차는 용도 기호인 '나'가 아랫줄이 아닌, 윗줄에 기재될 것임을 추론할 수 있다.

⑤ 첫 번째 단락에서 현재 자동차 번호판의 차량 등록 번호 중 앞의 세 자리는 차량의 종류를 나타낸다고 했고, 세 번째 단락에서 두 자릿수의 차종 기호는 2019년까지 사용되었다고 했다. 또한, 마지막 단락에서 2006년에 한 줄로 된 자동차 번호판이 도입되었다고 했다. 따라서 2021년에 등록한 자동차 번호판에서 차량 등록 번호는 두 줄로 되어 있지 않으며, '07'의 두 자릿수 차종 기호를 쓰지 않을 것임을 추론할 수 있다.

10 문맥 추론

정답 ④

정은 쌍방향 소통형으로 교육을 진행하면 보다 적은 인원을 대상으로 교육을 진행해야 하며, 이때 모집 인원보다 많은 사람이 신청할 수 있어 선착순 모집이 아닌 선발형 모집으로 진행해야 한다고 했다. 따라서 신청 기한을 '모집 인원 마감 시'로 하는 것은 선발형 모집이 아닌 선착순 모집으로 진행할 경우에 적합하므로 신청 기간을 "7. 5.(화) 9:00~모집 인원 마감 시"로 수정하는 것은 적절하지 않다.

오답 체크

①, ② 을은 학부모들 사이에서 관심이 많은 자녀의 디지털 리터러시 역량 강화를 주제로 교육을 진행하자고 했고, 병은 교육 대상을 청소년 자녀를 둔 학부모로 제한하는 을의 의견에 동의하였으므로 적절한 수정이다.

③ 정은 쌍방향 소통형으로 교육을 진행하기 위해서는 운영 규모를 축소해야 하며, 선발형 모집으로 진행하자고 했으므로 적절한 수정이다.

⑤ 무는 온라인 교육을 위해서는 인터넷 연결과 스피커 사용이 가능한 PC를 구비하도록 안내해야 하며, 쌍방향 소통형으로 교육을 진행하면 카메라와 마이크도 필요하다고 했으므로 적절한 수정이다.

11 논지·견해 분석

정답 ④

ㄱ. 갑은 노동의 수요와 공급을 고려하지 않은 채 임금이 고용량에 비해 높게 결정되면 노동시장에서의 수요와 공급이 불균형 상태가 되어 실업이 발생할 수 있다고 했고, 을은 부정적 공급충격의 경우 재화와 서비스와 같은 상품의 공급이 감소함에 따라 고용량이 감소하고 임금도 하락하여 실업이 발생할 수 있다고 했다. 따라서 실업의 발생 원인에 대해 갑은 임금과 고용량의 불균형, 을은 상품 공급량의 급격한 변화에 있다고 보므로 적절하다.

ㄷ. 실업을 해결하는 방안으로 갑은 정부가 적극적인 경기부양정책을 펼쳐 민간 기업의 고용량을 늘려야 한다고 주장하고, 을은 정부의 직접적인 개입이 아닌 민간 기술의 개발을 통해 고용량을 증가시켜야 한다고 주장한다. 따라서 갑과 을 모두 실업 문제의 해결 방안으로 민간 기업의 고용량 증가를 제시하므로 적절하다.

오답 체크

ㄴ. 을은 부정적 공급충격으로 발생하는 실업은 정부가 개입하더라도 긍정적인 효과를 기대할 수 없다고 했다. 따라서 을은 부정적 공급충격으로 발생하는 실업에 대해 정부의 적극적인 지원이 필요하다고 보지 않으므로 적절하지 않다.

12 논리 추론

정답 ⑤

제시된 논증을 정리하면 다음과 같다.

- 철수 A
- (1): ~철수 A ∧ ~철수 B
- 철수의 말은 참 또는 거짓
- (1)은 반드시 거짓
  - ⓐ 철수의 말이 참일 경우: 철수 A ∨ 철수 B
  - ⓑ 철수의 말이 거짓일 경우: 철수 B

ㄱ. 갑의 논증에 따르면 철수의 말은 참이고, (1)은 반드시 거짓이므로 '철수 A ∨ 철수 B'가 도출된다. 이때 철수가 회사에 합격하는 경우로 가능한 것은 '철수 A'와 '철수 A ∧ 철수 B'이고, 갑은 이 중 '철수 A'만 파악하였으므로 갑이 ㉠을 추론한 이유는 철수가 회사에 합격하는 경우를 한 가지만 파악하였기 때문이라는 내용은 글에 대한 분석으로 적절하다.

ㄴ. 을은 철수가 반드시 A회사 한 곳에만 합격했는지는 알 수 없다고 했으므로 을의 논증은 철수의 말은 참이고, (1)은 반드시 거짓인 경우에 기초한 것임을 알 수 있다. 이에 따르면 철수가 회사에 합격하는 경우로 가능한 것은 '철수 A'와 '철수 A ∧ 철수 B' 두 가지이므로 을이 ㉡을 추론한 이유는 철수의 말을 참이라 간주하였을 때 철수가 회사에 합격하는 경우가 두 가지 이상이기 때문이라는 내용은 글에 대한 분석으로 적절하다.

ㄷ. 병은 철수가 A회사가 아닌 B회사에 합격했을 수도 있다고 했으므로 병의 논증에 따르면 철수의 말과 (1)이 모두 거짓이므로 철수가 회사에 합격하는 경우로 가능한 것은 '철수 B'임을 알 수 있다. 따라서 병이 ㉢을 추론한 이유는 철수의 말과 (1)이 모두 거짓이라고 간주하였기 때문이라는 내용은 글에 대한 분석으로 적절하다.

13 문맥 추론

정답 ①

(가) A학설은 권리자는 권리를 행하거나 행하지 않을 선택을 할 수 있기 때문에 법률 관계에 있는 타인에게 의무를 지게 할 수 있는 통제력을 가진다고 주장하고 이 통제가 권리의 핵심이라고 했다. 따라서 (가)에 들어갈 말은 만약 '타인의 의무 이행 여부를 통제할 수 없다면 권리를 가졌다고 말할 수 없다'가 가장 적절하다.

(나) B학설은 권리의 이행을 통해 이익을 얻을 수 있어야 하며 타인이 의무를 이행하는 것으로부터 이익을 얻으면 그 이익을 얻은 사람이 권리를 가진 것으로 본다고 했다. 따라서 (나)에 들어갈 말은 결국 '타인의 의무 이행 결과 이익이 발생하지 않는다면 권리 역시 존재하지 않는다고 볼 수 있다'가 가장 적절하다.

14 논지·견해 분석

정답 ③

ㄱ. A학설은 권리는 항상 다른 사람의 의무와 연결되어 있으며 권리자는 권리를 행하거나 행하지 않을 선택을 통해 법률 관계에 있는 타인에게 의무를 지게 할 수 있는 통제력을 가진다고 했으므로 개인의 권리가 타인의 행위와 밀접한 관련이 있다고 본다. B학설은 타인이 의무를 이행하는 행위로 이익을 얻는 사람이 권리를 가진 것으로 본다고 했으므로 B학설 역시 개인의 권리가 타인의 행위와 밀접한 관련이 있다고 본다. 따라서 A학설과 B학설은 개인의 권리가 타인의 행위와 밀접한 관련이 있다고 보는 점에서 동일하므로 적절하다.

ㄴ. A학설은 법률 관계에 있는 타인에게 의무를 지게 할 수 있는 통제력이 권리의 핵심이라고 했으므로 자유의지에서 비롯되는 통제가 없다면 권리를 가졌다고 보지 않을 것이다. 따라서 타인의 의무 이행 행위로 이익을 얻게 되는 사람이 있더라도 의무 이행 여부를 선택하는 통제력을 갖지 못한다면 권리를 가진 자라고 볼 수 없다고 비판할 것이므로 적절하다.

오답 체크

ㄷ. A학설은 자유 의지와 의사를 통해 타인의 의무 행위를 통제하는 것이 권리의 핵심이라고 주장하고 있으나 이것만으로 A학설이 인간에게는 합리적인 선택을 할 수 있는 이성이 있다고 보는지는 알 수 없고 B학설도 권리는 자율이라는 형이상학적 속성이 아니라고 주장할 뿐 인간에게 이성이 있다는 것을 부정하는 것인지는 알 수 없으므로 적절하지 않다.

15 세부 내용 파악

정답 ④

두 번째 단락에서 예산결산특별위원회는 상임위원회에서 삭감한 세출예산 각 항의 금액을 늘리거나 새 비목을 설치할 때 소관 상임위원회의 동의를 얻어야 한다고 했다. 따라서 예산결산특별위원회 심의 과정에서 정부가 제출한 세출예산을 증액하려는 경우가 아니라, 상임위원회의 예비심사에서 삭감한 세출예산 각 항의 금액을 증액하려는 경우에 소관 상임위원회의 동의를 받아야 함을 추론할 수 있다.

오답 체크

① 첫 번째 단락에서 정부가 국회에 예산안을 제출하는 기한이 「헌법」에 의하면 회계연도 개시 90일 전까지, 「국가재정법」에 따르면 회계연도 개시 120일 전까지라고 했고, 마지막 단락에서 국회의 예산 의결 법정시한은 회계연도 개시 30일 전까지라고 했다. 따라서 정부가 「헌법」과 「국가재정법」 중 어떤 것에도 위배되지 않게 예산안을 제출했다면, 국회는 최소 120−30=90일 동안 심의·의결을 진행할 수 있음을 추론할 수 있다.

② 세 번째 단락에서 종합정책질의에서는 국정 전반에 대하여 각 위원이 질문하고 관계 국무위원이 출석하여 답변하며, 부별심사에서는 경제부처와 비경제부처로 나누어 각 위원이 질의하고 출석한 관계 국무위원이 답변한다고 했다. 따라서 종합정책질의와 부별심사 모두 심사 대상 예산안의 관계 국무위원이 참석함을 추론할 수 있다.

③ 첫 번째 단락에서 의장이 정한 예비심사기간 내에 심사가 완료되지 않으면 바로 예산결산특별위원회에 회부하여 종합심사를 진행할 수 있으며, 시정연설과 관계없이 예산안을 상임위원회에 회부할 수 있다고 했다. 따라서 소관 상임위원회에서 의결이 완료되지 않았거나 시정연설 전에 예비심사를 시작한 예산안도 종합심사의 대상이 될 수 있음을 추론할 수 있다.

⑤ 마지막 단락에서 예산 의결이 지연되는 것을 막기 위해 기한 내 예산안 심사가 완료되지 않으면 그다음 날 본회의에 예산안이 부의되도록 하는 예산안 자동부의제도가 도입되었으며, 이 제도가 신설된 후에도 예산 의결의 법정시한을 넘긴 해가 있다고 했다. 따라서 예산 의결의 법정시한은 회계연도 개시 30일 전인 12월 2일이므로 예산안 자동부의제도를 시행해도 12월 2일까지 본회의에서의 예산 의결이 완료되지 못할 수 있음을 추론할 수 있다.

16 논지·견해 분석

정답 ⑤

ㄱ. 갑은 본래 선한 본성을 갖고 태어났음에도 인간은 살면서 외부적인 무언가에 부족함을 느껴 욕망을 갖게 된다고 했고, 을은 욕망이 인간의 악한 본성에서 나오는 것이라고 했다. 따라서 갑은 인간이 욕망을 추구하게 된 계기가 외부 요인에 있다고 보지만, 을은 그렇지 않으므로 적절한 판단이다.

ㄴ. 갑은 욕망으로 인해 권력이나 부귀영화를 좇다 인의(人義)를 저버리기도, 침략과 정복 전쟁이 일어나기도 한다고 했고, 을은 인간의 악한 본성을 교화할 수 있는 수단이자, 욕망으로 인해 혼란해진 사회를 바로잡을 규범이 되는 예(禮)를 배워야 한다고 했다. 한편 병은 욕망을 추구하는 것이 반드시 해롭다고 볼 수는 없으며, 욕망 추구의 이기적인 본성이 삶의 동기 부여와 부국강병 도모의 역할을 할 수 있다고 했다. 따라서 갑과 을은 인간의 욕망이 개인이나 국가에 유해하다고 보지만, 병은 그렇지 않으므로 적절한 판단이다.

ㄷ. 을은 스스로 욕망을 다스리는 노력과 함께 예를 통해 인위적으로 선을 발현해야 내면에 깃든 욕망과 악한 본성을 제어할 수 있다고 했고, 병은 욕망 추구의 목적과 수단이 공정한지 스스로의 판단으로 따질 수 없어 엄격한 원칙과 기준을 법(法)으로 설정하여 인간의 악한 본성과 욕망을 다스려야 한다고 했다. 한편 갑은 욕망을 절제하고 의로운 일을 꾸준히 실천하여 스스로의 선한 본성을 깨우쳐야 한다고 했다. 따라서 을과 병은 인위적인 수단으로 인간의 욕망을 다스려야 한다고 보지만, 갑은 그렇지 않으므로 적절한 판단이다.

17 논리 추론

정답 ①

제시된 명제를 기호화하여 나타내면 다음과 같다.

- 명제 1: $\sim A \rightarrow B \wedge C$
- 명제 2: $B \rightarrow \sim C \wedge \sim D$
- 명제 3: $C \vee E$
- 명제 4: $D \rightarrow A \vee C$
- 명제 5: $\sim E \rightarrow D$

확정되는 정보가 없으므로 명제 3에 따라 C 또는 E를 채택하는 경우를 나누어 확인한다.

구분	A	B	C	D	E
경우 1			O		X
경우 2			X		O
경우 3			O		O

명제 5에 따라 경우 1에서 D가 채택되고, 명제 2의 대우인 'C ∨ D → ~B'에 따라 경우 1과 경우 3에서 B는 채택되지 않는다. B가 채택되지 않으면 명제 1의 대우인 '~B ∨ ~C → A'에 따라 경우 1과 경우 3에서 A는 채택된다. 또한 이에 따라 C가 채택되지 않은 경우 2에서도 A가 채택된다. 이를 정리하면 다음과 같다.

구분	A	B	C	D	E
경우 1	O	X	O	O	X
경우 2	O		X		O
경우 3	O	X	O		O

따라서 반드시 채택되는 사안은 A뿐이다.

18 논리 추론

정답 ③

제시된 조건을 기호화하여 정리하면 다음과 같다.

- 조건 1: 갑 ∨ 정
- 조건 2: 갑 ∧ 정 → ~병
- 조건 3: ~을 → ~병 ∧ ~정
- 조건 4: ~정 → ~무
- 조건 5: 을 → 무
- 조건 6: ~을 → ~갑 ∨ 병

조건 1에 따라 갑과 정 가운데 한 명만 선정되거나 둘 다 선정되는 것이 가능하므로, 이를 기준으로 경우의 수를 나누면 다음과 같다.

〈경우 1〉 갑은 선정되고 정은 선정되지 않는 경우

정이 선정되지 않으므로 조건 4에 따라 무도 선정되지 않는다. 조건 5의 대우 '~무 → ~을'에 따라 '~을'이 참이고, 조건 3에 따라 '~병'이 참이다. 이때 조건 6의 대우 '갑 ∧ ~병 → 을'에 따르면 '을'이 도출되므로 모순이 발생한다. 따라서 가능하지 않은 경우이다.

〈경우 2〉 갑은 선정되지 않고 정은 선정되는 경우

조건 3의 대우 '병 ∨ 정 → 을'에 따라 '을'이 참이고, 조건 5에 따라 '무'가 참이다. 이때 병의 선정 여부는 확정되지 않으므로 최소 인원은 을, 정, 무 3명이고, 최대 인원은 을, 병, 정, 무 4명이다.

〈경우 3〉 갑과 정 둘 다 선정되는 경우

갑과 정이 모두 선정되면 조건 2에 따라 병은 선정되지 않는다. 조건 6의 대우 '갑 ∧ ~병 → 을'에 따라 '을'이 참이고, 조건 5에 따라 '무'가 참이다. 이에 따라 선정되는 인원은 갑, 을, 정, 무 4명이다.

따라서 면접 대상자는 최소 3명, 최대 4명이다.

19 논리 추론

정답 ④

제시된 진술을 기호화하여 정리하면 다음과 같다.

- 갑: 가훈 수원 ∧ 나은 부산
- 을: 다솔 담양 → 가훈 수원
- 병: ~가훈 수원 → 나은 수원
- 정: 다솔 담양 ∧ 나은 수원

나은의 출장지에 대해 갑과 정이 다르게 진술하고 있으므로 둘 중 한 명의 진술이 거짓임을 알 수 있다. 이에 따라 갑의 진술이 거짓인 경우와 정의 진술이 거짓인 경우로 나누면 다음과 같다.

〈경우 1〉 갑의 진술이 거짓인 경우

을, 병, 정의 진술은 모두 참이므로 정의 진술에 따라 다솔은 담양, 나은은 수원으로 출장을 간다. 출장지 한 곳에 한 명만 출장을 간다고 했으므로 가훈은 부산으로 출장을 가지만, 이는 을의 진술과 모순되므로 가능하지 않은 경우이다.

〈경우 2〉 정의 진술이 거짓인 경우

갑, 을, 병의 진술은 모두 참이므로 갑의 진술에 따라 가훈은 수원, 나은은 부산으로 출장을 가고, 다솔의 출장지는 담양이 된다. 이는 을의 진술, 병 진술의 대우 '~나은 수원 → 가훈 수원'과도 모순되지 않는다.

ㄴ. 다솔은 담양으로 출장을 가므로 반드시 참이다.

ㄷ. 갑, 을, 병의 진술이 참이고, 정의 진술이 거짓이므로 반드시 참이다.

오답 체크

ㄱ. 가훈은 수원으로 출장을 가므로 반드시 참이 아니다.

20 세부 내용 파악

정답 ④

좌측과 우측, 안쪽과 바깥쪽 등 네 가지 시야를 통해 들어온 정보가 전달되는 경로를 정리하면 다음과 같다.

구분	좌측 바깥쪽 시야	좌측 안쪽 시야	우측 바깥쪽 시야	우측 안쪽 시야
시신경	왼쪽 눈의 안쪽	왼쪽 눈의 바깥쪽	오른쪽 눈의 안쪽	오른쪽 눈의 바깥쪽
시각로	우측	좌측	좌측	우측

ㄴ. 첫 번째 단락에서 양쪽 눈의 안쪽에 위치한 2개의 시신경은 뇌하수체가 있는 곳에서 서로 교차된다고 했으므로 뇌하수체 부위가 손상되면 양쪽 눈의 안쪽에 위치한 시신경에 문제가 생겨 양측의 바깥쪽 시야를 인식할 수 없음을 추론할 수 있다.

ㄷ. 좌측 시각로가 손상될 경우 좌측 안쪽 시야와 우측 바깥쪽 시야를 통해 들어온 정보가 뇌로 전달되지 않아 좌측 안쪽과 우측 바깥쪽 시야를 통해 들어온 정보를 인식할 수 없음을 추론할 수 있다.

오답 체크

ㄱ. 좌측 안쪽 시야만 까맣게 보이는 경우 장애 부위는 왼쪽 눈의 바깥쪽에 위치한 시신경임을 추론할 수 있다.

21 논지·견해 분석

정답 ③

ㄱ. ㉠은 백악기 말 공룡이 멸종한 원인은 소행성 충돌이며, 그 증거로 공룡 멸종 시기에 형성된 지층에서 소행성에서만 높게 검출되는 이리듐 원소가 발견되었다는 것을 제시하고 있다. 따라서 지구의 운석 충돌구 내부 암석에서 이리듐이 검출되었다면, 실제로 공룡 멸종 시기에 운석이 충돌했다는 증거가 될 수 있어 ㉠을 강화하므로 적절하다.

ㄴ. ㉡은 백악기 말 공룡이 멸종한 원인은 화산 폭발이며, 그 증거로 범람 현무암이 대륙 전체를 뒤덮을 정도로 큰 규모라는 것을 제시하고 있다. 따라서 백악기 말에 형성된 범람 현무암보다 더 넓은 면적의 범람 현무암이 쥐라기에 형성된 적 있다는 것이 밝혀진다면, 공룡이 살던 쥐라기에 대규모의 화산 폭발이 있었음에도 공룡이 멸종하지 않았다는 증거가 될 수 있어 ㉡을 약화하므로 적절하다.

오답 체크

ㄷ. ㉠은 소행성이 충돌하면서 기온이 영하로 떨어지는 기후 변화가 발생했다고 주장한다. 따라서 공룡 멸종 시기에 형성된 생물체 화석 대부분이 수온이 높은 곳에서 사는 생물로 확인된다면 기온이 영하로 떨어졌다는 주장과 배치되어 ㉠을 강화하지 않으므로 적절하지 않다. ㉡은 화산 폭발로 인해 기후 변화가 일어났다고 주장하고 있으나, 그 기후 변화가 기온이 떨어지는 것인지 높아지는 것인지 알 수 없어 ㉡을 강화하지도 약화하지도 않으므로 적절하지 않다.

22 논지·견해 분석

정답 ③

ㄱ. 실험에 참여하는 흡연 집단과 비흡연 집단의 크기가 충분히 크면 전체 모집단인 국민의 평균을 대표할 수 있다. 그러나 실험에서 흡연 집단과 비흡연 집단의 크기를 전체 모집단을 대표할 수 있을 만큼 키우기 힘들다면 실험 모집단의 크기가 전체 모집단인 국민의 평균을 대표할 수 없으므로 ㉠을 약화한다.

ㄷ. 위험요인에 노출된 집단과 그렇지 않은 집단 간에 흡연 외의 요인들이 모두 동일하다면 흡연 집단의 폐암 발병률을 조사하는 상대위험도의 수치는 신뢰할 만하다. 그러나 흡연 집단의 음주 빈도가 비흡연 집단의 음주 빈도보다 높다면 실험 집단 간에 흡연 외의 요인들이 동일하지 않은 것이므로 이에 따른 상대위험도 수치를 흡연 요인으로만 귀결시킬 수 없다. 따라서 ㉠을 약화한다.

오답 체크

ㄴ. 질병 발생에는 위험요인 외의 다른 요인이 영향을 미치기도 하므로 상대위험도 수치를 온전히 위험요인으로만 귀결시킬 수 없다는 비판이 제기된다. 그러나 상대위험도 결괏값이 1이면 상관관계의 판단이 어렵다는 것은 이와 무관하므로 ㉠을 약화하지 않는다.

23 문맥 추론

정답 ①

갑은 「아동복지법」의 아동에 대한 정의, 「청소년기본법」의 청소년에 대한 정의와 다르게 조례에서 아동·청소년을 하나의 개념으로 정의하여 "24세 미만인 사람"으로 규정하는 것이 가능한지 묻고 있다.

갑과 을의 두 번째 말에 따르면 제정하려는 조례는 「아동복지법」과 「청소년기본법」의 위임 조례가 아니며, 이 경우 통일된 용어를 사용하는 것이 바람직하나 반드시 그렇게 해야 하는 것은 아니다. 또한, 을의 두 번째와 세 번째 말에 따르면 조례의 대상이 되는 사무는 기관위임사무로 볼 수 없으므로 자치사무로서 지방자치단체가 상위법령에 위반되지 않는 범위에서 필요한 사항을 자유롭게 정할 수 있다. 따라서 빈칸에 들어갈 내용은 '아동과 청소년을 "24세 미만인 사람"이라고 하나의 개념으로 정의하는 것이 가능합니다'가 가장 적절하다.

24 문맥 추론

정답 ⑤

을의 첫 번째 말에서 A씨가 소유한 배출가스 5등급의 경유차는 미세먼지 계절관리제 시행에 따른 운행 제한 대상이라고 했고, 두 번째 말에서 배출가스 저감장치 부착 시에 자기부담금은 10% 정도이며 나머지 부착 비용은 국가와 지자체에서 지원한다고 했으며, 세 번째 말에서 노후 경유차 조기폐차 대상 조건을 만족하면 지원금이 제공된다고 했다.

따라서 빈칸에 들어갈 내용은 '운행 제한 대상이며, 배출가스 저감장치 부착 비용의 약 90% 또는 조건 충족 시 조기폐차 지원금을 받을 수 있다'가 가장 적절하다.

오답 체크

① 을의 세 번째 말에서 배출가스 저감장치 장착 불가 차량에 대해서는 올해 12월 31일까지 단속을 유예한다고 했으나, A씨가 소유한 차량이 배출가스 저감장치 장착 불가 차량인지는 제시된 대화를 통해 알 수 없으므로 적절하지 않다.

② 갑의 첫 번째 말에서 A씨가 소유한 차량은 저공해 조치를 취하지 않았다고 했으므로 배출가스 저감장치 부착 보조금을 지원받았다는 내용은 적절하지 않다.

③ 을의 첫 번째 말에서 A씨가 소유한 배출가스 5등급의 경유차는 미세먼지 계절관리제 시행에 따른 운행 제한 대상이라고 했으므로 적절하지 않다.

④ 을의 세 번째 말에서 조기폐차 시에는 600만 원 이내의 지원금과 60만 원의 추가 지원금이 있다고 했으나, 추가 지원금은 배출가스 저감장치 부착 후 2년이 지나서가 아닌 배출가스 저감장치 장착 불가 차량인 경우에 받을 수 있는 것이므로 적절하지 않다.

25 논지·견해 분석

정답 ③

ㄱ. 쟁점 1은 제1호에 따라 박람회 국제사무국 총회에 등록하거나 박람회 국제사무국 총회에서 승인한 박람회에 해당해야 한다고 했으므로 A가 박람회 국제사무국 총회에 자신이 개최한 박람회를 등록했다면 박람회 국제사무국 총회의 승인 여부와 무관하게 전시산업발전법으로 정하는 박람회의 종류에 해당한다. 따라서 갑의 주장은 옳지 않고, 을의 주장이 옳으므로 적절하다.

ㄷ. 쟁점 3은 제3호에 따라 옥내와 옥외 전시면적이 1천 제곱미터 이상이거나 10개 이상의 전시부스를 갖춘 상설 또는 비상설 전시회 중 전시주최사업자의 신청에 의하여 산업통상자원부장관이 전시산업 발전이 필요하다고 인정하는 전시회에 해당해야 하나 20개의 전시부스를 갖추고 있다고 했으므로 전시주최사업자의 신청에 의하여 산업통상자원부장관이 전시산업 발전이 필요하다고 인정하는 전시회인지를 두고 발생한 논쟁이다. 따라서 갑은 C가 개최한 전시회를 전시주최사업자의 신청에 의해 산업통상자원부장관이 전시산업 발전이 필요하다고 인정하지 않은 전시회라고 생각하지만 을은 그렇지 않다고 생각하기 때문이라고 하면, 갑과 을 사이의 주장 불일치를 설명할 수 있으므로 적절하다.

오답 체크

ㄴ. 쟁점 2는 제2호에 따라 옥내와 옥외 전시면적이 2천 제곱미터 이상이거나 100명 이상의 외국인 구매자가 참가 등록한 상설 또는 비상설 전시회에 해당해야 하나 옥내와 옥외 전시면적이 1천 5백 제곱미터인 전시회라고 했으므로 참가 등록을 한 외국인 구매자의 규모가 전시산업발전법으로 정하는 규모에 해당하는지를 두고 발생한 논쟁이다. 이때, B가 개최한 전시회에 참가 등록을 한 180명의 구매자 중 내국인 구매자는 $180 \times (2/5) = 72$명이고, 외국인 구매자는 $180 \times (3/5) = 108$명이다. 따라서 갑의 주장은 옳지 않고 을의 주장은 옳으므로 적절하지 않다.

시험일: ____년 ____월 ____일

국가공무원 7급 공개경쟁채용 1차 필기시험 모의고사

| 언어논리영역 |

응시번호

성명

실전모의고사 **1회**

문제책형 **㉮**

응시자 주의사항

1. **시험시작 전 시험문제를 열람하는 행위나 시험종료 후 답안을 작성하는 행위를 한 사람**은 「공무원 임용시험령」 제51조에 의거 **부정행위자**로 처리됩니다.
2. **답안지 책형 표기는 시험시작 전** 감독관의 지시에 따라 **문제책 앞면에 인쇄된 문제책형을 확인**한 후, **답안지 책형란에 해당 책형(1개)**을 '●'로 표기하여야 합니다.
3. 시험이 시작되면 문제를 주의 깊게 읽은 후, **문항의 취지에 가장 적합한 하나의 정답만을 고르며**, 문제내용에 관한 질문은 할 수 없습니다.
4. **답안을 잘못 표기하였을 경우에는 답안지를 교체하여 작성**하거나 **수정할 수 있으며**, 표기한 답안을 수정할 때는 **응시자 본인이 가져온 수정테이프만을 사용**하여 해당 부분을 완전히 지우고 부착된 수정테이프가 떨어지지 않도록 손으로 눌러주어야 합니다. **(수정액 또는 수정스티커 등은 사용 불가)**
5. **시험시간 관리의 책임은 응시자 본인에게 있습니다.**
   ※ 문제책은 시험종료 후 가지고 갈 수 있습니다.

정답공개 및 해설강의 안내

1. 모바일 자동 채점 및 성적 분석 서비스
   • '약점 보완 해설집'에 회차별로 수록된 QR코드 인식 ▶ 응시 인원 대비 자신의 성적 위치 확인
2. 해설강의 수강 방법
   • 해커스PSAT 사이트(psat.Hackers.com) 접속 후 로그인 ▶ 우측 퀵배너 [쿠폰/수강권등록] 클릭 ▶ '약점 보완 해설집'에 수록된 쿠폰번호 입력 후 이용

해커스PSAT

언어논리영역

1. 다음 글에서 알 수 있는 것은?

> 효종은 즉위하자마자 북벌을 최우선 과업으로 삼아 청나라와 친하게 지내는 인물로 구성된 김자점 중심의 친청파 세력을 몰아냈으며, 이들을 견제하기 위해 송시열을 중심으로 하는 성리학자들을 영입하기 시작했다. 그러나 당시 조선은 임진왜란과 정유재란의 여파로 인해 나라의 체제 근간이 흔들릴 정도의 큰 피해를 입은 상황이었는데, 인조가 왕으로 재위하던 때 정묘호란과 병자호란을 연이어 겪게 되며 나라의 정세가 어려워졌다. 그럼에도 불구하고 조선에서는 정세의 회복보다 북벌을 우선시하기 위한 명분을 내세우기 위해 김상헌, 송시열 등이 나섰다.
>
> 효종에 의해 축출된 김자점은 효종이 청나라를 정벌하기 위해 북벌을 준비하고 있음을 청나라에 밀고한다. 한편, 청나라는 섭정왕 도르곤이 군림하고 있었는데, 그는 북벌 소식을 듣고 조선에 간섭하기 시작했다. 이로 인해 즉위한 첫 번째 해에 효종은 북벌을 추진하였음에도 이를 적극적으로 수행할 수 없었으나 이듬해 도르곤이 죽자 북벌을 다시 추진했다. 아울러 친청파 대신들을 숙청하면서 북벌 준비에 탄력을 받게 됐고, 어영청 개편, 수어청 강화, 보인제 개선 등에 힘쓰며 군사를 증강했다. 이 시기에 네덜란드 동인도회사 선원인 하멜이 조선으로 표류하면서 하멜을 통해 조총 개량법을 전수받았고, 조선의 조총 부대는 군사력을 더욱 강화해 나갔다.
>
> 군사력을 강화한 조총 부대는 효종 재위 5년인 1654년 2월경 청나라를 도와 나선정벌에 동원되었는데, 이를 1차 나선정벌이라 한다. 당시 효종에 의한 북벌 정책을 추진 중이었던 조선은 단순히 청을 돕고자 지원했다기보다는 자국의 군사력을 확인함과 동시에 청의 군사력을 파악하려는 의도가 있었다. 1차 나선정벌 당시 송화강 유역까지 올라간 조총 부대는 러시아 군을 몰아내 청의 승리를 이끌었다. 4년 뒤 청나라는 2차 나선정벌 발발로 인해 조선에 다시 군사 요청을 해왔고, 효종은 이를 받아들여 신유를 총사령관으로 삼은 병력을 지원하였다. 이에 조청연합군은 1차 때보다 더 위쪽으로 북상했으며, 흑룡강에서 승리를 거두었다.

① 효종은 북벌을 강화하기 위해 나라의 정세 회복에 집중했다.
② 효종은 청나라의 섭정왕 도르곤이 죽은 후 북벌을 추진하기 시작했다.
③ 하멜이 본국으로 돌아간 후 조선 조총 부대의 군사력은 더욱 강화하였다.
④ 조선은 1차 나선정벌에 동원된 조총 부대로 청의 군사력을 확인하려고 했다.
⑤ 효종은 제1차 나선정벌 당시 신유를 총사령관으로 삼은 병력을 청에 지원하였다.

2. 다음 글에서 알 수 있는 것은?

> 신라 시대의 정치변동은 종교의 변동, 즉 불교의 변화를 수반했다. 신라 상대 불교는 신분제를 옹호할 수 있다는 측면에서 귀족들에게 수용되었다. 불교는 인과응보에 따른 윤회사상을 기반으로 하는데, 이는 피지배계층이 자신의 전생에 죄를 저질러 지배계층에서 피지배계층으로 전락하였다는 믿음을 안겨주었다. 즉, 신분제의 정당성을 종교적 이념을 통해 인정받을 수 있었다. 한편 신라 상대 불교는 지속적인 전쟁과 긴장 상태에서 백성의 전쟁참여를 유도하는 장치로도 작용하였다. 신라의 불교는 나라에 충성하여 외세의 침입으로부터 국가를 지켜야 한다는 불교의 호국사상을 백성들에게 심어주었고, 이는 후세 삼국 통일을 이끌어 낸 사상적 뒷받침으로 작용했다.
>
> 신라 중대에 들어서는 삼국 통일과 함께 전제왕권이 등장하였다. 이때 왕실의 전제왕권을 뒷받침해줄 이념적 배경이 필요했고, 불교의 화엄사상이 그 역할을 수행했다. 화엄사상은 신라 귀족인 의상이 당나라에서부터 받아온 교설로 하나가 있으면 일체가 성립한다는 일심(一心)사상에 근거한다. 화엄사상은 권력을 왕권에 집중시키는 전제왕권국가와 법률중심의 정치체제를 뒷받침하는 구실을 하였고, 궁극적으로는 일심(一心)에 근거하여 분열을 방지하고 통일된 신라를 유지하기 위한 근거로 활용되었다.
>
> 신라 하대는 분열의 시대였다. 출신에 따라 관등과 관직에 오를 수 있는 한계가 정해지는 골품제로 인해 신분차별에 대한 6두품의 지속적인 불만이 야기되었다. 또한 같은 신분이더라도 지방민의 경우 더한 차별을 받았는데, 약해진 왕권을 틈타 성장한 지방 호족과 신분제에 대한 불만이 결합해 중앙과 지방 간의 긴장관계가 심화되었다. 이때 지방 호족의 지지를 받아 등장한 것이 선종이었다. 선종은 기존의 화엄사상과 같이 왕권을 중심으로 체계적으로 정립된 불교가 아니라 개인적인 사색을 통해 진리를 깨닫고자 하는 사상이다. 이는 의상 등 중앙 귀족에 의해 법률적으로 체계화된 불교에 대응하여 중앙의 권위에 대항하는 6두품과 지방 호족 세력의 이념적 기반이 되었다.

① 신라는 불교를 수용함으로써 지배계층과 피지배계층을 구분하였다.
② 신라 불교의 호국사상과 화엄사상은 국왕과 국가에 대한 충성을 바탕으로 삼국 통일에 기여하였다.
③ 신라 중대의 화엄사상은 종교와 정치의 법률화에 일조하였다.
④ 신라의 선종과 화엄사상은 사회의 분열과 대립을 방지하기 위해 사용된 이념이라는 점에서 공통된다.
⑤ 신라의 선종은 불교의 윤회사상과 달리 신분차별을 부정하여 6두품의 이념적 기반이 되었다.

3. 다음 글에서 알 수 있는 것은?

접종이론은 인간이 자신이 가진 태도와 신념을 유지하기 위해, 그에 반하는 정보에 맞서 심리적 면역력을 구축하는 방법에 대해 설명하는 이론이다. 보통 사람들은 자신의 기존 신념과 맞는 정보는 쉽게 받아들이지만, 반대되는 주장은 기피하는 경향이 있어 외부의 '설득적 공격'에 취약해질 수 있다. 이에 접종이론은, 기존 신념을 강화하는 긍정적 정보나 소량의 반대 의견을 미리 경험함으로써, 이후 보다 강한 설득 시도에 대해서도 효과적인 저항 태도를 미리 갖출 수 있다고 주장한다.

접종 이론에서 설득 저항을 강화하는 대표적인 방안에는 '보강 처치'와 '접종 처치'가 있다. 보강 처치는 기존 태도를 긍정적인 정보로 반복 보강해 신념 자체를 강화하고 더 공고히 만들어 저항성을 기르는 것이고, 접종 처치는 상대적으로 약한 수준의 반대 의견에 먼저 노출시켜 방어 논리를 갖추도록 함으로써 나중에 더 강한 공격에도 저항성을 유지하게 하는 기법이다.

그중 접종 처치는 '위협'과 '반박적 선점'으로 구성된 것이 특징이다. 위협은 개인이 자신의 신념이 공격받을 수 있다는 사실을 자각하게 해 방어 본능을 일깨운다. 신념이 흔들릴 수 있다는 경고가 주어지면, 사람들은 이를 지키기 위해 더욱 적극적으로 대응하려는 동기를 갖게 되므로 방어 기제가 강화돼 기존 태도를 지킬 수 있도록 한다. 이에 따라 위협은 접종 처치에서 큰 효과를 발휘하는 요소로 여겨진다. 한편, 반박적 선점은 기존 신념을 지킬 수 있는 반론적 근거를 미리 제공하는 것으로 설득적 공격에 대응하고 기존 신념을 더 공고히 할 수 있게 해준다. 이러한 사전 준비 덕분에 실제로 강한 설득적 공격이 닥쳤을 때 빠르게 반박할 수 있어, 결과적으로 설득 저항력이 높아진다.

물론 접종 이론이 모든 상황에서 성공적인 것은 아니다. 만약 접종 메시지가 지나치게 강하면, 특정 주제에 대해 약한 태도를 가진 사람들은 오히려 접종 메시지에 영향을 받아 기존 태도를 유지하려는 의지가 약해질 수 있다. 반면, 특정 주제에 대해 이미 견고한 신념을 가진 사람들에게는 강한 접종 메시지가 과도한 방어본능을 자극하여 반박적 선점을 통한 합리적인 반론 마련 대신 단순한 방어적 고착화를 초래할 위험이 있다. 따라서 효과적인 접종 처치를 위해서는 위협 수준과 반박 논리를 적절히 설계하는 과정이 필수적이다.

① 접종이론은 이미 확고한 신념을 가진 집단에는 보강 처치를 통한 저항성 강화를 권고한다.

② 위협 요소는 기존 신념을 강화하는 것이 아니라 새로운 신념을 형성하는 데 초점을 둔다.

③ 보강 처치는 신념을 더욱 확고히 만들지만 새로운 설득에 대한 저항력은 길러주지 않는다.

④ 접종 처치는 비교적 유연한 반대 의견을 제시하여 접종 대상이 그 의견을 받아들이도록 유도하는 전략이다.

⑤ 동일한 강도의 접종 메시지에 대해서도 기존 태도의 견고함에 따라 수용자의 반응은 달라질 수 있다.

4. 다음 글에서 알 수 있는 것은?

옻은 옻나무에서 나오는 진액으로, 옻나무의 껍질에 흠을 내면 스며 나오는 진액을 긁어모으는 방식으로 채취한다. 우리나라의 옻나무속 나무들로는 안개나무, 옻나무, 오배자나무 등이 있으나, 이 중에서 옻나무에서만 옻을 채취할 수 있다. 이렇게 채취한 옻은 물건에 칠하는 원료나 약재로 사용되었는데, 공예품의 표면에 옻을 칠하여 내구성을 보존하는 기술을 옻칠이라 한다.

옻은 그 사용의 역사를 거슬러 올라가면 선사시대부터 시작된다. 이 당시에는 생활에 필요한 농기구나 무기류를 제작할 때 주로 목재를 사용하였기 때문에 목재를 가공 및 보관하는 과정에서 뒤틀리거나 부러지는 등의 결함을 방지하기 위해 옻을 사용하였다. 옻은 방부성과 내열성이 높아 목재의 내구성을 높이고 수명을 연장시키는 데 도움이 되었다. 선조들은 이러한 옻의 장점을 활용하여 생활도구나 무기류를 제작할 때 옻을 원료로 사용하였다. 또한 목재에 옻을 바르면 옻 특유의 광택이 나 고급스러운 느낌을 더할 수 있었으므로 각종 예술품에도 널리 사용되었다.

신라시대에는 옻의 장점을 적극적으로 활용하기 위해 국가적 차원에서 옻나무를 재배하였으며, '칠전'이라는 기관을 설치하여 옻칠 공예를 전담하게 하였다. 이후 고려시대에는 왕실 차원에서 옻나무를 관리하여 옻나무에 세금을 부과하였고, 팔만대장경에 옻칠을 하여 오랜 기간 동안 경판의 변형을 막고 수명을 연장시켰다. 특히 옻은 목재와의 결합력이 강해 목재의 겉표면이 쉽게 뜯어지지 않게 하므로 팔만대장경을 800년 이상 보호하는 핵심적인 역할을 하였다. 조선시대에는 수공업품을 제작하는 경공장에도 옻칠 공예 전담 기구인 '칠장'을 설치하는 등 왕실과 각 관부에서 옻나무의 생산과 관리에 직접적으로 관여하였다.

① 우리나라의 모든 옻나무속 나무는 껍질에서 옻을 채취할 수 있다.

② 옻은 목재의 겉표면을 오랫동안 보호하여 목재의 수명을 연장시킨다.

③ 신라시대의 칠전과 조선시대의 칠장은 옻나무 재배와 옻칠 공예를 담당하는 기관이었다.

④ 고려의 팔만대장경은 세계에서 유일하게 옻나무로 제작되어 장기간 변형 없이 보존되었다.

⑤ 선사시대에 생활도구 가공 과정에 옻이 활용된 이유는 특유의 광택으로 고급스러운 느낌을 낼 수 있었기 때문이다.

5. 다음 글에서 알 수 없는 것은?

언어결정론과 문화결정론은 인간의 사고에 영향을 미치는 것이 무엇인지를 두고 견해가 대립한다. 언어결정론에 따르면 우리의 사고는 언어에 지배된다. 이는 언어로 표현할 수 없는 사고나 인식은 존재하지 않음을 의미한다. 머릿속에 떠오르는 생각이나 인식을 언어로 마땅히 표현할 수 없다면 우리 스스로도 이 생각이나 인식의 정체가 무엇인지 모르는 상태에 있다고 볼 수 있다. 무엇인가의 존재에 관해 느낌만 알 수 있다는 것은 아직 그 존재가 명료하게 떠오르지 않았다는 것이며, 이는 사실상 존재하지 않은 것이다. 이런 점에서 우리가 사고할 수 있는 범위는 언어로 표현할 수 있는 범위에 한정된다.

하지만 문화결정론에 따르면 우리의 사고가 반드시 언어에 지배되는 것은 아니며, 언어는 문화의 차이를 반영한다. 즉, 언어가 우리의 사고방식에 일부 영향을 미칠 수는 있지만 절대적인 영향을 미치는 것은 아니며, 오히려 이러한 사고방식이나 언어의 차이는 문화의 차이에서 비롯된다는 것이다. 유교 문화를 지닌 동양권 사회는 웃어른을 공경하는 사고방식이 다른 문화권에 비해 뚜렷하게 발달되어 있다. 이러한 문화의 차이는 사고방식뿐만 아니라 언어의 차이도 가져오는데, 실제로 한국은 유교 문화권이므로 존칭 표현이 다른 언어에 비해 발달되어 있다. 이러한 사실은 결국 언어는 문화의 차이가 가져온 결과물이라고 할 수 있다.

한편 국가별로 무지개 색의 개수를 인식하는 차이에 관한 연구는 언어와 사고의 관계에 관한 시사점을 준다. 한국어의 경우 무지개를 7가지 색으로 표현하지만, 영어의 경우는 6가지 색으로 표현한다. 남색을 표현하는 영어 단어가 없어 남색을 파란색과 동일하게 인식하기 때문이다.

① 언어결정론에 따르면 영어 사용자들은 남색에 대한 사고를 가질 수 없다.
② 언어결정론에 따르면 영어 사용자들이 인식할 수 있는 색은 존재하는 영어 단어에 국한된다.
③ 문화결정론에 따르면 색을 표현하는 언어의 차이는 문화의 차이로 인해 발생한다.
④ 문화결정론에 따르면 영어 사용자들이 남색이 존재한다는 느낌을 알더라도 해당 색이 존재한다고는 볼 수 없다.
⑤ 언어결정론과 문화결정론은 모두 색과 관련된 언어는 색을 인식하는 데 영향을 미칠 수 있다고 본다.

6. 다음 글에서 알 수 있는 것은?

만우절은 주변 사람들에게 장난을 치거나 가벼운 거짓말을 하는 날로 전 세계 여러 문화권에서 매년 4월 1일이 되면 만우절을 즐긴다. 만우절이 언제부터 시작되었는지 정확한 기록은 없으나 만우절이 언급된 가장 오래된 기록이 중세 영국의 제프리 초서의 작품『수녀와 수도사 이야기』인 것을 보면, 만우절은 적어도 그 이전부터 존재하였을 것으로 추측된다. 이처럼 만우절은 그 정확한 기원을 알 수 없기 때문에 그 기원에 대해 여러 가지 설이 존재한다.

만우절의 기원과 관련하여 가장 유력한 설은 프랑스의 신년 행사와 관련이 있다. 16세기 프랑스에서 신년은 1월이 아니라 춘분제가 진행되는 3월 말부터 시작되었는데, 이때 프랑스 국민들은 춘분제의 마지막 날인 4월 1일에 서로 선물을 주고받으며 신년을 기념하였다. 그러던 중 프랑스 국왕인 샤를 9세가 기존과 다른 역법을 시행하면서 신년이 1월 1일로 바뀌게 되었으나 많은 국민들은 춘분제를 끝내고 선물을 교환하는 문화를 유지하고 싶어 했기 때문에 여전히 춘분제가 끝나는 4월 1일에 신년 선물을 주고받았다. 이러한 문화가 점차 다른 유럽의 국가들에 퍼지면서 4월 1일에 신년 연회를 흉내 내며 장난을 치거나 성의 없는 선물 등을 보내게 되었는데, 여기에서 만우절이 유래하였다고 보는 것이다.

만우절의 기원에 관한 또 다른 설은 종교와 관련이 있다. 구약 성서의『노아의 방주』설화에는 대홍수에서 살아남은 노아가 육지를 찾기 위해 비둘기를 날려 보냈다는 내용이 있다. 처음에는 비둘기가 육지를 찾지 못해 헛수고하여 다시 돌아왔으나 일주일 후 다시 비둘기를 날려 보냈을 때는 비둘기가 올리브 잎을 물어왔고, 이를 통해 홍수가 끝났다는 것을 알게 되었다. 이후 사람들이 홍수가 끝난 것에 대해 기뻐하며 비둘기의 헛수고를 기념하기 위해 만든 날이 만우절이 되었다는 것이다. 또한 불교에서도 만우절의 기원을 찾을 수 있다. 불교에서는 절기상 춘분부터 3월 말까지 설법을 하였는데, 설법이 끝나는 3월 말일을 '야유절'이라고 칭하여 다른 사람에게 헛된 심부름을 시키는 등의 장난을 하였고 이것이 서양으로 전해지면서 만우절로 바뀌었다는 설이 전해진다.

① 16세기 프랑스 국민들은 신년이 바뀌어도 춘분제의 진행 시기는 그대로 유지하였다.
② 만우절이라는 용어는 영국의 문학작품『수녀와 수도사 이야기』에서 처음 쓰였다.
③ 만우절은 16세기 프랑스에서 성서에 나온 비둘기를 기념하기 위해 행사를 한 것에서 유래되었다.
④ 불교의 야유절은 설법이 끝나는 4월 1일에 다른 사람에게 헛된 심부름을 시키며 장난을 치는 날이었다.
⑤ 프랑스의 샤를 9세가 역법을 변경하면서 신년 행사가 4월 1일로 미루어졌다.

7. 다음 글의 ㉠~㉤을 문맥에 맞게 수정한 것으로 적절하지 않은 것은?

> 자유는 소극적 자유와 적극적 자유로 구분할 수 있다. 소극적 자유는 국가 권력이나 기타 외부 세력으로부터 침해받지 않을 권리를 말한다면, 적극적 자유는 외부의 힘으로부터의 침해가 아닌 스스로 자유롭게 하고 싶은 것을 하고자 하는 권리이다. 우리는 일상에서 ㉠두 권리가 조화롭게 발현되는 상황을 쉽게 경험할 수 있다. 예컨대, 곧 무너지려는 다리를 건너려는 행인을 저지하는 시민의 행위가 있다고 하자. 시민이 곧 무너지는 다리를 건너려는 행인을 막는 행위는 행인의 생존권을 보호하기 위한 적극적 자유의 실현이다. 그러나 다리를 건너려는 행인의 입장에서는 다리를 자유롭게 건널 수 있는 적극적 자유뿐만 아니라 외부 세력으로부터 침해 받지 않을 권리인 소극적 자유도 침해당했다고 주장할 수 있다.
>
> 그렇다면 이러한 상황에서는 어떤 자유가 우선시되어야 할까? 학자 A는 자유의 목적에서 그 답을 찾을 수 있다고 주장한다. 인간에게 자유가 부여된 이유는 자유가 개인의 이익을 극대화할 수 있다고 믿기 때문이다. 즉, 자유라는 가치를 보장해야 하는 이유는 자유가 절대적 가치이기 때문이 아니라 자유가 개인에게 유용한 상대적 가치이기 때문이다. 따라서 ㉡자유는 다른 어떠한 가치에 의해서도 제한될 수 없음을 의미한다. 또한 자유보다 상대적으로 더 많은 유용성을 제공하는 가치가 존재한다면 해당 가치를 추구해야 함을 의미한다. 따라서 다리를 건너는 행인의 행위를 막는 시민의 행위는 정당하다고 할 수 있다. 왜냐하면 ㉢다리를 건너려는 행인의 소극적 자유가 생존권보다 유용하기 때문이다.
>
> 그렇다면 어떤 기준으로 두 자유 간의 우월성 또는 가치 간의 상대적 유용성을 판단할 수 있을까? A의 의하면 개인은 자신의 실행한 행위의 결과의 유용성을 판단할 수 있을 정도의 상식과 이성을 갖추고 있다. 이성을 갖추지 않은 개인에게 부여된 자유는 자신의 유용성 증가를 담보하지 못 하기 때문이다. 그리고 가치 간의 상대적 유용성은 ㉣이성을 갖춘 개인의 경험에 의해 검증된다. 적극적 자유와 소극적 자유라는 가치들 중 특정 상황에서 이성적 개인이 어느 하나를 선택했다는 경험은 가치 간의 유용성의 차이를 증명한다. 즉, 이성적 개인의 선택과 경험 그 자체가 가치의 위계를 입증하는 것이다. 따라서 A는 이성과 경험을 기준으로 객관적으로 우위에 있는 가치가 존재하며, ㉤두 자유의 충돌에서 어떤 것이 우월한지는 객관적일 뿐이라고 주장했다.

① ㉠을 '두 권리가 충돌하는 상황'으로 수정한다.
② ㉡을 '자유는 다른 유용한 가치에 의해 제한될 수 있음을 의미한다'로 수정한다.
③ ㉢을 '다리를 건너려는 행인의 생존권이 다리를 건널 자유보다 더 유용하기 때문이다'로 수정한다.
④ ㉣을 '개인의 이성 보유 여부에 의해 결정된다'로 수정한다.
⑤ ㉤을 '두 자유의 충돌에서 어떤 것이 우월한지는 상대적이면서 객관적이라고 주장했다'로 수정한다.

8. 다음 글의 (가)와 (나)에 들어갈 말을 짝지은 것으로 가장 적절한 것은?

> X라는 가설이 참일 때 Y라는 결론이 도출될 확률을 계산하여 추론하는 것을 인과추론이라고 한다. 예를 들어 '비가 내리면 땅이 젖는다'라는 명제의 경우 '비가 내렸다'라는 가설이 참일 때 '땅이 젖는다'는 결론이 도출될 확률은 100%이다. 이처럼 인과추론은 가설을 참이라고 가정할 때 결과가 발생할 확률을 추론하므로 가설이 참일 확률은 고려하지 않는다. 반면 Y라는 결과가 존재할 때, 불확실한 가설을 추론하는 것을 귀추추론이라 한다. 귀추추론은 주어진 결과를 가장 잘 설명할 수 있는 가설을 찾는 방법이므로 특정 가설이 발생할 확률을 평가하는 과정을 포함한다. 예를 들어 '땅이 젖는다'라는 결론을 도출하기 위해서 결론을 도출할 수 있는 가설의 발생 확률과 가설 발생 시 결론을 도출할 수 있는 확률을 모두 고려해야 한다. 즉, 귀추추론은 '땅이 젖는다'라는 결론을 설명하기 위해 비, 눈, 소화전 누설 등 다양한 가설의 발생 확률과 해당 가설이 발생하였을 경우 땅이 젖을 확률을 곱하였을 때 가장 높은 확률의 가설을 선택하는 추론이다.
>
> 전쟁터에서 전사한 군인의 사망 원인이 독가스 흡입일 때, 어떤 독가스를 흡입하였는지 추론한다고 하자. 현장 감식 결과 전쟁터에서 독가스 A와 B가 살포되었을 확률은 20%로 동일하고, 독가스 C가 살포되었을 확률은 독가스 A, B의 2배이다. 또한 독가스가 살포되었을 때 이를 흡입할 확률은 독가스 A가 80%, 독가스 B가 40%이다. 이때 사망한 군인이 어떤 독가스를 흡입하였는지 추론하는 것은 귀추추론이므로 군인이 독가스를 흡입한 가설을 추론하기 위해서는 (가) 비교해야 한다. 이에 따라 만약 독가스 C를 흡입할 확률이 30%라면, 전사한 군인이 사망 원인을 추론하는 귀추추론에서 (나) 더 높게 나올 것이다.

① (가): 특정 독가스가 살포되었을 확률을
(나): 독가스 C가 원인일 확률이 독가스 B가 원인일 확률보다
② (가): 특정 독가스를 흡입 시 사망할 확률을
(나): 독가스 B가 원인일 확률이 독가스 C가 원인일 확률보다
③ (가): 특정 독가스를 흡입 시 사망할 확률을
(나): 독가스 C가 원인일 확률이 독가스 B가 원인일 확률보다
④ (가): 특정 독가스가 살포되었을 확률과 해당 독가스를 흡입할 확률을 곱하여
(나): 독가스 B가 원인일 확률이 독가스 C가 원인일 확률보다
⑤ (가): 특정 독가스가 살포되었을 확률과 해당 독가스를 흡입할 확률을 곱하여
(나): 독가스 C가 원인일 확률이 독가스 B가 원인일 확률보다

9. 다음 글의 빈칸에 들어갈 내용으로 가장 적절한 것은?

수명이라고 불리는 한 생물체가 살아가는 기간은 생물종마다 크게 차이가 난다. 수명의 차이는 어디서 발생하는 것인가에 대한 논쟁은 여전히 진행 중이다. 초기에는 생명의 설계도인 DNA에서 그 단서를 찾을 수 있었다. DNA는 세월에 따라서 오류가 발생하며 메틸기가 이에 달라붙는 메틸화라는 현상이 일어난다. DNA에 메틸기가 달라붙게 되면 유전자 발현을 억제시키고 유전자 오류를 통해서 사망 시기를 앞당긴다. 연구를 통해 포유동물의 DNA에서 메틸화가 많이 진행되는 부위의 밀도가 수명과 밀접한 관계를 이룬다는 것을 확인하였다.

이후 염색체 말단에 있는 텔로미어라는 DNA 구조물이 수명에 직접적인 영향을 미친다는 연구가 보고되었다. 세포분열을 통한 DNA 복제가 수행될 때마다 염색체의 염기는 짧아지게 된다. 이때 텔로미어가 없다면 세포분열을 할 때마다 DNA가 손실되어 유전자 전체를 잃을 수 있다. 하지만 DNA의 끝부분은 텔로미어가 보호하고 있기 때문에 DNA는 손상되지 않고 텔로미어만 손상을 입게 된다. 나이가 들면서 DNA 복제가 계속되고 텔로미어가 너무 짧아지게 되면 DNA의 보호 역할을 수행할 수 없게 된다. 또한, 텔로미어가 임계길이에 도달하게 되면 세포가 사멸하여 노화를 촉진시킨다. 특히 암세포의 텔로미어는 일반 세포에 비해 길이가 매우 긴 편으로 암세포를 더 치명적인 존재로 만들어주는 역할을 한다. 그래서 텔로미어의 길이를 늘려줄 수 있는 효소인 텔로머레이즈를 사용한다면 인간이 영원히 살 수 있다는 추측도 있다. 하지만 텔로미어의 길이는 생물종마다 다르고, 인간에게서는 텔로미어 길이와 수명이 관계성을 갖지만 모든 생물이 그렇지는 않다. 인간보다 수명이 훨씬 짧은 실험용 쥐는 인간의 3배가 넘는 텔로미어 길이를 갖는다. 그러나 쥐의 DNA 복제 사이클당 텔로미어 감소율은 인간의 100배에 달한다. 이를 통해 (   )는 사실을 알 수 있다.

① 텔로미어 길이가 길수록 수명은 늘어난다
② 텔로머레이즈를 이용하면 쥐가 인간보다 오래살 수 있다
③ 메틸화보다 텔로미어가 수명에 많은 영향을 미친다
④ 텔로미어만으로 수명을 측정할 수 있다
⑤ 생물종마다 텔로미어 길이보다 감소율이 더 중요하다

10. 다음 글의 빈칸에 들어갈 내용으로 가장 적절한 것은?

'주인으로 살고 싶은가, 노예로 살고 싶은가?'의 질문은 어쩌면 전혀 고민의 여지가 없는 이분법적 선택지일지도 모른다. 이는 노예가 무능하고 자율적 판단 능력이 부족해 타인의 지배를 받는다는 사회적 인식에 기인한다. 그러나 헤겔에 의하면 주인과 노예는 고정된 힘의 관계가 아니기 때문에 단순한 지배와 복종의 구도를 넘어 변증법적 과정을 통해 역설적으로 전도될 수 있다. 이러한 변증법적 관점을 일컬어 '주인과 노예의 변증법'이라고 한다. 초기 인간 사회에서 개인들은 자신의 존재와 가치를 인정받기 위해 치열한 투쟁을 벌였다. 이 투쟁의 결과로 승리한 자는 '주인'이 되고, 투쟁 과정에서 생존을 위해 승리자에게 복종한 사람이 '노예'가 됨에 따라, '주인'과 '노예'라는 존재론적 범주가 형성되었다. 그렇게 주인은 자기 욕망을 위해 생명까지 걸 수 있는 존재로, 노예는 생존을 위해 자신의 욕망을 포기한 존재로 자리잡았다. 하지만 시간이 흐르면서 노예는 자신의 노동을 통해 점진적으로 자아를 발견하고 주인으로부터 인정받기 시작했다. 노예는 노동을 통해 농사, 건축, 제조업 등에서 실질적인 생산 활동을 주도하며 사회의 물질적 기반을 만들었다. 이러한 노동은 단순한 생존 수단을 넘어 세계를 변화시킬 수 있는 창조적 행위가 되어, 노예가 점차 자기 의식을 형성하고 주인과의 비대칭적 관계를 극복해 나가는 계기가 되었다. 주인은 노예의 노동에 전적으로 의존하면서, 생산 활동에서 배제되어 특권적 지위에 안주하게 되었다. 결국 주인은 노동의 실질적 가치를 외면한 채 단순 소유와 지배에만 집중함으로써 (   ), 사회의 실질적 변화와 발전에서 점점 더 멀어졌다. 억압받고 종속된 존재들이 자신의 노동과 투쟁을 통해 궁극적으로 사회 변혁의 주체로 성장하는 과정은 인류 역사의 반복되는 패턴이다. 이 변증법적 과정은 인간의 존엄성, 자유 그리고 자아실현에 대한 철학적 통찰을 제공한다.

① 노예의 능력을 인정하고 동등한 관계를 형성하며
② 노예의 노동 능력을 높이 평가하고 지위 향상을 지원하며
③ 노예의 성장 가능성을 인정하고 새로운 관계를 모색하며
④ 노예의 존재 의미를 재해석하고 새로운 사회 질서를 구축하며
⑤ 노예의 노동에 의존함과 동시에 점차 무능해지고 수동적인 존재로 전락하며

11. 다음 글의 내용이 참일 때 반드시 참인 것은?

> A 중학교의 남학생 중 안경을 쓰지 않고, 영어학원을 다니지 않는 학생은 운동을 잘한다. A 중학교의 여학생 중 안경을 쓰지 않고, 영어학원을 다니는 학생은 운동을 잘한다. A 중학교의 학생 중 운동을 잘하는 학생은 공부도 잘한다. 기철이와 유미는 모두 A 중학교의 학생이다. 기철이는 공부를 잘하고, 영어학원을 다니지 않는 남학생이다. 유미는 운동을 잘하지 않고, 안경을 쓰지 않은 여학생이다.

① 유미는 영어학원을 다니는 학생이다.
② 유미는 공부를 잘하지 않는 학생이다.
③ 기철이는 운동을 잘하는 학생이다.
④ 기철이가 운동을 잘하지 않는 학생이라면, 안경을 쓴다.
⑤ A 중학교 학생 중 공부는 잘하지 않지만, 운동을 잘하는 학생이 있다.

12. 다음 글의 내용이 참일 때 반드시 참인 것은?

> ○○시 도시계획 조례 개정안 심사를 위해 소관 상임위원회의 의원 A~G가 투표를 진행하였다. 7명의 의원은 찬성 또는 반대 중 하나의 의견을 냈으며, 투표 결과 과반수가 찬성할 경우에만 안건이 가결되고 그렇지 않으면 부결된다. 이들의 찬반 의견에 대해 알려진 사실은 다음과 같다.
>
> ○ A가 찬성하면, B와 D는 반대한다.
> ○ B는 C와 같은 의견이고, G와는 의견이 다르다.
> ○ C 또는 D가 반대하면, A도 반대한다.
> ○ E나 F 중 적어도 한 명이 찬성하면, A는 찬성하고 G는 반대한다.
> ○ F가 반대하면, C는 찬성한다.

① C는 찬성하고 E는 반대한다.
② D가 찬성하면 안건이 가결된다.
③ B와 F는 같은 의견을 낸다.
④ D와 G의 의견이 상반될 수 없다.
⑤ A는 찬성하고 B는 반대한다.

13. 다음 글의 내용이 참일 때, 반드시 참인 것만을 〈보기〉에서 모두 고르면?

A시는 출산 장려 정책의 일환으로 캠페인을 기획하여 진행할 예정이다. 캠페인의 주제는 '배려', '희망', '사랑', '미래' 총 4개의 주제로 구분되며, A시는 해당 주제를 가장 잘 표현할 수 있는 광고 회사에 캠페인 진행을 위탁하였다. 주제별로 광고를 진행할 회사는 갑, 을, 병, 정이며, 이들은 각각 서로 다른 주제 1개씩을 담당하였다. 선정된 광고 회사들은 캠페인 주제에 대해 다음과 같이 진술하였는데, 추후 이 중 하나의 진술만이 거짓인 것으로 드러났다.

○ 갑: 을 회사의 주제가 '배려'이거나 병 회사의 주제가 '사랑'이다.
○ 을: 갑 회사의 주제가 '배려'이거나 병 회사의 주제가 '희망'이다.
○ 병: 갑 회사의 주제는 '배려'이고 병 회사의 주제는 '사랑'이다.
○ 정: 우리 회사의 주제가 '미래'이거나 갑 회사의 주제가 '배려'이다.

〈보 기〉

ㄱ. 갑 회사의 주제는 '사랑'이다.
ㄴ. 을 회사의 주제는 '희망'이다.
ㄷ. 병 회사의 주제는 '사랑'이다.

① ㄱ
② ㄴ
③ ㄷ
④ ㄱ, ㄴ
⑤ ㄴ, ㄷ

14. 다음 글의 빈칸에 들어갈 내용으로 가장 적절한 것은?

각각 해외 순방 중인 A국과 B국의 정상이 이번 주 목요일 동시에 C국에서 머무를 예정으로, 그날 A국과 B국의 정상이 회동할지에 대하여 언론의 관심이 집중되고 있다. A국 정상은 C국 정상과의 회담을 수요일 오후에 진행하지 않거나 A국과 C국의 공동기자회견이 열리면, 목요일에 공식 일정을 잡는다. 한편 B국 정상은 유엔총회 마지막 기조연설자로 선정되지 않고 다음 순방지인 D국으로의 출발 시각이 변경되지 않는 경우에만, 목요일에 공식 일정을 잡지 않는다. 그런데 B국 정상이 D국으로의 출발 시각을 변경하지 않는다면 자국에서 진행 예정인 방역점검회의에 참석할 수 없다. 한편 C국 정상이 유엔총회에서 맨 마지막에 기조연설을 하게 되어 B국 정상은 마지막 기조연설자로 선정되지 않았다.

A국과 B국의 정상 간 만남은 끝내 불발되었다. 왜냐하면 A국과 B국의 정상 중 어느 한쪽이라도 목요일에 공식 일정을 잡지 않는 경우에만 서로 조율하여 A국과 B국의 정상 회동이 성사될 수 있는데, (   ) 때문이다.

① A국 정상이 C국 정상과의 회담을 수요일 오후에 진행하였기
② A국과 C국의 공동기자회견이 열렸고, B국 정상은 방역점검회의에 참석해야 했기
③ B국 정상이 다음 순방지인 D국으로 출발하는 시각이 변경되었기
④ A국 정상이 C국 정상과의 회담을 수요일 오후에 진행하면, B국 정상은 목요일에 공식 일정을 잡기
⑤ A국 정상이 목요일에 공식 일정을 잡지 않았거나 B국 정상이 D국으로 출발하는 시각이 변경되지 않았기

15. 다음 글에서 추론할 수 있는 것만을 〈보기〉에서 모두 고르면?

우리 몸의 면역계는 외부 항원에 노출되었을 때 항체를 만들어 공격한다. 면역반응에 참여했던 T 세포와 B 세포의 일부는 이러한 1차 면역반응 이후에도 항체를 보유하는 기억 세포로 남아, 동일한 항원에 2차 감염될 경우 더욱 빠르고 강하게 항체를 만들 수 있다.

최초로 항원에 노출된 경우인 1차 면역반응에서 혈청 속에 존재하는 항체 중 면역글로불린 M이 가장 먼저 생성된다. 뒤이어 면역글로불린 G라는 항체가 생성되는데, 이때 생성되는 양은 면역글로불린 M의 양보다 많다. 그런데 한 번 감염된 적 있는 항원에 다시 노출되는 2차 면역반응의 경우, 면역글로불린 M과 면역글로불린 G 모두 항원에 노출된 후 항체가 만들어지기까지의 시간이 짧아진다. 또한, 2차 면역반응에서 생성되는 면역글로불린 M의 양은 1차 면역반응 때보다 적지만, 면역글로불린 G는 2차 면역반응에서 더 많이 형성된다.

한편 항원에 대한 면역글로불린의 저항력은 다른 면역 시스템을 활성화시키는 정도인 '결합력', 항원과의 결합 정도인 '친화력'의 두 가지 측면에서 평가할 수 있다. 면역글로불린 M의 경우 5개의 소단위로 구성되기 때문에 1개의 소단위로 구성된 면역글로불린 G보다 다른 면역 시스템을 더 많이 활성화시킨다. 또한, 1차 면역반응에서 면역글로불린 M의 친화력은 면역글로불린 G의 친화력보다 높은데, 이후 해당 항체에 다시 노출되더라도 친화력은 1차 면역반응 시와 동일하다. 반면에 면역글로불린 G는 항원에 노출되는 횟수에 비례하여 친화력이 높아져, 더욱 효율적으로 항원에 대항할 수 있는 항체가 된다.

〈보 기〉

ㄱ. 1차 면역반응에서 생성된 면역글로불린 M의 양은 2차 면역반응에서 생성된 면역글로불린 G의 양보다 적다.
ㄴ. 면역글로불린 M과 면역글로불린 G 가운데 2차 면역반응에서 더 먼저 생성되는 면역글로불린의 결합력이 높다.
ㄷ. 1차 면역반응에서 생성된 면역글로불린 M보다 2차 면역반응에서 생성된 면역글로불린 G의 친화력이 더 높다.

① ㄱ
② ㄴ
③ ㄱ, ㄴ
④ ㄱ, ㄷ
⑤ ㄱ, ㄴ, ㄷ

16. 다음 글에서 추론할 수 있는 것은?

쇄파대는 쇄파가 일어나는 구역, 즉 바다에서 해안으로 진입하는 파도가 부서지는 구역을 일컫는다. 해안선에 비스듬한 각도로 유입되어 쇄파대를 지나는 파도가 육지의 해안선에 부딪히며 해안선과 평행하게 흐르는 해류가 발견되는데, 이것이 연안류이다. 조류, 풍성류(風成流), 해류의 지류, 국소적인 밀도류 등 다양한 바닷물의 흐름이 연안류에 영향을 미치며, 특히 조류의 영향이 커서 조류와 방향이 일치하면 연안류가 강해지고 반대 방향으로 작용하면 연안류가 약해진다.

쇄파대에서는 모래 퇴적물이 잘 떠오르게 되는데, 연안류는 이러한 퇴적물을 운반하는 작용을 한다. 연안류에 의해 해안선을 따라 모래가 이동하다가 유속이 느려지는 지역에 퇴적되어 사취(砂嘴)와 같은 해안 지형이 만들어진다. 사취는 육지에서 바다 방향으로 난 좁고 긴 모양으로, 한쪽은 육지에 이어지고 다른 한쪽은 바다에 돌출된 형태이다. 여기에 퇴적 작용이 계속되어 다른 한쪽도 육지 또는 다른 섬과 맞닿으면 사주(砂洲)가 만들어진다. 이때 사주에 의해 육지와 연결된 섬을 육계도라고 하며, 제주도의 성산 일출봉이 우리나라의 대표적인 육계도이다.

한편 연안류로 인해 파도 에너지가 모이는 곳에서 해안선과 수직 방향, 즉 해안에서 바다 쪽으로 해류가 급격히 빠져나가는 이안류가 간헐적으로 나타난다. 이안류는 쇄파대를 지나 외해(外海)로 가다가 갑자기 소멸하는 특징이 있으며, 이때 해안의 모래 퇴적물이 이안류를 따라 바다 방향으로 이동하게 된다. 이안류는 폭이 좁고 유속이 매우 빠르기 때문에 수영하다가 이안류에 휩쓸릴 경우 순식간에 깊은 바다로 떠내려가게 된다. 이안류에 휩쓸렸을 때 해안 쪽으로 수영해서는 안 되며, 좌우 45도 방향으로 헤엄쳐 흐름에서 빠져나오거나 해류가 끝나는 지점에 도달할 때까지 기다렸다가 해안 방향으로 돌아와야 한다. 이안류의 발생에는 기상, 지형, 해상 등 여러 가지 요인이 복합적으로 작용한다. 특히 외해에서 형성된 거센 파도가 정면으로 들어오는 해안가이거나 쇄파대가 넓게 형성된 곳은 이안류의 발생 가능성이 높은 것으로 알려져 있다.

① 이안류에 휩쓸리면 즉시 해류의 역방향으로 수영해야 한다.
② 이안류와 달리 연안류는 연안의 퇴적물을 이동시키는 역할을 한다.
③ 조류의 방향이 연안류의 방향과 같아지게 되면 연안류의 흐름이 감쇠한다.
④ 제주도에는 오랜 기간에 걸친 이안류의 작용으로 모래가 퇴적되면서 형성된 육계도가 있다.
⑤ 남풍의 영향으로 큰 파도가 밀려 들어올 때 해안선이 남동쪽을 향한 해변보다 남쪽을 향한 해변의 이안류 발생 위험이 높다.

17. 다음 글의 ㉠에 대한 평가로 적절한 것만을 〈보기〉에서 모두 고르면?

한 연구진은 물질 X가 청력에 미치는 영향을 밝히기 위한 ㉠실험을 수행하였다. 그들은 물질 X를 주입한 동물과 물질 X를 주입하지 않은 동물을 비교했을 때 청력에 차이가 있을 것이라고 추측했다.

실험을 위해 약물 투여로 인해 청력이 손실된 실험용 쥐 100마리를 절반씩 각각 A와 B 그룹으로 나누었다. A 그룹의 쥐는 물질 X를 주입한 반면, B 그룹의 쥐는 물질 X를 주입하지 않았다. 물질 X를 제외한 다른 조건은 두 그룹에서 동일하였다. 일정 기간이 지나고 두 그룹의 쥐의 청력에 대하여 다양한 분석이 이루어졌다. 그 결과 A 그룹의 쥐는 B 그룹의 쥐와 다른 점을 보여주었다.

두 그룹에서 가장 두드러진 차이점은 청각유모세포의 손상 정도였다. 청각유모세포는 한쪽 끝에 외부 자극을 수용하여 청각 전달을 일으키는 감각털을 가진 세포이다. A 그룹 쥐의 청각유모세포는 B 그룹 쥐의 청각유모세포보다 손상 정도가 현저하게 낮았다.

또한 물질 X가 생체에 미치는 약리작용 중 항염 효과, 항산화 효과로 인해 B 그룹의 쥐보다 A 그룹의 쥐에서 청력 손실이 유의미하게 감소한 것으로 나타났다. 항염 효과란 염증을 억제·제거하는 효과이고, 항산화 효과란 세포를 산화시키는 활성산소의 양을 감소시켜 세포의 산화와 산화로 인한 세포의 사멸을 억제하는 효과이다. 이 효과들은 물질 X를 주입했을 때 활발하게 나타난다는 사실이 확인되었다. 물질 X가 청각유모세포가 손상되면서 발생하는 염증을 억제하고, 활성산소의 양을 감소시켜 청각 세포의 사멸을 억제함에 따라 청력 손실 정도에 차이를 나타낸 것으로 확인되었다.

〈보 기〉

ㄱ. 물질 X를 주입하지 않을 때보다 주입할 때 청각유모세포가 더 심하게 손상된다면 ㉠은 약화되지 않는다.

ㄴ. 물질 X를 주입하지 않을 때보다 주입할 때 활성산소의 양이 적어진다면 ㉠은 강화된다.

ㄷ. 물질 X를 주입할 때보다 주입하지 않을 때 염증 억제 효과가 활발하게 나타난다면 ㉠은 약화된다.

① ㄱ
② ㄴ
③ ㄱ, ㄷ
④ ㄴ, ㄷ
⑤ ㄱ, ㄴ, ㄷ

18. 다음 글에서 추론할 수 있는 것은?

우리 몸은 혈관이 손상되면 혈액 손실을 줄이기 위해 혈관 면적을 수축하고, 혈소판과 섬유소 망이 손상된 혈관을 막아 지혈된다. 섬유소 망은 혈액 속에 존재하는 12종의 응고인자가 상호작용하여 형성된 막으로 상처 난 부위를 메워 출혈을 막는 역할을 한다. 그중 하나의 응고인자라도 결핍되면 출혈 시 지혈이 잘 되지 않는 혈우병이 발생할 수 있다.

혈우병은 인구 5,000~10,000명당 1명꼴로 발병한다. 선천성 유전질환인 경우가 많지만, 전체 혈우병 환자의 20~30%는 가족력 없이 자연적으로 발생한 돌연변이가 원인이다. 일반적으로 혈우병은 A와 B 두 가지 유형으로 분류되는데, 그중 혈우병 A의 발생 빈도가 5~8배 더 높다. 혈우병 A는 F8 유전자의 결함으로 인해 제8응고인자가 부족하여 발병하며, 혈우병 B는 F9 유전자의 결함으로 인해 제9응고인자가 부족하여 발병한다. F8과 F9 모두 X 염색체에 위치한 유전자로, 혈우병은 X 염색체 열성으로 유전된다. X는 우성인 정상 X 염색체이며 X'는 열성인 혈우병 X염색체일 때, 유전자형이 XY인 남성과 X'X인 여성이 낳은 아이는 아들일 경우 XY와 X'Y, 딸일 경우 XX와 X'X의 네 가지가 나온다. 이때 X'X는 정상 X염색체에 의해 응고인자 생산이 보완되어 병증이 거의 발현되지 않아 보인자가 될 가능성이 높다. 혈우병이 대개 모계로 유전되어 남성에게서만 나타난다고 알려진 것도 이 때문이다.

한편 혈우병은 원인이 되는 결핍 응고인자가 다르더라도 증상이 동일하다. 혈우병 환자의 출혈 정도는 응고인자가 부족한 정도에 비례하여 나타나므로 응고인자의 활성도가 1% 미만이면 중증, 1~5%면 중등증, 6~30%면 경증에 해당한다. 중등증이나 경증 혈우병 환자는 출혈이 심하지 않고, 특히 경증의 경우 외상 없이 체내에서 출혈이 발생하는 자연출혈도 발생하지 않는다. 그러나 중증 혈우병 환자는 출혈의 빈도가 잦고 자연 출혈의 위험성도 큰데, 자연 출혈은 무릎, 발목, 팔꿈치 등의 관절에서 주로 발생하여 장애를 남길 수 있기 때문에 적절한 치료를 필요로 한다. 만약 혈우병 환자가 수술이나 치아 발치, 외상 등으로 인해 출혈이 발생할 경우에는 혈장제제의 수혈을 통해 부족한 응고인자를 보충하여야 한다.

① 부모 중 아버지만이 혈우병 발병 유전자를 보유한 경우 그 딸이 혈우병 보인자일 확률은 50%이다.
② 아버지는 혈우병이 없음에도 아들에게서 혈우병이 발병하였다면 어머니가 혈우병 보인자일 것이다.
③ 혈우병 환자 중에는 F8 유전자에 돌연변이가 생긴 경우보다 F9 유전자에 돌연변이가 생긴 경우가 더 많다.
④ 혈우병 A 환자가 심한 외상을 입어 출혈이 발생한 경우 제8응고인자를 보충하면 치료할 수 있다.
⑤ 외상 없이 발생하는 자연 출혈의 위험성은 혈우병 A보다 혈우병 B가 더 높다.

[19 ~ 20] 다음 글을 읽고 물음에 답하시오.

실어증은 손상된 부위와 증상에 따라 여러 종류로 나뉘는데, 대표적인 것이 바로 브로카 실어증과 베르니케 실어증이다. 브로카 실어증은 대뇌 좌반구 전두엽의 브로카 영역이 손상된 경우 나타나는 언어장애로, 다른 사람의 말이나 글은 이해할 수 있지만 본인은 말을 하지 못하는 비유창성을 특징으로 한다. 또한, 브로카 실어증 환자는 문법적 요소인 기능어를 빠뜨리거나 문법적으로 복잡한 문장의 발화와 이해에 어려움을 겪는 실문법증이 나타난다. 반면 베르니케 실어증은 발음이나 운율 측면에서 유창하게 발화하고 문법적 오류는 없다. 그러나 언어의 이해와 관련 있는 좌뇌 측두엽의 베르니케 영역이 손상되어, 베르니케 실어증 환자는 타인의 말을 이해하지 못할뿐더러 뜻이 통하지 않는 말을 하면서도 자신의 발화에 이상이 있음을 자각하지 못한다. 또한, 발화 시 말하려는 단어와 의미상 관련 있는 엉뚱한 단어를 말하는 의미착어, 단어의 일부 음소를 다른 것으로 바꿔 비단어를 말하는 음소착어 등 착어 현상도 베르니케 실어증의 특징이다. 만약 브로카 실어증 환자와 베르니케 실어증 환자에게 "오른손을 들어보세요."라고 말했을 때 오른손을 든다면 (가) 실어증 환자이고, 가만히 있거나 딴소리를 한다면 (나) 실어증 환자일 가능성이 높다. 긴 문장을 읽어준 뒤 방금 한 말을 그대로 말해보라고 하면 (다) 이 지시를 제대로 수행하지 못할 것이다. 또한, 사과 그림을 보고 "배"라고 말하거나 "아과"라고 말한다면 대뇌 좌반구 (라) 부위의 손상으로 인한 실어증을 의심해볼 수 있다.

이러한 실어증은 단어를 기억하지 못하기 때문이 아니라, 머릿속에 있는 단어를 인출하는 과정에 문제가 있기 때문에 발생한다. 그리고 단어의 종류에 따라 인출이 어려운 정도도 상이하다. 예컨대 조사·접속사 등의 기능어와 명사·동사·형용사 등의 내용어로 나누어 비교하면, 브로카 실어증 환자는 기능어의 인출을 더 어려워하고 베르니케 실어증 환자는 내용어의 인출을 더 어려워한다. 이와 관련하여 A는 브로카 실어증 환자들의 경우 내용어 중에서도 명사보다 동사의 인출 시 더 어려움을 겪는다고 주장한다. '밥을 먹다'와 '아기에게 밥을 먹이다'를 비교해보면 알 수 있듯이, 동사에 따라 주어, 목적어 등 문장에서 요구하는 필수 성분이 달라지게 된다. 즉, 문법적으로 올바른 문장을 구성하는 데에 있어 명사보다 동사의 중요성이 크기 때문이라는 것이다. 반면에 B는 베르니케 실어증 환자도 동사의 인출을 더 어려워한다고 본다. '거리를 걷다', '커튼을 걷다', '시험지를 걷다'라는 세 문장에서 명사는 구체적인 대상을 지칭한다. 그에 비해 동사는 덜 구체적이며, 소리는 같지만 모두 다른 의미로 쓰였다. 이렇듯 동사 자체의 특성으로 인해 명사 인출과 동사 인출에 차이가 난다는 것이다. 한편 C의 연구 결과에 따르면 좌뇌 측두엽에 손상이 있는 환자는 명사 인출에 어려움을 겪고, 좌뇌 전두엽에 손상이 있는 환자는 동사 인출에 어려움이 있었다. 이를 바탕으로 C는 베르니케 실어증 환자의 경우, 브로카 실어증 환자와 반대로 동사보다 명사의 인출에 더 어려움을 겪는다고 주장하였다.

19. 위 글의 (가)~(라)에 들어갈 말을 짝지은 것으로 가장 적절한 것은?

	(가)	(나)	(다)	(라)
①	브로카	베르니케	브로카 실어증 환자만	측두엽
②	브로카	베르니케	베르니케 실어증 환자만	전두엽
③	브로카	베르니케	두 환자 모두	측두엽
④	베르니케	브로카	브로카 실어증 환자만	전두엽
⑤	베르니케	브로카	두 환자 모두	측두엽

20. 위 글에 대한 분석으로 적절한 것만을 〈보기〉에서 모두 고르면?

〈보 기〉

ㄱ. 단어 인출 과제에서 브로카 실어증 환자와 정상 성인 모두 동사 인출을 더 어려워했지만, 명사 인출과 동사 인출의 오류율 차이는 정상 성인의 경우가 더 작았다는 연구 결과는 A의 주장을 약화한다.

ㄴ. 정상적인 아동의 언어 발달 과정에 따르면, 언어 습득 초기의 아동은 명사보다 동사의 인출을 더 어려워하고 언어 습득이 완성된 아동도 동사보다 명사를 더 잘 인출한다는 연구 결과는 B의 주장을 약화하지 않는다.

ㄷ. 명사보다 동사 인출에 더 어려움을 보이는 실어증 환자 가운데 좌뇌 전두엽에는 손상이 없지만, 좌뇌 측두엽 영역의 손상이 발견된 경우가 있다는 연구 결과는 C의 주장을 약화한다.

① ㄱ

② ㄷ

③ ㄱ, ㄴ

④ ㄴ, ㄷ

⑤ ㄱ, ㄴ, ㄷ

21. 다음 글에서 추론할 수 있는 것만을 〈보기〉에서 모두 고르면?

유전자 클로닝은 생물체의 특정 DNA를 추출하여 증식시킴으로써 무수히 많은 DNA 집단을 형성하는 기술이다. 유전자 클로닝을 위해서는 먼저 원하는 DNA 조각을 운반할 플라스미드 벡터를 준비해야 한다. 플라스미드는 박테리아 세포에 존재하는 원형의 DNA로, 항생제 저항성 유전자를 갖고 있어 항생제 처리를 해도 죽지 않는다. 그리고 벡터에 삽입할 외래 DNA를 추출해야 하는데, 이때 특정한 유전자 염기서열을 인식하여 해당 부위만을 절단하는 제한효소가 사용된다. 제한효소를 이용해 외래 DNA와 벡터를 자르는데, 이때 절단 부위가 상보적으로 결합할 수 있도록 같은 종류의 제한효소를 이용한다. 연결효소인 리가아제를 첨가하여 절단된 벡터와 외래 DNA를 연결시키고, 이렇게 재조합된 DNA를 숙주인 세균에 넣는다. 그러면 도입된 DNA는 세균이 세포분열을 할 때마다 함께 복제되므로 재조합 DNA를 가진 세균을 배양함으로써 원하는 DNA를 대량 발현시켜 균일한 DNA 집단을 얻을 수 있는 것이다.

그런데 외래 DNA가 삽입된 플라스미드가 100% 세균에 들어가는 것은 아니기 때문에 성공적인 재조합 DNA를 검출하는 과정이 필요하다. 또한, 벡터에 외래 DNA를 연결시킬 때 두 가지가 성공적으로 재조합되는 경우도 있지만, 서로 연결되지 않은 상태로 존재할 수도 있다. 이에 따라 재조합 DNA를 넣은 세균은 네 가지 경우가 가능하다. 재조합된 DNA가 도입된 세균, 벡터만 들어 있는 세균, 외래 DNA만 들어 있는 세균, 그리고 DNA가 도입되지 않은 세균이다. 그래서 벡터가 포함된 세균만 선별할 수 있도록 항생제 선별법이 이용된다. 항생제가 첨가된 배지에서 세균을 배양했을 때 항생제 감수성을 갖는 세균은 모두 죽고, 항생제 저항성을 갖는 세균만 살아남기 때문이다. 한편 블루-화이트 선별법을 이용하면 외래 DNA가 삽입된 플라스미드 벡터가 포함된 세균만 검출할 수 있다. X-gal이라는 화합물은 β-갈락토오스 가수분해효소에 의해 분해될 경우 푸른색을 띤다. 플라스미드 벡터만 가진 숙주세포는 β-갈락토오스 가수분해효소의 활성을 가지고 있어 X-gal을 분해하지만, 성공적인 재조합 DNA는 정상적인 β-갈락토오스 가수분해효소를 만들지 못해 흰색을 띠게 되므로 외래 DNA가 들어있는지를 쉽게 판단할 수 있다.

〈보 기〉

ㄱ. 원하는 DNA를 숙주세포에 도입하여 증식하게 만들기 위해서는 제한효소, 연결효소, 벡터가 필요하다.

ㄴ. 항생제 선별법을 이용하기 위해서는 숙주가 항생제 저항성이 없는 세균이어야 한다.

ㄷ. 항생제와 X-gal이 첨가된 배지에서 재조합 DNA를 주입한 세균을 배양했을 때 흰색을 띠는 것은 플라스미드 벡터에 원하는 DNA가 삽입되었으며, 그 재조합 DNA가 세균에 잘 들어갔음을 의미한다.

① ㄱ　② ㄴ　③ ㄱ, ㄷ

④ ㄴ, ㄷ　⑤ ㄱ, ㄴ, ㄷ

22. 다음 글의 ㉠의 내용으로 가장 적절한 것은?

갑은 만 6세 아동인 자녀 을의 돌봄 지원을 받기 위해 ○○구에서 위탁 운영을 하는 다함께 돌봄센터(이하 돌봄센터)에 돌봄 지원을 신청하였다. 갑과 을은 ○○구에 주민등록이 되어 있으며, 을은 ○○구에 소재한 초등학교에 입학할 예정이다. 갑의 신청 내용을 검토한 ○○구는 「○○구 다함께 돌봄 지원에 관한 조례」(이하 조례)와 「○○구 다함께 돌봄센터 운영지침」(이하운영지침)이불일치한다는문제를발견하였다. 이에 ㉠ 조례와 운영지침 중 무엇도 위반하지 않고 갑의 자녀 을이 돌봄센터 이용료 20만 원으로 돌봄 지원을 받을 수 있도록 조례 또는 운영지침을 개정하였다.

「○○구 다함께 돌봄 지원에 관한 조례」

제3조(돌봄 아동) 구청장은 다음 각 호 중 어느 하나에 해당하는 아동에게 다함께 돌봄을 지원한다.

1. ○○구에 주민등록이 되어 있는 만 6세~12세에 해당하는 아동
2. ○○구에 소재한 초등학교에 재학 중인 돌봄이 필요한 아동

제9조(이용료) ① 구청장은 돌봄센터로 하여금 수납한도액(월 10만 원) 내에서 이용 아동의 프로그램 활동비에 관한 비용을 해당 아동의 보호자에게 징수할 수 있다.

② 이용 아동에게 급식 및 간식을 제공할 경우에는 동조 제1항 수납한도액 이외의 이용료를 10만 원 범위 내에서 아동의 보호자에게 추가 징수할 수 있다.

「○○구 다함께 돌봄센터 운영지침」

제3조(돌봄 아동) 다음 각 호에 모두 해당하는 아동은 다함께 돌봄 지원을 받을 수 있다.

1. 만 6세~12세 아동 중 부모와 함께 ○○구에 주민등록이 되어 있는 아동
2. ○○구에 소재한 초등학교에 재학 중인 아동

제8조(이용료) ① 센터장은 「○○구 다함께 돌봄 지원에 관한 조례」에 따라 다음의 서비스에 이용료 20만 원 범위 내에서 아동의 보호자에게 징수할 수 있다.

1. 이용 아동의 프로그램 활동비
2. 이용 아동의 급식 및 간식 제공비

① 조례 제9조 제1항을 '수납한도액(월 20만 원) 내에서'로 수정한다.

② 조례 제3조 제3호로 '○○구 초등학교 입학 예정인 아동'을 신설한다.

③ 운영지침 제3조를 '다음 각 호 중 어느 하나에 해당하는'으로 수정한다.

④ 운영지침 제3조 제1호의 '부모와 함께'를 삭제한다.

⑤ 운영지침 제8조 제1항 제2호의 내용을 삭제한다.

23. 다음 글의 〈표〉에 대한 판단으로 적절한 것만을 〈보기〉에서 모두 고르면?

○○지역 공공분양주택 입주자 모집을 시행할 예정이다. 공급 규모는 M지구의 경우 전용면적 $59m^2$ 주택형 22세대와 $84m^2$ 주택형 117세대이며, N지구의 경우 전용면적 $59m^2$ 주택형 83세대이다. M지구와 N지구 모두 신청자의 자격 요건에 따라 1순위와 2순위로 나누어 접수하며, 1순위 접수는 12월 1주 차에, 2순위 접수는 12월 2주 차에 진행한다.

1순위와 2순위의 자격 요건은 다음과 같다. 주택청약종합저축에 가입하여 1년이 지난 자로서 매월 약정납입일에 월납입금을 12회 이상 납입한 자로서, 신청자 본인이 세대주이면 1순위가 된다. 그러나 M지구와 달리 N지구는 투기과열지구로 지정되어 주택청약종합저축 가입 기간 및 납입 횟수 기준이 달라, 주택청약종합저축에 가입하여 2년이 지난 자로서 매월 약정납입일에 월납입금 24회 이상 납입한 세대주여야 1순위가 된다. 1순위의 주택청약종합저축 가입 기간 및 납입 횟수, 세대주 요건 중 하나라도 충족하지 못한 경우 2순위 접수 기간에 신청해야 한다. 한편 공공분양주택 입주 신청자는 무주택세대구성원 요건을 충족해야 하며, 그 외에 자산 요건과 소득 요건도 있으나 이는 전용면적 $60m^2$ 이하 주택형에만 적용된다.

(가)는 N지구, (나)와 (다)는 M지구의 주택을 신청할 예정으로, 주택형은 요건에 맞는 것 중 면적이 작은 주택을 신청하려고 한다. (가)는 주택청약종합저축에 가입한 지 18개월이 되었으며 매월 약정납입일에 월납입금을 납입하였고, 세대주 요건과 무주택세대구성원 요건을 충족한다. (나)는 주택청약종합저축 가입 기간 및 납입 횟수는 (가)와 동일하며, 세대주와 무주택세대구성원 요건 역시 충족한다. (다)는 주택청약종합저축에 가입한 지 5년이 되었으며 매월 약정납입일에 월납입금을 60회 납입하였고, 무주택세대구성원 요건은 충족하나 세대주는 아니다. 또한, (가)~(다) 중 자산 요건과 소득 요건을 충족하지 못한 사람은 (다)뿐이다.

이상의 내용을 정리하면 다음과 같다.

〈표〉 접수 기간 및 신청주택 유형 분류

기준 \ 신청인	(가)	(나)	(다)
A	㉠	㉡	㉢
B	㉣	㉤	㉥

〈보 기〉

ㄱ. A에 주택의 전용면적에 관한 기준이 들어간다면, ㉣과 ㉥이 다르다.

ㄴ. ㉠과 ㉡이 같다면, B에는 '접수 기간'이 들어간다.

ㄷ. ㉠과 ㉢이 서로 같고, ㉤과 ㉥이 서로 같은 경우가 가능하다.

① ㄱ ② ㄴ ③ ㄷ
④ ㄱ, ㄴ ⑤ ㄴ, ㄷ

24. 다음 글의 A~C에 대한 분석으로 적절한 것만을 〈보기〉에서 모두 고르면?

청소년 비행이란 청소년이 반사회적 행위를 하거나 사회규범에 어긋나는 행위를 하는 것을 말한다. 이와 관련하여 A는 사회적 유대가 약해지거나 깨지는 것이 청소년 비행을 유발한다고 본다. 그에 따르면 청소년은 모두 잠재적 범죄자이지만, 비행으로 인하여 가족이나 친구들과의 유대가 깨지는 것을 두려워해 범죄를 저지르지 않는다. 그렇기 때문에 이러한 사회적 유대관계가 약화된다면 비행이 발생할 가능성이 커지게 된다. 따라서 여러 구성원이 함께하는 활동이나 협동심 교육 등으로 유대를 형성함으로써 비행을 예방할 수 있다.

모든 청소년이 잠재적 범죄자라는 입장에 반대하는 B는 비행이나 일탈이 사회 구성원들 간의 상호 작용을 통해 학습되는 것이라 주장한다. 특히 청소년의 경우 비행에 대해 긍정적인 태도나 가치관을 보이는 친구들과의 직접적인 접촉과 상호 작용이 있거나 타인의 비행을 직·간접적으로 관찰한 후 유사하게 행동하는 모방이 이뤄지는 경우 비행이 발생한다고 본다.

한편 C는 심리적 측면에 주목한다. C에 따르면 청소년은 긴장 요인으로 인한 부정적 감정을 해소하고자 비행을 저지르는 것이다. 이때 긴장 요인에는 기대와 성취 결과 간의 격차로 인한 실패 경험, 부모의 학대나 친구들의 괴롭힘과 같은 부정적 자극이 있다. 또한, 가족이나 친구 등 긍정적 영향을 끼친 이들과의 이별처럼 긍정적 자극이 소멸하는 경우도 청소년에게 긴장을 유발하여, 분노와 우울 같은 부정적 감정을 낳게 되고 이것이 비행으로 이어지게 된다.

〈보 기〉

ㄱ. 비행을 저지른 청소년과 그렇지 않은 청소년이 함께 어울릴 수 있는 학습 환경을 조성하여 청소년 비행을 예방할 수 있다는 주장에 대해서 A는 동의하지만, B는 동의하지 않을 것이다.

ㄴ. 목표로 했던 대학에 진학할 만큼의 성적이 나오지 않아 부모와의 불화가 발생한 청소년의 경우 비행을 저지를 가능성이 크다는 주장에 대해서 A와 C 모두 동의한다.

ㄷ. 가족들과의 애착관계가 깨지게 되면 청소년의 비행 가능성이 높아진다는 주장에 대해서 A는 동의하지만, B와 C는 동의하지 않을 것이다.

① ㄱ
② ㄷ
③ ㄱ, ㄴ
④ ㄴ, ㄷ
⑤ ㄱ, ㄴ, ㄷ

25. 다음 글의 〈논쟁〉에 대한 분석으로 적절한 것만을 〈보기〉에서 모두 고르면?

K국의 「형사소송법」 제 ○○조(이하 '현행 조항') 일부 조항의 내용은 다음과 같다.

> 제○○조(구속의 집행정지) ① 법원은 상당한 이유가 있는 때에는 결정으로 구속된 피고인을 친족, 보호단체 기타 적당한 자에게 부탁하거나 피고인의 주거를 제한하여 구속의 집행을 정지할 수 있다.
> ③ 제1항의 결정에 대하여는 검사는 즉시항고를 할 수 있다.

최근 K국 의회에서는 현행 조항의 3항을 삭제하려고 한다. 이에 대하여 갑과 을이 논쟁한다.

〈논 쟁〉

쟁점 1: 갑은 체포·구속·압수 또는 수색할 때에는 적법한 절차에 따라 검사의 신청에 의하여 법관이 발부한 영장을 제시하여야 한다는 K국 헌법상 영장주의의 본질은 신체의 자유를 제한하는 강제수사의 경우 법관의 사법적 억제를 통해 수사기관의 강제처분 남용을 방지하고 국민의 기본권을 보장하는 것이고 현행 조항의 3항은 영장주의에 위배되므로 삭제해야 한다고 주장한다. 그러나 을은 현행 조항 3항은 영장주의에 위배되지 않기 때문에 그 원칙을 삭제의 논거로 삼을 수 없다고 주장한다.

쟁점 2: 갑은 법원의 결정 단계에서 피고인의 도주 우려는 고려되었기 때문에 현행 조항 3항을 삭제해도 문제가 없다고 주장한다. 그러나 을은 피고인의 도주 가능성을 완전하게 예측하는 것은 불가능하고 피고인의 도주를 방지할 수 있는 아무런 제도적 장치가 없으므로 삭제에 반대한다.

쟁점3: 갑은 형사 피고인을 유죄 판결이 확정될 때까지는 무죄로 간주한다는 무죄추정의 원칙을 구현하여 피고인의 기본권을 보호하기 위해 현행 조항 3항을 삭제해야 한다고 주장한다. 그러나 을은 무죄 추정의 원칙으로 보호되는 피고인의 기본권 보호의 법익보다 형사사법의 신뢰성 확보라는 사회적 공익이 더 크다고 생각하기 때문에 삭제에 반대한다.

※ 즉시항고 효력: 즉시항고 제기 기간 내와 그 제기가 있는 때에는 재판의 집행은 정지된다.

※ 강제처분: 증거 조사나 증거 보존을 위하여 사람이나 물건에 대하여 강제로 행하는 처분. 소환, 구속, 압수, 수색 따위가 있다.

〈보 기〉

ㄱ. 쟁점 1과 관련하여, 을은 영장주의의 본질은 수사기관의 자의적인 강제처분을 막는 것이지, 수사기관의 합리적 권한을 제한하는 것이 아니라고 해석하고 구속집행정지 결정에 대한 검사의 즉시항고는 검사가 합리적 의심이 있는 경우 상급 법원의 판단을 받을 수 있도록 하는 제도라고 본다면 갑과 을 사이의 주장 불일치를 설명할 수 있다.

ㄴ. 쟁점 2와 관련하여, 피고인의 도주 가능성에 대해 갑은 사법 기관의 판단을 신뢰하지만, 을은 사법 기관의 판단을 신뢰하지 않는다.

ㄷ. 쟁점 3과 관련하여, K국 의회에서 형사사법의 신뢰성 확보라는 사회적 공익보다 무죄추정원칙에 따른 피고인의 기본권 보호의 법익이 더 중요하다는 점을 고려하여 현행 조항 3항을 삭제한다면, 갑은 삭제에 찬성하고 을은 삭제에 반대할 것이다.

① ㄱ
② ㄴ
③ ㄱ, ㄴ
④ ㄴ, ㄷ
⑤ ㄱ, ㄴ, ㄷ

자르는 선

2025 해커스PSAT 7급 PSAT FINAL 봉투모의고사 언어논리 (1회)

컴퓨터용 흑색사인펜만 사용

책형
㉮
㉯

【필적감정용 기재】
*아래 예시문을 옮겨 적으시오

본인은 OOO(응시자성명)임을 확인함

기 재 란

성 명	
자필성명	본인 성명 기재
시험장소	

응 시 번 호						
	⓪	⓪	⓪	⓪	⓪	⓪
	①	①	①	①	①	①
	②	②	②	②	②	②
	③	③	③	③	③	③
	④	④	④	④	④	④
⑤	⑤	⑤	⑤	⑤	⑤	⑤
⑥	⑥	⑥	⑥	⑥	⑥	⑥
⑦	⑦	⑦	⑦	⑦	⑦	⑦
	⑧	⑧	⑧	⑧	⑧	⑧
	⑨	⑨	⑨	⑨	⑨	⑨

생 년 월 일					
⓪	⓪	⓪	⓪	⓪	⓪
①	①	①	①	①	①
②	②		②	②	②
③	③		③	③	③
④	④		④		④
⑤	⑤		⑤		⑤
⑥	⑥		⑥		⑥
⑦	⑦		⑦		⑦
⑧	⑧		⑧		⑧
⑨	⑨		⑨		⑨

※시험감독관 서명
(서명을 정자로 기재할 것)

적색 볼펜만 사용

언어논리(1~10번)					
1	①	②	③	④	⑤
2	①	②	③	④	⑤
3	①	②	③	④	⑤
4	①	②	③	④	⑤
5	①	②	③	④	⑤
6	①	②	③	④	⑤
7	①	②	③	④	⑤
8	①	②	③	④	⑤
9	①	②	③	④	⑤
10	①	②	③	④	⑤

언어논리(11~20번)					
11	①	②	③	④	⑤
12	①	②	③	④	⑤
13	①	②	③	④	⑤
14	①	②	③	④	⑤
15	①	②	③	④	⑤
16	①	②	③	④	⑤
17	①	②	③	④	⑤
18	①	②	③	④	⑤
19	①	②	③	④	⑤
20	①	②	③	④	⑤

언어논리(21~25번)					
21	①	②	③	④	⑤
22	①	②	③	④	⑤
23	①	②	③	④	⑤
24	①	②	③	④	⑤
25	①	②	③	④	⑤

시험일: ____년 ____월 ____일

국가공무원 7급 공개경쟁채용 1차 필기시험 모의고사

▎언어논리영역 ▎

응시번호	
성명	

실전모의고사 **2회**

문제책형 **㉰**

응시자 주의사항

1. **시험시작 전 시험문제를 열람하는 행위나 시험종료 후 답안을 작성하는 행위를 한 사람**은 「공무원 임용시험령」 제51조에 의거 **부정행위자**로 처리됩니다.
2. **답안지 책형 표기는 시험시작 전** 감독관의 지시에 따라 **문제책 앞면에 인쇄된 문제책형을 확인**한 후, **답안지 책형란에 해당 책형(1개)**을 '●'로 표기하여야 합니다.
3. 시험이 시작되면 문제를 주의 깊게 읽은 후, **문항의 취지에 가장 적합한 하나의 정답만을 고르며**, 문제내용에 관한 질문은 할 수 없습니다.
4. **답안을 잘못 표기하였을 경우에는 답안지를 교체하여 작성**하거나 **수정할 수 있으며**, 표기한 답안을 수정할 때는 **응시자 본인이 가져온 수정테이프만을 사용**하여 해당 부분을 완전히 지우고 부착된 수정테이프가 떨어지지 않도록 손으로 눌러주어야 합니다. **(수정액 또는 수정스티커 등은 사용 불가)**
5. **시험시간 관리의 책임은 응시자 본인에게 있습니다.**
   ※ 문제책은 시험종료 후 가지고 갈 수 있습니다.

정답공개 및 해설강의 안내

1. 모바일 자동 채점 및 성적 분석 서비스
   - '약점 보완 해설집'에 회차별로 수록된 QR코드 인식 ▶ 응시 인원 대비 자신의 성적 위치 확인
2. 해설강의 수강 방법
   - 해커스PSAT 사이트(psat.Hackers.com) 접속 후 로그인 ▶ 우측 퀵배너 [쿠폰/수강권등록] 클릭 ▶ '약점 보완 해설집'에 수록된 쿠폰번호 입력 후 이용

해커스PSAT

언어논리영역

1. 다음 글에서 알 수 있는 것은?

조선 왕조는 국가 운영의 모든 사실을 후대에 전수함과 동시에 올바른 통치를 위한 모범적 행적을 기록하기 위해 두 가지 주요 기록 체계를 마련하였다. '실록'은 국정 전반의 사건과 정세를 한치의 누락 없이 기록하였으나, 역사의 왜곡을 방지하기 위해 엄격한 보안 아래 보관되어 임금조차 직접 열람하기 어려웠다. 이로 인해 후대 왕들이 자신의 통치에 참고할 선례를 열람할 수 없다는 문제점이 제기되었고, 이를 보완하고자 편찬된 것이 바로 '보감'이다. 보감에는 방대한 실록이나 승정원일기 등에서 국왕의 정통성과 도덕적 가치를 강조할 수 있는 핵심적인 내용과 선왕들의 모범적인 정치적 업적 및 언행을 발췌하거나 요약하여 기록하였다.

보감 편찬 작업은 여러 시대에 걸쳐 점차 이루어졌다. 세종 시기에는 태조와 태종의 업적을 본보기로 하려는 시도가 있었으나 당시의 편찬 시도는 구체적인 성과를 이루지 못하고 중단되었다. 그러다 1457년에 수찬청(修撰廳)이 설치되면서 보감의 본격적인 편찬 작업이 시작되었고, 이듬해 태조, 태종, 세종, 문종의 공적을 모은 『사조보감』이 편찬되었다. 1684년에는 선조의 공적을 체계적으로 정리한 『선묘보감』이, 1730년에는 숙종의 공적을 기록한 『숙묘보감』이 각각 편찬되었다. 그러나 정종, 단종, 세조, 예종, 성종, 중종, 인종, 명종, 인조, 효종, 현종, 경종 등 12명의 왕에 대해서는 별도의 보감이 마련되지 않은 상태였다.

이에 정조는 즉위 5년 후인 1781년에 영조의 실록이 완성됨과 동시에 영조를 포함해 그간 보감이 마련되지 않았던 12명의 선왕들의 실록 자료까지 모아 통합 보감 편찬 작업에 돌입하였다. 그 결과 1782년 새로 완성된 보감과 기존의 『사조보감』, 『선묘보감』, 『숙묘보감』이 통합된 『국조보감』 초판이 68권 19책으로 편찬되었다. 이후 1847년에는 정조, 순조, 익종 시기의 보감인 『삼조보감』을 완성하고, 1908년에 헌종과 철종의 보감 편찬 작업에 착수하여 이듬해 최종적으로 현재의 『국조보감』이 90권 28책의 형태로 확정되어 규장각에 소장되었다.

이처럼 『국조보감』은 후대 임금과 신하들이 자기 통치의 방향을 모색하는 데 중요한 지침서 역할을 하였으며, 오늘날에도 조선 왕조의 정통성과 도덕적 유산을 이해하는 데 필수적인 자료로 높이 평가되고 있다.

① 보감은 실록에 수록된 모든 내용을 요약하여 편집한 판본이다.
② 『사조보감』이 편찬된 시기는 1457년이다.
③ 『국조보감』 초판에 공적이 기록된 선왕은 총 19명이다.
④ 정조는 영조의 보감을 완성한 뒤에 실록 작성 작업을 마무리하였다.
⑤ 수찬청이 맡고 있던 보감 편찬 업무는 규장각으로 이전되었다.

2. 다음 글의 내용과 부합하는 것은?

고려 초기 내시는 내시원(內侍院)이라는 관청에 소속되어 내시적(內侍籍) 또는 금적(禁籍)이라는 명부에 이름을 올린 관료들을 의미하였다. 귀족 자제 중 능력이 뛰어난 사람이나 과거에 합격한 사람 중 성적이 우수한 사람이 내시로 선발되었다. 이에 따라 고려의 내시는 국왕의 최측근으로서 왕명을 보좌하는 업무를 담당하였는데, 국왕의 국정 업무를 보좌할 뿐만 아니라 왕실 사원을 관리하고, 지방에 왕을 대신하여 민심을 살피는 역할도 담당하였다. 또한 왕족의 재정을 관리하며 강력한 영향력을 행사하기도 하였다.

반면 고려 초기 환관은 액정국(掖庭局)이라는 관청에 소속되어 궁중의 잡역을 담당하는 관료들을 의미하였다. 환관은 중국 고대시대부터 이어져 왔는데, 내시와는 달리 주로 궁궐의 허드렛일을 담당하였다. 중국에서는 성 기능을 잃은 남성을 환관으로 선발하였으며, 주로 남성의 성기를 거세하는 형벌인 궁형이 집행된 자들이 환관이 되었다. 그러나 고려에는 궁형이 없었을 뿐만 아니라 궁궐에서도 환관에 대한 수요가 적었기 때문에 주로 사고로 남성의 성 기능을 잃은 사람들이 환관으로 선발되었다. 따라서 고려의 환관은 노비 출신이거나 관비 소생 등 미천한 신분인 경우가 대부분이었고, 벼슬도 승진이 7품 미만으로 제한되었다.

그러나 고려 후기부터 환관과 내시의 구분이 모호해지기 시작하였다. 왕의 신임을 얻은 환관이 내시로 임명되기도 하였고, 충렬왕 때에는 원나라에 간 고려 환관들이 원나라에서 높은 관직에 오르면서 고려에서도 환관의 정치적 영향력이 높아졌다. 이후 공민왕 때는 환관이 소속된 액정국이 내시부(內侍府)라는 명칭으로 개편되었고, 환관과 내시가 혼동되어 불리기 시작하였다. 고려에서 출세의 상징이었던 내시는 점차 환관의 별칭이 되고, 내시 고유의 역할과 지위도 잃어버렸다. 급기야 조선시대에 들어서는 내시원이 폐지되고, 내시는 환관과 동의어가 되어 남성의 성 기능을 잃은 관리를 지칭하게 되었다.

① 고려 후기의 내시와 환관은 모두 내시부에 소속되었다.
② 고려의 내시 중에는 궁형을 당한 환관 출신도 있었다.
③ 환관의 정치적 영향력이 강해짐에 따라 고려 후기에 내시원이 폐지되었다.
④ 고려 초기의 내시는 왕명을 보좌하며 왕족의 재정을 관리하는 내시부 소속 관료였다.
⑤ 금적에 이름이 오른 내시는 조선의 내시와 달리 남성의 성 기능 상실 여부와는 무관하였다.

3. 다음 글에서 알 수 있는 것은?

> 세금은 국가에 세금을 명목적으로 납부하는 납세자와 세금을 실제로 부담하는 담세자가 같은지에 따라 직접세와 간접세로 나뉜다. 직접세는 납세자와 담세자가 일치하는 세금으로 노동활동에 따른 소득을 대상으로 부과된다. 반면 소비자가 구매하는 물품에 부과되는 부가가치세는 명목적으로는 판매자가 세금을 납부하지만, 실질적으로는 물품을 구매하는 소비자가 세금을 부담하므로 간접세에 해당한다.
>
> 부가가치세는 제조업이나 소매업과 같이 단계별로 생산 및 거래가 이루어지는 업종에서 생산 단계별로 창출되는 부가가치에 과세하는 세금이다. 우리나라는 일반과세자의 경우 10%의 부가가치세율을 적용하고 있다. 예를 들어 제빵업자가 빵을 만들기 위해 밀가루를 1,000원에 구매했다고 가정해보자. 이때 밀가루 판매자는 제빵업자로부터 1,000원의 부가가치를 창출한 것이다. 이에 따라 국가는 이 1,000원에 대해 10%의 세금을 부과한다. 또한 제빵업자가 밀가루로 1,500원의 가치를 가진 빵을 생산하였다면 이 단계에서 창출된 부가가치는 500원이며, 부가가치세는 50원이 된다. 이처럼 재화나 서비스가 소비자에게 전달되는 과정에서 단계별로 부가가치가 발생한다. 따라서 최종 판매자 또는 최종 생산자는 재화나 서비스의 최종 가치에 각 단계마다 발생한 부가가치의 세금을 더하여 소비자 가격을 산정하고, 부가가치의 세금을 소비자에게 받아 부가세 신고 시 국가에 납부한다. 즉, 제빵업자는 빵의 최종 가치인 1,500원에 부가가치세의 총합인 150원을 더해 1,650원을 소비자 가격으로 제시한다.
>
> 그러나 재화의 최종 판매자 또는 최종 생산자가 부가가치세 전부를 납부할 필요는 없다. 재화의 최종 부가가치에 중간 재화의 부가가치가 포함되어 있기 때문이다. 부가가치세는 생산자가 창출한 부가가치만큼의 세금이므로 자신이 창출한 부가가치 이상의 세금은 감면받을 수 있다. 예를 들어 제빵업자는 최종 재화인 빵을 생산하였지만 제빵업자가 빵 전체의 부가가치를 창출한 것은 아니다. 따라서 자신이 창출하지 않은 부가가치에 대한 세금은 면제받을 수 있다.

① 재화의 최종 생산자는 자신이 창출한 부가가치만큼만 세금을 납부할 수 있다.

② 소비자는 자신이 부담해야 할 부가가치세의 일부를 감면받을 수 있다.

③ 부가가치세는 재화나 서비스의 최종 거래에서 발생하는 부가가치에만 부과된다.

④ 우리나라 일반과세자인 최종 생산자가 소비자 가격이 1,100원인 재화를 판매하면 110원의 부가가치세를 납부해야 한다.

⑤ 부가가치세는 담세자인 판매자가 세금을 부담하고 납세자인 소비자가 세금을 실제 납부한다는 점에서 간접세에 해당한다.

4. 다음 글에서 알 수 있는 것은?

> 군대의 병역 제도는 크게 모병제와 징병제로 구분된다. 모병제는 스스로 군대에 지원한 사람들 중 적합한 사람을 선발하여 병력을 충원하는 제도이고, 징병제는 국가가 군 복무에 적합한 사람을 대상으로 병역 의무를 강제로 부여하여 병력을 충원하는 제도이다. 징병제는 여러 국가에서 전통적으로 실시되어 왔으나 군 복무를 강제해야 하기 때문에 병력의 확보 및 관리에 여러 가지 어려움이 있다. 일부 상류층이 부정한 방법으로 군 복무를 회피하면서 발생하는 불평등의 문제, 의무적으로 군 복무를 하는 징집병의 사기와 전투력이 저하되는 문제, 평화주의자에게 양심에 반하는 병역 의무를 강제함으로써 발생하는 인권 문제 등이 그것이다. 이러한 징병제의 문제점은 군 조직에 대한 신뢰를 잃게 하므로 여러 국가에서 모병제 전환에 대한 논의를 진행하고 있다.
>
> 1973년에 미국은 병력 감소와 인건비 상승의 부담을 무릅쓰고 징병제에서 모병제로 전환하였다. 그리고 모병제 전환 이후에도 현재까지 세계 최강의 군사력을 유지하면서 징병제에서 나타났던 문제들을 효과적으로 해결했다는 평가를 받고 있다. 입대 여부를 개인이 자유롭게 선택함으로써 인권침해 문제가 해결되었고, 군인에게 의료보험, 대학 장학금과 같은 각종 사회적 혜택을 부여함과 동시에 높은 수준의 임금을 지급함으로써 병역 기피 현상이 사라졌다. 또한 직업군인 위주의 정예 병력으로 부대가 편성되자 전투력이 향상되었고, 국가를 위해 위험한 임무에 자원했다는 존경과 신뢰를 얻을 수 있었다.
>
> 그러나 당시 미국은 안정적인 경제력을 바탕으로 모병제로의 전환에 따른 인건비의 급격한 상승을 감당할 수 있었고, 동시에 인구가 증가 추세에 있었기 때문에 입대 희망자의 수를 유지할 수 있었다. 또한 모병제 도입 당시 적대 세력으로부터 영토에 대한 직접적인 위협이 없었다는 점도 성공적인 모병제 전환의 주요한 요인이 되었다. 이에 반해 최근 러시아의 군사 행동에 대응하여 인근 NATO 국가들이 모병제에서 징병제로 전환한 사실과 인구가 감소 추세에 있던 대만이 충분한 입대 희망자를 확보하지 못해 징병제로 환원한 사실은 모병제가 성공적으로 정착하기 위해서는 극복해야 할 제한 조건이 많다는 것을 방증한다.

① 모병제에서는 평화주의자들이 군 복무를 회피하는 불평등의 문제가 발생할 수 있다.

② 모병제에서는 사기와 전투력이 높은 부대를 양성하여 양적인 성장을 추구할 수 있다.

③ 미국은 모병제로의 전환을 통해 병력 수를 감소시킴으로써 인건비를 절약할 수 있었다.

④ 국경지대에 군사적 위협이 존재하지만 인구가 증가추세에 있다면 성공적으로 모병제로 전환할 수 있다.

⑤ 병사들에게 각종 사회적 혜택과 높은 수준의 임금을 지급하는 것은 병력의 확보 및 관리상 발생하는 불평등의 문제를 완화하는 효과가 있다.

5. 다음 글에서 알 수 없는 것은?

> ‘무죄 추정의 원칙’이란 형사 피고인의 유죄가 증명되지 않는 한 형사 피고인은 무죄로 처우 받아야 한다는 원칙을 말한다. 대한민국 헌법에서는 형사 피고인은 유죄의 판결이 확정될 때까지는 무죄로 추정된다고 명시하고 있다. 또한 우리나라는 무죄 추정의 원칙을 ‘형사 절차상 부당한 대우 금지의 원칙’과 ‘증거법상의 원칙’이 모두 포함되어 있는 것으로 해석하고 있다. 형사 절차상 부당한 대우 금지의 원칙은 유죄 판결이 확정되기 전까지는 형사 피고인을 무죄인 자로서 처우하고, 공소를 제기한 검사는 형사 피고인의 유죄를 입증할 책임을 져야 함을 의미한다. 증거법상의 원칙은 법관은 유죄 판결을 확정할 만한 명확한 증거가 없다면 형사 피고인의 이익을 우선하여 판결해야 함을 의미한다.
>
> 만약 형사 피고인이 무죄인 자로 처우 받지 못하거나 혐의가 무죄로 추정되지 않아 재판을 하게 된다면, 법관은 무죄 추정의 원칙 위반 여부를 판단해야 한다. 이에 대한 예시로 1990년대에 미결수용자에게 재소자용 의류, 즉 기결수가 입는 죄수복을 입게 한 사례를 들 수 있다. ○○구치소는 미결수용자 甲의 도주를 방지하기 위해 甲에게 사복이나 미결수용 의류가 아닌, 재소자용 의류를 입혀 재판까지 받게 하였고, 이러한 처우에 불만을 느낀 甲이 헌법 소원을 제기하였다. 당시 헌법재판소는 ○○구치소가 甲의 기본권과 무죄로 추정될 권리를 침해하였다는 이유로 甲의 승소 판결을 내렸다. 이 판결에 대한 헌법재판소의 입장에 따르면 ○○구치소가 주장한 도주 방지는 계호 인력을 늘리거나 다른 수단에 의하여야 하고, 甲에게 재소자용 의류를 입힌 것은 형사 피고인의 기본권을 침해한 행위이며, 甲에게 마치 유죄가 확정된 죄인처럼 처우한 것이므로 무죄 추정 원칙에도 반한다는 것이다. 즉, 甲의 유죄를 확정할 증거가 없다면, 예단을 최소화하여 甲을 무죄인 자로 처우해야 한다는 것이다.
>
> 이처럼 무죄 추정의 원칙은 형사 피고인을 무죄인 자로 처우하는 것을 넘어서 형사 절차에서 부당한 대우를 받지 않아야 한다는 점, 그리고 법관의 예단이 개입되지 않고 공정한 재판 절차 속에서 확정적인 증거에 의해서만 유·무죄를 판단해야 한다는 점을 모두 포괄하는 개념으로 받아들여진다.

※ 미결수용자: 유죄의 확정 판결이 나지 않은 상태로 구금된 형사 피고인

① 무죄의 추정은 형사 피고인이 공정한 재판을 받기 위한 필요 조건이다.

② 도주 우려가 있다는 이유로 미결수에게 기결수의 죄수복을 입히는 것은 정당화되지 않는다.

③ 무죄 추정의 원칙이 지켜지지 않아 형사 피고인이 헌법 기관에 구제를 요청한 사례가 있다.

④ 형사 피고인의 유죄를 추정할 만한 합리적 의심이 있다면 형사 피고인이 무죄의 입증책임을 진다.

⑤ 형사 절차에서 부당한 대우를 받지 않을 권리와 공정한 재판을 받을 권리는 동일한 원칙에 기반을 둔다.

6. 다음 글에서 알 수 있는 것은?

> 초밥의 기원은 동남아시아이지만, 오히려 초밥은 일본에서 더 대중적으로 발전하였다. 일본의 초기 초밥은 ‘나레즈시’라고 불렸던 것으로 소금에 절인 생선 사이에 밥을 넣고 발효시킨 것이다. 나레즈시는 생선을 오래 두고 먹기 위해 발효를 시켰는데, 밥이 발효되면 먹기 힘들 정도로 삭기 때문에 밥은 버리고 생선만 먹었다. 이러한 이유로 나레즈시는 귀족들도 기념일에만 먹을 수 있는 고급 음식에 속했다.
>
> 이후 지금의 초밥처럼 밥과 생선을 같이 먹는 ‘나마나레’가 등장하였다. 나마나레는 나레즈시에서 숙성기간만 단축한 것으로 1년 이상 발효시키는 나레즈시보다 숙성 기간이 짧았고, 그만큼 초밥을 만드는 비용도 줄어들어 나레즈시보다 더 대중화되었다.
>
> 초밥이라는 명칭처럼 밥에 식초를 넣기 시작한 것은 ‘하야즈시’부터이다. 나마나레 등장 이후 초밥이 대중화되면서 생선을 발효시키는 단계를 줄이고 초밥을 즉석에서 만들어야 했다. 이에 따라 발효로 발생하는 신맛을 인위적으로 내기 위해 생선을 식초에 담거나 밥에 식초를 뿌렸다. 이렇게 초밥의 신맛을 낸 하야즈시는 틀에 밥을 담고 그 위에 생선을 올려 누른 채 칼로 써는 방식으로 만들었는데, 이 때문에 ‘누른다’는 의미의 단어인 ‘오스’를 사용하여 ‘오시즈시’라고도 불렀다. 이때부터 초밥을 만드는 방법이 간편해지면서 생선은 초밥의 주재료에서 보조재료가 되었고 생선뿐만 아니라 다양한 재료로 초밥을 만들기 시작하였다.
>
> 형태적으로도 지금의 초밥과 가장 유사한 초밥은 ‘니기리즈시’이다. 니기리즈시는 식초와 설탕을 섞은 단촛물을 넣은 밥 위에 신선한 생선살을 올린 형태로 만들었고, 주로 도쿄에서 먹었기에 도쿄의 옛 지명인 ‘에도’를 사용하여 ‘에도마에즈시’라고도 불렸다. 이후 1923년 관동대지진으로 인해 도쿄의 초밥 요리사들이 전국 각지로 터전을 옮기면서 전국 각지에 에도마에즈시를 알리게 되었고, 냉동 기술의 발달로 생선을 신선하게 다른 지역으로 전할 수 있게 되면서 에도마에즈시가 오시즈시의 인기를 압도하게 되었다.

① 일본의 초기 초밥은 생선과 밥을 함께 먹기 위해 만들어졌다.

② 하야즈시는 틀을 이용하여 간편하게 만들 수 있어 다양한 재료를 사용할 수 있었다.

③ 나마나레는 식초를 쓰지 않고 신맛을 내기 위해 생선을 발효시켰다.

④ 에도마에즈시는 생선을 발효하지 않기 때문에 초밥에서 신맛을 느낄 수 없었다.

⑤ 나레즈시는 귀족들이 특별한 날 먹는 음식으로 나마나레보다 숙성기간이 짧았다.

7. 다음 글의 ㉠~㉤을 문맥에 맞게 수정한 것으로 적절하지 않은 것은?

기본적으로 '관용'은 타인을 너그럽게 받아들이는 마음이라는 뜻으로 쓰인다. 그러나 타인을 받아들이는 데 초점을 어디에 두는지에 따라 미국의 '탈러런스'와 프랑스의 '똘레랑스'가 구분된다. 미국의 탈러런스는 개인 간의 이익 충돌을 완화하기 위해 이성을 기반으로 타협을 추구하는 다원주의적 관용이다. 미국은 다양한 인종으로 구성된 국가이기 때문에 탈러런스는 특히 중요한 덕목으로 자리 잡고 있다. 그러나 탈러런스의 최종 목적은 양보와 타협 그 자체보다는 개인의 이익을 조정하여 사회적 비용을 줄이는 것이다. 즉, ㉠ 철저히 사회 윤리 추구에 그 근본을 두고 있다. 이는 사회 정의나 연대와 같은 사회 윤리적 가치를 추구하기 위함이 아니라, 이익 충돌로 인한 사회 갈등 비용을 최소화함으로써 기득권층의 이익을 보호하고 기존 사회 제도를 정상적으로 유지하기 위함이다. 따라서 탈러런스는 ㉡ 사회 변혁을 통한 사회 정의 추구를 중시하는 개념으로 볼 수 있다.

프랑스의 똘레랑스는 탈러런스와 마찬가지로 개인의 이성을 존중한다. 다만, 똘레랑스는 공공선에 초점을 두고 개인의 이성을 토대로 사회를 혁신하려는 적극적인 관용이다. 상충하는 이익들을 적절한 선에서 타협하는 탈러런스와 달리, 똘레랑스는 자신의 입장을 분명하게 밝히고 논쟁하며 ㉢ 이익 충돌을 방지하는 것을 목적으로 한다. 개인 간의 이익 충돌을 오히려 사회 정의와 연대를 달성하는 수단으로 활용하는 것이다. 따라서 똘레랑스는 이익 충돌로 인한 사회적 비용을 계산하지 않으며, 이성에 기반한 이익 충돌을 완화하려 하지 않는다. 즉, 똘레랑스는 사회의 정의와 연대라는 테두리 안에서 ㉣ 이성에 기반한 가치를 거부하는 관용이다. 탈러런스가 현실 유지를 위해 절충과 타협이라는 경제 논리를 강조한다면, 똘레랑스는 ㉤ 현실을 변화시키는 정의를 추구하기 위한 사회 윤리를 강조하는 것으로 볼 수 있다.

① ㉠을 '철저히 경제 논리에 그 근본을 두고 있다'로 수정한다.
② ㉡을 '사회 유지를 위한 개인의 타협을 중시'로 수정한다.
③ ㉢을 '이익 충돌을 통한 사회 연대 추구를 목적으로 한다'로 수정한다.
④ ㉣을 '이성에 기반한 가치를 그대로 받아들이는 관용이다'로 수정한다.
⑤ ㉤을 '현실을 받아들이고 갈등을 최소화하려는 사회 윤리'로 수정한다.

8. 다음 글의 (가)와 (나)에 들어갈 말을 짝지은 것으로 가장 적절한 것은?

과거의 경직된 근무 형태에서 벗어나, 현대에는 탄력근무, 원격근무 등과 같은 유연하고 다양한 근로 형태가 확산되고 있다. 이러한 변화의 대표적인 예로 디지털 노마드(Digital Nomad)를 들 수 있다. 디지털 노마드(Digital Nomad)는 '디지털'과 유목인을 뜻하는 '노마드'의 합성어로 노트북이나 태블릿 pc 등을 이용해 특정 장소에 구애받지 않고 일하는 사람을 의미한다. 이들은 업무 시간과 환경, 그리고 업무 방식을 스스로 결정할 수 있는 자율성을 누린다. 최근 연구에 따르면 세계 디지털 노마드의 45%가 연간 100,000달러 이상의 소득을 올리고 있으며, 그중 약 4.4%는 연간 1,000,000달러를 상회하는 고소득을 기록했다.

이러한 사회적 현상을 고려해 한국을 비롯한 다수의 국가가 외국인에게 장기 체류를 허가해 주는 디지털 노마드 비자를 발급하고 있다. 디지털 노마드 비자는 인재를 자국에 유치함으로써 그들의 납세와 소비를 통해 국가 경제에 새로운 재정적 활력을 불어넣음과 동시에 관광산업과 내수경기를 활성화하기 위해 도입되었다. 그렇기 때문에 디지털 노마드 비자는 누구나 발급받을 수 있는 것은 아니며, (가) . 디지털 노마드 비자를 발급받으면 개인들은 합법적으로 원하는 국가에 체류하면서 업무를 수행할 수 있는 기회를 얻게 된다.

그러나 디지털 노마드 비자는 긍정적인 측면만 있는 것은 아니다. 디지털 노마드 비자를 도입하면서 (나) . 실제로 포르투갈에서는 2024년 4월 디지털 노마드 비자 제도에 반대하는 시위가 발생하기도 했다. 리스본과 같은 포르투갈의 주요 지역에서는 디지털 노마드가 대거 유입되면서 단기 거주 주택에 대한 수요가 증가했다. 이에 부동산 소유자들은 장기 임대보다 더 높은 수익을 창출할 수 있는 단기 임대를 선호하게 되었고, 그 결과 단기 주택 임대가 증가하게 되었다. 이로 인해 현지인이 거주할 수 있는 집의 수는 줄어들었고 임대료는 높아지면서 오히려 현지인들이 도심에서 밀려나는 젠트리피케이션 현상이 나타나고 있는 상황이다.

① (가): 비자 신청인의 국적에 따른 제한이 존재한다
(나): 디지털 노마드들이 도심의 주택을 구입하는 경우가 많아지고 있다
② (가): 비자 신청인의 국적에 따른 제한이 존재한다
(나): 디지털 노마드의 유입으로 인해 도시 주거 시장에 구조적 변화가 발생하고 있다
③ (가): 비자를 발급받기 위해서는 나라마다 상이하지만 일정 수준 이상의 소득 증명이 요구된다
(나): 디지털 노마드를 위한 부동산 보호 정책이 강화되고 있다
④ (가): 비자를 발급받기 위해서는 나라마다 상이하지만 일정 수준 이상의 소득 증명이 요구된다
(나): 디지털 노마드의 유입으로 인해 도시 주거 시장에 구조적 변화가 발생하고 있다
⑤ (가): 디지털 노마드들에게 디지털 노마드 비자는 매력적인 선택지가 되지 않는다
(나): 디지털 노마드를 위한 부동산 보호 정책이 강화되고 있다

9. 다음 글의 빈칸에 들어갈 내용으로 가장 적절한 것은?

시험을 망친 이유가 정말 내 탓 만일까? 시험을 치른 학생이라면 낮은 점수의 원인이 학습 능력 때문인지, 주변 환경 때문인지 고민해본 적이 있을 것이다. 실제로 신경건축학의 시각에서 보면 시험 성적은 단지 개인의 역량만으로 설명되지 않는다. 시험을 치를 때 머무르는 공간 구조나 배경 색채가 우리의 집중력과 인지 능력에 은밀히 작용할 수 있기 때문이다. 이를 입증하기 위해 미국의 한 연구팀은 실험을 진행하였다. 참가자를 두 개의 그룹으로 나눈 뒤, 첫 번째 그룹은 천장이 낮은 방에, 두 번째 그룹은 천장이 높은 방에 들어가도록 한 뒤 다양한 과제를 수행하게 하였다. 그 결과 천장이 낮은 방의 참가자들은 낮은 천장을 구속이나 억제 같은 개념과 연결시켜 빠른 문제 해결을 위해 집중력이 필요한 영역에서 두드러지는 성과를 나타냈다. 반면, 천장이 높은 방의 참가자들은 무의식적으로 천장의 높음을 자유 개념과 연결시켜 추상적이고 자유로운 발상에서 강점을 보였다. 더 나아가, 천장이 일정 간격으로 높아질수록 참가자들의 창의적 사고 능력도 점진적으로 향상되는 경향을 보였다. 이는 건축적 특성이 우리의 무의식적 사고 과정을 조정해, 사고방식 자체를 변화시킬 수 있음을 보여준다.

한편, 공간의 구조 외에 색깔 또한 인지 능력에 영향을 미치는 중요한 요소 중 하나이다. 한 대학 연구진의 실험 결과, 빨간 배경에서 실험을 진행한 사람들은 세밀한 정보를 놓치지 않고 처리하는 능력이 높아졌지만 파란 배경에서 진행한 사람들은 참신한 아이디어나 독창적인 해답을 도출하는 과제에서 더욱 돋보이는 성과를 보였다. 연구진은 빨간색이 긴급 상황이나 실패와 같은 부정적인 이미지를 연상시켜 사람들이 더욱 신중한 태도를 취하게 만들고, 파란색은 하늘이나 물처럼 긍정적이고 안정적인 이미지를 떠올리게 함으로써 사고를 유연하게 이끌어냈다고 보았다. 다시 말해 색은 우리의 인지 체계를 활성화하거나 특정 유형의 사고에 동기를 부여하는 촉매제 역할을 하기도 한다.

따라서 이러한 실험 결과들을 고려하면, (　　　).

① 천장이 높다고 인식하기만 하면, 실제 높이에 관계없이 창의적 사고력이 일정하게 유지된다
② 개인의 인지 능력은 당장 마주하는 공간보다 친숙한 공간에서의 학습기간에 더 영향을 받는다
③ 창의성이 중요한 문제 해결에는 천장 높낮이보다 파란 배경의 공간 조성이 무엇보다 중요하다
④ 인간의 인지 능력은 공간과 같은 환경적 요소가 아닌 개인의 역량에 의해 좌우된다
⑤ 낮은 천장과 빨간 배경의 환경은 창의적인 발상보다 정보 처리 능력 극대화에 효과적이다

10. 다음 글의 빈칸에 들어갈 내용으로 가장 적절한 것은?

어떤 학자들은 과학적 발견은 과학적 지식체계와 무관한 우연의 결과물이라 주장한다. 기존에 없던 새로운 것을 발견하는 것은 과학적 사고 혹은 지식으로는 예측할 수 없는 것이기 때문이다. 페니실린의 발견은 과학적 발견의 우연성을 보여주는 대표적인 사례이다. 미생물학자 알렉산더 플레밍은 세균 배양 접시를 방치했다가 해당 접시에 푸른곰팡이가 생긴 부분에 세균이 사멸한 현상을 발견했다. 아래층 실험실에서 연구하던 곰팡이가 우연히 방치된 세균 배양 접시로 날아왔던 것이다. 항생제의 시초인 페니실린이 우연히 발견된 순간이다.

그러나 엄밀히 말해 플레밍이 페니실린을 발견했다고 할 수는 없다. 플레밍이 페니실린의 존재를 확인했지만, 동물과 사람을 대상으로 한 실험에서 페니실린의 항균력을 검증해내지는 못했기 때문이다. 그렇게 실패로 끝나는 듯했던 페니실린 연구는 약 10년 뒤 플로리와 체인이라는 두 과학자 덕에 빛을 보게 되었다. 플레밍이 발표한 페니실린에 관심을 가졌던 플로리와 체인은 그의 연구 결과를 분석하였다. 그 결과 페니실린을 정제하여 결정을 만드는 데 성공하고, 쥐를 대상으로 한 실험에서 페니실린의 효과를 밝혀냈다. 포도상구균에 감염 환자를 대상으로 한 임상 시험을 시행하여 1943년에는 페니실린의 화학적 구조를 밝혀내 대량생산이 가능하게 되었다.

과학적 발견의 과정은 문제 해결을 위한 새로운 대안 발견에서 발견된 대안의 검증에 이르는 일련의 과정이다. 즉, 페니실린의 발견은 플레밍의 최초 발견뿐만 아니라 그 효과를 검증해낸 플로리와 체인의 연구까지 함축한다. 과학에서 새로운 물질의 효과를 검증하는 과정은 실험 설계 과정에서 통계적 검증까지 과학적 사고와 지식이 적용되는 영역이다. 따라서 과학적 발견이 과학적 사고 혹은 지식으로 설명이 불가능한 순수한 우연의 결과물이라는 주장은 과학적 발견을 새로운 물질의 발견으로만 생각했음을 알 수 있다. 그러나 과학적 발견은 (　　　).

① 기존에 없던 새로운 것을 발견하는 과정이 아니다
② 순수한 과학적 사고의 결과물로 우연이 전혀 깃들 수 없는 과정이다
③ 새로운 것을 발견하는 우연한 순간에도 과학적 지식이 활용되므로 우연의 결과물이라 할 수 없다
④ 새로운 것을 발견하는 과정이 아니라 발견된 물질의 효과를 검증하는 과정에서 우연적 요소가 적용되는 것이다
⑤ 새로운 것의 효과를 검증하는 과정을 포함하며, 이 과정에서 과학적 지식이 적용되므로 순수한 우연의 결과물이 아니다

11. 다음 글의 ㉠을 이끌어내기 위해 추가해야 할 전제로 가장 적절한 것은?

> 다정이와 세정이의 책상에 사탕이 1개씩 올려져 있다. 만약 다정이에게 사탕을 준 사람이 철수가 아니라면, 호준이가 다정이에게 사탕을 주었을 것이다. 또한 태원이가 다정이에게 사탕을 주지 않았을 경우에만 지훈이가 세정이에게 사탕을 준다. 그런데 호준이가 다정이에게 사탕을 주지 않았거나 태원이가 다정이에게 사탕을 주었다. 따라서 ㉠ 철수가 다정이에게 사탕을 주었다.

① 지훈이는 세정이에게 사탕을 주었다.
② 태원이는 세정이에게 사탕을 주지 않았다.
③ 호준이가 다정이에게 사탕을 주었거나 철수가 다정이에게 사탕을 주었다.
④ 호준이가 다정이에게 사탕을 주었다면 태원이도 다정이에게 사탕을 주었을 것이다.
⑤ 태원이가 세정이에게 사탕을 주지 않았거나 지훈이가 세정이에게 사탕을 주지 않았다.

12. 다음 글의 내용이 참일 때, 반드시 참인 것만을 〈보기〉에서 모두 고르면?

> 국회 상임위원회에서 법안 속 A, B, C, D, E, F 규정의 수정 필요성을 논의하고 있다. 만약 6개의 규정 중 3개를 수정해야 하는 경우 일부수정안으로 발의하고, 4개를 수정해야 하는 경우 전면개정안으로 발의하고, 5개 이상을 수정해야 하는 경우 법안을 폐지할 계획이다. 상임위원회는 다음과 같은 조건에 따라 각 규정의 수정 여부를 결정하기로 합의하였다.
>
> ○ A 규정 또는 B 규정을 수정하는 경우, C 규정도 수정한다.
> ○ B 규정과 D 규정을 모두 수정하는 경우, E 규정은 수정하지 않는다.
> ○ C 규정과 E 규정 중 적어도 하나를 수정하면, F 규정도 수정한다.
> ○ F 규정을 수정하려면, D 규정을 수정해야 한다.
> ○ E 규정을 수정한다.

〈보 기〉

ㄱ. A 규정을 수정하는 경우, 법안은 폐지된다.
ㄴ. A 규정을 수정하지 않는 경우, 전면개정안으로 발의한다.
ㄷ. C 규정을 수정하지 않는 경우, 일부수정안으로 발의한다.

① ㄱ
② ㄴ
③ ㄱ, ㄷ
④ ㄴ, ㄷ
⑤ ㄱ, ㄴ, ㄷ

13. 다음 글의 내용이 참일 때, A부처에 배치되는 주무관은?

> 올해 7급 주무관으로 신규 채용된 가인, 나현, 다운, 라연, 마야 중 1명이 A부처에 배치될 계획이다. 이들은 누가 A부처에 배치되는지에 대해 다음과 같이 진술하였고, 이 중 1명의 진술만 참이라는 것이 밝혀졌다.
>
> 가인: 나현이나 마야 중 1명이 A부처에 배치된다고 들었어.
> 나현: 아니야, 마야가 A부처에 배치된다고 들었어.
> 다운: 가인이와 라연이가 A부처에 배치되지 않는다고 들었어.
> 라연: 나현이 말처럼 마야가 A부처에 배치된다고 들었어.
> 마야: 아니야, 나현이가 A부처에 배치된다고 들었어.

① 가인
② 나현
③ 다운
④ 라연
⑤ 마야

14. 다음 글의 내용이 참일 때 반드시 참인 것은?

> 인사혁신처는 고용노동부, 행정안전부, 기획재정부에 신임 주사보들을 배치하고자 한다. 배치 가능한 직류별 주사보는 일반행정직 5명, 재경직 4명, 법무행정직 3명이고, 주사보들은 아래의 조건에 따라 각 부처에 배치된다.
>
> ○ 재경직 주사보가 배치된 부처에는 1명 이상의 일반행정직 주사보가 배치된다.
> ○ 법무행정직 주사보가 배치된 부처에는 1명 이상의 일반행정직 주사보가 배치된다.
> ○ 법무행정직 주사보가 1명만 배치되는 부처는 없다.
> ○ 각 부처에는 두 직류의 주사보만 배치된다.
> ○ 배치되는 주사보의 수는 고용노동부가 가장 많고 기획재정부가 가장 적으며, 배치되는 주사보의 수가 동일한 부처는 없다.
> ○ 고용노동부에는 1명 이상의 재경직 주사보가 배치된다.

① 고용노동부에는 일반행정직 주사보가 2명 배치된다.
② 행정안전부에는 법무행정직 주사보가 3명 배치된다.
③ 기획재정부에는 재경직 주사보가 1명 배치된다.
④ 기획재정부에 배치되는 일반행정직 주사보의 수는 행정안전부에 배치되는 일반행정직 주사보의 수와 같다.
⑤ 고용노동부에 배치되는 재경직 주사보의 수는 기획재정부에 배치되는 재경직 주사보의 수와 같다.

15. 다음 글에서 추론할 수 있는 것만을 〈보기〉에서 모두 고르면?

면역이란 인체를 외부의 병원균으로부터 방어하는 것을 말한다. 체내에서 병원균 감염이 인식되는 경우 가장 먼저 발생하는 면역반응은 선천면역반응이다. 선천면역반응은 주로 병원균을 직접 인식하는 대식세포에 의해 발생한다. 대식세포는 백혈구의 일종으로 우리 몸 곳곳을 떠돌다가 병원균을 발견하면 이를 제거하고, 케모카인이라는 세포 전달 물질을 분출하여 T림프구 등의 면역세포를 활성화하는 역할을 한다.

선천면역반응에 의해서도 병원균이 제거되지 않으면 후천면역반응이 일어난다. 면역세포인 B림프구와 T림프구에 의해 이루어지는 후천면역반응은 크게 세포성 면역과 체액성 면역으로 구분된다. 세포성 면역은 T림프구에 의해 활성화된 세포 독성 T림프구가 병원균에 감염된 세포를 직접 파괴하는 면역반응이다. 체액성 면역은 B림프구가 T림프구의 도움으로 병원균을 공격할 수 있는 항체를 만들어 병원균을 제거하는 면역반응이다. T림프구는 B림프구에 세포 전달 물질인 사이토카인을 분출하는데, 이 사이토카인이 B림프구의 항체 생성을 활성화하여 병원균을 제거한다. 그러나 침입한 병원균을 모두 제거했음에도 불구하고 아직 사이토카인이 체내에 남아있게 되면 항체가 정상적인 세포까지 공격하는 증상이 발생하기도 하는데, 이를 사이토카인 폭풍이라 부른다. 사이토카인 폭풍이 발현되면 외부에서 침투한 병원균에 대항하기 위해 인체 내에서 면역력을 과도하게 증가시키기 때문에 대규모 염증 증상이 발생한다.

〈보 기〉

ㄱ. 케모카인과 사이토카인 모두 면역세포의 활성화를 위한 세포 전달 물질이다.

ㄴ. T림프구는 B림프구가 항체를 생성하도록 하여 병원균을 제거하는 세포성 면역을 담당한다.

ㄷ. B림프구의 항체에 의해 병원균이 모두 제거되었음에도 대규모 염증 증상이 일어났다면 체내에 사이토카인이 남아있을 가능성이 높다.

① ㄱ

② ㄴ

③ ㄱ, ㄴ

④ ㄱ, ㄷ

⑤ ㄴ, ㄷ

16. 다음 글에서 추론할 수 있는 것은?

인체의 에너지 항상성을 유지하기 위해서는 다양한 신경내분비계 요소들이 미세하게 조율된다. 그 중에서도 식욕 조절에 결정적인 기여를 하는 것은 위장에서 분비되는 그렐린과 지방세포에서 분비되는 렙틴이다. 상반된 작용을 하는 두 호르몬 사이의 균형은 단순한 에너지 항상성뿐만 아니라, 장기적인 신체 구성 변화와 관련된 대사 상태에도 영향을 미칠 수 있다.

공복 상태가 지속되면 위장에서는 그렐린이라는 호르몬이 혈관으로 분비된다. 혈관을 타고 그렐린이 뇌 시상하부에 도달하면 GHS-R1a 등의 그렐린 수용체와 결합하여 NPY와 AgRP 같은 식욕 촉진 신경펩타이드의 분비가 활성화된다. 이러한 신경펩타이드들은 궁상핵과 외측 시상하부 구역 등에서 작용하여 강력한 식욕 자극 신호를 전달하고 음식 섭취 행동을 유도한다. 일반적으로 음식 섭취 후 위장이 채워지면 그렐린 수치가 자연스럽게 감소하는데, 이는 그렐린이 한 끼의 섭취량보다는 섭식 빈도나 간격에 더 큰 영향을 미친다는 점을 시사한다.

반면, 렙틴은 체내에 에너지가 충분히 저장되었을 때 지방세포에서 분비되어 체내 지방량을 일정하게 유지하는 기능을 수행한다. 분비된 렙틴은 혈관을 통해 뇌 시상하부의 궁상핵 등으로 전달되며, 이곳에서 Ob-Rb 등의 렙틴 수용체와 결합하여 CART와 α-MSH 같은 식욕 억제 신경펩타이드의 분비를 촉진하는 동시에 NPY와 AgRP의 분비를 억제한다. 이러한 작용은 식사 후 포만감을 유발하고 식욕을 억제해 불필요한 칼로리 섭취를 줄이는 동시에 에너지 소비를 촉진하여 체내 지방 축적을 방지하는 역할을 한다.

그러나 과도한 영양 섭취와 불규칙한 식사 패턴은 신경내분비계의 균형을 교란시켜, 체내 지방 축적과 대사 이상을 초래할 수 있다. 장기간 과도한 칼로리 섭취로 인해 혈중 렙틴 농도는 상승하지만 뇌가 이를 효과적으로 인식하지 못하는 '렙틴 저항성' 상태에 빠지면 식욕 억제 효과가 저하되고 포만감이 감소하여, 과잉 섭취와 에너지 보존 기전의 활성화로 체지방이 점진적으로 축적된다. 더불어, 불규칙한 식사 및 극단적인 식단 제한으로 인한 지속적인 공복 상태 역시 에너지 보존 기전을 활성화시킨다. 이 경우 그렐린 분비를 과도하게 자극해 단기적으로 폭식 현상을 유발함으로써, 정상적인 식사 리듬과 에너지 대사를 혼란스럽게 만들 수 있다.

① 그렐린으로 인해 분비되는 NPY는 렙틴에 의한 식욕 억제 기전과 무관하게 작용한다.

② 렙틴 저항성 상태에 빠진 사람에게 렙틴을 주입하면 체중 감량에 도움이 될 것이다.

③ AgRP의 활발한 작용은 CART의 분비를 방해한다.

④ 끼니를 자주 거르는 사람은 NPY와 AgRP가 비정상적으로 활성화될 수 있다.

⑤ 끼니를 자주 거르는 사람은 그렇지 않은 사람보다 공복감을 느끼게 하는 호르몬이 부족할 것이다.

17. 다음 글의 ㉠에 대한 평가로 적절한 것만을 〈보기〉에서 모두 고르면?

1974년 아프리카 에티오피아에서 인류의 조상으로 추정되는 오스트랄로피테쿠스 아파렌시스 화석이 발견되었다. 이 화석은 320만 년 전에 살았던 25살 여성으로 추정되며, 해당 화석의 뇌의 크기는 현생 인류의 뇌의 크기와 차이가 심하다는 특징이 발견되었다. 현생 인류의 뇌가 오스트랄로피테쿠스 아파렌시스 화석의 뇌보다 약 3배가량 더 컸던 것이다.

그렇다면 왜 인류의 뇌는 크기가 커지도록 진화한 것일까? 과학자 루크 맥넬리는 인간의 뇌가 특별히 크게 진화한 원인을 인류의 사회적 상호작용 속에서 찾았다. ㉠ 맥넬리의 연구 결과에 따르면 오스트랄로피테쿠스에서 현생 인류에 이르기까지 뇌의 크기가 가장 크게 발달했던 시기는 호모 사피엔스 시기이다. 이 시기를 분석한 결과 호모 사피엔스는 기존의 인류에 비해 사회적 상호작용을 활발히 했다는 사실이 밝혀졌다. 기존에 개별 개체로 생존하던 인류가 집단생활을 하면서 집단 내에 복잡한 사회적 상호작용이 시작되었고, 이러한 상호작용에 적응하기 위해 이전보다 뇌가 더 많이 활용되었다는 것이다. 맥넬리는 집단 구성원과 협력이 잦아지면 이에 대응하기 위해 타인과 자신의 관계를 모두 파악하고 있어야 함을 강조하며, 이 상호작용으로 인한 뇌 활용의 증가가 뇌 크기의 발달로 이어졌다고 설명했다.

〈보 기〉

ㄱ. 오스트랄로피테쿠스 아파렌시스의 뇌가 320만 년 전 다른 포유류 동물의 뇌에 비해 훨씬 컸다는 사실이 밝혀졌다면 ㉠은 약화된다.

ㄴ. 복잡한 환경 속에서 상호협력을 하며 성장해 온 사람의 뇌가 단순 업무를 하며 성장해 온 사람의 뇌보다 상대적으로 작다는 사실이 밝혀졌다면 ㉠은 약화된다.

ㄷ. 집단생활을 할 때보다 개인생활을 할 때 뇌의 활용이 더 활발하다는 사실이 밝혀졌다면 ㉠은 약화되지 않는다.

① ㄴ
② ㄷ
③ ㄱ, ㄴ
④ ㄴ, ㄷ
⑤ ㄱ, ㄴ, ㄷ

18. 다음 글의 실험 결과를 가장 잘 설명하는 것은?

벌거숭이두더지쥐는 수백 마리가 무리를 이루어 굴에서 살아간다. 특이한 점은 암컷 한 마리를 중심으로 군집 생활을 하는 벌이나 개미처럼, 한 마리의 여왕 쥐가 번식을 담당하고 나머지 개체들은 식량 보급, 전투 등 각자 맡은 역할이 엄격하게 구분되어 있는 진사회성 동물이라는 것이다.

한 연구진은 체계적인 군집을 이루고 있는 벌거숭이두더지쥐의 의사소통 방식에 관심을 가졌다. 이에 벌거숭이두더지쥐들이 내는 소리를 수집하고, 각각의 음향 특성을 분석하였다. 그 결과 벌거숭이두더지쥐들은 각기 다른 목소리를 지니고 있으며, 그 목소리에 기반하여 개별 개체를 식별할 수 있음을 발견하였다. 그리고 여왕 쥐를 중심으로 같은 집단에 속한 개체는 비슷한 소리를 내며, 이것이 인간의 언어에서 나타나는 방언처럼 집단마다 서로 다르다는 사실을 밝혀냈다. 이를 바탕으로 연구진은 두 개의 방으로 연결되는 갈림길에 벌거숭이두더지쥐를 두고, 어떤 소리에 반응하여 움직이는지 알아보기 위해 다음과 같은 실험을 진행하였다.

○ 실험 1: 한쪽 방에서는 실험 대상이 속한 집단의 개체가 내는 소리를 들려주고, 다른 한쪽 방에서는 아무 소리도 들려주지 않았다. 이때 벌거숭이두더지쥐는 소리가 들리는 방으로 이동하였다.
○ 실험 2: 한쪽 방에서는 실험 대상과 다른 집단의 개체가 내는 소리를 들려주고, 다른 한쪽 방에서는 아무 소리도 들려주지 않았다. 이때 벌거숭이두더지쥐는 움직이지 않았다.
○ 실험 3: 실험 대상이 속한 집단의 방언으로 인공적인 소리를 만들어 이를 한쪽 방에서만 들려주고, 다른 한쪽 방에서는 아무 소리도 들려주지 않았다. 이때 벌거숭이두더지쥐는 소리가 들리는 방으로 이동하였다.
○ 실험 4: 한쪽 방에서는 실험 대상이 속한 집단의 개체가 내는 소리를 들려주되 다른 집단의 냄새를 입히고, 다른 한쪽 방에서는 어떠한 소리나 냄새도 없게 했다. 이때 벌거숭이두더지쥐는 소리가 들리는 방으로 이동하였다.

① 벌거숭이두더지쥐는 자신이 속하지 않은 다른 집단의 개체와도 의사소통할 수 있다.
② 벌거숭이두더지쥐는 집단 내에서 맡은 역할에 따라 서로 다른 방언을 사용하여 소통한다.
③ 벌거숭이두더지쥐는 냄새와 무관하게 자신이 속한 집단과 그렇지 않은 집단의 방언을 구분할 수 있다.
④ 벌거숭이두더지쥐는 청각 정보와 후각 정보를 종합하여 같은 집단의 개체를 인지한다.
⑤ 벌거숭이두더지쥐는 실제 벌거숭이두더지쥐가 내는 소리와 사람이 가짜로 만든 소리를 구분한다.

[19 ~ 20] 다음 글을 읽고 물음에 답하시오.

㉠ 마르크스의 관점에 따르면 사회가 노동자 계급인 프롤레타리아와 자본가 계급인 부르주아지 두 개의 계급으로만 이루어질 경우, 자본주의 체제에서는 필연적인 이유로 소외 현상이 발생한다. 첫 번째 소외는 프롤레타리아가 자신의 노동으로 생산한 창조물을 소유하지 못함에 따라 자신의 생산물과 생산활동이 자신의 것이 아니라고 느끼는 데에서 발생한다. 두 번째 소외는 자본주의적 대량생산 체제가 개인의 창조적 정신을 거세함으로써 프롤레타리아로 하여금 노동 속에서 만족감을 찾을 수 없게 하는 데에서 발생한다. 세 번째 소외는 부르주아지가 창조가 아닌 탐욕을 충족시키기 위해 프롤레타리아의 노동에 의존하여 타인의 창조물을 향유하는 데에서 발생한다. 마르크스는 이러한 소외를 모두 극복하고 창조성이라는 노동의 본질을 회복하기를 바랐는데, 그 일환으로 무계급 사회를 주장하였다.

마르크스에 따르면 프롤레타리아는 부르주아지에 저항해야만 스스로의 이익을 추구할 수 있는 집단이며, 프롤레타리아의 계급이익은 자본주의와 공생할 수 없다. 프롤레타리아의 계급이익은 부르주아지의 계급이익과는 구분되고, 자본주의 체제에서 부르주아지는 자신의 계급이익을 지키기 위해 프롤레타리아를 배제하기 때문이다. 이에 따라 프롤레타리아는 공통된 이해관계를 형성하는 집단끼리 결속하여 부르주아지라는 적에 맞서고, 궁극적으로는 무계급 사회를 창조하고자 투쟁해야 한다. 이때 마르크스는 무계급 사회에 도달하기 위해서는 계급의식에 대한 철학이 전제되어야 한다고 보았다. 프롤레타리아 개인의 불이익을 프롤레타리아 계급 전체의 불이익으로 인지하고 개인의 계급에서 전체의 계급의식으로 사고를 발전시켜야 하는 것이다. 단순한 경제적 역할의 구분에서 진정한 계급의식으로 나아가기 위해서는 프롤레타리아와 부르주아지 계급을 구별하는 분명한 인지가 선행되어야 하는데, 마르크스에 따르면 이는 자신과 타자를 구별함과 동시에 타자 속에서 자신을 다시 발전시키는 원동력이 된다.

19. 위 글에서 알 수 있는 것은?

① 마르크스에 따르면 프롤레타리아는 부르주아지를 포용하여 무계급 사회에 도달할 수 있다.

② 마르크스에 따르면 프롤레타리아가 스스로를 부르주아지와 구별하여 인지함으로써 무계급 사회로의 전환이 시작될 수 있다.

③ 마르크스에 따르면 노동을 매개로 성취와 만족을 얻을 수 있을 때 모든 계급은 소외를 극복할 수 있다.

④ 마르크스에 따르면 사회 내에 계급 간 경제적 역할의 구분이 분명히 존재하는 경우 계급의식은 필연적으로 발생한다.

⑤ 마르크스에 따르면 자본주의 체제에서 발생하는 모든 소외 현상은 프롤레타리아와 부르주아지가 비자립적이라는 특성에서 비롯된다.

20. 위 글의 ㉠에 대한 평가로 적절한 것만을 〈보기〉에서 모두 고르면?

〈보 기〉

ㄱ. 프롤레타리아는 부르주아지와의 협상을 통해 저항 없이도 스스로의 이익 추구를 보장받을 수 있다는 진술은 ㉠을 반박한다.

ㄴ. 역사적으로 모든 사회가 발전하기 이전에는 계급이 혁명적으로 개조되었다는 진술은 ㉠을 반박하지 않는다.

ㄷ. 노동의 본질은 개인의 만족이 아니라 사회에 유용한 재화와 서비스를 제공하는 점에 있다는 진술은 ㉠을 반박하지 않는다.

① ㄱ

② ㄷ

③ ㄱ, ㄴ

④ ㄴ, ㄷ

⑤ ㄱ, ㄴ, ㄷ

21. 다음 글의 ㉠의 내용으로 적절한 것만을 〈보기〉에서 모두 고르면?

신장은 신체의 수분과 혈중 영양소의 균형을 유지해 줄 뿐만 아니라 우리 몸속의 나쁜 물질들을 걸러주는 역할을 한다. 신장으로 들어온 혈액은 사구체와 세뇨관을 거쳐 여과된다. 사구체는 신장 내에서 모세 혈관의 다발이 뭉쳐진 구조로 혈액 속의 수분과 노폐물을 여과시키는 조직을 말한다. 사구체를 거친 혈액은 수분과 노폐물이 여과되어 세뇨관으로 이동한다. 세뇨관은 신장 속에 있는 가늘고 긴 관으로 세뇨관을 통과하는 혈액은 세뇨관의 상피세포에 의해 수분 및 단백질 등의 영양소는 재흡수되고, 노폐물은 소변으로 배출된다. 이때 적혈구나 백혈구 등의 세포 성분과 분자 크기가 큰 단백질은 사구체에서 여과되고 분자 크기가 작은 단백질은 세뇨관에서 재흡수되므로 소변에서 단백질이 검출되지 않는다. 그러나 사구체나 세뇨관 등에 손상이 발생할 경우 소변에서 단백질이 검출되는데, 이를 단백뇨라고 한다.

신장 이상으로 발생하는 단백뇨는 크게 사구체성 단백뇨와 세뇨관성 단백뇨로 구분된다. 사구체성 단백뇨는 신장질환에 의하여 사구체의 모세혈관 장벽이 파괴되면서 혈액 속 단백질이 사구체에서 여과되지 않거나, 세뇨관의 재흡수 능력을 초과할 정도의 혈액량이 사구체에서 여과될 때 발생한다. 사구체성 단백뇨의 경우 분자 크기가 상대적으로 큰 단백질인 알부민이 주로 소변에서 검출된다. 분자 크기가 작은 혈청 단백질은 사구체에서 자유롭게 여과되어 대부분 세뇨관에서 대사된 후 극소수만이 배설된다. 그러나 세뇨관에 이상이 발생하여 사구체를 통과한 단백질이 세뇨관에서 재흡수되지 않은 채 소변으로 배출되는 경우가 존재하는데, 이를 세뇨관성 단백뇨라 한다. 세뇨관성 단백뇨의 경우 혈청 단백질의 배설이 증가하고, 알부민 단백질의 배설은 거의 없다. 단백뇨는 소변에 대한 임상 검사를 통해 소변 내에서 검출되는 단백질의 종류와 양을 측정한 후, 그 값을 정상치와 비교하면 임상 증상을 일으키는 원인을 ㉠ 추측할 수 있다.

〈보 기〉

ㄱ. 소변 내 알부민 단백질 검출량이 정상치보다 높을 경우, 신장의 모세혈관이 손상되었을 가능성이 높다.

ㄴ. 소변 내 혈청 단백질 검출량이 정상치보다 높을 경우, 사구체의 모세혈관이 손상되었을 가능성이 높다.

ㄷ. 소변 내 알부민 단백질과 혈청 단백질 검출량이 모두 정상치보다 높을 경우, 세뇨관이 손상되었을 가능성은 낮다.

① ㄱ

② ㄱ, ㄴ

③ ㄱ, ㄷ

④ ㄴ, ㄷ

⑤ ㄱ, ㄴ, ㄷ

22. 다음 대화의 빈칸에 들어갈 내용으로 가장 적절한 것은?

갑: 2월에 운행제한기준 위반으로 단속에 적발된 민원인이 과태료 부과 처분에 대해 이의제기를 할 수 있는지 문의하였습니다. 이의제기를 할 수 있는지는 어떻게 확인할 수 있을까요?

을: 운행제한기준 위반에 대한 과태료를 부과할 때는 미리 당사자에게 사전통지서를 발부합니다. 사전통지서 발부일로부터 20일 이내인 의견제출기간에 의견제출을 하거나 자진납부를 하지 않을 경우, 과태료 부과 고지서가 발부됩니다. 즉, 의견제출 절차를 마친 후 과태료가 부과되는 것이며, 이때 과태료 부과에 불복할 경우 이의제기를 할 수 있습니다.

갑: 의견제출기간 내에는 이의신청 대신에 의견제출을 할 수 있는 것이군요.

을: 맞습니다. 의견제출을 한 건에 대해서는 의견진술 심의회를 진행하며, 이 심의회를 통해 가결될 경우에만 과태료가 면제됩니다. 2월 단속 건에 대한 의견진술 심의회는 어제 진행되었는데, 의견진술서가 접수된 10건 중 의견제출 후 자진납부를 한 1건을 제외하고 심의한 결과 6건은 가결되었으며, 나머지 3건은 부결되었습니다.

갑: 의견진술서를 제출하였더라도 자진납부를 한 건은 심의하지 않는 것인가요?

을: 사전통지서 발부일로부터 20일 이내에 자진납부를 하였다면 과태료의 20%를 감면받을 수 있습니다. 다만, 자진납부를 할 경우 과태료 부과 및 징수 절차는 종료되어 의견제출을 하거나 이의제기를 할 수 없습니다. 즉, 과태료를 납부할 경우 제출한 의견진술서는 자진취하로 간주하여 심의하지 않는 것이죠.

갑: 그렇다면 민원인이 [   ]만 확인해도 과태료 부과 고지서가 발부되는지가 파악되어, 이의제기를 할 수 있는지 바로 알 수 있겠군요.

① 의견제출을 하였는지 여부, 자진납부를 하였는지 여부

② 의견제출을 하였는지 여부, 의견진술 심의회의 심의 대상에 민원인이 제기한 건이 포함되었는지 여부

③ 의견제출기간 내 자진납부를 하였는지 여부, 의견제출 후 자진납부를 하였는지 여부

④ 의견제출 후 자진납부를 하였는지 여부, 의견진술 심의회에서 부결된 건에 민원인이 제기한 건이 포함되었는지 여부

⑤ 자진납부를 하였는지 여부, 의견진술 심의회에서 가결된 건에 민원인이 제기한 건이 포함되었는지 여부

23. 다음 글의 〈표〉에 대한 판단으로 옳은 것만을 〈보기〉에서 모두 고르면?

척추동물 중 폐호흡만을 하는 종은 포유류, 조류, 파충류 세 종류인데, 이 세 종은 몇몇 예외를 제외하고는 두 가지 기준에 따라 특징이 구분된다. 그 기준은 체온이 일정한지 여부와 모체 내의 태아가 성장한 후 모체 밖으로 배출되는 태생(胎生)인지 알을 통해 번식하는 난생(卵生)인지 여부이다.

포유류는 체온을 일정하게 유지해야 생존할 수 있는 정온동물(定溫動物)이며 체외 온도에 영향을 크게 받지 않는다. 또한 포유류는 태아가 모체 내에서 일정 정도 성장한 후 모체 밖으로 배출되는 태생동물이다. 모체 밖으로 배출된 포유류의 새끼는 일정 기간 모유를 통해 영양분을 공급받으며 성장하게 된다.

조류는 포유류와 마찬가지로 체온이 일정한 정온동물이며 체외 온도에 영향을 크게 받지 않는다. 그러나 조류는 포유류와 달리 어미가 알을 통해 새끼를 낳기 때문에 난생동물로 구분된다. 일각에서는 일부 공룡이 조류의 형태로 진화하였다고 보기도 하고, 다른 일각에서는 부리와 뼈대 구조 등을 근거로 조류를 파충류와 유사하다고 보기도 한다.

파충류는 체온을 일정하게 유지하지 못하고 체외 온도에 따라 체온이 변하는 변온동물(變溫動物)이다. 이 때문에 체외 온도가 일정 온도 이상이 되거나 이하가 되면 체온의 변화가 커져 신진대사가 낮아지고 활동하기 어려워진다. 이러한 이유로 파충류 중 일부는 특정 기간이 되면 동면(冬眠) 또는 하면(夏眠)을 하여 신체 활동을 줄인다. 파충류 또한 어미가 낳은 알에서 새끼가 부화하기 때문에 난생동물로 구분된다.

지금까지 기술한 내용을 정리하면 다음과 같다.

〈표〉 폐호흡만을 하는 척추동물의 종류와 특징

기준 \ 종류	포유류	조류	파충류
A	㉠	㉢	㉤
B	㉡	㉣	㉥

〈보 기〉

ㄱ. ㉠과 ㉢이 같은 특징이라면, A에는 체온이 일정한지를 따지는 기준이 들어간다.

ㄴ. ㉣과 ㉥이 다른 특징이라면, B에는 태생인지 난생인지를 따지는 기준이 들어간다.

ㄷ. ㉤에 '난생동물'이 들어간다면, ㉣에는 '변온동물'이 들어가야 한다.

① ㄱ
② ㄴ
③ ㄱ, ㄷ
④ ㄴ, ㄷ
⑤ ㄱ, ㄴ, ㄷ

24. 다음 글의 갑~병에 대한 판단으로 적절한 것만을 〈보기〉에서 모두 고르면?

갑: 모든 국가는 자국의 이익 증대를 추구하기 때문에, 국가 간의 협력이 일어나는 상황에서도 상대국에 비하여 자국이 얻을 이익의 상대적 크기에 관심을 둔다. 협력에 따른 각국의 이익이 항상 같을 수 없어, 절대적 이익이 발생하더라도 국가 간 협력은 이루어지기 어렵다. 국제 문제 해결에 있어 국제제도의 법과 윤리가 어느 정도 역할을 하고 있지만, 개별 국가들이 협력보다는 저마다의 이익을 추구하는 상황에서 국제제도는 강력한 구속력을 가지지 못한다. 그렇기 때문에 이러한 무정부적 국제체제에서 각국은 생존을 위해 안보 확립에 노력을 기울일 수밖에 없다.

을: 개별 국가의 행동 원리는 철저히 국익 증진에 초점이 맞춰져 있기 때문에, 협력 상황에서도 상호 간의 배신 가능성은 배제할 수 없다. 그러나 국가 간 협력을 깨트리지 못하게 감시하고, 배반 시 이를 처벌할 국제법이 제정된다면 국가 간 협력은 가능하다. 국제관계에서 협력이 서로에게 절대적인 이익을 가져다주는 것은 사실이고, 협력 파기 시 얻을 수 있는 이익보다 더 큰 처벌을 국제법과 같은 국제제도를 통해서 가할 경우 배신할 유인이 없기 때문이다.

병: 국제관계는 본질적으로 국익과 같은 물질적 요소에 의해 좌우되는 것이 아니라 국가 간 상호작용의 결과로 봐야 한다. 국제관계는 사회적·역사적 요소를 바탕으로 형성되는 인식 혹은 규범의 영향을 받는다. 일례로 한일 관계에서 식민 역사의 가해국과 피해국이라는 인식이 양국의 협력을 저해하는 요소로 작용하고 있다. 따라서 국가 간 협력이 이루어지기 위해서는 국제관계를 둘러싼 인식의 개선이 필요하며, 국제제도를 통해 협력의 필요성과 협력국 사이에 긍정적 인식을 정착시킬 수 있다면 국가 간 협력이 가능할 것이다.

〈보 기〉

ㄱ. 을, 병과 달리 갑은 국제제도가 존재하더라도 국가 간 협력은 어렵다고 본다.

ㄴ. 을에 의하면 국가 간 협력을 통해 절대적인 이익을 얻을 수 없다.

ㄷ. 병에 의하면 사회·역사에 대한 각국의 인식이 국가 간 협력 가능성에 영향을 미친다.

① ㄱ
② ㄴ
③ ㄱ, ㄷ
④ ㄴ, ㄷ
⑤ ㄱ, ㄴ, ㄷ

25. 다음 글의 〈논쟁〉에 대한 분석으로 적절한 것만을 〈보기〉에서 모두 고르면?

갑과 을은 「근로기준법」 제26조에 대한 해석을 놓고 논쟁하고 있다. 그 조문은 다음과 같다.

> 제26조(해고의 예고) 사용자는 근로자를 해고(경영상 이유에 의한 해고를 포함한다)하려면 적어도 30일 전에 예고를 하여야 하고, 30일 전에 예고를 하지 아니하였을 때에는 30일분 이상의 통상임금을 지급하여야 한다. 다만, 다음 각 호의 어느 하나에 해당하는 경우에는 그러하지 아니하다.
> 1. 근로자가 계속 근로한 기간이 3개월 미만인 경우
> 2. 천재·사변, 그 밖의 부득이한 사유로 사업을 계속하는 것이 불가능한 경우
> 3. 근로자가 고의로 사업에 막대한 지장을 초래하거나 재산상 손해를 끼친 경우로서 고용노동부령으로 정하는 사유에 해당하는 경우

〈논 쟁〉

쟁점 1: 근로자 A는 2021년 10월 1일에 근로를 시작하여 2021년 12월 31일에 해고 통보를 받았다. 이에 대해 갑은 A에게 30일분 이상의 통상임금에 해당하는 해고예고수당을 지급하지 않아도 된다고 주장하지만, 을은 그렇지 않다고 주장한다.

쟁점 2: 근로자 B는 예고 없이 해고 통보를 받고 해고예고수당을 지급받았으나, 이후 해고 사유가 부당함을 소명하여 복직하게 되었다. 이에 대해 갑은 B가 해고예고수당을 반환하여야 한다고 주장하지만 을은 그렇지 않다고 주장한다.

쟁점 3: 근로자 C는 사업장의 기물을 파손하여 생산에 차질을 빚게 하였다는 이유로 즉시 해고 통보를 받았다. 이에 대해 갑은 C에게 해고예고수당을 지급하지 않아도 된다고 주장하지만 을은 그렇지 않다고 주장한다.

〈보 기〉

ㄱ. 쟁점 1과 관련하여, A가 근로 기간 3개월째가 되는 날인 2021년 12월 31일 근로를 마친 후에 해고 통보를 받았다면 을의 주장은 옳지만 갑의 주장은 옳지 않다.

ㄴ. 쟁점 2와 관련하여, 갑은 해고예고가 해고 사유의 정당성 및 그에 따른 해고의 효력과는 무관하다고 생각하지만 을은 그렇지 않다고 생각하기 때문이라면, 갑과 을 사이의 주장 불일치를 설명할 수 있다.

ㄷ. 쟁점 3과 관련하여, C가 고의로 사업장의 기물을 파손하였고 '사업장의 기물을 고의로 파손하여 생산에 막대한 지장을 가져온 경우'가 제3호의 '고용노동부령으로 정하는 사유' 중 하나라면 갑의 주장은 옳고 을의 주장은 옳지 않다.

① ㄴ ② ㄷ ③ ㄱ, ㄴ
④ ㄱ, ㄷ ⑤ ㄱ, ㄴ, ㄷ

약점 보완 해설집 p.10

자르는 선

2025 해커스PSAT 7급 PSAT FINAL 봉투모의고사 언어논리 (2회)

컴퓨터용 흑색사인펜만 사용

책형
㉰ ㉱

【필적감정용 기재】
*아래 예시문을 옮겨 적으시오
본인은 OOO(응시자성명)임을 확인함

기 재 란

성 명	
자필성명	본인 성명 기재
시험장소	

응시번호							
⑤⑥⑦	⓪①②③④⑤⑥⑦⑧⑨	⓪①②③④⑤⑥⑦⑧⑨	⓪①②③④⑤⑥⑦⑧⑨	⓪①②③④⑤⑥⑦⑧⑨	⓪①②③④⑤⑥⑦⑧⑨	⓪①②③④⑤⑥⑦⑧⑨	⓪①②③④⑤⑥⑦⑧⑨

생년월일					
⓪①②③④⑤⑥⑦⑧⑨	⓪①②③④⑤⑥⑦⑧⑨	⓪①	⓪①②③④⑤⑥⑦⑧⑨	⓪①②③	⓪①②③④⑤⑥⑦⑧⑨

※시험감독관 서명
(서명을 정자로 기재할 것)

적색 볼펜만 사용

언어논리(1~10번)					
1	①	②	③	④	⑤
2	①	②	③	④	⑤
3	①	②	③	④	⑤
4	①	②	③	④	⑤
5	①	②	③	④	⑤
6	①	②	③	④	⑤
7	①	②	③	④	⑤
8	①	②	③	④	⑤
9	①	②	③	④	⑤
10	①	②	③	④	⑤

언어논리(11~20번)					
11	①	②	③	④	⑤
12	①	②	③	④	⑤
13	①	②	③	④	⑤
14	①	②	③	④	⑤
15	①	②	③	④	⑤
16	①	②	③	④	⑤
17	①	②	③	④	⑤
18	①	②	③	④	⑤
19	①	②	③	④	⑤
20	①	②	③	④	⑤

언어논리(21~25번)					
21	①	②	③	④	⑤
22	①	②	③	④	⑤
23	①	②	③	④	⑤
24	①	②	③	④	⑤
25	①	②	③	④	⑤

시험일: _____년 _____월 _____일

국가공무원 7급 공개경쟁채용 1차 필기시험 모의고사

| 언어논리영역 |

응시번호

성명

실전모의고사 **3회**

문제책형 **인**

응시자 주의사항

1. **시험시작 전 시험문제를 열람하는 행위나 시험종료 후 답안을 작성하는 행위를 한 사람**은 「공무원 임용시험령」 제51조에 의거 **부정행위자**로 처리됩니다.
2. **답안지 책형 표기는 시험시작 전** 감독관의 지시에 따라 **문제책 앞면에 인쇄된 문제책형을 확인**한 후, **답안지 책형란에 해당 책형(1개)**을 '●'로 표기하여야 합니다.
3. 시험이 시작되면 문제를 주의 깊게 읽은 후, **문항의 취지에 가장 적합한 하나의 정답만을 고르며**, 문제내용에 관한 질문은 할 수 없습니다.
4. **답안을 잘못 표기하였을 경우에는 답안지를 교체하여 작성**하거나 **수정할 수 있으며**, 표기한 답안을 수정할 때는 **응시자 본인이 가져온 수정테이프만을 사용**하여 해당 부분을 완전히 지우고 부착된 수정테이프가 떨어지지 않도록 손으로 눌러주어야 합니다. **(수정액 또는 수정스티커 등은 사용 불가)**
5. **시험시간 관리의 책임은 응시자 본인에게 있습니다.**
   ※ 문제책은 시험종료 후 가지고 갈 수 있습니다.

정답공개 및 해설강의 안내

1. 모바일 자동 채점 및 성적 분석 서비스
   - '약점 보완 해설집'에 회차별로 수록된 QR코드 인식 ▶ 응시 인원 대비 자신의 성적 위치 확인
2. 해설강의 수강 방법
   - 해커스PSAT 사이트(psat.Hackers.com) 접속 후 로그인 ▶ 우측 퀵배너 [쿠폰/수강권등록] 클릭 ▶ '약점 보완 해설집'에 수록된 쿠폰번호 입력 후 이용

해커스PSAT

언어논리영역

1. 다음 글의 내용과 부합하는 것은?

7세기 백제는 당시 왕이었던 의자왕이 사치와 향락에 빠지고, 무리하게 왕권 강화를 시도하면서 귀족 내부에서도 분열이 일어나는 중이었다. 또한 의자왕은 성충과 흥수와 같은 충신들을 유배지로 보냈는데, 충신의 부재는 정국에 큰 혼란을 초래해 백제의 국운을 빠르게 쇠퇴시켰다. 이 틈을 노려 백제를 정벌하고자 했던 신라의 무열왕은 중국 대륙을 지배하고 있던 당(唐)나라와 연합하였고, 김유신을 필두로 한 신라군과 소정방을 필두로 한 당군이 모인 나·당 연합군은 백제를 향해 출병하였다.

그러나 연합군은 백제의 수도인 사비성으로 바로 진격하지 않았다. 신라군은 백제의 북쪽인 남천정으로 가서 대기하였고, 당군 역시 백제의 영토보다 고구려의 영토와 더 가까운 덕물도에 머물렀다. 연합군이 각자 남천정과 덕물도에 머문 뒤 상당 기간 동안 병력을 움직이지 않자, 백제는 연합군이 고구려를 칠 것이라고 판단하고 연합군의 동향을 의심하지 않았다. 사실 이것은 백제가 군사적 대응을 하지 못하도록 만드는 연합군의 기만 전술이었다. 결국 연합군이 백제의 군사적 요충지인 백강(白江)과 탄현(炭峴)을 향해 움직이기 시작하자, 상황을 뒤늦게 파악한 백제는 당군과 신라군 중 어느 쪽을 먼저 공격할지에 대해 의견을 모으지 못하고 내분이 발생하였다. 게다가 귀양 중인 흥수가 조정에 사람을 보내어 “백제군이 백강과 탄현을 먼저 선점하여 연합군이 진입하지 못하도록 막아야 합니다.”라고 전하였으나, 조정의 대신들은 연합군이 백강과 탄현을 점령하더라도 백제군이 연합군을 막을 수 있다고 판단하여 흥수의 간언을 듣지 않았고, 그 사이 신라군은 이미 탄현을 빠르게 통과하였다.

백제는 좌평 의직을 중심으로 모인 백제군 2만여 명이 백강에서 당군을 격퇴하기로 하고, 좌평 충상, 달솔 상영, 계백 장군으로 하여금 백제군 5천여 명이 사비성과 가장 가까운 황산벌에서 신라군을 격퇴하도록 하였다. 그러나 좌평 의직의 백제군은 백강 전투에서 당군에게 전멸하였고, 황산벌에서 계백 장군이 이끈 백제군은 죽을 각오로 신라군에 맞섰으나 계백 장군은 전사하고 백제군은 전멸하게 되었다. 이후 백제의 사비성과 웅진성이 연달아 함락되면서 결국 백제는 멸망하게 되었다.

① 당군은 덕물도에 머무르다가 백제를 공격하기 위해 탄현을 통과하였다.
② 백제는 북쪽 지역으로 넘어온 연합군의 동향을 파악하여 군사적 대응을 하였다.
③ 계백 장군이 전사하였던 신라와의 전투는 백제의 수도 방어와 밀접한 관련이 있었다.
④ 의자왕이 사치와 향락에 빠진 원인은 백제 귀족의 분열을 막지 못한 것에서 비롯된 것이었다.
⑤ 흥수는 백제 조정의 대신들에게 군사적 요충지를 먼저 내준 후 연합군에 맞서라고 간언하였다.

2. 다음 글에서 알 수 있는 것은?

조선시대 왕의 의복은 왕의 권위를 나타내기 위해 화려한 문양을 가지고 있었다. 특히 왕의 즉위식이나 제례, 궁중의례 등 중요한 행사 때 왕은 복식인 면복(冕服)을 입었는데, 면복에는 왕의 신성함과 존엄성을 더욱 부각하는 문양이 들어가 있었다. 왕의 면복에 들어가는 문양은 총 9가지로 왕의 신성함과 존엄성을 상징하는 용, 산, 꿩, 종이, 불꽃, 수초, 쌀, 도끼, 그리고 한자 ‘궁(弓)’자가 등을 맞댄 문양인 불(黻)이 새겨져 있었다. 이렇게 9가지의 문양이 새겨진 왕의 면복을 구장복이라고 하였다.

구장복에 새겨져 있는 문양은 종류가 다양한 만큼 각 문양마다 가지는 의미도 다양하였다. 용은 왕을 상징하는 동물로 신기변화에 잘 적응하는 응변을 의미하였고, 산은 만물에 혜택을 부여함을 의미하였다. 꿩은 아름다움과 화려함을 의미하였으며 종이는 충효를 의미하였다. 불꽃은 왕의 광명을 의미하였으며 수초는 깨끗함을, 쌀은 백성을 의미하였다. 도끼는 왕의 결단력을 의미하였으며 불은 권선징악을 의미하였다.

구장복이 왕의 권위를 나타내는 옷인 만큼, 왕세자 역시 왕의 후계자임을 나타내기 위해 중요한 제례 행사에서 화려한 문양이 있는 면복을 입었다. 이때 왕세자는 구장복보다 문양이 2가지 적은 칠장복을 입었는데 칠장복에는 구장복에 새겨진 문양 중 왕을 상징하는 용과 산을 제외한 나머지 문양이 동일하게 있었다. 한편 조선시대 왕의 면복은 중국의 영향을 받아 제작된 옷으로 특히 구장복은 중국의 황제보다 조선의 왕이 낮은 위치에 있음을 나타냈다. 중국의 황제는 십이장복을 입었는데, 조선의 왕은 황제보다 낮은 왕임을 나타내기 위해 십이장복에 있는 12가지 문양 중 3가지를 제외한 것이다. 십이장복에는 구장복에 새겨진 9가지의 문양 외에 하나뿐인 황제를 상징하는 해와 달, 그리고 우주를 상징하는 성신(星辰)이 새겨져 있었다.

조선시대 이후 고종이 대한제국을 선포하면서 왕의 면복은 구장복에서 십이장복으로 변화하였다. 이는 중국과의 사대관계를 단절하고 대한제국이 독립적인 황제국임을 표명하여 황제의 면복을 입었음을 의미하였다.

① 산 문양은 만물에 혜택을 준다는 의미로 칠장복에 새겨져 있었다.
② 대한제국 황제의 면복에는 성신 문양이 새겨져 있었다.
③ 조선시대 왕은 신하들과 집무 시 구장복을 입어 왕의 권위를 나타냈다.
④ 왕의 면복에 새겨진 도끼 문양은 권선징악을 의미하였다.
⑤ 조선시대 왕세자가 제례 행사 때 입은 칠장복에는 해와 달이 새겨져 있었다.

3. 다음 글에서 알 수 있는 것은?

대한민국 형법 제307조 제1항은 사실적시 명예훼손 조항으로 "공연히 사실을 적시하여 사람의 명예를 훼손한 자는 2년 이하의 징역이나 금고 또는 500만원 이하의 벌금에 처한다"고 규정하고 있다. 그러나 이 조항은 고발을 위해 진실을 공개한 피해자가 도리어 법적 제재를 받을 수 있어 진실을 은폐하게 만들고, 헌법상 보장된 표현의 자유를 침해한다는 비판을 받고 있다.

사실적시 명예훼손으로 반드시 죄가 성립하는 것은 아니다. 형법 제310조는 "제307조 제1항의 행위가 진실한 사실로서 오로지 공공의 이익에 관한 때에는 처벌하지 아니한다"고 위법성 조각 사유를 규정하고 있다. 하지만 위법성 조각 사유가 규정되어 있더라도, 여전히 사실적시 명예훼손 혐의로 수사와 재판을 받을 수 있다는 점에서 표현의 자유는 위축된다.

미국의 경우 명예훼손 처벌 규정은 대부분 주에서 폐기되어 일부 주법에만 남아있으나 유명무실한 상황이고 영국의 경우 명예훼손 처벌 규정은 표현의 자유가 권리가 아니었던 때에 제정된 구시대적 법안이라는 이유로 2010년 폐지되었다. 그 외에도 조지아와 루마니아 등 많은 나라들이 명예훼손 처벌 규정을 폐지하고 있는 실정이다. 2010년 UN 인권이사회 특별보고관은 대한민국의 사실적시 명예훼손 조항이 표현의 자유를 과도하게 제한한다고 하며, 명예훼손 형사절차로 인한 개인의 법적·심리적 부담과 사회적 비용을 지적했다. 그리고 명예훼손에 대한 형사적 조치를 반대하며 이에 대한 구제책으로 비형사적 제재를 제안했다.

대한민국의 경우 2000년대 들어 국회에서 사실적시 명예훼손 조항의 범위를 한정해 개정하거나 완전히 폐지하려는 시도가 있었으나 실제 법 개정이나 폐지로 이어지지는 못했다. 2021년 헌법재판소는 사실적시 명예훼손 조항의 위헌 여부를 심사한 결과 전체 9명의 재판관 중 5명이 합헌 의견을 밝힘에 따라 위헌 의견이 6명을 충족하지 못해 합헌 결정을 내렸다. 표현의 자유가 위축되는 점을 고려해 사실적시 명예훼손 조항을 전부 위헌으로 결정한다면 명예 침해를 방치하게 된다고 보았기 때문이다. 그러나 4명의 재판관 위헌 의견을 표명했고, 명예훼손의 형사적 처벌을 폐지하는 국제적 추세를 고려하면, 앞으로 대한민국 사실적시 명예훼손에 관한 형법 조항의 향방에 귀추가 주목된다.

① 대한민국 형법 제307조 제1항은 명예훼손에 대한 형사 조항을 폐지하는 국제적 추세를 반영해 개정된 바 있다.
② 사실적시 명예훼손에 관한 위법성 조각 사유가 형법에 규정되어 있다면 표현의 자유에는 영향을 주지 않는다.
③ 대한민국 헌법재판소는 명예가 훼손될 시 그 회복이 어렵다는 점을 들어 사실적시 명예훼손 조항의 합헌 결정을 내렸다.
④ UN은 대한민국 사실적시 명예훼손에 대한 민사적 조치의 적용을 우려한다.
⑤ 영국의 명예훼손 처벌 규정 폐지 배경에는 시대적 흐름이 반영되었다.

4. 다음 글에서 알 수 있는 것은?

제품의 품질과 가격을 고려하여 제한된 소득 내에서 만족감이 가장 높은 소비를 하는 사람을 합리적 소비자라고 한다. 이들은 가격이 같다면 품질이나 서비스의 질이 더 좋은 것을 택하고, 품질이 같다면 가격이 더 낮은 것을 선택한다. 여기서 한발 더 나아가 제품의 품질이나 가격 외에 환경 보호, 노동자 보호 등의 기업 윤리까지 생각하는 소비자가 등장하였는데, 이들을 윤리적 소비자라고 한다. 윤리적 소비자는 이전의 합리적 소비자와는 다른 새로운 관점의 소비 방식을 채택한다. 이들은 제품이나 서비스에 만족하는 것에서 그치지 않고 자신들의 소비 행태가 다시 기업에 윤리적인 제품을 만들어내도록 이끌 수 있다고 생각한다. 그래서 품질이 비슷한 제품들을 비교할 때 가격뿐만 아니라 생산부터 유통까지의 전 과정이 환경에 해를 끼치지 않는지, 동물 실험을 하지는 않는지, 노동 착취는 없었는지 등의 가치 판단을 통해 구매를 결정한다. 한 설문조사에서 가격이 같거나 큰 차이가 나지 않는다면 윤리적인 기업을 선택하겠다는 응답이 대부분이었다는 점도 윤리적 소비 경향이 확산되었음을 방증한다.

이렇게 증가하는 윤리적 소비자는 기업으로 하여금 윤리적 소비자의 의견에 동참하도록 유도하고 있다. 기업 역시 이러한 경향에 발맞추어 코즈 마케팅을 선보이고 있다. 코즈 마케팅이란 사회의 공익적 가치와 기업의 경제적 가치를 동시에 추구하는 마케팅 방식으로, 착한 마케팅이라고도 불린다. 물론 윤리적 소비자라고 해서 코즈 마케팅을 한다는 이유만으로 구매를 결정하지 않으므로 기본적으로 제품이나 서비스의 품질이 뒷받침되어야 한다. 대표적인 코즈 마케팅 방식 중 하나는 제품의 판매 수익 중 일부를 기부하는 방식이다. 소비자가 신발 한 켤레를 구매하면 같은 신발 한 켤레를 빈민국 아이들에게 기부하는 신발 회사나 공정무역 인증 재료로 만든 아이스크림을 판매하며 공정무역 확산을 위한 캠페인을 진행하는 아이스크림 제조업체가 코즈 마케팅의 사례로 손꼽힌다. 환경오염이나 노동 착취처럼 세계적인 문제를 안고 살아가는 오늘날의 소비자들에게 이러한 소비 윤리는 매우 중요하다.

① 윤리적 소비자는 합리적 소비자와는 달리 제품이나 서비스의 가격은 고려하지 않는다.
② 제품 및 서비스의 품질이 보장되지 않는다면 코즈 마케팅은 성공할 수 없다.
③ 오늘날 윤리적 소비 경향이 나타나는 이유는 기업이 소비자에게 윤리적 소비를 하도록 이끌었기 때문이다.
④ 합리적 소비자는 제품이나 서비스에 만족하는 것뿐만 아니라 기업으로 하여금 윤리적 제품을 만들도록 요구한다.
⑤ 코즈 마케팅을 하는 기업은 자신들의 이익보다는 공공의 이익을 증대시키는 것을 목표로 한다.

5. 다음 글에서 알 수 없는 것은?

정부규제는 정부가 기업이나 일반국민에게 강제적으로 의무를 부과하는 것으로 일반적으로 법령의 형태로 나타난다. 이러한 규제는 크게 경제적 규제와 사회적 규제로 나눌 수 있지만, 현실적으로 다양한 의도를 포함하는 규제가 많아 명확한 구분이 어려운 경우가 많다.

경제적 규제는 일반적으로 시장의 자율성과 효율성의 한계를 고려해, 바람직한 시장 질서를 실현하고자 하는 정부의 개입이라고 할 수 있다. 이는 국민과 기업의 경제활동에 영향을 미치기 때문에 그 파급효과가 상당하다는 특징이 있다. 대표적으로는 특정 물품이나 서비스에 대한 최저 가격제 및 최고 가격제, 특정 산업 분야에서 신규 사업자의 진입을 막음으로써 기존 사업자를 보호하기 위한 인허가 제도 등이 있다.

사회적 규제는 대부분 환경오염, 안전사고 등의 시장실패를 해결하기 위한 것으로 환경 규제, 근로자의 안전에 대한 규제 등이 있다. 성장과 발전을 도모하기 위한 최근의 규제 완화 흐름 속에서도 사회적 규제는 오히려 강화하는 추세를 보인다. 사회적 거리두기나 산업안전 규제의 경우 이를 준수하기 위하여 사업자의 비용 부담이 발생한다는 점에서 경제적 규제라고 여길 수 있지만, 정부가 사회 구성원의 보건과 안전을 위해 규제하는 것이므로 사회적 규제로 분류된다.

한편 오늘날에는 규제 개선에 대한 논의가 활발해지고 있는데, 특히 양적 측면보다는 질적 측면의 개선이 보다 중요시된다. 과거에 만들어진 규제가 현재 상황에 적절하지 않은 경우 규제는 불필요한 비용을 발생시키기 때문이다. 일례로 일부 화학물질은 환경오염과 화학사고 가능성으로 인해 취급제한물질로서 정부에서 관리하고 있으므로 이를 취급하는 기업에서는 필수적으로 등록을 해야 한다. 하지만 등록해야 하는 화학물질의 수는 점차 늘어나는데 개별 시설에서 취급하는 화학물질의 특성이 고려되지 않은 획일적 규제가 이루어져, 기업의 비용 부담이 가중되고 실효성에 대한 의문도 제기되었다. 이에 고농도의 황산처럼 위험성이 큰 화학물질을 취급하는 시설과 저농도의 납처럼 상대적으로 덜 위험한 화학물질을 취급하는 시설에 대해서는 차등적인 기준을 적용하는 방향으로 규제가 개선되기도 했다.

① 정보 산업 분야의 기존 사업자를 보호하기 위한 진입 제한 규제는 바람직한 시장 질서를 실현하고자 하는 정부규제다.
② 경제적 규제이면서 사회적 규제인 경우 그 파급효과는 경제적 규제이기만 한 경우보다 더 크다.
③ 시장실패로 인한 문제를 해결하기 위해서 시행되는 정부규제는 규제 완화 흐름 속에서도 약화되지 않고 있다.
④ 정부의 산업안전 규제로 인해 기업이 시설개선 비용을 부담하더라도 이는 사회적 규제라고 보아야 한다.
⑤ 환경 보호를 위한 규제라고 할지라도 기업의 경제적 부담을 고려하여 규제를 재정비하는 경우가 있다.

6. 다음 글에서 알 수 있는 것은?

기원전 3500년경 수메르인은 두꺼운 나뭇조각 3개를 못으로 이어 붙여 원판 형태의 바퀴를 만들었다. 이전에 사용하던 바퀴가 통나무를 원판으로 잘라 만들었던 탓에 압력을 견디지 못하고 나뭇결에 따라 쪼개지기 쉬웠던 점을 보완한 것이었다. 전쟁용 수레인 전차의 발달과 함께 바퀴도 개선되어, 기원전 2000년경에는 히타이트족이 중심부와 테두리를 4~6개의 바큇살로 연결한 형태의 바퀴를 발명하였다. 바큇살 바퀴가 적용되자 전차의 이동 속도가 빨라졌고, 충격 흡수력도 좋아졌다. 기원전 1340년경 고대 이집트에서는 동물의 가죽을, 기원전 100년경 켈트족은 철판을 바퀴 테두리에 둘러 바큇살 바퀴를 튼튼하게 만들려는 노력도 이어졌다.

1844년 미국의 발명가 찰스 굿이어에 의해 유황을 첨가하여 고무를 단단하게 만드는 가황처리법이 개발되자, 고무로 된 타이어가 등장하게 되었다. 스코틀랜드의 공학자 로버트 윌리엄 톰슨은 무쇠 바퀴에 생고무를 덧붙여 최초의 고무 타이어를 만든 사람이다. 그러나 그가 개발한 통고무 타이어는 내구성이 떨어졌고, 장애물에 의한 충격을 흡수하기에는 역부족이었다. 고무 타이어의 상용화를 연 것은 1880년대 영국의 수의사 존 보이드 던롭이었다. 당시 자전거에는 마차 바퀴처럼 무쇠로 만들어진 것이나 나무 바퀴에 철제링을 두른 것이 사용되었고, 이로 인해 돌부리에 부딪히면 크게 흔들려 쉽게 넘어질 수밖에 없었다. 던롭은 축구공에서 착안하여, 속이 빈 튜브를 두르고 안에 공기를 채운 타이어를 개발하였다. 공기 타이어는 압축 공기를 넣어 진동을 줄임으로써 승차감이 좋았을 뿐더러 울퉁불퉁한 길에서도 잘 굴러갔다. 던롭의 공기 타이어는 자전거가 보급되는 시기와 맞물리면서 큰 인기를 끌었고, 개발 초기 단계였던 자동차에도 사용됐다. 1890년대에 들어서는 미쉐린 형제가 자전거용 공기 타이어를 토대로 자동차 맞춤형 타이어를 만들어, 자동차의 발달과 함께 튜브 타이어가 보급되었다. 그리고 최근에는 튜브 대신에 타이어 안쪽에 특수 고무로 된 이너라이너를 덧대어, 펑크가 나도 급격한 공기 누출이 일어나지 않아 안전성이 높은 튜브리스 타이어가 널리 적용되고 있다.

① 원판 모양의 나무 바퀴가 최초로 사용된 것은 기원전 3500년경으로 추정된다.
② 던롭이 발명한 공기 타이어는 통고무 타이어와 달리 충격 흡수력이 탁월했다.
③ 미쉐린 형제의 발명 전에 공기 타이어는 자동차에 적용되지 못했다.
④ 튜브 타이어는 펑크가 발생했을 경우의 안정성 문제 때문에 현재는 사용되지 않는다.
⑤ 히타이트족이 동물 가죽을 바퀴에 적용한 것은 내구성을 높이기 위함이었다.

7. 다음 글의 ㉠~㉤을 문맥에 맞게 수정한 것으로 가장 적절한 것은?

541년 비잔틴제국에서 치명적인 전염병 페스트가 돌았다. 당시 비잔틴제국을 다스리던 황제의 이름을 붙여 유스티니아누스 역병이라고도 하는 이 전염병은 이집트를 통해 비잔틴제국으로 전체로 확산되었다. 이는 이집트가 홍해를 가로지르는 고대의 주요 해상 보급로로서 다양한 지역에서 온 사람들과 상선들로 인해 ㉠ 질병의 유행에 취약하였기 때문이다.

페스트 창궐 전 비잔틴제국은 영토 팽창에 관심이 많은 유스티니아누스 황제에 의해 로마제국 전성기의 영토 회복을 목전에 두고 있었다. 그러나 페스트가 발생한 지 2년 만에 수도 콘스탄티노플에서만 인구 4분의 1 정도가 사망하는 상황이었기에 ㉡ 정복전쟁을 중단할 수밖에 없었다. 100여 년간 간헐적으로 페스트가 유행하여, 아프리카와 유라시아 일대에서 막강한 지배력을 가졌던 비잔틴제국도 쇠락의 길을 걷게 되었다. 반면 사막기후가 펼쳐지고 대도시가 없었기 때문에 이 역병으로부터 상대적으로 안전했던 이슬람제국이 세력을 넓히며 동쪽으로 진출해 비잔틴제국과 접하게 되었다. ㉢ 이는 비잔틴제국에 대한 새로운 위협이 되었다. 그 후로 오랫동안 두 제국은 교역, 문화, 종교 등의 문제를 두고 잦은 전쟁을 벌이게 되었다.

한편 아라비아반도는 뜨겁고 건조한 기후에, 사람도 거의 살지 않은 탓에 질병 창궐의 위험이 적었다. 하지만 이슬람 군대가 진출한 아라비아반도 북부와 지중해 사이의 비옥한 초승달 지대는 ㉣ 전염병이 퍼지기에 이상적인 조건을 갖추었다. 이는 인구 밀도가 높은 편이었기 때문이다. 더군다나 이슬람의 교리는 전염병에 대한 수동적인 대응을 강조하였다. 이는 페스트에 대해서도 예외는 아니어서 무슬림들은 교리에 따라 전염병이 발생하는 곳으로 가지도 않았고, ㉤ 자신이 사는 곳에 전염병이 발생하면 즉시 그곳을 떠났다. 일례로 639년에는 비옥한 초승달 지대에 있는 국가 중 하나인 시리아에도 페스트가 유행하게 되었는데, 이때 시리아에 머물던 이슬람 군대의 장수 아부 우바이다는 당시 이슬람제국의 지배자 칼리프 우마르가 본국으로 돌아오라고 했음에도 교리에 순종하여 결국 시리아에서 페스트로 목숨을 잃었다.

① ㉠을 '질병의 전파를 차단할 수 있었기 때문이다'로 수정한다.
② ㉡을 '정복전쟁을 계속할 수밖에 없었다'로 수정한다.
③ ㉢을 '이는 비잔틴제국의 질병 극복에 도움이 되었다'로 수정한다.
④ ㉣을 '전염병이 창궐하기에 적합하지 않은 환경이었다'로 수정한다.
⑤ ㉤을 '자신들이 사는 곳에 전염병이 발생해도 그곳을 떠나지 않았다'로 수정한다.

8. 다음 글의 (가)와 (나)에 들어갈 말을 짝지은 것으로 가장 적절한 것은?

통계청은 매년 생명표를 작성하여 발표하고 있다. 생명표란 현재의 연령별 사망 수준이 유지된다는 가정하에, 특정 연령의 사람이 향후 얼마나 더 오래 살지를 추정한 통계표이다. 생명표의 기초가 되는 자료는 해당 연도의 사망자 수와 기준 인구로, 이때 기준 인구란 연앙 인구, 즉 한 해의 중간인 7월 1일 기준의 주민등록인구를 가리킨다.

통계청이 발표한 2020년 생명표에 따르면 2020년 한국인의 기대수명은 83.48세이다. 성별로 나눠보면 남자의 기대수명은 80.49세, 여자의 기대수명은 86.47세로 남녀 모두 전년 대비 약 0.2년이 증가하였다. 기대수명은 0세인 출생아의 기대여명을 의미하며, 일반적으로 평균수명이라는 말이 널리 사용되고 있다. 그리고 기대여명이란 특정 연령의 사람이 앞으로 생존할 것으로 기대되는 평균 생존 연수를 의미한다. 흥미로운 점은 0세를 제외한 모든 연령에서 현재 연령과 기대여명의 합은 언제나 (가) 는 것이다. 일례로 2020년 기준으로 40세 남자의 기대여명은 41.53세, 60세 남자의 기대여명은 23.41세이다. 이런 결과가 나오는 이유는 이제 막 태어난 출생아들 가운데 적잖은 이들이 40세, 60세 전에 사망할 것이고, 이것이 평균값에 영향을 주었기 때문이다. 다시 말해 기대수명에는 0세에 죽지 않고 다음 연령까지 생존할 확률이 추가적으로 반영되어 이러한 차이가 발생하게 되는 것이다.

한편 0세를 제외한 연령의 기대여명은 (나) . 우리나라에서 생명표가 처음 만들어진 1970년에 40세 남자의 기대여명은 26.68세, 60세 남자의 기대여명은 12.74세였다. 이와 대조적으로, 1970년 기준 남자의 기대수명은 58.74세였다. 이렇듯 0세를 제외한 연령의 기대여명의 증가폭과 기대수명의 증가폭이 차이 나는 이유는 유아 사망률 감소가 기대수명의 증가에 큰 영향을 끼치기 때문이다.

① (가): 기대수명보다 길다
(나): 기대수명과 달리 감소하고 있다
② (가): 기대수명보다 짧다
(나): 기대수명과 달리 감소하고 있다
③ (가): 기대수명보다 길다
(나): 기대수명과 마찬가지로 증가와 감소가 번갈아 나타난다
④ (가): 기대수명보다 짧다
(나): 기대수명만큼 많이 증가하지 않는다
⑤ (가): 기대수명보다 길다
(나): 기대수명만큼 많이 증가하지 않는다

9. 다음 글의 빈칸에 들어갈 내용으로 가장 적절한 것은?

민주주의가 이룩되기 전의 사회에서 권력을 획득할 수 있는 유일한 수단은 폭력이었다. 폭력을 행사할 수 있는 능력을 가진 소수의 계층만 정치에 참여할 수 있었고, 정치권력의 정당성은 오직 힘의 우위로 결정되었다. 만약 왕이 후세를 남기지 않고 사망하여 승계를 놓고 분쟁이 발생한다면, 경쟁 분파들 간의 무력 갈등은 필연적으로 발생하였다. 근대 이전에는 권력을 쟁취할 수 있는 수단이 폭력 외에는 존재하지 않았기 때문에 권력 간의 갈등도 폭력으로 해결될 수밖에 없었다.

그러나 민주 사회가 도래하고 모든 정치권력이 시민에게 귀속됨에 따라 폭력으로 해결하던 사회 갈등이 합의를 통해 평화적으로 해결되었다. 정치권력은 폭력을 행사할 수 있는 소수의 계층이 아니라 다수의 시민에게 돌아갔으며, 시민들은 선거라는 평화적 수단을 통해 정치권력을 행사하였다. 지배와 복종의 관계 역시 강제력이 아니라 자발성에 근거한 평화적 합의에 의해 결정되었다. 따라서 정치권력의 정당성은 시민들의 평화적 합의에 의해 도출되었으며, 폭력을 통한 갈등 해결은 민주 사회의 근간을 뒤흔드는 행위로 인식되었다. 민주 사회에서 폭력은 오직 합의를 통해 결정된 법률 내에서만 행사될 수 있도록 철저히 제한되었다. 민주 사회는 권력이 모든 시민에게 돌아갔다는 의미와 함께 정치권력의 정당성이 더이상 무력의 크기에 있지 않음을 의미했다.

그러나 역설적이게도 민주 국가는 정치 폭력을 막는 데 성공했으나 오히려 폭력에는 더 취약해졌다. 폭력을 막고 평화적으로 갈등을 해결하는 것이 민주 사회가 수호해야 할 가장 중요한 규칙으로 인식되면서 폭력을 막지 못하면 정치권력은 시민들의 외면을 받고 정치 체제의 기반이 흔들렸다. 재난으로 인한 인명 피해는 정치권력과 무관하지만 폭력의 등장은 정치권력이 민주 사회의 규칙을 수호하지 못한 것이기 때문이다. 특히 국가 내의 폭력이 적을수록 테러 활동과 같은 폭력 사태가 주는 충격은 더 커졌다. 결국 민주 사회에서 희생자의 숫자에 상관없이 테러와 같은 폭력이 위험한 이유는 ＿＿＿＿.

① 자발적 합의에 기반한 정치 권력의 정당성을 훼손하기 때문이다
② 폭력을 행사하는 테러 집단이 오히려 정치적 정당성을 인정받기 때문이다
③ 평화에 익숙해져 있는 시민에게 공포감을 주어 투표 행위를 억제하기 때문이다
④ 자발성이 아닌 강제적인 힘의 사용이 시민들을 테러에 가담하게 하기 때문이다
⑤ 테러 집단의 폭력을 옹호하는 시민의 등장으로 시민 간에 갈등이 발생할 수 있기 때문이다

10. 다음 글의 빈칸에 들어갈 내용으로 가장 적절한 것은?

대중가요를 좋아하는 사람과 클래식을 좋아하는 사람이 있다고 하자. 두 사람의 차이는 단순히 취향이 다른 것뿐일까? 프랑스의 사회학자 부르디외의 견해에 따라 분석하면 두 사람에게는 취향 이상의 차이가 있다. 부르디외는 일반적으로 대중가요를 좋아하는 사람은 대중가요를 많이 듣는 환경, 클래식을 좋아하는 사람은 클래식을 많이 듣는 환경에서 성장한다고 가정한다. 그리고 그에 따르면 클래식을 많이 들을 가능성은 시장에서 음식점을 운영하는 부모보다 명문 음대에서 교수로 근무하는 부모가 더 높으며, 음식점 사장보다 명문 음대 교수의 사회적 지위가 더 높다. 따라서 부르디외는 대체로 대중가요를 좋아하는 사람은 사회적 계급이 낮고, 클래식을 좋아하는 사람은 사회적 계급이 높다고 보았다. 즉, 개인의 취향은 사회적 계급에 따른 환경의 차이가 반영된 결과라는 것이다.

부르디외는 이렇게 사회화 과정에서 갖추게 되는 취향이나 습관을 아비투스(habitus)라고 정의내리며, 아비투스에는 사회적 계급이 반영된다고 주장했다. 이때 아비투스는 우월한 것과 그렇지 않은 것을 구분짓는 지표가 되며, 지배 계급에게는 자신의 취향이 우월하다는 것을 과시하는 수단이 된다. 이러한 아비투스의 특성은 '동계 올림픽 유치의 주요 자격 요건은 국민소득 수준'이라는 주장과도 관련이 있다. 스키, 아이스 하키, 피겨 스케이팅 등 동계 올림픽 경기 종목은 육상이나 축구 등 하계 올림픽 경기 종목과 달리 대중적이지 않다는 것이 주요 근거이다. 동계 올림픽 경기 종목은 실제로 광활한 자연이나 레저 시설이 갖춰진 선진국 또는 경제적 능력이 높은 중산층에서 주로 향유되던 고급 스포츠이다. 또한 역대 동계 올림픽 개최국 대부분이 미국과 유럽 등 부유한 국가들이었다는 점도 동계 올림픽에는 '경제적·문화적 수준이 높은 국가에서 동계 올림픽을 개최한다'는 아비투스가 작용했다는 주장에 힘을 싣는다. 이에 따르면, ＿＿＿＿.

① 동계 올림픽은 하계 올림픽보다 우월하다
② 동계 올림픽에 국민소득 수준이 낮은 국가는 참여할 수 없다
③ 동계 올림픽에는 환경의 차이로 인한 사회적 차별이 존재한다
④ 동계 올림픽을 유치하기 위해서는 광활한 자연과 레저 시설 등을 갖추어야 한다
⑤ 동계 올림픽 개최지 선정에 경제적·문화적 수준에 따른 국가별 계급이 반영된다

11. 다음 글의 ㉠을 이끌어내기 위해 추가해야 할 전제로 가장 적절한 것은?

> 계몽의 경지에 도달하는 것은 개인의 정신적 성숙뿐만 아니라 사회 전체의 발전과 번영을 위한 기본 토대이다. 이성적 분석과 비판적 사고를 기반으로 한 계몽은 보다 공정하고, 혁신적이며, 지속 가능한 사회를 구현하는 데 결정적인 역할을 한다. 나는 ㉠ 인간이 진정한 계몽의 경지에 도달할 수 있음을 논증을 통해 보이고자 한다.
>
> 만약 인간이 무지의 굴레에서 벗어나고 환상의 속박에서 빠져나온다면 진정한 계몽의 경지에 이를 수 있다. 무지의 굴레와 환상의 속박은 인간에게 왜곡된 인식과 편향된 사고 체계를 심기 때문이다. 환상의 속박에 빠진다면 내면의 불안이 일어난다. 내면의 불안이 일어날 때, 그리고 그런 경우에만 정신의 혼란을 불러 일으킨다. 그리고 인간은 이미 지난 수 세기에 걸쳐 무지의 굴레에서 벗어났다.

① 환상의 속박에서 빠져나오면 정신이 혼란하지 않다.
② 인간은 환상의 속박에서 빠져나올 수 없다.
③ 진정한 계몽의 경지에 도달할 수 없으면 내면에 불안이 일어난다.
④ 정신의 혼란은 존재하지 않는다.
⑤ 인간은 무지의 굴레에서 벗어나거나 환상의 속박에서 빠져나온다.

12. 다음 글의 내용이 참일 때, 반드시 참인 것만을 〈보기〉에서 모두 고르면?

> 친구의 깜짝 생일파티를 준비하는 준호는 장식용 풍선을 구매하려고 한다. 풍선은 빨간색, 주황색, 노란색, 초록색, 파란색, 남색, 보라색의 일곱 가지 색깔이 있다. 준호는 다음과 같은 조건에 따라 구매할 풍선을 고른다.
>
> ○ 빨간색을 구매하면 파란색은 구매하지 않는다.
> ○ 보라색을 구매할 경우에만 초록색을 구매하지 않는다.
> ○ 빨간색을 구매하거나 남색을 구매하지 않으면 주황색을 구매한다.
> ○ 노란색과 파란색 중 적어도 하나를 구매하지 않으면, 남색과 초록색 모두 구매하지 않는다.
> ○ 보라색은 구매하지 않는다.

〈보 기〉

ㄱ. 구매하는 풍선은 최대 다섯 가지이다.
ㄴ. 주황색과 초록색을 모두 구매할 수 있다.
ㄷ. 빨간색과 남색 중 적어도 하나는 구매한다.

① ㄱ
② ㄴ
③ ㄱ, ㄴ
④ ㄴ, ㄷ
⑤ ㄱ, ㄴ, ㄷ

13. 다음 글의 내용이 참일 때 반드시 참인 것은?

> □□처는 신입 공무원 갑, 을, 병, 정, 무 5명에 대해 2명은 A부서, 2명은 B부서, 1명은 C부서 배치할 예정이다. 갑~무는 부서 배치 결과에 대해 다음과 같이 추측하였는데, 이 중 한 명의 추측만 틀리고 나머지는 모두 맞았다.
>
> 갑: 을은 C부서에 배치되고, 정은 A부서에 배치되었어.
> 을: 갑은 A부서에 배치되지 않았고, 을은 C부서에 배치되지 않았어.
> 병: 정이 B부서에 배치되거나 무가 A부서에 배치되지 않았어.
> 정: 무는 B부서에 배치되었어.
> 무: 갑이 A부서에 배치되거나 병이 C부서에 배치되었어.

① 갑은 A부서에 배치된다.
② 을은 C부서에 배치된다.
③ 병은 B부서에 배치된다.
④ 정은 A부서에 배치된다.
⑤ 무는 A부서에 배치된다.

14. 다음 글의 내용이 모두 참일 때, 반드시 참인 것만을 〈보기〉에서 모두 고르면?

> A국은 일자리 TF에서 1년간 추진한 총 5개의 사업 중 2개의 사업에만 적격 판정을 내릴 예정이다. 일자리 TF에서 추진한 청년 해외진출 지원 협약 사업이 부적격으로 판정되면 비대면 취업지원 서비스 발굴 사업은 적격으로 판정된다. 또한 재택근무 촉진 사업이 적격으로 판정되면 비대면 취업지원 서비스 발굴 사업 역시 적격으로 판정된다. 재택근무 촉진 사업이 부적격으로 판정되면, 청년 해외진출 지원 협약 사업과 지역 일자리 창출 협력 사업 중 적어도 하나는 부적격으로 판정된다. 장애인 고용 촉진 지원 사업이 적격으로 판정되면 청년 해외진출 지원 협약 역시 적격으로 판정된다. 이때 비대면 취업지원 서비스 발굴 사업은 정책 취지에 부합하는 사례를 발굴하지 못해 부적격 판정을 받았다.

〈보 기〉

ㄱ. 청년 해외진출 지원 협약 사업과 재택근무 촉진 사업은 적격 판정을 받는다.
ㄴ. 지역 일자리 창출 협력 사업은 적격 판정을 받는다.
ㄷ. 장애인 고용 촉진 지원 사업은 적격 판정을 받는다.

① ㄱ
② ㄴ
③ ㄷ
④ ㄱ, ㄴ
⑤ ㄴ, ㄷ

15. 다음 글에서 추론할 수 있는 것만을 〈보기〉에서 모두 고르면?

인체는 여러 환경 변화에 대응하여 생명 현상이 제대로 일어날 수 있도록 일정한 상태를 유지한다. 예를 들어 혈중 칼슘 농도가 높을 때 칼시토닌 분비가 촉진되고 파라토르몬 분비가 억제되어 경골에서의 칼슘 용출을 차단하며, 동시에 콩팥에서는 칼슘의 재흡수를 억제하여 결과적으로 혈액 내 칼슘의 농도가 낮아지게 된다. 반대로 혈중 칼슘 농도가 저하되었을 때는 파라토르몬 분비가 촉진되고 칼시토닌 분비가 억제되어 결과적으로 체내 칼슘 농도가 일정하게 유지된다. 이를 항상성 유지라고 한다.

항상성은 자율신경계와 내분비계가 함께 작용하여 유지되며, 그 조절 중추는 간뇌 시상하부이다. 신경계의 작용은 뉴런을 통해 신호를 전달하여, 뉴런의 연결 부위에서만 효과가 나타나 작용 범위가 좁다. 또한, 매우 빠르게 전달되고 효과가 빠르게 사라진다. 반면에 호르몬은 내분비샘에서 생성되어 분비된 후 혈액을 통해 이동하여 전달 속도는 느리지만, 호르몬 수용체를 가진 모든 표적 기관에 작용하여 그 작용 범위가 넓고 효과가 오래 지속된다.

자율신경계와 내분비계에 의해 항상성을 유지할 수 있는 이유는 길항 작용과 음성 피드백 원리가 작동하기 때문이다. 길항 작용은 하나의 기관에 두 가지 상반된 요인이 함께 작용할 때, 한쪽이 기관의 기능을 촉진하면 다른 한쪽은 기관의 기능을 억제하는 것이다. 일부 신경계와 호르몬이 길항 작용으로 항상성을 유지하는데, 심장 박동을 촉진하는 교감 신경과 심장 박동을 억제하는 부교감 신경이 그 대표적인 예이다. 음성 피드백은 어떤 원인으로 나타난 결과가 다시 그 원인을 약화시키는 방향으로 작용하는 것으로, 대부분의 호르몬은 음성 피드백에 의해 분비가 조절된다. 일례로 시상하부에서 갑상샘 자극 호르몬 TRH가 분비되면 뇌하수체 전엽에 작용하여 갑상샘 자극 호르몬 TSH가 분비되고, TSH가 갑상샘에 작용하여 티록신이 분비된다. 이에 따라 혈중 티록신 농도가 높아지면 음성 피드백으로 시상하부에서 TRH 분비와 뇌하수체 전엽에서 TSH 분비가 억제되어 티록신의 분비량이 줄어듦으로써 일정한 농도가 유지되는 것이다.

〈보 기〉

ㄱ. 칼시토닌과 파라토르몬을 통한 혈중 칼슘 농도 조절은 길항 작용에 해당한다.

ㄴ. 혈관에 티록신을 주사할 경우 TRH와 TSH의 분비량이 증가한다.

ㄷ. 신경계의 작용은 호르몬의 작용에 비해 전달 속도는 빠르고 효과의 지속성은 낮다.

① ㄱ

② ㄴ

③ ㄱ, ㄴ

④ ㄱ, ㄷ

⑤ ㄴ, ㄷ

16. 다음 글에서 추론할 수 있는 것은?

인간의 체내에는 호르몬을 분비하는 이자가 있는데, 이자 곳곳에는 백만 개 이상의 작은 내분비 세포들이 덩어리져 구성되어 있다. 이를 랑게르한스섬이라고 하며, 여기에는 글루카곤을 분비하는 α 세포와 인슐린을 분비하는 β 세포 등이 존재한다. 글루카곤은 간에 저장된 글리코겐을 포도당으로 분해해 혈액 내 포도당 농도를 높이는 역할을 한다. 이때 체내 인슐린이 부족하거나 인슐린 저항성이 증가해 원활한 작용이 어려워지면 당뇨병이 발병하게 된다. 당뇨병은 발생 원인에 따라 크게 제1형 당뇨병과 제2형 당뇨병으로 구분된다.

제1형 당뇨병은 자가 면역반응에 의해 췌장의 β 세포가 파괴됨에 따라 β 세포에서 분비되어야 할 인슐린이 전혀 분비되지 않아 발병한다. 따라서 제1형 당뇨병의 경우 외부에서의 인슐린 주입 치료가 필수적으로 행해져야 한다. 제2형 당뇨병은 인슐린 저항성이 증가해 인슐린의 작용이 원활하지 않아 혈당이 올라가는 병을 일컫는다. 유전적 요인에서 기인하기도 하지만, 서구화된 식단, 운동 부족 등의 환경적 요인이 복합적으로 작용해 발병하게 된다.

① 인슐린 저항성이 생기면 혈액 내 포도당 농도가 높아진다.

② β 세포가 파괴되면 이자가 인슐린과 글루카곤을 과다하게 분비하게 된다.

③ 간에서 포도당이 글리코겐으로 저장되면 α 세포 기능에 문제가 발생한다.

④ 인슐린 반응 정도에 따라 혈액 내 포도당 농도를 추측할 수 있다.

⑤ α 세포 기능에 문제가 발생하면 혈당이 떨어지지 않는다.

17. 다음 글의 〈실험 결과〉에 대한 판단으로 적절한 것만을 〈보기〉에서 모두 고르면?

> 뱀은 외부 귀를 가지고 있지 않기 때문에 들을 수 있는 소리에 한계가 있다고 알려져 있다. 공기를 통해 전달되는 고주파 소리는 들을 수 없고 미세한 진동과 저주파 소리만 들을 수 있다는 것이다. 잘 알려져 있는 것처럼 뱀은 뛰어난 후각으로 청각을 대신하여 사물의 종류나 방향을 인식한다. 뱀의 청각은 전혀 쓸모가 없는 것일까?
>
> 〈실 험〉
>
> 한 연구팀은 뱀이 소리를 어떻게 듣는지 확인하기 위해 실험을 진행하였다. 5개의 서로 다른 종에서 19마리의 뱀을 선별하고, 외부의 다른 소리나 진동을 통제할 수 있도록 설계된 방음실에 뱀을 자유롭게 풀어 두었다. 그리고 방음실에 설치된 스피커를 통해 세 가지 다른 주파수의 소리를 뱀에게 들려주었다. 소리의 종류는 다음과 같다.
>
> ○ 소리 1: 지면 진동만 일으킨 0~150Hz
> ○ 소리 2: 사람 목소리의 평균 주파수와 유사한 150~300Hz
> ○ 소리 3: 높은 톤의 여성 목소리와 유사한 300~450Hz
>
> 소리는 방의 한쪽 또는 다른 쪽에서 무작위로 송출하였으며, 이에 따라 뱀의 행동 반응이 어떻게 나타나는지, 즉 방어적으로 소리가 나는 방향으로부터 멀어지거나 공격적으로 소리가 나는 방향으로 다가가는 행동이 나타나는지, 소리가 뱀 움직임에 영향을 미치는지를 관찰하였다. 소리를 듣기 전 뱀은 모두 자유롭게 방 이곳저곳을 움직였다.
>
> 〈실험 결과〉
>
> 실험 결과는 뱀의 종류에 따라 다양하게 나타났다. 종류 1은 크기가 크고 공격성이 강한 뱀이고, 나머지 뱀은 크기가 2kg 이하로 포식자를 피해 먹이활동을 하는 뱀이다.
>
> ○ 종류 1: 소리 1에서는 소리가 나는 방향으로부터 멀어졌으나 소리 3에서는 소리가 나는 방향으로 이동하였다.
> ○ 종류 2: 소리 1~3 모두 소리가 나는 방향으로부터 멀어졌다.
> ○ 종류 3: 소리 1~3 모두 시작 위치에서 크게 움직이는 경우가 없었다.
> ○ 종류 4: 소리 1~3 모두 소리가 나는 방향으로부터 멀어지고, 소리 2에서 특히 머리를 급히 움직이는 행동이 증가하였다.
> ○ 종류 5: 소리 1~3 모두 소리가 나는 방향으로부터 멀어지거나 움직이지 않았다.

〈보 기〉

ㄱ. 종류 1과 종류 2의 〈실험 결과〉는 뱀이 공기 중으로 전달되는 사람의 목소리를 감지할 수 있을 것이라는 가설을 강화한다.

ㄴ. 종류 3과 종류 5의 〈실험 결과〉는 뱀이 소리가 나는 방향에 공격성을 드러낼 것이라는 가설을 약화한다.

ㄷ. 종류 4의 〈실험 결과〉는 뱀이 특정 소리는 다른 감각보다 더 빠르게 감지할 것이라는 가설을 강화한다.

① ㄱ ② ㄷ ③ ㄱ, ㄴ
④ ㄴ, ㄷ ⑤ ㄱ, ㄴ, ㄷ

18. 다음 글의 〈실험 결과〉에 대한 판단으로 적절한 것만을 〈보기〉에서 모두 고르면?

> 연구자 A는 곤충의 인지능력과 학습능력을 알아보기 위해 다음과 같은 실험을 수행했다. 원형으로 된 바닥의 중앙에 원을 그려놓고, 원으로부터의 거리를 각각 다르게 하여 3개의 공을 두었다. 그리고 벌이 공을 굴려서 원 안에 넣으면 설탕물을 보상으로 지급하였다. 이를 위해 벌을 세 그룹으로 나누어 각기 다른 방식으로 공굴리기를 훈련했다.
>
> ○ 그룹 1: 동료 벌이 원에서 가장 멀리 떨어진 공을 굴려 원 안에 넣으면 보상을 받는 모습을 지켜보게 했다.
> ○ 그룹 2: 원에서 가장 멀리 떨어진 공이 저절로 굴러가 원 안에 도달하면 설탕물이 공급되는 모습을 지켜보게 했다.
> ○ 그룹 3: 공이 원 안에 있고, 설탕물이 공급되는 모습을 지켜보게 했다.
>
> 훈련을 마친 후 각 그룹이 실전에서 공을 굴려 원 안에 넣는 데 성공한 확률과 성공하기까지의 평균 소요 시간을 측정하였다. 또한, 성공한 벌이 3개 중 어떤 공을 선택했는지 확인하였다. 원으로부터의 거리가 짧은 공의 움직임은 훈련시키지 않았으므로, 이동 거리가 짧은 공을 선택해 굴릴 경우 보상을 얻기 위한 행동의 원리를 이해하여 최적의 경로를 찾는 효율적인 행동을 한다는 것이기 때문이다.
>
> 〈실험 결과〉
>
> ○ 그룹 1: 성공률은 99%였으며, 평균 소요 시간은 47초였다. 이때, 성공한 벌은 대부분 원과 가장 가까이에 있는 공을 굴렸다.
> ○ 그룹 2: 성공률은 80%였으며, 평균 소요 시간은 78초였다. 이때, 성공한 벌은 대부분 원과 가장 가까이에 있는 공을 굴렸다.
> ○ 그룹 3: 성공률은 35%였으며, 평균 소요 시간은 96초였다. 이때, 성공한 벌은 대부분 원과 가장 멀리 있는 공을 굴렸다.

〈보 기〉

ㄱ. 그룹 1과 그룹 2의 〈실험 결과〉는 다른 벌의 시연을 통해 훈련하지 않으면 보상을 얻기 위한 행동의 원리를 이해할 수 없다는 가설을 강화한다.

ㄴ. 그룹 1과 그룹 3의 〈실험 결과〉는 벌에게 새로운 행동 패턴을 학습시킬 때 다른 개체의 행동을 통해 전체 과정을 보여주는 것이 효과적이라는 가설을 강화한다.

ㄷ. 그룹 2와 그룹 3의 〈실험 결과〉는 공이 움직여 목표 지점까지 이동하는 경로를 학습하지 못한 벌의 경우 효율적인 행동을 선택하는 데 어려움을 겪는다는 가설을 강화한다.

① ㄱ
② ㄴ
③ ㄷ
④ ㄱ, ㄴ
⑤ ㄴ, ㄷ

[19 ~ 20] 다음 글을 읽고 물음에 답하시오.

보통 3~4세 이전의 일들을 기억하는 사람은 거의 없다. 사람들은 평균적으로 생후 42개월 이후의 기억만을 가지고 있는데, 이렇게 생애 초기의 기억이 없는 것을 유아기 기억상실이라고 한다. 시간이 흐르면서 기억이 희미해지는 것은 자연스러운 현상이지만, 유아기 기억상실은 7~8세를 기점으로 급격히 어린 시절의 기억 소멸이 일어난다는 점에서 특징적이다. 이를 뒷받침하는 실험도 있다. 연구진은 3세 아이들에게 최근의 경험에 대해 이야기하게 한 뒤 이를 녹음하고, 이후 6년에 걸쳐 같은 아이들에게 3세 때 이야기했던 일을 떠올리게 했다. 그 결과 처음에 이야기했던 경험에 대해 (가) 60~70%를 기억한 반면, (나) 약 35%를 기억해 냈다.

유아기의 기억에 공백이 생기는 이유에 대해서는 여러 가지 추측이 있다. 그중 하나는 ㉠ 언어능력과 관련된 가설이다. 유아기 전의 영아기에는 언어가 충분히 발달하지 않아 기억이 불안정하게 저장될 수밖에 없다. 어떤 상황을 기억하려면 시간, 장소 등에 대한 정보를 종합하여 논리적으로 저장해야 하지만, 언어능력이 없는 영아는 비언어적인 기록만 가능할 것이다. 반면 언어가 발달하는 유아기 이후에는 언어를 통해 경험을 체계적으로 구성하여 머릿속에 저장하거나 회상할 수 있다. 언어적 사고가 익숙해짐에 따라 이런 방식으로 저장되지 않은 기억을 끄집어낼 수 없게 되고, 어린 시절의 기억은 무의식이나 암시적 기억으로 남아 있게 된다.

한편 ㉡ 뇌의 발달과 관련한 가설도 있다. 유아기에는 뇌의 성장과 인지능력 발달이 활발해진다. 정보를 종합하여 기억을 만드는 해마에서는 새로운 뉴런이 계속 만들어지며, 그 생성속도는 성장하면서 점차 둔화된다. 이 가설에 따르면 유아기에 뉴런이 빠르게 생성되는 과정에서 새롭게 만들어진 뉴런이 기존의 뉴런 사이를 파고들고, 이로 인해 뉴런 간의 연결이 끊어져 오래된 기억이 파괴된다. 기억은 뉴런들의 활성화 패턴으로 저장되어 이를 재활성화함으로써 저장된 기억을 떠올릴 수 있는데, 뉴런이 늘어나면서 연결 패턴이 원래대로 활성화되기 어려워지는 것이다. 다만, 이러한 뉴런의 대체 과정에서 기억이 완전히 소멸되는 것은 아님을 증명하는 실험이 있다. 이 실험은 7세 아이들에게 얼굴이 온전히 나온 사진과 이목구비 일부만 있는 사진을 보여주고 두 사진 속 인물을 비교하여 동일 인물인지를 맞히게 하는 것이었다. 이때 사진 속 인물은 아이들의 4년 전 어린이집 친구들이거나 아예 처음 보는 낯선 사람들로, 어느 쪽이든 아이들은 그게 누구인지 알아보지 못했다. 실험 결과 (다) 얼굴보다는 (라) 얼굴을 보여줬을 때 더 정확하게 비교해 냈다. 3세 무렵에 봤던 친구들의 모습을 의식적으로 회상할 수는 없지만 기억의 파편이 머릿속에 남아 있음을 짐작할 수 있는 부분이다.

19. 위 글의 (가)~(라)에 들어갈 말을 짝지은 것으로 가장 적절한 것은?

	(가)	(나)	(다)	(라)
①	7세까지는	8세 이후에는	낯선 사람의	기억나지 않는 친구의
②	4세까지는	5세 이후에는	낯선 사람의	기억나지 않는 친구의
③	7세까지는	8세 이후에는	기억나지 않는 친구의	기억나는 친구의
④	4세까지는	5세 이후에는	기억나지 않는 친구의	기억나는 친구의
⑤	8세 이후에는	7세까지는	낯선 사람의	친했던 친구의

20. 위 글의 ㉠과 ㉡에 대한 평가로 적절한 것만을 <보기>에서 모두 고르면?

<보 기>

ㄱ. 사람뿐만 아니라, 언어를 사용하지 않는 원숭이에게서도 유아기의 기억이 소멸되는 현상이 발견된다는 사실은 ㉠을 약화한다.

ㄴ. 태어난 지 얼마 안 된 어린 쥐는 하루 전에 받은 자극도 기억하지 못하였지만, 해마의 뉴런 생성을 억제하였더니 몇 주가 지나서도 이전에 받은 자극을 기억했다는 실험 결과는 ㉡을 약화한다.

ㄷ. 영아기에는 뇌의 정보처리능력과 기억을 담당하는 회로가 발달하지 않아 이때의 기억이 저장되지 않는다는 사실이 밝혀지면, ㉠과 ㉡ 모두 강화되지 않는다.

① ㄱ
② ㄴ
③ ㄱ, ㄷ
④ ㄴ, ㄷ
⑤ ㄱ, ㄴ, ㄷ

21. 다음 대화의 ㉠으로 적절한 것만을 〈보기〉에서 모두 고르면?

갑: 풍수해보험은 풍수해 발생 시 피해 복구 비용 일부를 정부에서 지원하는 재난지원금 제도를 보완하고, 재난관리에 대한 국민들의 책임 의식을 고취하기 위해 개발된 정책보험입니다. 보험료의 상당 부분을 국가 및 지자체에서 보조하여 낮은 보험료로 실질적인 보상을 받을 수 있음에도 불구하고, 풍수해보험의 낮은 가입률에 대한 지적이 계속되고 있는데요. 그 원인이 무엇일지에 대하여 논의해봅시다.

을: 풍수해보험에 대한 홍보가 부족하기 때문은 아닐까요? 풍수해보험의 피보험자는 대부분 지자체 공무원에 의해 단체보험 방식으로 가입하였다고 합니다. 즉, 풍수해보험은 정부의 위탁을 받은 민영보험사에서 운영하고 있으나, 실제 가입은 보험사의 판매 채널보다는 지자체를 통해서 주로 이루어지고 있습니다. 따라서 풍수해보험 가입률을 높이기 위해서는 지자체 차원에서 적극적인 홍보를 해야 할 것입니다.

병: 풍수해보험은 의무적으로 가입해야 하는 것이 아니기 때문에, 가입 여부를 판단함에 있어 자연재해 위험을 어느 정도로 인식하는지가 중요하게 작용한다고 생각합니다. 풍수해는 지역별로 발생 빈도나 피해 규모 측면에서 편차가 크기 때문에 자연재해 위험도에 대한 인식도 차이가 날 수밖에 없습니다. 이런 요소를 고려하지 않고 전체를 대상으로 보험 가입을 촉진하다 보니 성과를 내지 못한 것이므로, 풍수해가 자주 발생하여 이에 대한 체감 위험도가 높은 지역에 집중해야 가입률을 높이는 효과가 있을 것입니다.

정: 무상지원에 대한 기대심리는 재난피해를 줄이려 노력할 유인을 감소하게 만들 수 있습니다. 풍수해보험과 재난지원금은 모두 국가 및 지방자치단체의 재정 지원을 바탕으로 하기 때문에 중복 지원이 되지 않습니다. 따라서 과거의 재난지원금 수혜 실적이 풍수해보험 가입 여부와 무관하지 않을 것입니다. 아무리 피보험자가 부담해야 할 보험료가 적더라도, 풍수해보험에 가입하면 무상으로 제공되는 재난지원금을 포기해야 한다고 생각할 테니까요.

갑: 오늘 나온 의견과 관련하여 ㉠ 필요한 자료를 조사해보도록 하겠습니다. 감사합니다.

〈보 기〉

ㄱ. 지자체별 풍수해보험 홍보 예산 규모에 따른 풍수해보험 가입률

ㄴ. 자연재해에 취약한 지역과 그렇지 않은 지역의 풍수해보험 수요 차이

ㄷ. 전년도 풍수해 피해로 인한 재난지원금 수령자와 미수령자 각각의 풍수해보험 가입 희망자 비율

① ㄱ
② ㄷ
③ ㄱ, ㄴ
④ ㄴ, ㄷ
⑤ ㄱ, ㄴ, ㄷ

22. 다음 글에서 추론할 수 없는 것은?

A 대학교는 장애학생에 대한 장학제도를 운영 중이다. 최근 신입생 모집 기준의 변경에 따라 장학제도의 개편이 이뤄져 장애학생에 대한 장학제도 역시 아래와 같이 개정되었다.

〈표〉 A 대학교 장애학생 장학제도

구분	지급 대상	금액
2023학년도 입학자까지 적용	장애등급 1급	120만 원
	장애등급 2급	110만 원
	장애등급 3급	100만 원
	장애등급 4급	90만 원
2024학년도 입학자부터 적용	장애등급 무관	110만 원

입학 연도에 관계없이 모든 장애학생은 장학금을 신청하려면 다음의 규정을 준수해야 한다. 첫째, 모든 장애학생은 본인이 직접 장학금을 신청해야 한다. 둘째, 모든 신청자는 장애인 증명서를 제출해야 하며, 장애등급에 따라 장학금을 차등 지급받는 학생의 경우 장애등급 증빙 서류를 추가로 제출해야 한다. 셋째, 직전 학기에 12학점 이상을 수강해야만 장학금 지원 대상이 되나, 4학년 학생의 경우 취업 관련 서류 제출 시 학점 이수 조건은 면제된다.

2023학년도 입학자까지는 1~2학년 학생의 경우 성적에 대한 제한은 따로 없으나 3~4학년 학생의 경우 직전 학기 평점 평균이 3.0 이상인 학생만 장학금 선발 대상이 된다. 2024년도 입학자부터는 지원 시 별도의 성적 기준은 없으나, 만약 지원자가 선발 인원보다 많을 시 성적이 높은 순으로 장학금 지급 대상자를 선정한다.

① 2019학년도에 입학한 1급 장애를 가진 3학년 학생은 장학금을 받기 위해 장애등급 증빙 서류를 추가로 제출해야 한다.
② 2020학년도에 입학한 4급 장애를 가진 4학년 학생의 직전 학기 평점 평균이 2.8이라면 장학금 지원 대상에 해당하지 않는다.
③ 2023학년도에 입학한 3급 장애를 가진 1학년 학생이 직전 학기에 15학점을 수강했더라도 평점 평균이 2.9라면 장학금을 받을 수 없다.
④ 2024학년도에 입학한 2급 장애를 가진 2학년 학생은 별도의 장애등급 증빙 서류를 제출하지 않고도 110만 원의 장학금을 지급받을 수 있는 대상자에 해당한다.
⑤ 2025학년도에 입학한 3급 장애를 가진 4학년 학생은 직전 학기에 15학점을 수강했더라도 장학금을 지급받지 못할 수도 있다.

23. 다음 글의 ㉠~◎에 들어갈 내용에 대한 설명으로 가장 적절한 것은?

> 장시간 노동이 높은 자살률, 낮은 국민 행복지수와 노동생산성, 산업재해 발생 등의 주요 원인으로 지적됨에 따라 근로시간 단축을 위해「근로기준법」이 개정되었다. 그 대표적인 내용에는 '주52시간제'와 '관공서 공휴일의 민간적용'이 있다. 주52시간제는 연장근로와 휴일근로를 별개로 해석하여 최대 68시간이었던 1주 근로가능 시간을 연장·휴일근로 포함 52시간으로 제한한 것이다. 주52시간제는 근로자의 소득 감소 및 사용자의 경영 부담과 무관하지 않은 만큼 기업 규모별로 단계적으로 시행하여, 공공기관 및 300인 이상 사업장은 2018년 7월부터, 50인 이상 300인 미만 사업장은 2020년 1월부터, 5인 이상 50인 미만 사업장은 2021년 7월부터 시행된다. 사용자와 근로자대표의 합의에 의해 주 12시간을 초과하여 연장근로를 할 수 있는 특례업종이 축소되어, 이때 제외된 특례제외업종 중 300인 이상 사업장은 2019년 7월부터 주52시간제를 시행하고, 그보다 기업 규모가 작은 경우는 위와 동일하게 적용하기로 하였다.
>
> 관공서 공휴일의 민간적용은 명절 연휴, 국경일 등 관공서 공휴일과 대체공휴일을 유급 휴일로 의무화한 것이다. 이는 관공서 공휴일 규정에 따라 공휴일이 지정된 관공서와 달리 민간기업은 단체협약, 취업규칙 등에 의해 공휴일 휴무 여부가 달라 공휴일을 유급휴일로 보장받지 못하는 근로자도 있었기 때문이다. 관공서 공휴일의 민간적용 역시 기업 규모에 따라 단계적으로 시행하여 공공기관 및 300인 이상 사업장은 2020년 1월부터, 30인 이상 300인 미만 사업장은 2021년 1월부터, 5인 이상 30인 미만 사업장은 2022년 1월부터 시행된다.
>
> 한편「남녀고용평등과 일·가정 양립 지원에 관한 법률」개정으로 기존에 임신·출산 사유로만 가능했던 근로시간 단축제도를 가족돌봄, 본인건강, 은퇴준비, 학업을 위해서도 활용할 수 있게 되었다. 이러한 '가족돌봄등 근로시간 단축제도'는 사업장 규모에 따라 공공기관 및 300인 이상 사업장은 2020년 1월부터, 30인 이상 300인 미만 사업장은 2021년 1월부터, 5인 이상 30인 미만 사업장은 2022년 1월부터 시행된다.
>
> 이상의 내용을 다음과 같은 형식으로 나타낼 수 있다.
>
> 〈개정 근로제도 시행 시기〉
>
> | 제도 | 구분 | | | |
> |---|---|---|---|---|
> | 주52시간제 | 기업 규모 | ㉠ | ㉡ | 5인 이상 50인 미만 사업장 |
> | | 시행 시기 | 2018년 7월 | 2020년 1월 | ㉢ |
> | 관공서 공휴일의 민간적용 | 기업 규모 | 공공기관 및 300인 이상 사업장 | ㉣ | ㉤ |
> | | 시행 시기 | 2020년 1월 | ㉥ | 2022년 1월 |
> | 가족돌봄 등 근로시간 단축제도 | 기업 규모 | 공공기관 및 300인 이상 사업장 | 30인 이상 300인 미만 사업장 | 5인 이상 30인 미만 사업장 |
> | | 시행 시기 | ㉦ | 2021년 1월 | ◎ |

① 2019년 상반기에, 특례제외업종인 300인 이상 사업장의 1주 최대 근로시간은 ㉠이 아닌 ㉡의 1주 최대 근로시간과 같다.
② ㉡에 들어갈 내용과 ㉣에 들어갈 내용은 서로 같다.
③ ㉢과 같은 시기가 들어가는 것은 ㉦이 아니라 ㉥이다.
④ 40인 규모의 사업장은 ㉣이 아니라 ㉤에 해당하여 2022년 1월부터 관공서 공휴일의 민간적용이 시행된다.
⑤ 20인 규모의 사업장에 근무하는 사람은 ◎ 전에 임신을 사유로 근로시간 단축제도를 활용할 수 없었다.

24. 다음 글의 갑~병의 견해에 대한 분석으로 적절한 것만을 〈보기〉에서 모두 고르면?

갑: 식품에는 소비자가 그 신선도를 고려해서 섭취할 수 있도록 여러 가지 기준에 따라 기한이 표기된다. 그중에서 제품의 제조일로부터 소비자에게 판매가 허용되는 기간인 유통기한을 식품에 표기하는 것이 적절하다. 유통기한은 소비자들이 식품을 구매한 후 섭취 전에 보관하는 기간을 고려해 다소 보수적으로 산정된다. 그래서 포장 기술과 유통 환경이 좋아진 오늘날에는 유통기한이 약간 지난 식품이라도 섭취 시 문제가 발생할 가능성은 극히 낮은 것이 사실이다. 하지만 유통 및 판매 과정에서 각 식품에 맞는 적정 온도, 습도 등이 반드시 지켜진다는 보장이 없다. 그렇기 때문에 식품에 유통기한을 표기하여, 이 기한이 지나면 식품을 폐기하여 소비자가 구매하거나 섭취하지 않도록 하는 것이 바람직하다.

을: 품질안전한계기간은 제품의 특성에 맞는 조건에서 식품을 보관하는 실험을 통해 실험 대상 중 가장 먼저 품질 변화가 일어나는 기간을 토대로 산출되며, 이는 곧 식품을 섭취해도 되는 최대 기간을 나타낸다. 그런데 유통기한은 통상적으로 품질안전한계기간의 60~70% 수준에서 설정된다. 그래서 유통기한으로 식품 폐기 여부를 결정하게 되면 품질에 이상이 없음에도 폐기되는 경우가 많아질 수밖에 없으며, 이를 경제적 가치로 환산하면 연간 5천억 원의 손실이 발생한다고 한다. 그러므로 품질안전한계기간의 80~90% 수준에 해당하는 소비기한을 표기하여, 소비자가 안전하게 식품 섭취가 가능한 기간을 판단할 수 있게 해야 한다. 다만, 국내 소비자들은 유통기한 표기가 익숙한 만큼 유통기한을 소비기한으로 완전히 대체하는 것보다는 이 두 가지를 함께 표기하여 유통기한과 구별되는 소비기한에 대한 이해도를 높일 필요가 있다.

병: 유통기한 표기제를 채택하든 소비기한 표기제를 채택하든 일부 식품은 예외로 두어야 한다. 특정 식품은 적절한 보존방법만 준수한다면 유통기한이나 소비기한에 따른 기간보다 훨씬 더 오랜 기간 해당 식품 고유의 품질이 유지될 수 있기 때문이다. 예컨대 레토르트 식품이나 통조림은 밀봉 후 살균 처리를 하여 제조하기 때문에 개봉하지 않은 상태에서는 장기간 보관해도 내용물이 부패하지 않고, 장류나 잼류 역시 적절한 환경에 둔다면 오랜 기간 품질 변화 없이 보관할 수 있다. 이렇듯 제품의 특성을 고려한 표기법을 사용하는 것이 식품 섭취 시의 안정성을 확보하는 동시에 식품의 낭비를 줄일 수 있는 방법이 될 것이다. 이때 유통기한, 소비기한, 품질유지기한 등을 병기할 경우 소비자의 혼란을 야기할 수 있으므로 해당 식품에 적합한 한 가지 날짜만을 써야 한다.

〈보 기〉

ㄱ. 유통기한 표기제를 소비기한 표기제로 변경하되 기존 유통기한을 날짜 연장 없이 그대로 소비기한으로 표기한다면, 갑은 동의하지만, 을은 동의하지 않을 것이다.

ㄴ. 유통기한만 표기된 미국산 통조림을 한국에서 판매할 때 그 옆에 소비기한이나 품질유지기한이 표기된 라벨을 붙이는 것에 대해, 을은 동의하지만, 병은 동의하지 않을 것이다.

ㄷ. 어떤 식품이든지 제조되어 소비자가 섭취할 때까지 보관 조건을 철저히 지켰다면, 유통기한은 지났지만 소비기한은 지나지 않은 식품은 섭취해도 된다는 데에 병은 동의하지만, 갑은 동의하지 않을 것이다.

① ㄱ
② ㄷ
③ ㄱ, ㄴ
④ ㄴ, ㄷ
⑤ ㄱ, ㄴ, ㄷ

25. 다음 글의 〈논쟁〉에 대한 분석으로 적절한 것만을 〈보기〉에서 모두 고르면?

갑과 을은 상업 목적의 서적 A, B의 ○○국 「저작권법」 위반 여부에 대해 논쟁하고 있다. 이 논쟁은 ○○국「저작권법」 일부 규정 속 저작물의 공정한 이용 범위가 불분명함에서 비롯되었다. 해당 법의 일부 조항은 다음과 같다.

○○국 「저작권법」

제00조 (저작물의 공정한 이용) ① 저작물의 통상적인 이용 방법과 충돌하지 아니하고 저작자의 정당한 이익을 부당하게 해치지 아니하는 경우에는 저작물을 이용할 수 있다.
② 저작물 이용 행위가 제1항에 해당하는지를 판단할 때에는 다음 각 호의 사항만을 고려하여야 한다.
1. 이용의 목적 및 성격
2. 저작물의 종류 및 용도
3. 이용된 부분이 저작물 전체에서 차지하는 비중
4. 이용된 부분이 저작물 전체에서 중요한 정도
5. 저작물의 이용이 그 저작물의 현재 시장 또는 가치나 잠재적인 시장 또는 가치에 미치는 영향

③ 이 조에 따라 저작물을 이용하는 자는 그 출처를 명시하여야 한다.

〈논 쟁〉

쟁점 1: A는 타 서적 3권에서 일부 내용을 그대로 인용하여 수록하였는데, 그 비중이 인용 서적 전체 분량의 약 75%로 상당한 수준이었다. A의 저자는 인용한 부분에 대해서는 원문의 서적 이름과 페이지 수를 모두 표기하였다. 이에 대해, 갑은 ○○국 「저작권법」을 위반하였다고 주장하는 반면, 을은 그렇지 않다고 주장한다.

쟁점 2: B는 AI가 집필한 것으로 대부분의 내용을 타 서적에서 인용하여 짜깁기하였으나, 짜깁기한 내용은 저작물의 부수적인 내용에 해당하였으며, B는 오히려 원문보다 더 창의적으로 재구성되었다. 이에 대해, 갑은 ○○국 「저작권법」을 위반하였다고 주장하는 반면, 을은 그렇지 않다고 주장한다.

〈보 기〉

ㄱ. 쟁점 1과 관련하여, 타 서적에서 A에 인용된 부분이 모두 공익과 관련된 교육적인 내용이라는 사실이 밝혀진다면 갑의 주장은 그르지만 을의 주장은 옳다.

ㄴ. 쟁점 2와 관련하여, B에 원문의 출처가 모두 표기된 경우에 갑은 이용된 부분의 저작물 전체에서 차지하는 비중이 저작권을 판단하는 데 가장 중요하다고 생각하지만, 을은 이용된 부분이 저작물 전체에서 주요한 내용인지가 저작권을 판단하는 데 가장 중요하다고 생각한다면, 갑과 을의 주장에 대해 설명할 수 있다.

ㄷ. A와 B의 출간이 각 저작물의 판매량과 평가에 크게 영향을 주었다면, 을의 주장은 쟁점 1과 쟁점 2 모두에서 옳다.

① ㄱ
② ㄴ
③ ㄱ, ㄷ
④ ㄴ, ㄷ
⑤ ㄱ, ㄴ, ㄷ

약점 보완 해설집 p.18

자르는 선

2025 해커스PSAT 7급 PSAT FINAL 봉투모의고사 언어논리 (3회)

컴퓨터용 흑색사인펜만 사용

책형
㉑ ㉕

【필적감정용 기재】
*아래 예시문을 옮겨 적으시오
본인은 OOO(응시자성명)임을 확인함
기 재 란

성 명	
자필성명	본인 성명 기재
시험장소	

응 시 번 호

	⓪	⓪	⓪	⓪	⓪	⓪	⓪
	①	①	①	①	①	①	①
	②	②	②	②	②	②	②
	③	③	③	③	③	③	③
	④	④	④	④	④	④	④
⑤	⑤	⑤	⑤	⑤	⑤	⑤	⑤
⑥	⑥	⑥	⑥	⑥	⑥	⑥	⑥
⑦	⑦	⑦	⑦	⑦	⑦	⑦	⑦
	⑧	⑧	⑧	⑧	⑧	⑧	⑧
	⑨	⑨	⑨	⑨	⑨	⑨	⑨

생 년 월 일

⓪	⓪	⓪	⓪	⓪	⓪
①	①	①	①	①	①
②	②		②	②	②
③	③		③	③	③
④	④		④		④
⑤	⑤		⑤		⑤
⑥	⑥		⑥		⑥
⑦	⑦		⑦		⑦
⑧	⑧		⑧		⑧
⑨	⑨		⑨		⑨

※시험감독관 서명 (서명을 정자로 기재할 것)
적색 볼펜만 사용

언어논리(1~10번)

1	①	②	③	④	⑤
2	①	②	③	④	⑤
3	①	②	③	④	⑤
4	①	②	③	④	⑤
5	①	②	③	④	⑤
6	①	②	③	④	⑤
7	①	②	③	④	⑤
8	①	②	③	④	⑤
9	①	②	③	④	⑤
10	①	②	③	④	⑤

언어논리(11~20번)

11	①	②	③	④	⑤
12	①	②	③	④	⑤
13	①	②	③	④	⑤
14	①	②	③	④	⑤
15	①	②	③	④	⑤
16	①	②	③	④	⑤
17	①	②	③	④	⑤
18	①	②	③	④	⑤
19	①	②	③	④	⑤
20	①	②	③	④	⑤

언어논리(21~25번)

21	①	②	③	④	⑤
22	①	②	③	④	⑤
23	①	②	③	④	⑤
24	①	②	③	④	⑤
25	①	②	③	④	⑤

시험일: _____년 _____월 _____일

국가공무원 7급 공개경쟁채용 1차 필기시험 모의고사

| 언어논리영역 |

응시번호	
성명	

실전모의고사 **4회**

문제책형 **㉦선**

응시자 주의사항

1. **시험시작 전 시험문제를 열람하는 행위나 시험종료 후 답안을 작성하는 행위를 한 사람**은 「공무원 임용시험령」 제51조에 의거 **부정행위자**로 처리됩니다.
2. **답안지 책형 표기는 시험시작 전** 감독관의 지시에 따라 **문제책 앞면에 인쇄된 문제책형을 확인**한 후, **답안지 책형란에 해당 책형(1개)**을 '●'로 표기하여야 합니다.
3. 시험이 시작되면 문제를 주의 깊게 읽은 후, **문항의 취지에 가장 적합한 하나의 정답만을 고르며**, 문제내용에 관한 질문은 할 수 없습니다.
4. **답안을 잘못 표기하였을 경우에는 답안지를 교체하여 작성**하거나 **수정할 수 있으며**, 표기한 답안을 수정할 때는 **응시자 본인이 가져온 수정테이프만을 사용**하여 해당 부분을 완전히 지우고 부착된 수정테이프가 떨어지지 않도록 손으로 눌러주어야 합니다. **(수정액 또는 수정스티커 등은 사용 불가)**
5. **시험시간 관리의 책임은 응시자 본인에게 있습니다.**
   ※ 문제책은 시험종료 후 가지고 갈 수 있습니다.

정답공개 및 해설강의 안내

1. 모바일 자동 채점 및 성적 분석 서비스
   • '약점 보완 해설집'에 회차별로 수록된 QR코드 인식 ▶ 응시 인원 대비 자신의 성적 위치 확인
2. 해설강의 수강 방법
   • 해커스PSAT 사이트(psat.Hackers.com) 접속 후 로그인 ▶ 우측 퀵배너 [쿠폰/수강권등록] 클릭 ▶ '약점 보완 해설집'에 수록된 쿠폰번호 입력 후 이용

해커스PSAT

언어논리영역

1. 다음 글의 내용과 부합하는 것은?

고려의 지방 행정은 지방관, 즉 수령이 파견되는 주현(州縣)과 수령이 파견되지 않는 속현(屬縣)으로 구분하여 이루어졌다. 수령은 하나의 주현을 통솔하고 각 주현은 다수의 속현을 관할하였는데, 속현 또는 속현보다 규모가 작은 향(鄕)·소(所)·부곡(部曲) 등은 수령의 지휘 및 통제를 받는 지방 향리가 행정을 처리하도록 하였다. 이처럼 고려는 국가 권력의 대행자인 수령이 지방 세력인 향리층을 통제하는 방식으로 중앙집권 체제의 기틀을 잡았다.

향리는 수령을 보좌하여 속현 등의 조세 수취와 사법 행정을 담당하였다. 조세 수취의 실질적인 책임자였던 향리는 지방민으로부터 조세를 거두어 관에 납부할 때 수취한 조세의 양이 정액에 모자랄 경우 이를 채워야 했다. 이때 수령은 향리의 조세 수취를 감독하고, 권농이나 조세 감면 등을 통해 조세 수취가 원활하게 이루어지게 했는데, 수령 역시 향리가 수취한 조세가 정액에 모자랄 경우에는 파면되는 등 조세 수취에 책임을 져야만 했다. 또한 향리의 일부는 지방 사회에서 사법 행정도 담당하였다. 본래 사법권은 중앙에서 파견한 수령에게만 부여되었으나 고려 초기에는 파견된 수령이 적어 수령이 많은 소송을 처리하기에는 어려움이 있었다. 이에 일부 속현에서는 지방 사회의 유력 세력인 향리층, 그중에서도 상층부에 속하는 호장층에게 제한적으로 판결의 권한을 부여하였다. 이후 지방에 대한 국가의 영향력이 점차 높아지고 사법 제도가 정비됨에 따라 이들이 가지고 있던 사법권 또한 수령에 완전히 귀속되었다.

향리는 지방 사회에서 행해지는 제사를 주도적으로 담당하였다. 주현과 속현을 막론하고 자연적으로 중요한 곳에는 국가가 중앙 관료를 파견하여 그곳에 제사를 지내게 하였으나 대부분의 주현과 속현에는 조상신에 대한 제사 등이 향리를 중심으로 자체적으로 행해지고 있었다. 이외에도 불교와 관련된 제사나 석탑 건립 등의 행사가 호장층의 주도로 이루어졌다. 이는 지방 사회의 행사에서는 지방민과 좀 더 밀착된 존재였던 향리가 수령보다 주도적인 역할을 담당하였음을 보여준다.

① 향리는 수령과 달리 조세 수취에 대한 책임이 없었다.

② 고려 초기에는 모든 수령과 향리에게 사법권이 있었다.

③ 고려 지방 사회의 모든 제사는 향리의 주도하에 이루어졌다.

④ 일부 향리에게는 불교 제사를 주도할 수 있는 권한이 있었다.

⑤ 향리는 수령이 파견되지 않은 지방에서 수령의 통제 없이 행정을 처리했다.

2. 다음 글의 내용에서 알 수 있는 것은?

조선시대 경복궁, 창덕궁에 이어 세 번째로 지어진 창경궁은 1483년 성종이 대왕대비인 정희왕후, 성종의 생모인 소혜왕후, 예종의 계비인 안순왕후를 모시기 위해 기존의 수강궁을 확장하여 지은 별궁이다. 초기의 창경궁은 대비를 모시는 공간으로 활용되었는데, 이는 창덕궁 수용 인원이 너무 많아짐에 따라 대비를 별궁에 따로 모시기 위한 조치였다. 그러나 1592년 임진왜란 때 왕실의 궁궐이 불탄 이후 경복궁이 아닌 창덕궁이 먼저 재건되어 정궁으로 쓰이게 되자, 당시 함께 소실되었던 창경궁도 재건된 이후 왕실의 임시 궁궐인 행궁(行宮)으로 활용되었다.

창경궁은 서쪽으로는 경복궁과 맞닿아 있고, 남쪽으로는 종묘와 이어져 있다. 또한 주요 전각이 남쪽을 바라보는 경복궁과 달리, 창경궁은 정문인 홍화문과 정전인 명정전 등 주요 전각이 동쪽을 바라보는 형태로 지어졌다. 이는 창경궁 터가 남·서·북쪽은 언덕이 있는 구릉지대이고, 동쪽은 평지이기 때문으로 추측된다. 창경궁 내의 다른 많은 전각도 언덕과 평지를 따라 터를 잡았기 때문에 창경궁은 남북으로 일직선으로 이어지는 구조로 이루어진다. 경복궁도 같은 구조로 이루어지지만 평지로 지어졌다는 점에서 차이를 보인다.

임진왜란 이후 인조반정과 이괄의 난 등 많은 사건으로 인해 여러 차례 화재 피해를 입은 창경궁은 소실과 재건을 반복해 왔지만 궁궐로서의 격과 위상은 지켜왔다. 그러나 일제강점기 일본의 조선 간섭도가 극심했던 순종 때에는 창경궁의 형태와 궁궐로서의 격이 크게 훼손되었다. 1909년 일제는 창경궁의 궁문, 담장, 전각들을 훼손하여 일본식 건물로 개조하는 한편, 동물원과 식물원 등의 유원지를 조성하였다. 뿐만 아니라 일제 강점기 이후인 1911년에는 궁궐의 이름도 창경원으로 바꾸어 창경궁이 궁궐로서 갖는 지위와 왕실의 상징성을 격하시켰다. 그리고 창경궁과 종묘 사이를 단절하기 위해 1932년 종묘와 연결된 부분에 도로를 건설하였다. 해방 이후에도 유원지로서 일반인에게 개방되어 활용된 창경궁은 1980년대에 이르러서야 공개 관람이 중단되고 본래 이름으로 환원되며 복원 공사를 진행했고, 1986년 마침내 본래의 모습을 되찾게 되었다.

① 창경궁의 위상이 크게 변화했던 사건은 임진왜란 때 발생한 화재이다.

② 창경궁과 종묘 사이에 도로를 이은 이유는 궁궐 내의 왕래를 활성화하기 위함이다.

③ 성종이 대왕대비와 왕후를 모시기 위해 만든 궁궐은 지형의 변화 없이 건축물이 세워졌다.

④ 경복궁의 주요 건축물은 평지에 남북으로 긴 구조를 갖추고 동향으로 지어졌다.

⑤ 일제강점기 때 명칭이 변경되었던 창경궁은 복원 공사 이후에도 변경된 이름을 유지하였다.

3. 다음 글에서 알 수 있는 것은?

금은 시대와 장소에 상관없이 가장 중요한 통화수단으로 이용되어 왔다. 금은 전 세계 매장량이 적어 그 자체로 가치가 있을 뿐만 아니라 휴대가 쉬워 물건값을 지불하기 좋았다. 이러한 장점으로 인해 과거 많은 국가들이 화폐 가치를 금과 연계하여 사용하였는데, 이와 같이 금이 세계 화폐의 중심이 되는 체제를 금본위제도라 한다.

금본위제도는 중앙은행 혹은 통화당국이 발행한 자국 통화량을 은행에 제시하면, 은행은 법으로 규정한 무게의 순금으로 바꿔줘야 하는 통화체제였다. 통화는 금의 가치와 연계되어 있었고, 통화량이 증가하면 금의 가치도 상승하므로 국가들 간의 통화 가치는 금을 기준으로 고정되어 있었다. 금본위제도는 금의 유통 여부와 금과 통화가치가 교환되는 방식에 따라 크게 금화본위제, 금지본위제, 금환본위제로 구분된다. 우선 금화본위제는 금이 실제 거래에서 유통되고, 화폐와 금과의 교환이 보장되어 있는 통화체제이다. 가장 원시적인 형태로 금화가 널리 유통되던 시기부터 사용된 방식이다. 금지본위제는 국가가 중앙은행을 통해 금과 자국 화폐의 교환을 보장하되, 금화의 유통을 인정하지 않는 제도이다. 즉, 금은 중앙은행의 대외지불용으로만 쓰이고, 실제 유통은 지폐나 은화를 쓰는 제도이다. 마지막으로 금환본위제는 금과 화폐의 교환이 보장된 금본위국을 정하여 금본위국의 화폐와 자국 화폐의 교환 비율을 고정시키는 방식이다. 즉, 실제로 금화를 유통시키지는 않지만, 금과 교환되는 금본위국 화폐와 자국 화폐의 교환 비율을 고정하여 자국 화폐와 금과의 교환 비율이 결정되는 금본위제도이다.

최초로 금본위제도를 채택한 국가는 영국이었다. 영국 중앙은행인 영란은행은 영국 화폐인 파운드를 가져오면 금으로 교환해주었다. 영국의 파운드만이 금을 대체할 유일한 수단이었으나, 파운드와 다른 화폐 간의 교환이 가능했으므로 전세계 시민들은 금을 화폐처럼 사용했고 은행 거래도 금으로 했다. 상업은행들은 예금자들에게 금을 받았고, 예금자들은 돈을 인출할 때도 금으로 받았다. 그러나 1차 세계 대전이 발발하자 영국의 금본위제의 문제가 드러나기 시작했다. 전쟁물자 조달을 위해 화폐량을 늘려야 했으나, 화폐량은 금의 가치와 고정되어 있기 때문이다. 1차 세계대전이 종전하자 각국은 전쟁 비용을 마련하느라 통화량을 폭증시켰고, 결국 영국은 화폐와 금화를 교환시켜주지 못하여 금본위제도를 포기할 수밖에 없었다.

① 금지본위제는 금화본위제보다 먼저 시행된 화폐제도이다.
② 1차 세계대전 이전의 영국의 통화체제는 금본위제도 중 금화본위제를 실시했다.
③ 금은 매장량이 풍부해 화폐와 교환이 용이했기 때문에 금본위제도가 탄생하였다.
④ 금환본위제는 금과 통화량의 교환비율이 보장되어 금이 통화수단으로 사용되는 통화체제이다.
⑤ 1차 세계대전 이후 영국이 금본위제도를 포기한 이유는 화폐와 달리 고정된 금화의 수량으로 인해 금화의 가치가 폭락했기 때문이다.

4. 다음 글의 내용과 부합하는 것은?

맹자는 위정자가 갖추어야 할 가치로 염치를 강조하였다. 공자가 정도를 강조한 데서 더 나아가 위정자의 도덕성을 더욱 강조한 것이다. 맹자에 따르면 염치를 알면 사람으로서 지켜야 할 도리를 알게 되고 옳고 그름에 대한 판단, 즉 정도를 잃지 않게 된다. 반면 염치를 모르면 옳지 못한 행위를 하여도 거리낌이 없어 정도에 벗어나는 일을 하게 된다. 이렇듯 염치는 위정자의 행동을 단속하는 역할을 하여 정도에 기반한 유교적 이상을 기르는 사상적 바탕이 되었다.

그러나 염치가 지나쳐 조금의 융통성도 두지 않는 정치는 부정한 정치만큼이나 비판을 받았다. 위정자로서 자신과 타인에게 지나치게 엄격한 잣대를 들이대면 정도는 지킬 수 있으나, 인정에 어긋나 백성들이 고난에 빠졌기 때문이다. 위정자의 염치가 지나쳐 행정의 융통성이 저해되면 백성들은 염치에 어긋나지 않도록 행동을 주저하고, 관료 역시 백성들의 요구에 일말의 부당한 것이 있는지 살펴 행동을 삼간다. 그러다 보니 나라의 곳간이 비고 백성의 원망이 커진다. 이에 다산 정약용은 '관리가 탐욕스러우면 백성은 그래도 살길이 있지만, 너무 각박하게 염치를 차리면 살길이 막힌다'는 고사를 인용하며 비판하기도 하였다.

따라서 유교에서는 훌륭한 위정자란 정도에 크게 어긋나지 않는 선에서 융통성을 발휘하여 백성들의 삶을 윤택하게 만드는 자라고 보았다. 그래서 실제로 유교에서는 부귀를 무조건 배격하지는 않았다. 공자는 오히려 도가 행해지는 나라에서는 가난하고 천한 것이 수치지만, 나라가 무도한 지경에 빠지게 되면 부귀한 것이 수치스러운 일이라고 하였다. 나라가 무도한 상황에서는 그 자신도 무도하게 하지 않으면 부귀를 얻을 수 없기 때문이다. 즉, 유교에서는 부귀를 얻는 과정에서 빈천을 벗어나려고 정도에 어긋나는 방법을 쓰는 것을 경계하였다. 결국 유교에서 강조하는 위정자의 염치는 정도에 따르면서 백성들의 안위를 우선시하는 것이라 할 수 있다.

① 위정자의 염치가 지나치면 백성들이 고난에 빠지게 될 수 있다.
② 유교에서는 위정자의 염치를 최우선으로 여겨 부귀를 추구하는 것을 경계하였다.
③ 맹자는 백성들의 삶을 윤택하게 하기 위해 위정자가 염치를 실천할 것을 강조하였다.
④ 다산에 의하면 백성의 입장에서는 위정자가 몰염치한 것이 염치가 지나친 것보다 못하다.
⑤ 유교에서 강조하는 위정자의 염치는 정도와 관계없이 백성들의 안위를 우선시하는 것이다.

5. 다음 글에서 알 수 없는 것은?

2000년대 이후의 국내 소비 트렌드는 소비자의 성향과 경제 상황에 따라 시시각각 변화하고 있다. 2000년대에는 주식시장이 호황을 유지하였으므로 정부는 신용카드 사용을 장려하거나 국내 소비 진작을 위한 산업 구조를 형성하고자 하였고, 이에 따라 명품 위주의 소비나 브랜드 상품에 대한 소비가 증가하였다.

그러나 2008년 발생한 금융위기로 인해 과시적이고 고급화된 소비는 줄고 상품의 이용 가치를 중시하거나 혹은 미래보다 현재 상태의 행복을 위해 소비하는 경향이 생겨났다. 2010년대 초반에는 소비자들이 상품 구매 대신 상품 대여 또는 공유 등 비용 대비 효율적인 소비를 하는 경우가 많았다. 즉, 비용을 적게 지출하되, 그 비용 대비 효용성이 높은 상품을 찾으려 한다는 것이다. 이에 따라 임대·렌털 서비스가 확대되었고, IT 기술이 발전하며 중고거래 플랫폼이 활성화되었다.

2010년대 후반에는 소비를 자제하고 절약적인 태도를 유지하는 것에 피로감을 느낀 소비자들이 명품이 아닌 작은 규모의 고급 상품을 구입함으로써 소유 욕구를 충족시키는 경향이 나타났다. 또한 1인 가구가 증가하고 미래보다는 현재 자기 자신만의 행복을 중시하려는 경향이 강해짐에 따라 저축 대신 자기 계발이나 취미 생활에 아낌없이 투자하는 소비가 증가하였다.

2020년 이후에는 경기 불황이 지속되고 코로나 유행으로 비대면 생활이 활성화됨에 따라 개인 위주의 사회가 극소 단위로 파편화되었다. 이로 인해 배달 및 무인 주문과 같은 비대면 서비스가 확대되었고, 디지털 플랫폼이 더욱 발달함에 따라 스트리밍 및 구독 서비스가 활성화되었다. 이는 개인주의화된 소비자들이 한정된 비용으로 많은 경험을 하고 싶어 하고, 영구적인 구매보다는 일시적으로 상품을 이용하는 구독 소비 경향이 강해진 결과이다. 향후에도 비대면 생활과 개인주의적 사회 경향이 지속될 가능성이 높으므로 소비 트렌드 역시 개인 위주의 소비 문화로 심화되고, 한정된 비용으로 효율적으로 소비하는 경향이 두드러질 것이다.

① 2000년대에 성행하였던 소비 성향은 2020년대로 갈수록 그 소비 성향이 두드러지고 있다.
② 2010~2020년대의 소비 플랫폼 및 서비스가 크게 발달한 주요 요인은 디지털 기술의 발전에 있다.
③ 2020년대 이후의 소비 트렌드는 개인주의적인 소비 성향을 가진 소비자가 더 많아질 것이다.
④ 2010년대에는 효용성을 강조하는 소비 성향과 현재 자신의 행복을 위해 투자하려는 소비 성향이 함께 드러났다.
⑤ 2000년대에 고급화된 소비가 증가한 이유는 정부가 경제 흐름에 따라 소비 장려 정책을 추진하였기 때문이다.

6. 다음 글에서 알 수 있는 것은?

저출산 문제를 바라보는 시각은 크게 두 가지로 구분된다. 결혼과 출산의 비용이 높아진 것이 저출산의 원인이라고 보는 경제적 관점과 결혼과 출산에 대한 사회적 인식이 변화한 것이 저출산의 원인이라고 보는 사회적 관점이다.

경제적 관점을 취하는 학자들은 국가가 경제적 위기를 겪을 때마다 출산율이 급감하는 것을 근거로 출산과 경제력의 상관관계가 크다고 주장한다. 경제적 관점에서는 누구나 경제적으로 합리적인 결정을 내릴 것이라 전제하기 때문에 비용 대비 편익에 따라 개인의 선택이 좌우된다고 본다. 예를 들면 출산했을 때의 비용 대비 편익과 출산하지 않았을 때의 비용 대비 편익을 비교한 후 그 값이 더 큰 쪽을 선택하는 것이 경제적으로 합리적인 선택이다. 따라서 경제적 관점을 취하는 학자들은 저출산 문제를 해결하려면 출산했을 때의 비용 대비 편익이 출산하지 않았을 때보다 크도록 조정해야 한다고 주장한다.

반면 사회적 관점을 취하는 학자들은 경제적 편익보다 가족에 대한 인식의 변화가 저출산에 미치는 영향이 더 크다고 주장한다. 이들은 설문조사 결과를 바탕으로 다음과 같은 결론에 도달했다. 첫째로 결혼과 출산을 의무로 여기던 문화가 사라졌고, 둘째로 가부장제가 붕괴되면서 가사와 양육을 전담하는 여성의 역할이 사라졌으며, 셋째로 가족을 형성하는 것이 더 큰 행복을 가져다줄 수 있다는 인식이 낮아졌다. 따라서 사회적 관점을 취하는 학자들은 저출산 문제를 해결하려면 결혼과 양육에 대한 새롭고 긍정적인 인식을 형성하여 자발적으로 출산할 수 있는 문화적 배경을 만들어가는 것이 필요하다고 본다.

실제로 정부가 각 관점에 따라 적용했던 정책들은 그 결과에도 차이가 있었다. 경제적 관점에 따른 해결책은 저출산 추세를 신속하게 완화해 주었지만 출산율 증가폭이 작았고 장기간 지속되지 못했다. 반면에 사회적 관점에 따른 해결책은 저출산 추세가 매우 느리게 개선되었지만 출산율이 꾸준히 증가하며 오랫동안 지속되었다.

① 경제적 관점에 따르면 출산하지 않은 가정에 보조금을 지급하는 것은 저출산 문제 해결에 도움이 된다.
② 사회적 관점에 따르면 자발적인 출산 문화를 형성하지 못할 경우 저출산 문제를 해결할 수 없다.
③ 사회적 관점에 따르면 출산한 가정에 보조금을 지급하는 것은 저출산 문제 해결에 도움이 된다.
④ 정부가 결혼과 출산에 대한 긍정적인 인식을 형성시켰다면, 저출산 추세는 신속하게 완화되었을 것이다.
⑤ 정부가 출산했을 때의 비용 대비 편익을 높이기 위해 출산 가정에 보조금을 지원했다면, 저출산 추세가 매우 느리게 개선되었을 것이다.

7. 다음 글의 ㉠~㉤을 문맥에 맞게 수정한 것으로 가장 적절한 것은?

> 새로운 명제에 대해 우리가 판단할 수 있는 것은 그것을 기존의 지식 체계 또는 판단 체계와 비교했을 때 설명이 가능한지 불가능한지 여부뿐이다. 따라서 보편타당한 사실이라고 여겨지는 진리 역시 우리가 보편적으로 간주하는 지식 체계와 판단 체계에 불과하다. 새로운 지식 또는 판단이 우리가 진리로 여기는 지식과 판단에 부합하면 해당 명제는 참이 되고 그렇지 않으면 거짓이 되는 것이다. 즉, 진리의 기준은 고정적이다. 그래서 ㉠ 진리라는 잣대 속에서 명제의 참과 거짓 여부는 바뀌지 않는다.
>
> 하지만 기존의 지식 체계와 판단 체계는 어떻게 형성되는 것인가? 이는 끊임없는 관찰과 경험을 통해서 형성된다. 지구를 중심으로 태양이 공전하는 것이 아니라 태양을 중심으로 지구가 공전한다는 사실은 천문학자들이 직접 관찰하면서 얻은 지식이다. 이렇게 진리는 관찰과 경험이 축적되어 만들어진다. 결국 ㉡ 명제에 대한 관찰과 경험이 실제 사실과 일치할 때 그 지식 혹은 판단을 진리라고 할 수 있다. 하지만 그것을 어떻게 판단할 것인가? 관찰과 경험을 통해 얻은 명제의 참과 거짓 여부를 판단하기 위해서는 또 다른 진리가 필요한데, 결국 진리에 대한 정의를 내리기 위한 노력은 ㉢ 진리를 정의하기 위해 관찰과 경험에 의존할 수밖에 없다는 논리적 오류를 범하게 된다.
>
> 결국 진리를 정의하는 최선의 방안은 ㉣ 진리를 결과론적인 관점에서 정의하는 것이다. 어떤 명제가 진리인 이유는 해당 명제가 논리적으로 혹은 경험적으로 모순이 없기 때문이 아니라 해당 명제를 진리라고 정의하였을 때 현상을 설명하는 데 가장 유용한 결과가 도출되기 때문이다. 예컨대, '주기적인 독서가 창의력을 키운다'는 명제는 실제로 주기적인 독서가 창의력을 증진시켰으면 진리가 되고 그렇지 않으면 거짓이 되는 것이다. 즉, 여기에서 진리는 ㉤ 보편적인 것이 아니라 상황에 따라 결정되는 특수한 것이다.

① ㉠을 '상황에 따라 명제의 참과 거짓 여부가 바뀐다'로 수정한다.

② ㉡을 '명제에 대한 이성과 판단이 기존의 지식 체계에 부합할 때'로 수정한다.

③ ㉢을 '진리를 정의하기 위해 진리를 정의해야 한다는'으로 수정한다.

④ ㉣을 '진리를 사회적 합의에 따라 정의하는 것이다'로 수정한다.

⑤ ㉤을 '기존의 지식 체계에서 벗어나지 않는 보편적인 것이다'로 수정한다.

8. 다음 글의 (가)와 (나)에 들어갈 말을 짝지은 것으로 가장 적절한 것은?

> 제주도에 사는 사람 중에 머리카락의 개수가 같은 사람이 있을까? 이 질문에 답하기 위해서 제주도에 사는 사람들의 머리카락 개수를 일일이 세어볼 필요는 없다. 비둘기 (n+1)마리가 n개의 비둘기집에 들어간다면, 2마리 이상의 비둘기가 들어간 비둘기집이 적어도 하나는 있다는 비둘기집 원리로 증명할 수 있기 때문이다. 평균적으로 머리카락 개수는 10~12만 개라고 알려져 있다. 편의상 머리카락 개수의 최댓값을 12만 개라고 하면 사람의 머리카락 개수로는 0개부터 12만 개까지가 가능하고, 제주도 인구는 67만 명이 넘으므로 머리카락 개수가 같은 사람이 반드시 존재한다는 것을 알 수 있다. 다르게 표현해보면 n > m일 때, n개의 물건을 m개의 상자에 나누어 담을 경우 물건이 가장 적게 들어가는 상자에는 n/m개 이하의 물건이 담기게 된다. 이때 n/m이 정수로 나누어떨어지지 않으면 소수점 이하는 (가) .
>
> 또 다른 예를 살펴보자. 불특정 다수의 사람이 모인 자리에서 임의로 2명을 고르면 그 둘은 서로를 아는 사이거나 모르는 사이일 것이다. 그렇다면 아래의 (1)은 참일까, 거짓일까?
>
> (1) 임의의 6명이 모였을 때 모두 서로를 아는 사이인 사람이 적어도 3명 존재하거나, 모두 서로를 모르는 사이인 사람이 적어도 3명 존재한다.
>
> 6명의 사람을 각각 A, B, C, D, E, F라고 할 때, A~C 3명이 모두 서로를 아는 사이라는 것은 A와 B, A와 C, B와 C 각각이 서로를 안다는 것이다. (1)의 참·거짓을 판단하기 위해서는 먼저 A를 기준으로 서로 아는 사이인 사람과 서로 모르는 사이인 사람으로 나누어 본다. 사람은 B~F 5명이고 이들을 아는 사람과 모르는 사람 둘로 나누는 것이므로, 비둘기집 원리에 의해 둘 중 한쪽은 적어도 3명이 된다. 예컨대 A와 B, A와 C가 서로 아는 사이라면 A는 D, E, F와는 서로 모르는 사이인 것이다. 이때 D, E, F를 기준으로 또다시 서로 아는 사이와 서로 모르는 사이를 나누어 본다. 이들 중 두 사람이 서로를 모를 수 있다. 이를테면 D와 E, D와 F는 서로를 알고, E와 F는 서로를 모르는 식이다. 그런데 어쩌면 이들 세 사람이 모두 서로서로 알 수도 있다. 그 두 가지 경우를 고려해보면 ' (나) .'라는 결론을 도출할 수 있다.

① (가): 버림을 하면 된다
(나): (1)은 참이다

② (가): 올림을 하면 된다
(나): (1)은 참이다

③ (가): 버림을 하면 된다
(나): (1)은 참일 수도 있고, 거짓일 수도 있다

④ (가): 올림을 하면 된다
(나): (1)은 거짓이다

⑤ (가): 버림을 하면 된다
(나): (1)은 거짓이다

9. 다음 글의 빈칸에 들어갈 내용으로 가장 적절한 것은?

베이즈주의는 행위자가 어떤 이론의 증거를 신뢰하는 정도를 확률로 나타낸 후, 확률의 높고 낮음을 통해 이론의 증거가 과학 이론을 입증하는지 판단하는 것을 말한다. 베이즈주의에 따르면 새로운 증거가 제시되어 행위자의 배경지식에 변화가 발생하였을 경우, 증거에 대한 신뢰도는 증가하거나 감소한다. 이때 신뢰도가 증가하였다면 해당 증거는 이론을 입증하고, 신뢰도가 감소하였다면 해당 증거는 이론을 반증한다.

그런데 베이즈주의는 다음과 같은 문제점이 존재한다. 새로운 과학 이론을 입증하는 데 반드시 새로운 증거가 사용되지는 않는다는 것이다. 이는 아인슈타인이 일반 상대성 이론을 발견한 과정을 통해 설명할 수 있다. 일반 상대성 이론을 고안한 아인슈타인은 태양의 주위를 공전하는 수성이 태양과 가까운 위치인 근일점으로 이동한다는 사실을 통해 수성이 근일점으로 이동할 때 태양의 중력이 주위의 공간에 변형을 일으킨다는 결론을 이끌어 냈다. 즉, 수성의 근일점 이동이라는 기존의 과학적 배경지식을 토대로 새로운 이론을 고안한 것인데, 이에 따라 수성의 근일점 이동은 일반 상대성 이론을 입증하는 증거가 되었다. 그런데 수성의 근일점 이동은 이미 19세기 과학자들에 의해 발견된 과거의 증거이고, 일반 상대성 이론은 20세기에 제시된 이론이기 때문에 20세기 과학자에게 수성의 근일점 이동은 새로운 증거가 아니다. 따라서 과학사에서 많은 과학자들은 일반 상대성 이론이 입증된 이론이라고 생각하지만, 베이즈주의에 따르면 일반 상대성 이론은 수성의 근일점 이동으로 입증되지 않는다. 왜냐하면 [　　　].

① 수성의 근일점 이동에 관한 지식이 배경지식에 변화를 가져오지 않기 때문이다
② 수성의 근일점 이동은 19세기에 발견되었지만, 이론을 입증할 증거로 활용될 수 있기 때문이다
③ 과학자들에게 중력이 시·공간에 영향을 준다는 사실은 과학 이론으로 입증되지 않았기 때문이다
④ 과거의 지식이 제시되는 경우 과학 이론에 대한 신뢰도가 오히려 감소하기 때문이다
⑤ 수성의 근일점 이동에 관한 지식은 20세기 과학자의 배경지식에 이미 포함되어 있어 신뢰도가 증가하기 때문이다

10. 다음 글의 빈칸에 들어갈 내용으로 가장 적절한 것은?

흔히 머리를 많이 쓰는 일을 하고 난 후 사람들은 판단력이 흐려진다고 느낀다. 그 원인에 대해 정확히 밝혀진 바는 없으나 파리 뇌 연구소의 한 실험은 이 현상의 과학적 메커니즘을 밝히는 데 중요한 통찰을 제공한다. 실험은 다음과 같이 진행되었다. 연구팀은 40명의 실험 참가자를 두 집단으로 나누어 한 집단은 쉬운 인지적 과제를, 다른 집단은 어려운 인지적 과제를 수행하도록 했다. 연구팀은 참가자들이 과제를 수행하는 동안 자기공명 분광법을 이용해 뇌 활동을 관찰했으며, 참가자들은 6시간이 넘는 시간 동안 과제를 수행했다. 관찰 결과, 어려운 과제를 수행한 집단은 쉬운 과제를 수행한 집단보다 뇌의 전전두엽 피질에서 더 많은 글루타메이트가 분비되었다. 글루타메이트는 신경전달물질로, 과도하게 축적될 시 뉴런 간 통신을 방해하고 독성 효과를 일으킬 수 있다. 이는 의사결정 통제력 감소로도 이어질 수 있다.

동시에 참가자들의 객관적 피로도와 의사결정의 통제력을 확인하기 위해 연구팀은 한 가지 결과를 더 살펴보았다. 연구팀은 참가자들에게 과제를 마친 후 당장 더 적은 금전적 보상을 받을 것인지, 나중에 더 많은 금전적 보상을 받을 것이지 선택하도록 했다. 이를 확인한 이유는 보상의 지연은 참가자들에게 충동성을 억제하는 인지적 노력을 기울이도록 요구하는데 피로가 쌓이면 인지적 노력을 기울이도록 하는 의사결정 통제력이 낮아지기 때문이다. 선택 결과, 어려운 과제를 수행한 사람들은 나중에 더 많은 금전적 보상을 받는 것보다 당장 조금 더 적은 금전적 보상을 선택하는 충동적 경향이 높았다. 이러한 실험의 결과는 어려운 과제를 수행한 집단에서 객관적으로 높은 피로도를 경험했으며 그로 인해 인지적 노력의 수준이 낮아졌음을 보여준다. 즉, 글루타메이트로 인한 의사결정 통제력 감소가 선택에 영향을 미쳤을 것으로 추정된다.

사람들은 어려운 인지적 과제를 수행한 후 피로감을 느끼며 쉬고 싶다고 생각한다. 이에 따르면 어려운 과제 해결 과정에서 발생하는 피로감은 [　　　] 될 수 있는 것이다.

① 사람들이 어려운 인지적 과제를 기피하도록 만드는 결정적인 요인이
② 과제를 수행함으로써 활발해진 뉴런 간 통신으로 인해 발생하는 자연스러운 현상이
③ 어려운 인지적 과제에 대해 더 많은 경제적 보상을 요구하게 되는 원인이
④ 전전두엽 피질에서 억제된 글루타메이트로 인한 복합적인 생물학적 현상이
⑤ 뉴런에 잠재적으로 해로운 글루타메이트의 과도한 축적을 방지하려는 뇌의 자기 보호 전략이

11. 다음 대화의 (가)와 (나)에 들어갈 말을 짝지은 것으로 가장 적절한 것은?

갑: 커피전문점 프랜차이즈 업계의 친환경 경영 흐름에 발맞추어 자사도 재활용 가능한 종이 빨대를 도입하고자 합니다. 그래서 종이 빨대를 제조하는 A, B, C, D 4개의 회사 중 어떤 곳을 납품 업체로 선정할지 검토하였습니다. 이에 따라 A와 B 모두를 선정하지 않을 경우에만 D를 선정할 예정입니다.
을: C를 선정하거나 D를 선정하지 않기로 했다고 들었는데, 사실인가요?
갑: 네, 맞습니다.
을: 그렇다면 D는 선정하지 않겠군요.
갑: (가) 때문이죠?
을: 그렇습니다.
갑: 말씀드리는 것을 깜빡하였는데, D를 선정하지 않을 경우 A를 선정하지 않거나 C를 선정해야 합니다. 그리고 (나) 는 점도 확정되었습니다.
을: 지금까지 말씀하신 것이 모두 참이라면 B는 선정하게 되겠군요.

① (가): C를 선정하면 B도 선정해야 하기
(나): A를 선정한다
② (가): C를 선정하면 B도 선정해야 하기
(나): C를 선정하지 않는다
③ (가): B를 선정하면 C도 선정해야 하기
(나): A를 선정하지 않는다
④ (가): A와 B 중에서 적어도 한 업체는 선정해야 하기
(나): A를 선정한다
⑤ (가): A와 B 중에서 적어도 한 업체는 선정해야 하기
(나): C를 선정한다

12. 다음 글의 내용이 참일 때, 반드시 선발되는 사람은?

A교육청에서는 사무관 임용 대상자를 심사승진제로 선발할 예정이다. 승진심사 대상자는 갑, 을, 병, 정, 무 5명으로 사무관 임용 대상자를 선발하는 조건은 다음과 같다.

○ 갑과 정 가운데 적어도 한 명은 선발한다.
○ 을을 선발하지 않으면 병을 선발하고, 을을 선발하면 정을 선발하지 않는다.
○ 갑을 선발할 경우 병과 무 모두를 선발한다.

① 갑
② 을
③ 병
④ 정
⑤ 무

13. 다음 글의 내용이 참일 때 반드시 참인 것은?

> A 부처는 공직가치 내재화를 위해 청렴성, 공익성, 도덕성 각각을 주제로 한 강의를 연달아 진행하며, 소속 공무원이 자유롭게 강의를 수강할 수 있도록 했다. 3개의 강의가 모두 끝난 후 A 부처 소속 공무원 갑~정은 다음과 같이 말했다.
>
> ○ 갑: 병은 청렴성 강의를 수강했고, 정의 말은 거짓이다.
> ○ 을: 병은 어떤 강의도 수강하지 않았다.
> ○ 병: 정은 도덕성 강의를 수강했다.
> ○ 정: 을의 말이 거짓이거나 갑은 공익성 강의를 수강했다.
>
> 추후 사실관계를 확인해 보니 갑~정이 수강한 강의에 3개가 모두 포함되어 있었으나 2개 이상의 강의를 수강한 사람은 없었고, 갑~정 중 1명만이 거짓을 말했다.

① 갑은 도덕성 강의를 수강했다.
② 갑은 청렴성 강의를 수강했다.
③ 을은 청렴성 강의를 수강했다.
④ 병은 도덕성 강의를 수강했다.
⑤ 정은 공익성 강의를 수강했다.

14. 다음 글에 대한 분석으로 적절한 것만을 〈보기〉에서 모두 고르면?

> 행복한 삶이란 무엇일까? 어떤 사람은 성공하여 부와 명예를 얻는 것이 행복한 삶이라고 한다. 그러나 나는 ㉠ 후회 없는 삶만이 행복한 삶이라고 생각한다. 많은 사람들은 과거에 대한 후회를 안고 살아간다. 이러한 후회는 더 나은 미래를 위한 밑거름으로 작용할 수도 있지만, 대부분 과거에 대한 후회에 사로잡혀 현재를 즐겁고 행복하게 살지 못하게 한다. 그렇기 때문에 삶은 우리가 원하는 방향으로 흘러가지 않는다는 것, 때로는 예상치 못한 결과를 마주할 수도 있다는 사실을 받아들여야 한다. 즉, ㉡ 삶에 있어서 우리에게 취약한 점이 있다는 사실을 인정하면, 현재를 즐기면서 살 수 있다. 이것은 ㉢ 현재라는 선물을 즐기면서 사는 것이 행복한 삶이라는 의미이며, 결국 ㉣ 현재를 즐기면서 사는 것이 후회 없는 삶이다. 만약 ㉤ 행복한 삶이 아니라면, 삶에 있어서 우리에게 취약한 점이 있다는 사실을 인정하지 못하고 있는 것이다.

〈보 기〉

ㄱ. ㉠과 ㉢이 참일 경우, ㉣은 반드시 참이 된다.
ㄴ. ㉡과 ㉤이 참이라고 할지라도, ㉢이 반드시 참이 되는 것은 아니다.
ㄷ. ㉠과 ㉤이 참일 경우, "삶에 있어서 우리에게 취약한 점이 있다는 사실을 인정하는 것이 후회 없는 삶이다."를 도출할 수 있다.

① ㄱ
② ㄴ
③ ㄱ, ㄷ
④ ㄴ, ㄷ
⑤ ㄱ, ㄴ, ㄷ

15. 다음 글에서 추론할 수 있는 것은?

대통령 선거나 지방 선거를 앞두고 자주 시행되는 여론조사의 경우 주로 전화조사 방법을 활용한다. 이러한 전화조사 방법은 조사원이 직접 설문을 하는지 여부에 따라 자동응답(Auto Response System, ARS) 전화조사와 CATI (Computer Assisted Telephone Interviewing) 전화조사로 나뉜다. 자동응답 전화조사는 조사원이 아닌 기계가 설문하는 방식이다. 미리 조사 내용을 컴퓨터 음성 데이터로 입력해두고, 응답자가 전화를 받으면 이를 자동으로 송출한다. 전화를 받은 응답자는 전화기의 숫자 버튼을 누름으로써 설문에 답할 수 있다. 자동응답 전화조사를 활용하면 사람이 직접 응대하지 않아도 되고, 한꺼번에 여러 회선을 돌리며 조사를 진행할 수 있기 때문에 적은 비용을 사용하고도 전화조사를 할 수 있을뿐더러 응답 결과를 컴퓨터가 수집하여 자동으로 분석할 수 있다는 장점이 있다.

CATI 전화조사는 컴퓨터를 활용하여 숙련된 조사원이 직접 설문하는 방식이다. 무작위 데이터베이스에서도 컴퓨터로 정교하게 표본을 추출할 수 있어 표본의 대표성이 높은 편이다. 또한 컴퓨터를 통해 응답 결과가 자동으로 저장되는 것은 물론, 무응답인 경우 그 이유가 응답자 거절인지, 전화번호가 사용 불가한 것인지 등을 실시간으로 집계함으로써 조사의 신뢰도를 높일 수 있다. 기계가 아닌 사람이 조사를 하기 때문에 응답자의 정서적인 거부감이 덜하여 응답률이 높은 편이다. 이 외에도 CATI 여론조사는 조사원의 모니터에 설문 내용 띄우기, 응답자의 응답 결과를 키보드로 바로 입력하기, 조사 문항 순서를 매번 변경하는 등 진행 과정에서 컴퓨터를 두루 활용한다.

같은 전화조사 방법을 활용하더라도 어떤 번호를 사용하는지에 따라 정확도와 신뢰도에 차이가 발생하기도 한다. 보통 숫자를 무작위로 조합하여 전화번호를 만드는 무작위 전화 걸기(Random Digit Dialing, RDD) 방식을 사용해 왔는데, 임의로 생성되는 번호의 수가 매우 많고 원하는 지역 또는 원하는 성별을 특정할 수 없기 때문에 오로지 유권자의 응답에 의존하여야 한다는 한계가 있었다. 이에 반해 선거여론조사심의위원회를 통해 주요 통신사로부터 원하는 지역 유권자들의 휴대전화 가상번호를 구입하여 해당 번호로 조사하는 가상번호 전화 걸기 방식은 가상번호를 구입해야 하기 때문에 무작위 전화 걸기 방식 대비 조사 비용은 많이 들지만, 정확도는 훨씬 높은 편이다. 또한 실제 통신사를 이용하는 이용자의 번호로 조사하는 것이므로 응답률이 높아 더 유효한 결과를 얻을 수 있다.

① 자동응답 전화조사는 CATI 전화조사보다 저렴한 비용으로 높은 응답률을 낼 수 있다.
② CATI 여론조사는 조사원이 직접 통화하며 설문하므로 조사의 신뢰도를 높일 수 있다.
③ 무작위 전화 걸기는 특정 지역의 경향을 분석하기에 적절하다.
④ 가상번호 전화 걸기는 주요 통신사가 아닌 사용자들을 배제함으로써 통신사별 편향을 최소화한다.
⑤ 응답자의 응답률이 높을수록 조사의 신뢰도도 높아진다.

16. 다음 글에서 추론할 수 있는 것만을 〈보기〉에서 모두 고르면?

우리 눈은 가시광선을 파장에 따라 다른 색으로 감지한다. 파장이 긴 빛은 우리 눈에 붉은색으로 인지되고, 파장이 짧은 빛은 우리 눈에 푸른색으로 인지된다. 빛은 물체에 반사되거나 흡수되는 성질이 있으며, 이 반사된 빛에 따라 우리가 색채를 인지하게 된다. 어떤 파장대의 빛이 반사되고 흡수될지는 보통 색소에 의해 결정되기 때문에 장파장의 빛을 많이 흡수하는 색소라면 우리 눈에는 푸른색에 가깝게 느껴지고, 단파장의 빛을 많이 흡수하는 색소라면 우리 눈에는 붉은색에 가깝게 느껴지게 된다. 예를 들어 사과는 표면의 색소가 붉은 파장대의 빛을 반사하고 다른 파장대의 빛을 흡수하기 때문에 빨간색으로 보이게 되는 것이다.

동물의 체색은 체내에서 생성된 색소의 종류와 양에 의한 것이지만, 색소가 아닌 물리적 구조에 기인하는 구조색도 있다. 구조색은 표면의 미세구조로 인해 빛이 간섭, 산란, 회절 현상을 일으켜 나타나는 색이다. 자연계에서 파란색 색소를 가진 경우는 흔치 않기 때문에 파란색을 띠는 동물은 구조색에 의한 것일 확률이 높다. 밝고 선명한 파란색을 띠는 모르포 나비는 구조색의 대표적인 예로, 과거에는 모르포 나비로부터 색소를 추출하려는 시도도 있었다. 모르포 나비의 날개를 현미경으로 확대해보면 표면에 기와지붕처럼 규칙적으로 배열된 구조를 확인할 수 있다. 이 구조에 의해 빛이 입사하면 빛의 보강 간섭과 상쇄 간섭이 일어나, 보강 간섭을 일으키는 파장의 빛은 반사되고 상쇄 간섭을 일으키는 파장의 빛은 층을 투과해 소멸됨으로써 우리 눈에 파란색으로 보이는 것이다.

한편 미세구조에 의해 표면이 구조색을 띠더라도 대부분은 그 아래에 색소가 존재하며, 구조색과 색소가 합쳐져서 색이 발현된다. 공작새의 깃털은 갈색 색소로 이루어져 있지만, 미세한 주름에 의해 빛의 회절이 일어나 푸른색을 띤다. 또한, 색소에 의한 색은 어떤 각도에서 보더라도 동일하게 인지되는 것과 달리, 구조색은 관찰자의 위치에 따라 다른 색으로 보일 수 있다. 그러나 주변 환경에 맞춰 피부색을 바꾸는 카멜레온과 같이 관찰자의 위치나 빛의 입사각이 아닌 스스로 색깔을 바꾸는 경우도 있다. 카멜레온의 피부에는 빛을 반사하는 2개의 층이 있어 피부를 당기거나 느슨하게 하여 나노 결정의 격자구조를 바꾸면, 흡수 및 간섭 현상이 일어나는 빛의 파장대도 변화하여 피부의 색이 바뀌게 된다.

〈보 기〉

ㄱ. 사람의 눈으로 보기에 파란색의 체색을 갖는 동물의 경우 체내에서 색소가 생성되지 않을 것이다.
ㄴ. 모르포 나비의 날개 표면에 빛을 비추면 파란빛의 파장은 보강 간섭을, 나머지 빛의 파장은 상쇄 간섭을 일으킬 것이다.
ㄷ. 카멜레온은 다양한 파장대의 빛을 흡수 또는 반사하는 색소를 가지고 있을 것이다.

① ㄱ ② ㄴ ③ ㄷ
④ ㄱ, ㄷ ⑤ ㄴ, ㄷ

17. 다음 글의 〈실험〉에 대한 판단으로 적절한 것만을 〈보기〉에서 모두 고르면?

지각 체계는 외부에서 유입되는 수많은 정보들을 선택적으로 처리하기 때문에, 선택한 정보는 집중적으로 분석되고 나머지는 무시된다. 그러나 특정 정보를 처리할 때 다른 정보가 방해하는 경우가 있다. 이러한 정보들 간의 경쟁은 단어-색깔 스트룹 과제에서 확인된다. 이 스트룹 과제에서 참가자는 제시된 단어를 보고 글자의 색깔을 말해야 한다. 즉, 파란색 잉크로 쓴 '파랑', 빨간색 잉크로 쓴 '파랑', 초록색 잉크로 쓴 '의자'라는 단어가 제시되면 각각 파랑, 빨강, 초록이라고 말하는 식이다. 그런데 이 세 가지 조건에서 반응 속도가 상이하다. 색깔과 무관한 단어인 경우를 중립 조건이라 하고, 단어가 지칭하는 색깔과 잉크 색깔이 같은 경우를 일치 조건, 다른 경우를 불일치 조건이라 하면 일치 조건일 때 반응 시간이 가장 짧고 불일치 조건일 때 반응 시간이 가장 길다. 의미적 간섭 효과로 인하여 의식적으로 처리되는 과정과 자동으로 처리되는 과정 간에 갈등이 발생하기 때문인데, 이러한 현상을 스트룹 효과라고 한다. 이와 관련하여 한 연구자는 불일치 조건일 때 반응 속도에 영향을 주는 요소를 알아보기 위하여 다음과 같은 실험을 진행하였다.

〈실 험〉

실험 참가자는 화면의 중앙에 표시되는 도형의 색깔을 말해야 하며, 그 왼쪽에는 도형과 다른 색깔을 지칭하는 단어가 함께 표시된다. 예를 들어 중앙에 빨간색 도형이 있고, 그 왼쪽에는 '파랑'이라는 단어가 표시된다. 이때 도형 오른쪽의 단어 표시 여부 및 그 내용은 다음과 같다.

○ A: 아무것도 표시되지 않는다.
○ B: 왼쪽에 있는 단어와 동일한 단어가 표시된다.
○ C: '의자' 등 색깔과 무관한 단어가 표시된다.
○ D: '의자' 등 색깔과 무관한 단어가 상하 반전되어 표시된다.

A~D의 네 가지 경우를 무작위로 섞어 반복 시행하고, 화면이 나온 후 색깔을 말하기까지의 반응 시간을 측정하였다. 그 결과 반응 시간이 가장 짧은 것은 C였고, 가장 긴 것은 B였다. 그리고 A의 반응 시간은 D보다는 길고, B보다는 짧았다.

〈보 기〉

ㄱ. A와 B의 반응 시간 차이는 불일치 조건의 중복이 스트룹 효과를 증가시킨다는 가설을 강화한다.
ㄴ. A와 C의 반응 시간 차이는 중립 조건이 불일치 조건의 의미적 간섭 효과를 희석한다는 가설을 강화한다.
ㄷ. C와 D의 반응 시간 차이는 불일치 조건에서 중립 조건이 추가될 경우, 추가 조건의 가독성이 낮을수록 방해 자극의 영향력을 약화시키는 효과가 있다는 가설을 강화한다.

① ㄱ ② ㄷ ③ ㄱ, ㄴ
④ ㄴ, ㄷ ⑤ ㄱ, ㄴ, ㄷ

18. 다음 글에서 추론할 수 있는 것은?

적당한 운동은 수면에 도움을 주는 것으로 알려져 있으며, 불면증을 해소하기 위한 방법의 하나로 가벼운 운동을 권하기도 한다. 한 연구팀은 운동이 수면에 어떤 영향을 주는지 알아보기 위해 다음과 같은 실험을 수행하였다. 먼저 참가자를 A~D의 네 개의 그룹으로 나누어 다음과 같이 운동 방식을 다르게 하였다.

A 그룹은 일주일에 3회씩, 한 번 운동할 때마다 1시간 동안 달리기, 수영, 자전거 타기 등과 같은 유산소 운동만 하였다. B 그룹은 일주일에 3회씩, 한 번 운동할 때마다 1시간 동안 웨이트 머신을 이용하거나 런지, 스쾃을 하는 등 근력 운동만 하였다. C 그룹은 일주일에 3회씩, 한 번 운동할 때마다 1시간 동안 운동을 하되, 유산소 운동과 근력 운동을 각 30분씩 하였다. D 그룹은 운동을 전혀 하지 않았다.

총수면 시간의 증가는 수면의 질이 개선되었음을 나타내므로 실험 전후의 총수면 시간 변화를 조사하였는데, 총수면 시간이 A 그룹은 평균 23분, B 그룹은 평균 40분, C 그룹은 평균 17분 늘었으며, D 그룹은 유의미한 변화가 없었다. 이때 운동을 한 그룹 내에서도 평소에 잠을 잘 자는 사람보다 잠을 잘 자지 못하는 사람들의 수면 시간 증가 폭이 더 크게 나타났다. 한편 총수면 시간과 더불어 수면의 질이 개선되었는지를 판단할 수 있는 수면 중 깨어나는 횟수를 확인해본 결과, B 그룹과 C 그룹은 자다가 깨어나는 횟수가 줄어들었으며, 나머지 두 그룹은 변화가 없었다.

① 유산소 운동과 근력 운동을 병행하는 경우 근력 운동을 먼저 해야 수면의 질 개선에 도움이 된다.
② 유산소 운동으로 수면 시간이 늘어나는 효과를 내기 위해서는 1시간 이상 유산소 운동을 해야 한다.
③ 밤에 자다가 자주 깨는 사람은 근력 운동만 하는 것보다 유산소 운동과 근력 운동을 병행하는 것이 좋다.
④ 수면의 질을 높이기 위해 한 가지 운동을 한다면, 유산소 운동보다는 근력 운동을 하는 것이 더 효과가 있다.
⑤ 운동을 통한 수면의 질 향상 효과는 평소 잠이 부족한 사람보다 잠을 충분히 자는 사람에게서 더 크게 나타난다.

[19 ~ 20] 다음 글을 읽고 물음에 답하시오.

> 인간이 다른 동물과 구별되는 특징 중 하나는 문화를 가졌다는 것이다. 그리고 문화를 형성하는 데에 중요한 역할을 하는 것 중 하나는 정교한 모방능력으로, 모방을 통해 지식과 기술을 학습하고 다음 세대에 전수하며 문화를 형성할 수 있었다. 동물 집단에서도 모방 행동이 발견되므로 동물에게도 문화가 존재한다는 주장이 있다. 그 근거가 되는 것은 한 원숭이가 흙이 묻은 고구마를 물에 씻어 먹자, 흙이 묻은 고구마를 그냥 먹던 다른 원숭이도 하나둘 이 행동을 따라 했고 다음 세대의 원숭이들도 고구마를 물에 씻는 행동을 했다는 사례이다. 하지만 참된 모방은 다른 개체의 행동을 관찰하고 새로운 행동 방식을 배우는 것이다. 원숭이는 원래 고구마를 집을 수도, 물을 이용할 수도 있으므로 고구마를 씻어 먹는 행동이 새로운 행동 방식을 배운 것은 아니다. 따라서 ㉠ 고구마를 씻는 원숭이의 사례를 참된 모방이라 할 수는 없으며, 단순히 자극에 의해 강화된 행동이므로 사회적 학습의 일종인 자극 강화로 봐야 한다.
>
> 그렇다면 동물의 모방 행동은 인간의 참된 모방과 어떤 차이가 있을까? 모방을 통한 학습에 있어 인간과 침팬지의 차이를 비교한 실험이 있다. 실험은 아이와 침팬지에게 상자를 이용한 행동을 보여준 뒤 모방 수준을 확인하는 것이었다. 상자는 안쪽에 칸막이가 있어 윗부분과 아랫부분이 분리되어 있고, 이러한 내부 구조를 볼 수 없는 불투명한 소재로 만들어졌다. 그리고 상자 윗부분에는 내부로 통하는 구멍과 그 구멍을 막고 있는 나뭇조각이 있으며, 아랫부분에는 문이 있어 이 문을 열면 사탕을 꺼낼 수 있게 되어 있다. 실험자는 빗장을 풀듯이 막대기로 상자 위에 있는 나뭇조각을 쳐서 옮긴 후, 아랫부분에 있는 문을 열고 사탕을 꺼냈다. 이 과정을 지켜본 아이와 침팬지는 시범 보여준 것과 동일하게 행동하고 나서 보상인 사탕도 획득하였다. 이번엔 동일한 장치가 되어 있으나 내부 구조를 들여다볼 수 있는 투명한 상자로 동일하게 시범을 보여주었다. 그러자 침팬지는 보상을 얻는 데에 상자 윗부분이 불필요함을 ((가)) 것처럼, ((나)) 사탕을 꺼내 먹었다. 반면에 아이들은 상자가 불투명할 때와 ((다)) 행동했다. 이 실험 결과에 따르면 ㉡ 침팬지와 같은 동물은 절차보다 목적에 집중하고, 인간은 불필요한 행위일지라도 정확하게 모방하려 한다. 그러한 인간의 모방능력은 문화를 축적하고 다음 세대로 이어지게 하는 동력이 되었다.
>
> 이런 모방이 가능한 이유는 거울뉴런이 있기 때문이다. 거울뉴런은 다른 개체의 행위를 관찰하는 동안에 자신이 직접 그 행위를 할 때와 동일하게 활성화되는 신경세포로, 거울뉴런 때문에 타인의 행동과 감정을 자신의 것처럼 느끼고 그 행위를 모방할 수 있다. 거울뉴런의 존재는 원숭이가 특정 행동을 할 때 활성화되는 뉴런을 연구하는 과정에서 밝혀졌다. 한 연구진이 손으로 물건을 집는 모습을 지켜보는 동안에 원숭이의 뉴런이 직접 물건을 집을 때와 동일한 반응을 보인 것이다. 이를 통해 연구진은 원숭이의 뇌에서 전두엽과 두정엽에 거울뉴런이 존재한다고 주장하였다. 인간의 거울뉴런이 존재하는 위치도 원숭이의 경우와 비슷하지만, 더욱 다양한 영역에서 복잡하게 나타난다. 그렇기 때문에 ㉢ 원숭이와 같은 동물은 단순한 행동의 모방만 가능한 반면에 인간은 다양한 종류의 정보를 이해하고 모방할 수 있다.

19. 위 글의 (가)~(다)에 들어갈 말을 적절하게 나열한 것은?

	(가)	(나)	(다)
①	이해한	상자 위의 나뭇조각을 옮긴 뒤에	동일하게
②	이해하지 못한	상자 위의 나뭇조각을 옮긴 뒤에	반대로
③	이해한	바로 문을 열고	반대로
④	이해하지 못한	바로 문을 열고	반대로
⑤	이해한	바로 문을 열고	동일하게

20. 위 글의 ㉠~㉢에 대한 평가로 적절한 것만을 〈보기〉에서 모두 고르면?

〈보 기〉

ㄱ. 처음 고구마를 씻어 먹은 원숭이와 밀접한 원숭이부터 그 행동을 따라 하기 시작하였다는 점에서 고구마를 씻는 원숭이 사례는 사회적 학습의 형태를 띤다는 사실은 ㉠을 약화한다.

ㄴ. 원숭이에게 몇 가지 행동을 보여주고 따라 하게 하자 목적과 결과의 상관관계가 분명한 행동은 곧잘 따라 했으나 의미 없는 행동은 잘 따라 하지 못했다는 실험 결과는 ㉡을 약화하지 않는다.

ㄷ. 전두엽이 거울뉴런의 작용에 있어 중요한 역할을 하는데, 원숭이에 비해 인간의 전두엽 발달 정도가 월등히 높다는 사실은 ㉢을 강화한다.

① ㄱ

② ㄴ

③ ㄱ, ㄴ

④ ㄴ, ㄷ

⑤ ㄱ, ㄴ, ㄷ

21. 다음 대화의 ㉠으로 적절한 것만을 〈보기〉에서 모두 고르면?

갑: 오늘 회의에서는 우리 A시에서 운영하는 공공자전거 대여 서비스의 이용률을 높이기 위해 개선이 필요한 부분에 대해 논의해보려고 합니다. 이와 관련한 의견을 자유롭게 말씀해 주시기 바랍니다.

을: 대여 장소와 반납 장소가 달라도 되는 공공자전거 대여 서비스의 특성상, 대여율이 높은 일부 대여소에서는 자전거가 없어 불편하다는 이용자들의 민원이 지속적으로 들어오고 있습니다. 따라서 실시간으로 대여소별 현황을 파악해 비어있는 대여소로 자전거를 운반하는 인력을 확충하고, 보유 자전거가 부족한 대여소에 반납하는 이용자에게는 다음번 대여 시 사용 가능한 포인트를 지급하는 등 대여소별 자전거 재분배 문제에 초점을 맞춰야 할 것 같습니다.

병: 공공자전거는 평일 퇴근 시간대 이용자가 많은데, 자전거의 야간 운행 안전성이 낮은 점이 공공자전거 이용률에도 영향을 준 것이 아닐까요? 공공자전거에 전조등이나 후미등과 같은 조명등을 보강하고, 자전거도로에 야간조명을 설치하는 등 인프라 측면에서 개선된다면 시민들도 공공자전거에 대해 긍정적인 인식을 갖고 활발하게 이용할 수 있을 것입니다.

정: 현재는 이용 연령대가 20대에 집중되어 있으므로 보다 다양한 연령대의 이용자를 확보해야 한다고 생각합니다. 특히 작년부터 A시 공공자전거 대여 서비스는 연령 제한을 하향 조정하고, 체구가 작은 청소년을 위한 소형 자전거도 확충하였습니다. 이와 함께 청소년 요금 할인 제도도 도입한다면 10대 청소년 이용자가 크게 늘어 전체 이용률이 높아질 것으로 기대됩니다.

갑: 좋은 아이디어가 많이 나왔네요. 회의에서 제안된 내용을 확인하기 위해 ㉠필요한 자료를 조사한 뒤에, 구체적인 개선 계획을 수립해 봅시다.

〈보 기〉

ㄱ. A시 공공자전거 대여 건수가 많은 상위 10% 대여소와 반납 건수가 많은 상위 10% 대여소 목록

ㄴ. A시의 자전거 교통사고 중 주간 시간대 발생률과 야간 시간대 발생률의 차이

ㄷ. A시 공공자전거 이용자 중 10대부터 20대까지의 이용자가 차지하는 비중

① ㄱ
② ㄴ
③ ㄱ, ㄴ
④ ㄱ, ㄷ
⑤ ㄴ, ㄷ

22. 다음 갑~병의 견해에 대한 분석으로 적절한 것만을 〈보기〉에서 모두 고르면?

갑: 죽음 이후에 의식이 존재할 수 있는가? 만약 의식이 존재하지 않는다면 죽음은 곧 소멸을 의미하게 될 것이다. 예전부터 영원히 소멸한다는 생각은 인간에게 죽음에 대한 근원적인 공포를 안겨다 주었고, 급기야 살아있는 사람이 죽었을 경우에만 알 수 있는 세계인 사후세계가 존재한다는 허구적 믿음을 갖게 하였다. 만약 죽은 뒤에도 생각하고 느낄 수 있다면, 우리는 육신을 떠나 존재할 수 있는 의식인 영혼이라는 개념을 받아들여야 한다. 그러나 우리의 의식은 뇌의 신경작용에서 비롯되었고, 뇌가 죽으면 의식도 존재하지 않게 된다. 따라서 영혼이란 사후세계와 같이 죽음의 공포를 이겨내기 위해 만들어진 허상일 뿐이다.

을: 의식은 생각하고 느낄 수 있는 독립된 단위이고, 뇌는 살아있는 동안 의식의 근원이 된다. 만약 의식이 소멸한다면 그 존재는 생각하고 느낄 수 없으므로 의미 없는 존재가 될 것이다. 그러나 우리는 죽더라도 의식이 소멸하지 않으므로 우리의 존재는 여전히 의미가 있다. 왜냐하면 우리가 살아가는 세상의 법칙으로는 설명할 수 없는 사후세계가 존재하고, 사후세계에서의 영혼은 죽은 사람의 뇌에 구속되지 않고, 무한히 존재할 수 있어 여전히 우리의 의식의 근원이 될 수 있기 때문이다. 따라서 우리는 사후세계에서 의식의 근원이 될 수 있는 영혼이라는 개념을 받아들일 수 있다. 즉, 사후세계는 존재하고 우리는 죽은 뒤에도 영혼을 통해 여전히 의미 있는 존재가 될 수 있다.

병: 죽은 생명체의 영혼들이 모이는 사후세계가 있다면 그 세계에는 영혼이 무한대로 유입되어야 한다. 그러나 영혼이 무한대로 늘어나는 세계는 존재하지 않고, 의식은 영혼이 있어야만 존재하므로 의식만 있고 영혼이 없는 세상도 존재할 수 없다. 따라서 영혼은 이 세상을 벗어나지 않고 순환한다. 만약 죽은 생명체의 영혼이 새로 태어나는 생명에 깃들 수 있다면, 영혼이 무한히 영속하는 세상을 설명할 수 있을 것이다. 왜냐하면 영혼은 영속하는 시간 동안 육신을 바꿔가며 의식의 근원이 되고, 생명체의 수는 일정하게 유지되기 때문이다.

〈보 기〉

ㄱ. 갑과 병 모두 사후세계는 존재하지 않는다고 본다.

ㄴ. 을은 뇌의 신경작용이 없더라도 의식이 존재하는 경우가 존재한다고 보지만, 갑은 그렇지 않다.

ㄷ. 을은 사후에 의식이 존재한다면 영혼도 반드시 존재한다고 보지만, 병은 그렇지 않다.

① ㄱ
② ㄷ
③ ㄱ, ㄴ
④ ㄴ, ㄷ
⑤ ㄱ, ㄴ, ㄷ

23. 다음 글의 ㉠~㉢에 들어갈 내용에 대한 설명으로 가장 적절한 것은?

간이과세 제도는 주로 소액 거래가 이루어지는 영세 사업자의 납세 편의를 위해 과세 방식을 간소화한 것으로, 일반과세를 적용받는 사업자보다 간이과세를 적용받는 사업자의 세 부담이 낮은 편이다. 일반과세자는 세전 부가가치 총액에 세율을 곱한 만큼의 부가가치세가 부과되는 반면에, 간이과세자의 부가가치세는 매출액의 일정 비율을 부가가치세액으로 산정하기 때문이다.

코로나19 방역 조치에 따른 소상공인의 경제적 타격을 보완하기 위하여 정부는 2021년부터 부가가치세 간이과세 적용 범위를 확대하였다. 이에 따라 연매출 4,800만 원 미만이었던 간이과세 적용 기준금액을 연매출 8,000만 원 미만으로 상향 조정하였다. 다만, 부동산 임대업과 과세유흥장소를 경영하는 사업자는 기존과 마찬가지로 연매출 4,800만 원 미만인 경우에만 부가가치세 간이과세 적용 대상이 된다.

또한, 간이과세자 중에서 연매출이 일정 금액 미만인 사업자의 경우에는 부가가치세 납부 의무가 면제되는데, 그 기준 금액이 3,000만 원에서 4,800만 원으로 변경되었다. 부가가치세 납부 의무 역시 부동산 임대업과 과세유흥장소를 경영하는 사업자는 연매출 3,000만 원 미만인 경우에만 면제가 된다.

한편 일반과세자는 세금계산서 발급 의무가 부과된다. 이때 해당 과세연도에 신규로 개업한 사업자, 연매출 4,800만 원 미만인 사업자, 소매·음식·숙박·미용·욕탕 및 유사 서비스업 등 소비자를 대상으로 재화나 용역을 공급하는 사업자에 대해서는 세금계산서 발급 의무가 면제된다. 그러나 이 개편으로 일반과세자가 간이과세자로 전환된 경우 세금계산서 발급 의무가 유지된다.

부동산 임대업과 과세유흥장소에 관한 예외사항을 제외하고, 부가가치세 간이과세 제도 개편 전후의 주요 내용은 다음과 같은 형식으로 나타낼 수 있다.

〈개편 전〉

기준 \ 연매출	3,000만 원 미만	3,000만 원 이상 4,800만 원 미만	4,800만 원 이상 8,000만 원 미만
과세 방법	간이과세	㉠	㉡
부가가치세 납부	면제	㉢	납부
세금계산서 발급 의무	㉣	㉤	㉥

〈개편 후〉

기준 \ 연매출	3,000만 원 미만	3,000만 원 이상 4,800만 원 미만	4,800만 원 이상 8,000만 원 미만
과세 방법	간이과세	간이과세	㉦
부가가치세 납부	면제	㉧	㉨
세금계산서 발급 의무	없음	없음	있음

① ㉠과 동일한 과세 방법이 들어가는 것은 ㉦이 아니라 ㉡이다.
② 부가가치세 납부 여부는 ㉢과 ㉧이 다르고, ㉢과 ㉨이 같다.
③ ㉣에는 '없음', ㉤과 ㉥에는 '있음'이 들어간다.
④ 연매출이 5,000만 원인 부동산 임대업자는 개편 이후 ㉦의 과세 방법이 적용된다.
⑤ 다른 조건이 동일하다면 ㉥의 세금계산서 발급 의무는 개편 후와 다르다.

24. 다음 글에서 추론할 수 없는 것은?

상병수당은 근로자가 업무 외의 질병·부상이 발생하여 경제활동이 어려워졌을 때 치료에 집중할 수 있도록 소득을 보전해 주는 제도다. 상병수당의 지급 금액을 산정할 때 근로활동 불가기간 또는 의료이용일수에서 대기기간을 제외하고 급여기간을 계산하기 때문에 이러한 기간을 적절히 산정하는 것이 매우 중요하다. 그래서 ○○부는 상병수당의 제도화 방안 마련을 위해 다음과 같은 다섯 가지 모형을 설계하고 시범사업을 실시하였다.

구분	급여기간	대기기간	최대 보장기간
모형 1	근로활동 불가기간	7일	90일
모형 2	근로활동 불가기간	14일	120일
모형 3	의료이용일수	3일	90일
모형 4	근로활동 불가기간	7일	120일
모형 5	의료이용일수	3일	90일

시범사업에서는 모형 1~5 모두 진단서 발급일로부터 2주 이내에 근로자 본인이 상병수당을 신청해야 한다. 이때의 진단서 발급일을 근로활동 불가기간의 시작일로 본다. 근로활동 불가기간을 기준으로 급여하는 모형과 달리, 의료이용일수에 대해 급여하는 모형은 입원한 경우에만 상병수당을 신청할 수 있다. 또한, 신청 대상은 시범사업이 진행되는 지역에 거주하거나 해당 지역에 소재한 사업장에 근무하는 근로자로 제한된다.

시범사업은 단계별로 나누어 1단계는 2022년 7월부터, 2단계는 2023년 7월부터 각 1년간 진행한다. 1단계 시범사업은 모형 1~3으로 전국 6개 지역에서 진행된다. A와 B 지역에서 수행하는 모형 1은 근로활동 불가기간이 8일 이상인 경우, C와 D 지역에서 수행하는 모형 2는 근로활동 불가기간이 15일 이상인 경우에 신청할 수 있다. 반면 E와 F 지역에서 수행하는 모형 3은 3일 이상 입원한 경우에만 신청 가능하며, 최대 보장기간 내에서 해당 질병·부상에 대한 입원 및 외래진료 기간에 대해 급여가 지급된다. 한편 2단계 시범사업에 해당하는 모형 4는 G와 H 지역에서, 모형 5는 I와 J 지역에서 수행한다. 단, 2단계 시범사업은 대상자 요건에 소득 하위 50% 기준이 추가되기 때문에 소득 공백으로 인한 어려움을 최소화하기 위해 대기기간이 비교적 짧게 설계되었다. 이에 따라 모형 4는 근로활동 불가기간이 8일 이상인 경우 최대 120일까지 상병수당을 받을 수 있고, 모형 5는 모형 3과 마찬가지로 3일 이상 입원한 경우 의료이용일수에 대해 최대 90일까지 상병수당이 지급된다.

① A 지역 소재 사업장에 근무하는 근로자가 업무 외 질병으로 10일간 근로를 하지 못해 상병수당을 신청한 경우 급여기간은 3일로 계산된다.

② C 지역에 거주하는 근로자가 2022년 12월 1일부터 31일까지 업무 외 부상으로 근로하지 못했고, 상병수당 신청용 진단서를 12월 5일에 발급받았다면 근로활동 불가기간은 13일이다.

③ F 지역에서 상병수당을 신청하는 근로자는 입원 사실을 증명해야 한다.

④ 거주지와 근무지 모두 G 지역인 근로자는 소득 기준을 충족하더라도 2023년 5월 25일부터 6월 10일까지 업무 외 질병으로 인한 근로활동 불가기간에 대해 상병수당을 신청할 수 없다.

⑤ 거주지는 H 지역, 근무지는 I 지역인 근로자가 2023년 10월에 업무 외 부상으로 2주 동안 근로하지 못했으나 그 기간에 입원하지 않았다면 H 지역에서 상병수당을 신청해야 한다.

25. 다음 글의 〈논쟁〉에 대한 분석으로 적절한 것만을 〈보기〉에서 모두 고르면?

갑과 을은 S국의 종합병원인 A, B 병원의 「의료법」 위반 여부에 대해 논쟁하고 있다. 해당 법의 일부 조항은 다음과 같다.

「의료법」

제○○조(종합병원) ① 종합병원은 다음 각 호의 요건을 갖추어야 한다.

1. 100개 이상의 병상을 갖출 것
2. 병상이 100개 이상 300개 이하인 경우에는 내과·외과·소아청소년과·산부인과 중 3개 이상의 진료과목에 영상의학과, 마취통증의학과, 진단검사의학과, 병리과를 포함한 총 7개 이상의 진료과목을 갖추고 각 진료과목마다 전속하는 전문의를 1명 이상 두어야 한다.

② 종합병원은 제1항 제2호에 따른 진료과목(이하 이 항에서 "필수 진료과목"이라 한다) 외에 필요하면 추가로 진료과목을 설치·운영할 수 있다. 이 경우 필수 진료과목 외의 추가 진료과목에 대한 전문의를 각 진료과목마다 1명 이상 추가로 두어야 한다.

〈논 쟁〉

쟁점 1: 종합병원 A는 250병상과 7개의 진료과목을 갖추고 각 진료과목마다 전속하는 전문의를 1명씩 총 7명을 두고 있다. 이에 대해 갑은 종합병원 A가 「의료법」 제○○조 제1항을 위반하고 있다고 주장하지만 을은 그렇지 않다고 주장한다.

쟁점 2: 종합병원 B는 200병상과 8개의 필수 진료과목을 갖추고 각 진료과목마다 전속하는 전문의를 1명씩 총 8명을 두고 있는데, 신경외과 진료과목을 추가로 설치하면서 종합병원 B에 비전속 전문의 1명을 추가적으로 두었다. 이에 대해 갑은 종합병원 B가 「의료법」 제○○조 제2항을 위반하고 있다고 주장하지만 을은 그렇지 않다고 주장한다.

〈보 기〉

ㄱ. 쟁점 1과 관련하여, 종합병원 A의 진료과목이 내과, 외과, 소아청소년과, 영상의학과, 마취통증의학과, 진단검사의학과, 병리과라는 사실이 밝혀진다면 갑의 주장은 옳지만 을의 주장은 옳지 않다.

ㄴ. 쟁점 2와 관련하여, 제○○조 제2항에서 말하는 전문의의 범위에 전속하지 아니하는 전문의가 포함된다는 사실이 밝혀진다면 갑의 주장은 옳지 않지만 을의 주장은 옳다.

ㄷ. 종합병원 A 및 종합병원 B에 근무하는 필수 진료과목 전문의가 모두 해당 병원에 전속하는 전문의라면 갑의 주장은 쟁점 1과 쟁점 2 모두에서 옳지 않다.

① ㄱ　② ㄴ　③ ㄷ
④ ㄱ, ㄷ　⑤ ㄴ, ㄷ

약점 보완 해설집 p.26

자르는 선

2025 해커스PSAT 7급 PSAT FINAL 봉투모의고사 언어논리 (4회)

컴퓨터용 흑색사인펜만 사용

책형
㊫ ㊮

【필적감정용 기재】
*아래 예시문을 옮겨 적으시오
본인은 OOO(응시자성명)임을 확인함
기 재 란

성 명	
자필성명	본인 성명 기재
시험장소	

응시번호							
	⓪	⓪	⓪	⓪	⓪	⓪	⓪
	①	①	①	①	①	①	①
	②	②	②	②	②	②	②
	③	③	③	③	③	③	③
	④	④	④	④	④	④	④
⑤	⑤	⑤	⑤	⑤	⑤	⑤	⑤
⑥	⑥	⑥	⑥	⑥	⑥	⑥	⑥
⑦	⑦	⑦	⑦	⑦	⑦	⑦	⑦
	⑧	⑧	⑧	⑧	⑧	⑧	⑧
	⑨	⑨	⑨	⑨	⑨	⑨	⑨

생년월일					
⓪	⓪	⓪	⓪	⓪	⓪
①	①	①	①	①	①
②	②		②	②	②
③	③		③	③	③
④	④		④		④
⑤	⑤		⑤		⑤
⑥	⑥		⑥		⑥
⑦	⑦		⑦		⑦
⑧	⑧		⑧		⑧
⑨	⑨		⑨		⑨

※시험감독관 서명
(서명을 정자로 기재할 것)
적색 볼펜만 사용

언어논리(1~10번)					
1	①	②	③	④	⑤
2	①	②	③	④	⑤
3	①	②	③	④	⑤
4	①	②	③	④	⑤
5	①	②	③	④	⑤
6	①	②	③	④	⑤
7	①	②	③	④	⑤
8	①	②	③	④	⑤
9	①	②	③	④	⑤
10	①	②	③	④	⑤

언어논리(11~20번)					
11	①	②	③	④	⑤
12	①	②	③	④	⑤
13	①	②	③	④	⑤
14	①	②	③	④	⑤
15	①	②	③	④	⑤
16	①	②	③	④	⑤
17	①	②	③	④	⑤
18	①	②	③	④	⑤
19	①	②	③	④	⑤
20	①	②	③	④	⑤

언어논리(21~25번)					
21	①	②	③	④	⑤
22	①	②	③	④	⑤
23	①	②	③	④	⑤
24	①	②	③	④	⑤
25	①	②	③	④	⑤

시험일: _____년 _____월 _____일

국가공무원 7급 공개경쟁채용 1차 필기시험 모의고사

| 언어논리영역 |

응시번호	
성명	

실전모의고사 **5회**

문제책형 **A**

응시자 주의사항

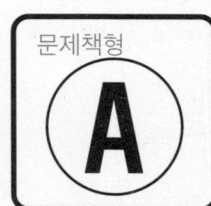

1. **시험시작 전 시험문제를 열람하는 행위나 시험종료 후 답안을 작성하는 행위를 한 사람**은 「공무원 임용시험령」 제51조에 의거 **부정행위자**로 처리됩니다.
2. **답안지 책형 표기는 시험시작 전** 감독관의 지시에 따라 **문제책 앞면에 인쇄된 문제책형을 확인**한 후, **답안지 책형란에 해당 책형(1개)**을 '●'로 표기하여야 합니다.
3. 시험이 시작되면 문제를 주의 깊게 읽은 후, **문항의 취지에 가장 적합한 하나의 정답만을 고르며**, 문제내용에 관한 질문은 할 수 없습니다.
4. **답안을 잘못 표기하였을 경우에는 답안지를 교체하여 작성**하거나 **수정할 수 있으며**, 표기한 답안을 수정할 때는 **응시자 본인이 가져온 수정테이프만을 사용**하여 해당 부분을 완전히 지우고 부착된 수정테이프가 떨어지지 않도록 손으로 눌러주어야 합니다. **(수정액 또는 수정스티커 등은 사용 불가)**
5. **시험시간 관리의 책임은 응시자 본인에게 있습니다.**
   ※ 문제책은 시험종료 후 가지고 갈 수 있습니다.

정답공개 및 해설강의 안내

1. 모바일 자동 채점 및 성적 분석 서비스
   • '약점 보완 해설집'에 회차별로 수록된 QR코드 인식 ▶ 응시 인원 대비 자신의 성적 위치 확인
2. 해설강의 수강 방법
   • 해커스PSAT 사이트(psat.Hackers.com) 접속 후 로그인 ▶ 우측 퀵배너 [쿠폰/수강권등록] 클릭 ▶ '약점 보완 해설집'에 수록된 쿠폰번호 입력 후 이용

해커스PSAT

언어논리영역

1. 다음 글에서 알 수 있는 것은?

천자의 나라에 세워진 학교를 벽옹(壁雍)이라고 하는 것에 대응하여 제후국에 세워진 학교는 반궁(泮宮)이라고 하였다. 벽옹은 사방을 물이 둘러싸고 있는 데 반해, 제후국의 학교는 반달 모양의 물이 학교의 한쪽만 둘러싸고 있었다는 것에서 유래되어 반수(泮水)라고 부르다가 반궁이 되었다. 조선은 형식상 명나라와 청나라의 제후국이었으므로 성균관을 반궁이라 불렀고, 이 반궁을 둘러싸고 있는 마을을 반촌(泮村)이라고 불렀다.

반촌은 단순히 지리적으로 성균관 주변에 있는 마을이 아니라 성균관을 지원하는 특수한 임무를 담당하는 마을이었다. 반촌의 거주민은 반인(泮人)이라고 불렸는데, 이들은 공노비로서 1년 중 6개월씩 성균관에 노역을 제공하였다. 주로 성균관 내 기숙사에 거주하는 유생들의 잔심부름을 처리하거나 성균관 내 제사에 필요한 육체노동 등을 맡았다. 다만 반인이 성균관에서 노역을 제공하지 않을 때는 각기 상업 등의 생업에 종사하였다. 반인 가운데 재인(宰人)이라고 불린 백정들은 도축업에 종사하였다. 농경사회인 조선에서 소를 도축하는 일은 엄격히 금지되어 있었으나 성균관에서는 공자의 제사 등에 올릴 소가 필요했기 때문에 재인에게 현방(懸房)이라는 푸줏간을 운영할 수 있는 독점적 권리를 부여하였다. 이로 인해 재인은 성균관에 노역을 제공하는 노비이면서 동시에 한양 내 20여 곳에서 현방을 운영하는 상인이기도 했다.

한편 반인의 특수한 임무만큼이나 그들의 거주지인 반촌 역시 특수성이 있었다. 첫 번째 특수성은 외부인의 거주가 허락되지 않은 일종의 고립된 지역이라는 점이다. 이로 인해 반인은 반촌 내부에서만 혼인 등의 사회적 관계가 이루어지고 외부와는 관계가 이루어지지 않았다. 두 번째 특수성은 수사기관이 함부로 출입할 수 없었다는 점이다. 성균관은 공자의 제사가 거행되는 신성한 영역인 문묘가 존재하는 곳이었기 때문에 범죄자가 내부에 있더라도 수사기관의 출입이 허용되지 않았는데, 성균관을 둘러싼 반촌에도 성균관과 동일한 특혜가 적용되어 범죄자 수색이 목적이라고 하더라도 수사기관이 출입할 수 없었다.

① 문묘의 제사에 올릴 소는 한양 내 현방에서 도축하였다.
② 반촌과 달리 성균관은 포졸이 출입하여 범죄자를 수색할 수 없었다.
③ 반인의 절반은 성균관에 노역을 제공하고 나머지 절반은 상업에 종사하였다.
④ 반촌은 지리적으로 고립되었기 때문에 내부에서만 사회적 관계가 이루어졌다.
⑤ 성균관을 반궁이라 부른 이유는 성균관의 사방을 물이 에워싸고 있기 때문이다.

2. 다음 글의 내용과 부합하는 것은?

신라의 마립간으로 내물이 즉위한 4세기 중엽, 신라는 백제, 가야, 왜 등 외부세력의 끊임없는 침략에 시달렸고, 동시에 내부적으로는 왕족 간 분열로 인한 정치적 혼란이 이어지고 있었다. 특히 석씨 왕족들은 김씨 왕족 출신의 내물의 즉위를 탐탁지 않게 여겼고, 내물과 같은 김씨 왕족이지만 정치적으로 대립하고 있던 실성을 내세워 내물을 정치적으로 위협했다. 이에 내물은 실성을 고구려에 볼모로 보내고 고구려의 군사적 지원을 받음으로써 내적, 외적 위협을 한번에 타개하고자 했다. 실제로 내물의 볼모 정책은 성공을 거두었지만, 고구려의 내정 간섭 역시 심화되었다.

내물이 죽자 고구려에서 오랫동안 볼모 생활을 한 실성이 마립간으로 즉위하게 되었는데, 이는 신라에 대한 영향력을 더 확대하고자 하는 고구려의 의도에 의한 것이었다. 본래 석씨 왕족의 지지를 받던 실성은 즉위 직후 내물의 지지 세력 약화를 위해 내물의 삼남인 미사흔을 왜에 볼모로 보내는 한편, 몇 년 후에는 내물의 차남인 복호를 고구려에 볼모로 보냈다. 이후 석씨 왕족들의 전횡이 날로 심해졌고, 신라 내부적으로 불만이 커져가자 신라의 정치적 혼란을 우려한 고구려가 실성에 대한 지지를 철회하였다. 이에 내물을 지지하던 세력은 실성을 제거하고 내물의 장자인 눌지를 마립간으로 추대했다.

타국에서 볼모 생활을 한 적이 없는 눌지는 고구려를 비롯한 외국의 영향력으로부터 벗어나고자 했다. 먼저 눌지는 신라의 자주성을 회복하고자 박씨 왕족이었던 박제상을 시켜 복호와 미사흔을 데려오도록 하였다. 박제상은 외교적 수단으로 복호를 귀국시키는 데 성공했지만, 미사흔은 외교적 수단만으로는 신라에 데려올 수 없었다. 이에 박제상은 기지를 발휘해 신라를 배신한 척 거짓으로 망명을 하면서 미사흔을 신라로 탈출시켰다. 이후 박제상은 미사흔을 탈출시킨 죄로 붙잡혔고, 그의 기지에 감탄한 왕이 자신의 신하가 되면 사면해줄 것을 약속하였으나, 박제상은 거절하였고 결국 처형당하였다. 박제상의 죽음이 알려지자 눌지는 그의 죽음을 애통해 하는 한편 박제상의 충절을 높이 사 대아찬에 추증하고, 그의 차녀를 미사흔의 아내로 삼게 하였다고 한다.

① 내물, 실성, 눌지 모두 김씨 왕족 출신의 마립간이다.
② 석씨 왕족 세력들은 실성을 견제하고자 눌지를 마립간으로 추대하였다.
③ 박제상은 눌지의 임무를 수행하던 중 고구려에서 처형당했다.
④ 내물의 둘째 아들은 눌지의 명에 의해 왕족의 딸과 혼인했다.
⑤ 내물의 볼모 정책 성공은 신라의 자주성을 높이는 데 큰 영향을 미치게 되었다.

3. 다음 글의 핵심 논지로 가장 적절한 것은?

> 모든 사람에게는 감정과 이성이 있다. 감정은 외부 대상을 감각기관을 통해 지각하거나 직관 또는 영감으로 표상하는 인식 능력이고, 반대로 이성은 외부 대상을 개념적으로 사유하거나 계산적·합리적으로 진위를 판단하는 인식 능력이다. 일반적으로 감정은 욕망이나 정념과 관련되기 때문에 비합리적인 판단을 하는 인간의 본성으로, 이성은 이러한 인간의 본성을 억누르는 합리적인 판단으로 여겨졌다. 이에 따라 감정과 이성을 발휘해야 하는 영역 역시 철저히 구분되어 왔다. 감정은 인간의 오감이 활용되는 예술 분야에서는 탁월하게 여겨졌지만, 합리성을 기반으로 하는 자연과학과 사회과학 분야에서는 배제되어야 하는 것으로 여겨졌다. 외부 현상에 대한 관찰, 가설의 설정, 검증 및 계산 등 일련의 과정으로 이루어지는 과학적 통찰은 계산 능력과 합리성이 적용되는 데 반해, 객관적으로 검증할 수 없는 직관과 영감은 비과학적이라고 생각했기 때문이다.
>
> 그러나 감정은 단순한 직관이나 영감이 아니다. 이성과 마찬가지로 철저히 계산과 합리성에 기반을 두고 있다. 예를 들어 사람은 무서운 것을 보면 두려움이라는 감정을 느낀다. 그런데 이 두려움은 무서운 것을 보는 순간 머릿속에서 수많은 기간 동안 축적 및 전수된 데이터를 계산해서 위험하다는 결론에 따른 것이다. 따라서 감정은 철저한 검증 및 계산 과정을 거쳐 발현하는 합리적인 인식 능력이다. 또한 경쟁심, 양보, 협력 등과 같은 도덕적 감정 역시 인류의 생존 경쟁 속에서 생존 확률을 극대화하기 위해 거듭 발전시킨 인식 능력이다. 감정은 계산적·합리적 능력임에도 불구하고 우리는 이를 의식적으로 깨닫지 못한다. 왜냐하면 감정의 계산은 외부 대상을 지각하는 순간에 시작되는 것이 아니라 수백만 년 속에 축적된 데이터에 기반하여 무의식적으로 일어나기 때문이다. 우리는 무의식적으로 생존의 확률을 계산하고 있는 것을 인식하지 못하므로 인간이 인지할 수 있는 의식 활동인 이성만을 냉철한 판단으로 생각하는 것이다.

① 과학적 통찰에 있어 이성보다 감정을 신뢰하는 것이 더 합리적일 수 있다.

② 감정은 인간이 계산 과정과 합리성을 기반으로 하여 발전시킨 인식 능력이므로 비합리적이지 않다.

③ 감정과 이성의 구분은 의미가 없으므로 감정과 이성을 발휘하는 영역을 구분해서는 안 된다.

④ 감정이 비합리적인 것으로 여겨지는 이유는 감정은 외부 대상을 인지할 때 뒤늦게 지각하기 때문이다.

⑤ 감정은 이성과 달리 계산과 합리성에 근거한 인식 능력이므로 비합리적이라고 단정지을 수 없다.

4. 다음 글의 논지로 가장 적절한 것은?

> 화폐는 일반적으로 국가에서 발행하여 해당 국가 내에서 공통적으로 사용하지만, 지역화폐처럼 특정 지역 내 일부 상점에서만 사용되는 화폐도 있다. 지역화폐란 지역 내 소상공인을 보호하여 지역경제를 활성화할 목적으로 발행되는 화폐를 말한다. 현재 우리나라는 거의 모든 지자체에서 지역화폐를 발행하고 있으나, 일부에서는 지역화폐의 사용에 대해 경제적 실효성이 높지 않다는 비판의 목소리를 제기한다. 그들이 지역화폐의 경제적 효과가 높지 않다고 보는 이유는 무엇이며, 이를 보완하기 위한 방법은 무엇일까?
>
> 지역화폐는 발행 지역 내에서만 사용이 가능하고, 대형마트 등을 제외한 전통시장이나 일부 상점으로 사용처도 한정되기 때문에 동네의 소상공인 경제력을 제고하는 데 일부 도움이 될 수 있다. 그러나 이러한 지역화폐를 활용한 소비는 대부분 일시적인 현상에 그친다. 지역화폐를 사용하기 위해서는 별도로 지역화폐용 카드를 신청하거나 지류 상품권을 직접 구입해야 하므로 지역화폐에 대한 접근성이 높지 않기 때문이다. 지역화폐의 취득과 사용의 번거로움을 상쇄할 혜택이 없는 상황에서는 지역화폐를 통해 개별 지자체 내의 장기적인 경제 활성화를 기대하기 어렵다. 따라서 지역화폐의 효과를 높이기 위해서는 지역화폐가 반복·순환적으로 활용될 수 있도록 접근성을 개선할 필요가 있다.
>
> 국가 전체 입장에서 봤을 때도 지역화폐가 경제 활성화에 큰 도움을 주지는 않는다. 특정 지역에서 지역화폐를 발행할 경우, 해당 지역의 인접 지역에서는 소비가 감소하여 그 지역의 경제는 타격을 입게 된다. 이때 지역경제 활성화를 위해 인접 지역에서도 모두 지역화폐를 발행한다면, 새로 끌어들일 외부의 지출이 없으므로 어느 지역도 경제적 이익을 얻지 못한다. 결국 지역화폐 발행 비용만 부담하게 되어 국가 전체 입장에서는 오히려 손실이 발생한다. 따라서 지역화폐는 낙후 지역에 한해 축제나 관광상품과 연계하여 시행하는 등 유통 범위를 좁게 설정해야 그 경제적 효과가 더 높아질 수 있다.

① 모든 지역에서 지역화폐를 발행할 경우 경제적 이익이 발생하지 않는다.

② 지역화폐는 대형마트에서 사용이 제한되므로 지역경제 활성화의 효과가 크지 않다.

③ 우리나라의 지역화폐는 소상공인을 보호하여 지역경제를 활성화할 목적으로 발행되었다.

④ 지역화폐가 반복적으로 사용되도록 접근성을 개선한다면 지역화폐의 사용을 활성화할 수 있다.

⑤ 지역화폐를 통해 지역 및 국가 경제를 활성화하기 위해서는 접근성 및 유통 범위를 개선해야 한다.

5. 다음 글의 내용과 부합하지 않는 것은?

> 클로스트리디움 보툴리늄은 식중독을 유발하는 혐기성 세균으로 동물의 근육을 마비시키는 보툴리눔 독소를 생성한다. 보툴리눔 독소는 현재 알려진 독성 단백질 중 가장 치명적이기 때문에 0.1㎍만 주입해도 성인 한 명이 사망에 이를 수 있다. 그럼에도 불구하고 보툴리눔 독소의 근육을 마비시키는 특성은 의료계에서 높은 가치를 인정받아 미용 시술 또는 근신경 치료에 사용되었다. 현재는 보툴리눔 독소가 근신경치료에 사용될 경우 부작용의 위험이 있어 상대적으로 위험이 적은 미용 시술에 대중적으로 사용되고 있다.
>
> 오늘날 미용을 목적으로 한 보툴리눔 독소 시술은 안면윤곽 개선 또는 주름 개선에 사용된다. 독소를 이용한 시술이지만 불안감이나 거부감을 상쇄하려는 의도에서 독소라는 명칭보다는 주로 약제의 제품명인 보톡스라는 명칭으로 불린다. 얼굴 부위의 미용 보톡스 시술은 피부층에만 극미량 주사되기 때문에 부작용 위험이 적어 비교적 안전하게 시술을 받을 수 있다. 만약 아래턱뼈 끝이 도드라진 사각턱을 완화하기 위한 보톡스 시술이라면 턱 근육에 보톡스를 주사하여 안면윤곽을 부드럽게 개선한다. 다만 이는 사각턱이 턱 근육의 과잉 발달로 인한 것이어야 충분한 효과를 볼 수 있으며, 골격적인 원인이 크다면 성형수술을 병행해야 한다. 또한 주름을 개선하기 위한 보톡스 시술이라면 잔주름을 만들어내는 표정 근육에 보톡스를 주사한다.
>
> 그러나 보툴리눔 독소는 여전히 위험하고 강력한 독소이기 때문에 치료에 적합한 양을 사용하더라도 잘못된 위치에 주사하거나 환자의 특이 체질이 결합하는 경우 치명적인 결과가 발생할 수 있다. 독소가 근육이 아닌 혈관 내부로 흡수될 경우 일반적인 이물질과 달리 분해 효소 등의 대사 작용만으로는 해독을 기대할 수 없기 때문이다. 무엇보다 시술 시 주사량에 대한 기준이 아직 정립되지 않았고, 아무리 간단한 시술이라도 의사가 실수할 가능성은 언제나 존재하기 때문에 독소의 부작용 및 예방에 대한 연구가 더 진행되어야 한다는 견해가 힘을 얻고 있다.

① 보툴리눔 독소 시술 시 주입되는 주사량은 국제적인 기준에 따라 적용된다.

② 미용을 목적으로 한 보톡스 시술은 턱 근육 또는 표정 근육에 주사한다.

③ 보툴리눔 독소는 단백질 분해 효소의 대사 작용만으로 해독할 수 없다.

④ 미용을 목적으로 보툴리눔 독소를 사용하는 것은 근신경치료보다 부작용 위험이 적다.

⑤ 주름 개선과 달리 사각턱 골격을 개선하기 위해서는 보톡스 시술 외에 성형수술을 병행해야 한다.

6. 다음 글에서 알 수 있는 것은?

> 2023년 보건복지부가 발표한 '청년 복지 5대 과제' 관련 자료에 따르면, 20~30대 우울 위험군 비율이 모든 연령대에서 가장 높은 수준으로 나타났다고 한다. 특히 코로나19 이후 20대의 우울 위험군 비율이 급격히 증가한 것으로 나타났다. 이에 보건복지부는 이처럼 코로나19로 악화된 청년층의 정신적 어려움을 완화하기 위해 마음건강상담 지원 확대, 청년마음건강센터 내실화, 청년 정신건강검진 확대 개편 등을 추진해 오고 있다.
>
> 우울, 불안 등 심리적 문제로 어려움을 겪는 청년들을 위한 청년마음건강 바우처는 3개월간 총 10회에 걸쳐 1대1 전문 심리상담을 제공하고 있다. 청년마음건강 바우처는 복지로 사이트 또는 주변 읍면동 주민센터에서 신청할 수 있는데, 이를 활용하면 좀 더 낮은 비용 또는 무료로 심리상담을 받을 수 있다. 아울러 청년의 정신건강을 더욱 넉넉히 지원하고자 청년층 정신건강검진도 확대한다. 2025년부터 청년층을 대상으로 기존 검진 항목이었던 우울증 외에 조현병, 조울증도 추가하고 검진 주기는 10년에서 2년으로 단축한다. 검진 결과에 따라 치료가 필요한 청년에 대해서는 정신건강의학과와 전국 정신건강복지센터로 안내 및 연계해 사후관리도 제공할 방침이다.
>
> 대학생과 직장인 청년층의 마음건강을 위한 지원도 강화한다. 대학생 청년을 위해서는 대학 내 상담센터를 통한 학생 심리지원을 강화하고 심리지원 노력과 성과를 '대학기관 평가인증'에 반영하도록 해 대학에서 적극적으로 대학생 청년들을 지원하도록 할 예정이다. 직장인 청년을 위해서는 근로자 건강센터와 근로복지넷을 통한 전문 상담지원을 확대한다는 계획이다. 또 중대산업재해 경험자·감정 노동자를 위한 직업트라우마센터도 2023년 14곳에서 2024년 23곳으로 확대 추진한다.

① 청년층 정신건강검진을 받은 청년은 본인의 의지에 따라 사후관리를 받을 수 있다.

② 심리적 문제를 겪는 청년이라면 청년마음건강 바우처를 통해 별도의 비용 지불 없이 심리상담을 받게 된다.

③ 2026년 1월 1일에 청년 정신건강검진을 받는 사람은 2028년 1월에 청년 정신건강검진을 받을 수 있다.

④ 직장인 청년을 위한 전문상담을 시행하는 기업에서는 기업 평가인증에서 고득점을 획득할 수 있다.

⑤ 직업트라우마센터를 통한 심리상담은 90일을 기준으로 최대 10회까지 받을 수 있다.

7. 다음 대화의 ㉠에 따라 〈계획안〉을 수정한 것으로 적절하지 않은 것은?

갑: 'A시 공공디자인 정책 계획안'을 시민들에게 발표하기 전에 계획안을 수정하여 보완하고자 합니다. 어떻게 수정하면 좋을지 각자의 의견을 자유롭게 말씀해 주세요.
을: 계획안에서 정책의 목표는 공공디자인을 통해 A시의 정체성과 품격을 제고하는 것인데, 여기에 시민들에게 실질적으로 도움이 되는 목표가 추가되면 좋겠습니다. 공공디자인을 통해 시민의 삶의 질 향상에 기여한다는 내용을 추가하면 어떨지요?
병: 좋은 의견입니다. 그리고 세부 내용에 따르면 공공 시설의 시각 디자인을 개선한다는 내용이 있는데, 조금 더 명확히 표현되면 좋겠습니다. 현재 A시는 버스 노선 안내도의 디자인에 대해 가독성을 높이는 것이 가장 시급하기 때문에, 이 내용이 함께 드러나면 좋겠습니다.
을: 네 좋습니다. 이와 관련하여 정책 수행을 위해 협력할 부처도 확대하면 좋겠습니다. A시의 버스 노선은 B시와 겹치는 부분이 많으므로 버스 노선 안내도의 디자인을 B시와 통일하여 효율적으로 안내할 필요가 있습니다. 이 경우 중앙 관계부처나 타 도시와 업무 협력해야 하는 경우가 있는데, 원활한 정책 수행을 위해 중앙 정부와 B시 및 타 도시 등 다양한 부처와 협력하면 좋겠습니다.
병: 협력할 부처를 확대하는 것은 좋지만, B시 외의 타 도시는 A시와 버스 노선이 겹치지 않아서 협력할 범위를 B시 외의 타 도시까지 확대하는 것은 비효율적입니다. 이번에는 협력할 부처를 중앙 관계부처와 B시로 한정하고, 타 도시까지 협력 범위를 넓힐지는 추후에 논의하기로 하죠. 그리고 이번 정책의 목표가 시민들에게 잘 전해질 수 있도록 홍보 영상을 함께 제작하면 좋겠습니다. 영상에서 공공디자인이 시민들의 삶의 질 향상에 기여한다는 점을 나타내면 좋을 것 같습니다.
갑: 네, ㉠ 오늘 회의에서 나온 의견을 반영하여 계획안을 수정하도록 하겠습니다. 감사합니다.

〈계획안〉

○ 정책 목표: 공공디자인을 활용한 A시의 정체성과 품격 제고
○ 세부 내용: 공공 시설의 시각 디자인 개선
○ 협력 업무: A시와 A시의 자치구간 협력 및 정책 공동 수행
○ 행정 사항: 공공디자인 홍보 영상 제작
○ 추후 업무: 계획안 수정 후 관계 부처에 공유

① 정책 목표를 "공공디자인을 통해 시민의 삶의 질 향상에 기여"로 수정한다.
② 세부 내용을 "A시의 버스 노선 안내도를 포함한 공공 시설의 시각 디자인 개선"으로 수정한다.
③ 협력 업무를 "중앙 관계부처와 B시와 협력 및 정책 공동 수행"으로 수정한다.
④ 행정 사항을 "시민들의 삶의 질 향상에 기여하는 공공디자인을 주제로 한 홍보 영상 제작"으로 수정한다.
⑤ 추후 업무를 "계획안 수정 후 시민들에게 발표"로 수정한다.

8. 다음 대화의 ㉠으로 적절한 것만을 〈보기〉에서 모두 고르면?

갑: A국 정부가 기후위기 대응을 위해 온실가스 배출량을 감축할 것을 선언하고 다양한 정책을 추진하고 있지만, 온실가스 배출량의 감축률은 다른 선진국에 비해 저조한 실정입니다. 무엇이 온실가스 감축 정책의 실효성을 저해하는 주요 원인이라고 생각하시나요? 이에 대해 여러분은 어떤 의견을 가지고 계신가요?
을: 시민들의 환경 의식 부족이 가장 큰 문제라고 생각합니다. 아무리 좋은 정책이라도 시민들이 실천하지 않으면 효과가 없습니다. 많은 사람들이 온실가스 감축의 중요성을 인식하지 못하거나, 알더라도 일상생활에서 실천하지 않는 경우가 많습니다. 특히 친환경 생활 습관이 불편하다는 이유로 외면하는 경향이 있어 정책 효과가 미미한 것입니다.
병: 저는 기업들의 탄소 배출에 대한 규제가 미비하다는 점이 가장 큰 원인이라고 봅니다. A국 온실가스 배출의 상당 부분은 기업 활동에서 비롯됩니다. 하지만 현재의 탄소 배출권 거래제나 기업 규제는 실효성이 떨어집니다. 벌금이나 규제가 약하다 보니 기업들이 탄소 배출 감축보다 비용 지불을 선택하는 경우가 많은 것이 문제입니다.
정: 저는 신재생에너지 인프라 투자가 부족하다는 점을 지적하고 싶습니다. 온실가스 감축을 위해서는 화석연료 중심 에너지 구조에서 신재생에너지로 전환이 필수적입니다. 그러나 A국은 선진국들에 비해 신재생에너지 인프라 구축과 관련 기술 개발에 대한 투자가 미흡합니다. 인프라 부족으로 친환경 에너지 전환이 더디게 진행되어 온실가스 배출량을 감축하기 어려워지는 것입니다.
갑: 여러분 좋은 의견 제시해주셔서 감사합니다. 그렇다면 말씀하신 의견을 검증하기 위해 ㉠ 필요한 자료를 조사해 주세요.

〈보 기〉

ㄱ. 환경 의식을 고양시킬 수 있는 교육을 받은 시민 그룹의 교육 전과 교육 후의 일상생활 탄소 배출량
ㄴ. 탄소 규제가 강화된 국가와 그렇지 않은 국가에서 활동하는 동일 기업의 탄소 배출량 차이
ㄷ. GDP 대비 신재생에너지 인프라 투자 비율이 높은 국가와 낮은 국가의 탄소 감축 목표

① ㄱ
② ㄴ
③ ㄱ, ㄴ
④ ㄴ, ㄷ
⑤ ㄱ, ㄴ, ㄷ

9. 다음 글의 (가)와 (나)에 들어갈 말을 적절하게 짝지은 것은?

> A 학파는 인간의 감정이나 욕망보다는 이성을 중시한다. 이들이 말하는 이성은 인간 개개인의 본성과 만물을 지배하는 신의 본성을 모두 내포하고 있는 개념이다. A 학파의 주장에 따르면, 인간이 우주적 인과관계와 자연법칙을 제대로 이해하게 된다면 그때 인간은 어떠한 사사로운 감정이나 욕망에도 휘둘리지 않는 아파테이아 상태가 된다. 인간은 아파테이아 상태에 도달했을 때, 오직 이성적으로 판단하고 행동할 수 있으며, 비로소 진정한 자유의 상태가 된다는 것이다. 또한, A 학파는 이성을 중시하는 점과 모든 인간이 이성을 가지고 있다는 점을 통해 만민 평등사상을 주장한다.
>
> 이와 달리 B 학파는 인간의 감각적 경험을 가장 중시한다. 이들은 인간의 삶 속에서 정신적인 쾌락과 지속적인 마음의 평안이 가장 중요한 부분이며, 그렇기 때문에 이를 추구해야 한다고 말한다. B 학파의 관점에 따르면, 이 세상에 태어난 인간은 누구든지 즐거운 삶을 원하고, 그러므로 인간이 추구해야 할 궁극적인 목표는 쾌락이 된다. (가) . 그러나 인간은 현실적으로 모든 욕구를 누릴 수 없기 때문에 허황된 욕심에서 벗어나 불안과 몸에 고통이 존재하지 않을 때, 어떤 것에도 흔들리지 않는 평온의 상태이자 이상적 경지인 아타락시아 상태에 도달하게 된다는 것이다. B 학파는 진정한 쾌락은 순간적이고 육체적인 것이 아닌 지속적이고 정신적인 쾌락이라고 말한다.
>
> A 학파는 B 학파와 달리 참된 행복은 쾌락에서 나오는 것이 아니라고 주장한다. 그들은 인간으로서의 의무를 잘 지키고, 감정에 사로잡히지 않으며, 욕망을 단념할 때 비로소 참된 행복이 나올 수 있는 것이라고 말한다. 앞서 말한 것처럼 인간의 본성은 이성이다. 그러므로 그 이성에 맞추어 살아가는 것이 그 자체의 덕이 된다. A 학파는 (나) .

① (가): 인간은 진정한 쾌락을 즐길 수 있을 때 자신의 욕구가 충족된다
(나): 인간이란 존재는 이성으로 생긴 덕을 통해 진정으로 행복해질 수 있다고 주장한다

② (가): 인간은 진정한 쾌락을 즐길 수 있을 때 자신의 욕구가 충족된다
(나): 덕을 갖춘 존재인 인간만이 참된 행복을 누릴 수 있다고 말한다

③ (가): 모든 인간은 자신의 욕구를 충분히 충족할 수 있기에 진정한 쾌락을 즐길 수밖에 없다
(나): 인간이란 존재는 이성으로 인해 생긴 덕을 통해 진정으로 행복해질 수 있다고 주장한다

④ (가): 인간은 자신의 욕구가 충족될 때 진정한 쾌락을 즐길 수 있다
(나): 덕을 갖춘 존재인 인간만이 참된 행복을 누릴 수 있다고 말한다

⑤ (가): 인간은 자신의 욕구가 충족될 때 진정한 쾌락을 즐길 수 있다
(나): 인간이란 존재는 이성으로 생긴 덕을 통해 진정으로 행복해질 수 있다고 주장한다

10. 다음 글의 (가)와 (나)에 들어갈 내용을 〈보기〉에서 골라 적절하게 짝지은 것은?

> 정치철학자 A는 민주주의와 자유주의가 공존이 가능한지에 관해 의문을 제기한다. A에 의하면 민주주의는 모든 인민의 목소리는 평등하다는 전제를 바탕으로 인민에 의한 지배를 핵심 가치로 하는 사상이다. 이로 인해 민주주의는 그 자체로 인민들의 공적 문제에 대한 의견들 간의 갈등과 대립을 전제한다. (가) . 따라서 민주주의는 사회의 공적 문제에 대해서 표출된 다양한 인민들의 의견 중 어떠한 것도 배제하지 않으며, 이러한 의견들 간의 충돌을 토의 등 공적 심의 과정을 통해 합의를 이루는 것을 목적으로 한다.
>
> 한편 A에 의하면 자유주의는 개인의 이성에 대한 중시를 바탕으로, 사적인 영역과 공적 영역을 구분한다. 개인의 이성을 존중하므로 사적 영역의 문제는 개인 간 합의로 해결하고 공적 영역의 경우에만 국가의 개입을 통해 문제를 해결하는 것이다. 또한 공적영역에 있는 문제라고 하더라도 개인의 철학적 영역이나 합의의 가능성이 거의 없는 사항들, 예컨대 기업인들의 경영 철학 문제 또는 종교적인 문제의 경우는 심의의 절차에서 배제되어 민주주의의 틀에서 논의되지 않는다. 그러나 공적 영역으로 심의의 대상이 되는 문제들 대다수가 개인의 철학적 세계관과 연결되어 있다, 예컨대 경제의 민주화, 최저생계비나 최저임금 등과 같은 공적 문제들 모두 기본적으로는 개개인의 철학적 세계관과 연결되어 있다. A에 의하면 자유주의는 사적 영역과 공적 영역의 분리를 전제하므로, 개인의 철학적 영역에 속하는 윤리와 기업의 경영 문제는 국가가 간섭해서는 안 될 분야가 되어 이와 관련된 구성원들의 의견을 배제한다. 따라서 이러한 안건의 배제는 (나) . 이것은 민주주의 정치 틀 자체가 무력화됨으로써 시장과 기업이 심의의 대상에서 배제되어 통제할 수 없는 문제를 가져온다. 그러나 정치적 영역에서 다뤄지지 못하는 갈등들은 정치가 아닌 예상치 못한 다른 경로를 통해 돌출될 위험이 상존한다.

〈보 기〉

ㄱ. 모든 의견이 동등하게 중요하고 합의를 위해서는 의견들 간의 충돌이 필수불가결하기 때문이다
ㄴ. 합의에 도달하기 위해서는 모든 구성원들의 목소리를 반영할 수 없어 일부 구성원의 목소리를 제외하기 때문이다
ㄷ. 공동체 구성원 간의 갈등을 해소하여 갈등을 전제로 하는 민주주의를 위태롭게 한다
ㄹ. 심의를 통해 구성원 간의 합의를 추구하는 민주주의의 가치가 배제된다

	(가)	(나)
①	ㄱ	ㄷ
②	ㄱ	ㄹ
③	ㄴ	ㄷ
④	ㄴ	ㄹ
⑤	ㄷ	ㄹ

11. 다음 글에서 추론할 수 있는 것만을 〈보기〉에서 모두 고르면?

우리나라가 근대 초기 외래 건축을 접하는 경로는 건축의 주체와 목적에 따라 크게 세 가지로 구분된다. 가장 먼저 지어진 것은 외국인들이 스스로를 위해 지은 건축물로 주로 개항장을 중심으로 조성된 조계(租界)나 외교와 상업 활동을 위해 건축된 건물이다. 이러한 경로의 대표적 건축물은 1901년 건축된 제물포 구락부가 있다. 조계 당사자들이 비공식 외교 활동을 하기 위한 사교 클럽으로 우크라이나의 건축가 사바틴이 건축한 것으로 알려져 있다.

두 번째는 외국인들이 선교나 교육 등을 목적으로 우리나라 사람들과의 접촉을 늘리고자 지은 근대적 공간이다. 기독교의 경우 도입 초기에는 박해를 받았으나, 1886년 한불수교 조약 체결로 인해 기독교는 우리나라에 적극적으로 유입되어 그와 관련된 건축물을 짓는 것이 가능해졌다. 이에 선교사를 중심으로 한 지금의 명동성당이나 서울에 위치한 수녀원 등의 건물들이 지어졌다. 또한 이화학교, 연희전문학교 등의 교육기관 역시 이때 설립되었는데 그중 미국인 건축가에 의해 지어진 연희전문학교의 경우 건축적으로 뛰어나다고 알려져 있다. 선교를 목적으로 교회나 학교를 지을 때 외국 선교사들이 직접 짓거나 외국인 건축가에 의해 건축되는 경우가 많았지만, 보성전문학교의 본관 및 도서관, 영락교회, 남대문교회 등을 건축한 박동진처럼 서양식 건축 교육을 받거나 일본 등에서 유학을 마치고 돌아온 한국인 건축가들이 이러한 건축물을 설계하기도 하였다.

마지막으로는 외세에 대응해 주체적인 모습을 보이고자 새로 지은 왕궁이나 관청 혹은 궁전 내 건축물 등을 말한다. 대한제국의 주도로 경운궁 내에 지어진 석조전과 같은 서양식 건축물이 대표적인 사례다. 석조전은 근대화된 대한제국의 위용을 보여주기 위한 건축물로 영국인 건축가 하딩이 설계를 맡았다. 다만, 석조전은 당초 고종 황제와 황후가 머무는 황궁의 용도로 지어졌지만 일제에 국권을 빼앗긴 직후 준공됨에 따라 애초의 목적대로는 한 번도 사용하지 못했다.

〈보 기〉

ㄱ. 근대 초기에 선교나 교육 목적으로 우리나라에 지어진 서양식 건축물은 모두 외국인에 의해 건축되었다.
ㄴ. 제물포 구락부에서의 비공식 외교 활동이 이뤄지던 시기에 기독교는 박해를 받지 않았다.
ㄷ. 석조전은 우리나라의 자주성을 보이고자 지은 건축물임에도 외국인 건축가의 설계로 지어졌다는 이유로 본래의 목적대로 사용되지 못했다.

① ㄱ
② ㄴ
③ ㄱ, ㄷ
④ ㄴ, ㄷ
⑤ ㄱ, ㄴ, ㄷ

12. 다음 갑~병의 견해에 대한 분석으로 적절한 것만을 〈보기〉에서 모두 고르면?

갑: 최근 인터넷 악플 문제를 살펴보면, 나는 인간의 본성은 악하다고 생각해. 왜냐하면 인터넷 악플을 작성하는 사람들은 익명성 뒤에 숨어서 자신과 아무런 관련이 없는 타인을 비난하고 상처 주지만, 그에 대한 책임은 지지 않기 때문이야. 인간의 악한 본성 때문에 인터넷 악플 문제는 시간이 지날수록 더 심각해졌고, 최근에는 악플을 방지한다는 이유로 포털사이트의 일부 기사에는 댓글조차 작성할 수 없는 지경에 이르렀어. 이를 해결하기 위해서는 인터넷 실명제 강화를 통해 인터넷을 이용하는 모든 사람이 자신의 표현에 대해 책임을 지게 해야 해.

을: 일부 인터넷 악플만으로 인간의 본성이 악하다고 단정 지을 수는 없어. 왜냐하면 모든 사람이 악플을 작성하는 것은 아니기도 하고, 타인을 응원하는 댓글을 작성하는 사람들도 많아졌거든. 이러한 사람들은 자신이 익명성에 가려지더라도 자신의 표현에 책임감을 갖고 있기 때문에 타인에게 상처 주지 않아. 이러한 모습을 볼 때, 우리 인간의 본성은 오히려 선하다고 볼 수 있어.

병: 나는 인터넷 악플 문제에서 인간의 본성을 선과 악 어느 한쪽에 국한하여 보는 것은 적절하지 않다고 생각해. 왜냐하면 인터넷의 익명성은 인간을 선하게도 하고 악하게도 할 수 있기 때문이야. 익명성이 보장되면 누구나 자신의 생각과 태도를 솔직하게 표현할 수 있고 다양한 의사소통을 할 수 있어. 하지만 자신의 신분을 드러내지 않기 때문에 표현에 대해 책임을 지려는 마음이 약해지기도 해. 따라서 인간 본성의 선악 여부를 판단하기 전에 인터넷의 익명성이 갖는 문제를 해결하는 것이 선행되어야 해.

〈보 기〉

ㄱ. 갑은 인터넷 악플 문제가 인간의 악한 본성 때문에 심화되었다고 보지만, 을은 그렇지 않다.
ㄴ. 을과 병은 인간의 본성은 익명성에 가려지더라도 변하지 않는다는 견해에 동의한다.
ㄷ. 병은 익명성의 문제를 해결하면 인간의 본성이 선해질 수 있다는 것에 동의하지만, 갑은 그렇지 않다.

① ㄱ
② ㄷ
③ ㄱ, ㄷ
④ ㄴ, ㄷ
⑤ ㄱ, ㄴ, ㄷ

13. 다음 글에서 추론할 수 없는 것은?

갑 회사는 모든 업무를 문서에 의하여 신속·정확하게 처리하고 책임 소재를 명확히 하기 위해 문서관리 규정을 신설하였다. 문서관리 규정에는 문서관리 담당 부서인 문서관리 주관부서, 문서관리 위임부서(이하 주관부서, 위임부서)를 구분하여 정하고, 두 부서는 아래 문서관리 소관부서(이하 소관부서)와 현장의 문서관리를 관할한다는 내용이 명시되어 있다.

주관부서의 권한과 업무는 다음과 같다. 첫째, 주관부서는 문서의 통제 권한을 행사할 수 있으며, 대외문서 접수대장과 대외문서 발송대장을 비치하고 기록·유지해야 한다. 둘째, 주관부서는 각 부서 및 현장의 모든 문서취급 관리에 대해 지도·감독해야 한다. 셋째, 주관부서는 자기 소관부서에 관한 문서관리 업무뿐만 아니라 위임부서의 문서보존창고의 관리 및 문서의 보존과 폐기에 관한 모든 업무를 수행해야 한다. 이때 위임부서는 주관부서의 권한을 위임받아 본부별로 자기 소관부서의 문서관리를 할 수 있다.

한편 위임부서와 지역별 현장은 다음 업무를 수행해야 한다. 첫째, 문서를 종류별로 정리·보존·폐기해야 한다. 둘째, 타 부서 관계자와 연락 및 협조를 할 경우 문서에 대한 책임 소재를 명확히 해야 한다. 갑 회사의 문서관리 규정에서 명시하고 있는 문서관리 주관부서·위임부서·소관부서는 다음과 같다.

〈표〉 갑 회사의 문서관리 주관부서·위임부서·소관부서

구분	부서명	문서관리 소관부서
문서관리 주관부서	총무부	본사, 연구소, 서울 근교 현장
문서관리 위임부서	개발사업본부 관리팀	영업팀, 해외사업부
	중부지역본부	중부지역 현장
	호남지역본부	호남지역 현장 및 제주지사
	영남지역본부	영남지역 현장 및 경북지사

① 영업팀 및 해외사업부의 문서 정리·보존·폐기 업무는 개발사업본부 관리팀이 관할한다.
② 총무부는 갑 회사 소속 모든 부서와 현장의 문서취급 관리에 대해 지도·감독할 의무가 있다.
③ 호남지역본부는 호남지역 현장을 한정하여 대외문서 접수대장 및 발송대장을 관리할 수 있다.
④ 총무부는 본사 및 연구소의 문서관리뿐만 아니라 개발사업본부 관리팀의 문서보존창고의 관리에도 관여할 수 있다.
⑤ 중부지역 부서와 영남지역 부서가 문서의 폐기에 대해 협조할 경우, 두 부서의 본부 중 문서의 책임 소재를 어디에 둘 것인지 정립해야 한다.

14. 다음 글의 내용이 참일 때, 반드시 참인 것만을 〈보기〉에서 모두 고르면?

갑 정책안에 대하여 A~G 위원이 심의를 진행하고 있다. 7명의 위원은 각각 찬성과 반대 중 하나의 의견을 제시하며, 4명 이상의 위원이 찬성해야 갑 정책안이 가결된다. 이와 관련하여 다음과 같은 사실이 알려져 있다.

○ A와 C 모두 찬성하거나 E가 찬성한다.
○ D가 반대하면, B와 C 중 적어도 1명이 반대한다.
○ E가 찬성할 경우, F도 찬성한다.
○ G가 찬성하면, D는 반대한다.
○ F는 반대한다.

〈보 기〉

ㄱ. 최소 2명의 위원은 찬성한다.
ㄴ. B가 찬성하면 갑 정책안이 가결된다.
ㄷ. G가 반대할 경우 3명 이상의 위원이 찬성한다.

① ㄱ
② ㄷ
③ ㄱ, ㄴ
④ ㄴ, ㄷ
⑤ ㄱ, ㄴ, ㄷ

15. 다음 글의 (가)와 (나)에 들어갈 말을 〈보기〉에서 골라 적절하게 짝지은 것은?

K부처의 A부서는 부처 주관으로 진행하는 프로젝트에 직원을 파견할 예정이다. 이때 육아휴직을 쓸 예정인 직원이나 파견을 다녀온 지 3개월이 지나지 않은 직원은 파견에서 제외된다. A 부서의 (가). 또한 A 부서 남성 직원 중 결혼을 한 직원은 최근 3년 이내에 아이가 태어났다. 그러나 (나). 따라서 A 부서에서 파견하는 직원은 여성이다.

〈보 기〉

ㄱ. 남성 직원만이 육아휴직을 쓸 예정이다
ㄴ. 7세 이하 자녀가 있는 직원은 육아휴직을 쓸 예정이다
ㄷ. 모든 여성 직원들은 파견을 다녀온 지 3개월이 지났다
ㄹ. 그동안 육아휴직을 쓰지 않은 직원들은 육아휴직을 쓸 예정이다
ㅁ. 미혼인 직원들은 이전 프로젝트로 인해 2개월 전 파견에서 돌아왔다

	(가)	(나)
①	ㄱ	ㄷ
②	ㄱ	ㅁ
③	ㄴ	ㄷ
④	ㄴ	ㄹ
⑤	ㄴ	ㅁ

16. 다음 글의 내용이 참일 때 반드시 참인 것은?

민기, 진솔, 윤후, 지윤 네 사람은 스위스, 스페인, 미국, 프랑스를 여행한 후 귀국하였다. 그리고 네 사람이 여행한 국가에 관해 다음의 사실이 확인되었다.

○ 여행한 국가는 한 사람당 최소 한 개, 최대 두 개이다.
○ 민기와 윤후는 여행 내내 동행하였다.
○ 진솔과 윤후가 여행한 국가는 겹치지 않았다.
○ 지윤이 여행한 국가는 민기와 진솔이 여행한 국가와 겹치지 않았다.
○ 최소 두 사람이 스위스를 여행하였다.
○ 최소 두 사람이 스페인을 여행하였다.
○ 최소 한 사람이 프랑스를 여행하였다.
○ 미국은 한 사람만 여행하였다.

① 스위스를 방문한 사람은 세 사람이다.
② 스페인을 방문한 사람은 윤후와 지윤이다.
③ 미국을 방문한 사람은 진솔이다.
④ 프랑스를 방문한 사람은 한 사람이다.
⑤ 프랑스를 방문한 사람은 지윤이다.

17. 다음 글에서 추론할 수 있는 것은?

바이러스는 핵산과 단백질로 구성된 미생물로 스스로 증식할 수 없어 동식물과 같이 살아있는 숙주 세포에 침투하여 증식한다. 바이러스의 핵산은 DNA 또는 RNA와 같은 유전물질로 구성되는데, DNA는 세포의 유전물질을 저장하고 RNA는 저장된 유전물질을 전달하여 단백질을 생산한다. 숙주 세포에 침투한 바이러스는 이러한 자신의 유전자를 복제한 뒤 유전물질을 재생산한다.

바이러스는 자신의 유전물질의 저장위치에 따라 DNA 바이러스와 RNA 바이러스로 구분된다. DNA 바이러스는 숙주 세포에 침투하여 자신의 DNA를 복제하고, RNA 바이러스는 숙주 세포에 침투하여 자신의 RNA를 복제한다. 바이러스는 자신의 유전물질 복제 과정에서 오류가 발생하기도 하는데, 기존 유전물질과는 다른 유전물질이 복제되는 변이 현상이 발생한다. 이때 DNA 바이러스는 유전물질의 복제 과정에서 숙주 DNA의 종합효소를 사용하여 바이러스의 유전물질 복제 과정에서 발생하는 오류를 복구한다. 반면 RNA 바이러스는 이러한 종합효소가 없어 유전물질 복제 과정에서 발생하는 오류를 복구할 수 없다. 이 때문에 RNA 바이러스에서 유전자 변이가 일어날 확률은 DNA 바이러스보다 최대 100만 배 높다.

이러한 RNA 바이러스의 성질은 바이러스의 확산을 막기 어려운 원인으로 지목된다. 바이러스의 활동을 억제하는 백신을 만들더라도 곧바로 변이될 경우 백신의 효과가 높지 않기 때문이다. 실제로 RNA 바이러스에 속하는 에볼라, 에이즈, 인플루엔자, 코로나 바이러스의 경우 지속적인 유전자 변이로 인해 바이러스의 생존력이 높아지고 숙주에 쉽게 침투할 수 있게 되어 DNA 바이러스와 달리 감염자 수가 대폭 증가한다. 그리고 감염자 수가 증가한 만큼 바이러스의 유전자 변이도 더욱 활발해져 감염 확산의 고리를 끊기 어렵게 된다. 그러나 바이러스의 유전자 변이가 활발해진다고 해서 사망자 수가 그만큼 많아지는 것은 아니다. 사망률이 높은 치명적인 바이러스의 경우 감염으로 인한 사망자 수가 많아질수록 숙주의 수가 그만큼 줄어들기 때문이다.

① 바이러스는 숙주의 유전물질을 복제하는 과정에서 오류가 발생하기도 한다.
② RNA 바이러스는 DNA 바이러스와는 달리 숙주의 종합효소를 사용할 수 있다.
③ 에이즈 바이러스는 다른 RNA 바이러스보다 숙주 세포에 쉽게 침투할 수 있다.
④ 바이러스 감염이 크게 확산될 확률은 DNA 바이러스보다 RNA 바이러스가 더 높다.
⑤ 인플루엔자 바이러스의 유전자 변이 확률은 코로나 바이러스 유전자 변이 확률의 100만 배 이상이다.

18. 다음 글에서 추론할 수 있는 것은?

> 현대 사회는 끊임없이 변화하는 환경과 높아지는 기대치 속에서 개인에게 지속적인 압박을 가하고 있고, 이에 따라 스트레스는 점점 일상의 무거운 짐이 되어가고 있다. 여기서 스트레스란 해로운 인자나 자극을 의미하는 스트레서에 의해 발생하는 긴장상태를 말한다. 이는 개인의 심리적, 육체적 한계를 넘어서는 상황에서 복합적인 생체 반응을 유발한다. 적당한 수준의 스트레스는 신체와 정신에 긍정적인 자극을 줄 수 있지만, 개인의 대처 능력을 초과하거나 장기간 지속될 경우 심각한 건강 문제를 야기할 수 있다.
>
> 스트레스는 한스 셀리에에 의해 명명되었는데, 이는 그가 제안한 일반적응 증후군을 통해 더욱 명확히 이해할 수 있다. 일반적응 증후군은 스트레스에 대한 생명체의 반응에 따라 세 가지 단계로 구성된다. 첫 번째 단계인 경고반응기는 1~48시간 내에 발생하며, 초기에는 체온과 혈압 저하, 저혈당, 혈액농축 등의 쇼크 증상이 나타나고 이후 저항 반응이 시작된다. 두 번째 단계인 저항기는 경고 반응기를 지나 지속적으로 스트레스에 노출될 때 진입하며, 이 시기에 스트레스 저항력이 가장 강해진다. 그러나 동시에 다른 종류의 스트레스 요인에 대해서는 저항력이 약화되는 특징이 있다. 마지막 세 번째 단계인 피폐기에 이르면 스트레스 저항력이 완전히 무너져 다양한 신체 증상이 나타나고 결국 치명적인 결과가 초래될 수 있다. 따라서 피폐기에 접어들면 충분한 휴식에도 불구하고 신체적 회복이 어렵기 때문에 이 단계에서는 스트레스 관리와 적절한 대처가 무엇보다 중요하다.
>
> 스트레스는 융합적인 건강 위협으로, 이에 대응하기 위해서는 개인적 노력만으로는 한계가 있어 통합적 관리가 요구된다. 생리학적 측면에서는 호르몬 균형 및 신경계 안정화가 핵심이며, 심리사회적 차원에서는 회복력 중심의 전략적 접근이 필수적이다. 이러한 복합적 특성을 고려할 때, 스트레스로 인한 심신의 질환을 예방하고 효과적으로 관리하기 위해서는 개인의 생활 리듬, 스트레스 해소 활동, 대인관계, 주인의식 등을 종합적으로 고려한 접근이 중요하며, 필요한 경우 전문가의 전문적인 상담과 지도를 받아 심리적, 생리적 균형을 회복해야 한다.

① 스트레스로 인한 심신 질환에 대한 치료는 생리학적 치료가 가장 효과적이다.

② 개인의 신체적 한계의 정도를 넘어서지 않는 스트레스는 신체 건강에 도움이 되기도 한다.

③ 일반적응 증후군에 따르면 저항기 단계에서 신체는 모든 스트레스 요인에 대한 저항력이 강화된다.

④ 스트레서에 노출된 뒤 이틀 이내에 발생한 신체적 증상은 장기간의 휴식에도 불구하고 회복이 어려울 수 있다.

⑤ 스트레서에 의한 자극을 줄이려면 심리사회적 측면에서는 신경계 안정화가 요구된다.

19. 다음 글에 비추어 볼 때, 〈실험〉에서 추론한 것으로 적절한 것만을 〈보기〉에서 모두 고르면?

> A 식물은 탄수화물이 풍부한 수액을 분비한다. 이 수액은 A 식물의 수분(受粉)에 필요한 것이 아니며, 천적으로부터 스스로를 보호하기 위한 수단이 된다. 개미들은 식물 A가 분비하는 수액을 좋아한다. 그렇기 때문에 식물 A는 수액을 이용해 주변에 개미가 모여들게 함으로써 자신들의 잎을 먹어 치우는 곤충과 절지동물이 접근하지 못하게 하는 것이다. 한편 개미는 곤충과 절지동물을 통해 단백질을 섭취할 수 있어, A 식물의 수액뿐만 아니라 곤충과 절지동물도 개미의 먹잇감이 된다.

〈실 험〉

> 적당한 거리를 두고 두 개의 공간을 조성하여 동일한 수의 A 식물을 심었다. 그리고 개미의 단백질 공급원이 되는 죽은 절지동물의 수를 공간 1에는 많이, 공간 2에는 적게 배치하였다. 각 공간에 어떤 종의 개미가 모여드는지 확인해본 결과, 두 공간 모두 동시에 여러 종의 개미가 출현했다. 이때 공격성이 강한 종의 비중은 공간 1과 공간 2 사이에 유의미한 차이가 없었다.
>
> 한편 A 식물 주변의 곤충에 대한 개미의 공격이 활발해지는 조건을 확인하기 위해 A 식물의 잎사귀에 유충을 올려둔 후 개미가 유충을 공격하여 제거하는 데까지 걸린 시간을 측정하고, 이를 반복하여 개미가 유충을 공격하는 빈도를 측정하였다. 유충이 등장한 후 개미에 의해 제거되는 데까지 걸린 시간은 공간 1보다 공간 2에서 더 짧았으며, 개미가 유충을 공격하는 빈도는 공간 1보다 공간 2에서 높았다.

〈보 기〉

> ㄱ. 식물 A 주변에 공격성이 강한 종의 개미가 더 많이 모여들 확률은, 단백질의 공급이 부족한 환경보다 단백질의 공급이 충분한 환경에서 더 높다.
>
> ㄴ. 탄수화물의 공급이 부족한 환경에서, 공격성이 약한 종의 개미보다 공격성이 강한 종의 개미가 다른 곤충을 더 빠르게 공격한다.
>
> ㄷ. 단백질의 공급이 충분한 환경보다 단백질의 공급이 부족한 환경에서, 개미는 더 적극적으로 A 식물 가까이에 몰려들어 다른 곤충을 공격한다.

① ㄱ

② ㄴ

③ ㄷ

④ ㄱ, ㄴ

⑤ ㄴ, ㄷ

20. 다음 글의 ㉠과 ㉡에 대한 평가로 적절한 것만을 〈보기〉에서 모두 고르면?

공룡은 골반 구조에 따라 용반류와 조반류로 분류된다. 이때 골반의 형태가 도마뱀과 유사한 공룡이 용반류이고, 새와 유사한 공룡이 조반류이다. 또한, 용반류는 다시 네 발로 걷는 용각류와 두 발로 걷는 수각류로 나뉘는데, 육식공룡은 모두 수각류에 해당한다. 현생 조류는 이 수각류 공룡에서 나온 것으로 알려져 있다. 그런데 조류는 바깥 온도와 관계없이 항상 일정한 체온을 유지하는 항온동물이다. 반면 공룡 화석이 파충류 두개골의 특성을 보이는 등 파충류와의 유사성 때문에 초기 연구에서는 공룡을 파충류라고 보았다. 이에 따르면 공룡은 체온을 조절하는 능력이 없어서 바깥 온도에 따라 체온이 변하는 변온동물일 것이다. 이렇듯 공룡의 체온은 오랜 기간 논쟁의 대상이었다.

최근에는 공룡이 변온동물도, 항온동물도 아닌 중온동물이라는 ㉠ 주장이 제기되었다. 그 근거가 되는 것은 공룡의 뼈를 통해 파악한 성장률이었다. 동물의 신진대사량과 성장률은 비례하여, 성장률이 높으면 신진대사도 활발해 스스로 체온을 유지할 수 있다. 반면에 변온동물은 스스로 체온을 올릴 만큼 신진대사가 빠르지 못해 추운 기후에서 살아남지 못한다. 공룡과 현생 동물의 성장률을 비교한 결과, 공룡의 성장률은 변온동물과 항온동물의 중간쯤이었다. 이를 통해 공룡은 변온동물보다 높지만 항온동물보다는 낮은 중간 정도의 체온을 일정하게 유지할 수 있었다는 결론을 도출할 수 있다.

한편 공룡 화석에 남아 있는 노폐물 분자를 분석한 결과를 바탕으로 공룡의 체온이 종에 따라 다르다는 ㉡ 주장도 제기되었다. 산소를 흡입할 때 체내의 단백질, 당, 지질과 반응해 노폐물이 나타나기 때문에 노폐물 분자의 양은 흡입한 산소의 양과 비례한다. 항온동물은 체온 유지를 위해 산소 호흡을 많이 할 수밖에 없고 변온동물은 그렇지 않으므로, 산소 호흡의 결과로 생긴 노폐물 분자를 통해 대사율을 측정하여 항온동물과 변온동물을 가릴 수 있는 것이다. 이 측정 결과에 따르면 공룡은 현생 포유류보다 대사율이 높았는데, 예외적으로 조반류 공룡인 트리케라톱스와 스테고사우루스는 변온동물에 가까울 정도로 대사율이 매우 낮은 것으로 나타났다.

〈보 기〉

ㄱ. 수각류인 오비랍토르의 알과 그 화석이 발견된 주변 토양을 분석한 결과, 알을 낳았을 당시 오비랍토르의 체온은 파충류와 조류의 중간 정도인 31.9도였으며 당시 해당 지역의 기온은 26.3도였다는 연구 결과는 ㉠을 약화한다.

ㄴ. 북극 근처에서 발견된 화석을 조사한 결과, 변온동물의 화석은 나오지 않고 항온동물의 화석만이 발견되는 지역에서 공룡 화석이 발견되었다는 연구 결과는 ㉡을 약화하지 않는다.

ㄷ. 체온이 높을수록 발생속도도 빨라 조류는 파충류보다 알의 부화기간이 짧은데, 비슷한 크기의 조반류 공룡알과 파충류알의 부화기간을 비교한 결과 조반류 공룡알의 부화기간은 파충류알의 부화기간과 비슷하거나 더 길었다는 연구 결과는 ㉠과 ㉡을 모두 약화한다.

① ㄱ
② ㄴ
③ ㄱ, ㄴ
④ ㄱ, ㄷ
⑤ ㄱ, ㄴ, ㄷ

[21 ~ 22] 다음 글을 읽고 물음에 답하시오.

1884년 윌리엄 제임스는 〈감정이란 무엇인가〉라는 논문에서 정서의 유발 과정에 대한 하나의 가설을 제안했다. 그것은 외부 자극에 대하여 신체적 변화가 나타나며, 이 신체적 변화를 지각함으로써 정서가 생긴다는 주장이었다. 이에 따르면 사람이 맹수를 마주치면 심장이 빠르게 뛰며, 심장이 빠르게 뛰기 때문에 공포감을 느끼게 된다. 다시 말해 사람들은 기쁨이라는 감정 때문에 웃고 슬픔이라는 감정 때문에 우는 것이 아니라, 웃고 있기 때문에 기쁨을 느끼고 울고 있기 때문에 슬픔을 느낀다. 또 다른 심리학자 칼 랑게 역시 제임스와 마찬가지로 신체적인 반응과 정서의 관련성을 주장하여, 이 이론은 ㉠ 제임스-랑게 이론으로 명명되었다.

제임스-랑게 이론은 이후 여러 비판을 받게 되는데, 대표적인 것이 바로 ㉡ 캐논-바드 이론이다. 이 이론에 따르면 지각과 감정이 순차적으로 일어나는 것이 아닌, 지각과 감정이 동시에 일어난다. 즉, 맹수를 마주쳤을 때 심장이 빠르게 뛰는 생리적 변화와 공포감을 느끼는 정서적 체험이 함께 발생한다는 것이다. 실제로 척수가 손상되어 신체의 생리적 변화를 뇌에서 감지하지 못하는 사람이라도 감정을 느낄 수 있으며, 그렇기 때문에 정서의 발생은 생리적 상태와 관련된 것이 아니라는 주장에 힘이 실리게 되었다. 캐논-바드 이론에 따르면 정서 행동은 뇌의 시상하부에서 기인한다. 말초신경을 통해 유입된 모든 감각 정보는 시상을 거쳐 대뇌로 가는데, 이때 자율신경을 조절하는 시상하부에도 그 정보가 전달된다. 그래서 동시에 전달된 감각 정보에 의하여 대뇌피질에서는 감정을 느끼고, 시상하부를 통해 자율신경이 작동하여 감정과 관련된 신체적 반응이 나타나게 된다.

한편 심리학자 스탠리 샤흐터와 제롬 싱어는 정서에 있어 생리적 반응뿐만 아니라 인지가 중요함을 지적하였다. 정서의 2요인 이론이라고도 불리는 ㉢ 샤흐터-싱어 이론은 신체적으로 각성이 일어나고, 인지적으로 그 각성이 무엇인지 명명해야 자신의 감정이 무엇인지 이해한다는 것이다. 샤흐터와 싱어의 주장은 다음과 같은 실험을 통해 증명되었다. 이 실험에서 피험자들에게는 교감 신경을 흥분시켜 심장박동 증가, 혈관수축 등을 유발하는 아드레날린 약물이 투여되었다. 그리고 연구자는 피험자들을 3개의 집단으로 나누어 첫 번째와 두 번째 집단에는 그 약물이 비타민이라고 속였고, 세 번째 집단에는 투여한 약물에 대해 사실대로 말해주었다. 그리고 피험자들에게 여러 가지 질문으로 구성된 설문 조사지를 나누어주고 답하게 하였다. 이때 피험자 중에는 연구자가 심어놓은 연기자가 섞여 있었다. 설문 조사를 할 때 첫 번째 집단의 연기자는 콧노래를 부르는 등 긍정적인 감정을 표출했고, 두 번째 집단의 연기자는 화를 내는 등 부정적인 감정을 표출했다. 그 결과 세 집단 모두 투여된 약물로 인해 동일한 신체 반응이 나타났지만, 그에 대한 해석은 차이가 있었다. 설문 조사가 어땠는지 묻자 첫 번째 집단은 기분이 좋았다고 답했으며, 두 번째 집단은 기분이 나빴다고 답했고, 세 번째 집단은 기분이 좋지도 나쁘지도 않았다고 답했다. 주변 환경에 맞는 해석을 통해 자신의 정서를 판단한 집단과 달리, 왜 자신이 흥분 상태에 있는지를 정확히 알고 있을 경우 감정의 원인을 혼동하지 않은 것이다.

21. 위 글의 ㉠~㉢에 대한 평가로 적절한 것만을 〈보기〉에서 모두 고르면?

〈보 기〉

ㄱ. 같은 만화를 보더라도, 무표정으로 만화를 보게 한 집단보다 웃는 표정을 짓고 만화를 보게 한 집단이 만화가 더 재미있었다고 평가했다는 실험 결과는 ㉠을 강화한다.

ㄴ. 동물의 뇌에서 대뇌피질만을 제거하고 부정적인 감정을 유발하는 자극을 줄 경우 대뇌피질이 제거되기 전과 동일한 감정의 신체 반응을 보였다는 실험 결과는 ㉡을 약화한다.

ㄷ. 평지에서 이성을 만났을 때와 달리, 심장이 뛰게 하는 흔들 다리의 한가운데서 이성을 만났을 때 이성 때문에 심장이 두근거린다고 생각해 상대를 더 매력적이라고 평가했다는 실험 결과는 ㉢을 약화하지 않는다.

① ㄱ
② ㄴ
③ ㄱ, ㄴ
④ ㄱ, ㄷ
⑤ ㄱ, ㄴ, ㄷ

22. 위 글에 대한 분석으로 적절한 것만을 〈보기〉에서 모두 고르면?

〈보 기〉

ㄱ. 제임스-랑게 이론에서는 외부 자극에 대한 지각과 심리적으로 느껴지는 정서는 동시에 발현된다고 본다.

ㄴ. 캐논-바드 이론에서는 척수가 손상된 사람이더라도 맹수를 마주치면 생리적 상태에 관계없이 무서운 감정을 느끼게 된다고 본다.

ㄷ. 샤흐터-싱어 이론에서는 신체적 각성이 발생한 뒤 해당 각성을 명명하지 않을 경우 주변 환경에 따라 자신의 정서를 판단할 수 있다고 본다.

① ㄱ
② ㄴ
③ ㄱ, ㄷ
④ ㄴ, ㄷ
⑤ ㄱ, ㄴ, ㄷ

23. 다음 글의 〈표〉에 대한 판단으로 옳지 않은 것은?

공공기관이 수행하는 사업예산제도는 크게 정책사업과 그 하부사업인 단위사업이 있다. 정책사업은 정책적으로 일관성을 가진 단위사업들의 묶음을 의미하며, 단위사업은 정책사업을 수행하기 위한 활동 근거로서 정책사업을 세분화한 다수의 실행단위를 의미한다. 이러한 정책사업과 단위사업을 설정하기 위해서는 다음과 같은 규정을 준수해야 한다.

○ 정책사업은 1개의 정책목적을 달성하기 위한 사업이므로 1개의 정책사업이 복수의 목적을 가지고 있을 경우 해당 목적에 맞게 정책사업을 분리해야 한다.
○ 1개의 정책사업은 1개의 담당 조직에서만 운영되는 것을 원칙으로 하며, 동일한 목적을 가진 정책사업이 다수의 조직에서 수행될 경우 정책사업명을 다르게 분리해야 한다.
○ 1개의 단위사업은 동일한 회계가 적용되어야 한다. 만약 1개의 단위사업 내에 일반 및 특별 회계가 혼재할 경우 해당 단위사업을 2개로 분리해야 한다.
○ 각각의 단위사업에 적용되는 회계가 서로 다르더라도 단위사업들의 정책사업 목적이 동일하다면 1개의 정책사업에 포함되어야 한다.

현재 A부처에서 시행되고 있는 사업예산제도는 다음과 같다.

〈표〉 A부처 사업예산제도 현황

정책사업	단위사업	담당 조직	적용 회계
대중교통 지원사업	시내버스운송조합 지원사업	대중교통과	특별 회계
	택시운송조합 지원사업	교통정책과	특별 회계
주민기초 생활보장 및 관광 지원 사업	기초생활보장 지원사업	기초복지과	일반 및 특별 회계
	저소득가구자활 지원사업	기초복지과	일반 회계
	스마트 관광환경 조성사업	관광지원과	특별 회계
주거환경 개선사업	도시 저소득주거환경 개선사업	도시정책과	일반 회계
	국민주택 관리사업	도시정책과	특별 회계
도시환경 조성사업	주거단지환경 조성사업	환경정책과	일반 회계

① 대중교통 지원사업의 단위사업은 1개의 담당 조직에서 정책사업이 추진될 수 있도록 사업 개편을 해야 한다.
② 주거환경 개선사업의 단위사업에 적용되는 회계가 서로 다르므로 회계가 혼재되지 않기 위해 사업 개편을 해야 한다.
③ 기초생활보장 지원사업을 각각 일반 회계와 특별 회계를 적용받는 2개의 단위사업으로 분리해야 한다.
④ 주거환경 개선사업과 도시환경 조성사업의 목적이 동일하더라도 사업 개편을 하지 않아도 된다.
⑤ 주민기초생활보장 및 관광 지원사업을 주민지원사업과 관광지원사업으로 분리해야 한다.

24. 다음 글의 빈칸에 들어갈 내용으로 가장 적절한 것은?

갑: 한 민원인으로부터 치매 가족을 둔 피부양자가 노인장기요양보험을 신청해서 급여를 받을 수 있는지에 대한 문의가 있었습니다. 노인장기요양보험은 노화나 질병으로 거동이 불편한 노인 등에게 신체활동 또는 일상가사활동 지원 등의 장기요양급여를 제공하는 사회보험 제도라고 알고 있는데, 맞습니까?
을: 예, 맞습니다. 좀 더 정확히 말하자면, 노인장기요양보험은 건강보험에 가입되어 있으면 자동으로 가입되지만, 노인장기요양급여는 노인장기요양보험가입자 또는 그 피부양자, 「의료급여법」에 따른 의료급여 수급권자인 65세 이상 노인과 노인성 질병을 가진 65세 미만의 자가 장기요양인정을 신청하여 장기요양등급을 받을 경우에만 수급할 수 있습니다.
갑: 노인성 질병에는 무엇이 포함되나요?
을: 치매를 포함하여 뇌출혈, 뇌경색증, 뇌졸증 같은 뇌혈관 질환 및 장애, 파킨슨 병 등이 노인성 질병에 포함됩니다.
갑: 노인장기요양인정 신청 시 필요한 서류가 있나요?
을: 예, 신청서와 의사소견서를 제출하여야 합니다. 의사소견서의 경우, 65세 이상 노인이 신청할 때는 신청서 제출 이후 등급판정위원회에 자료를 제출하기 전까지도 제출이 가능하나, 노인성 질병을 가진 65세 미만의 자는 해당 노인성 질병이 기재된 의사소견서 원본을 반드시 신청서와 함께 제출하여야 합니다. 의사소견서 대신에 진단서를 제출할 수도 있으나, 이 경우에도 추후 의사소견서를 별도로 제출합니다. 신청서를 제출하고 나면 노인장기요양인정을 위한 방문조사가 이루어지고, 이후 등급판정위원회에 자료를 제출하여 판정이 이루어집니다.
갑: 정리하면, 수급자가 [　　　　　　] 것이군요. 말씀하신 것을 바탕으로 민원인에게 설명드리겠습니다.

① 65세 미만이더라도 치매는 노인성 질병이므로 신청서만 제출하면 노인장기요양급여를 받을 수 있는
② 65세 이상이더라도 노인장기요양인정 신청 시 의사소견서를 함께 제출하여 방문조사를 받아야 하는
③ 65세 미만이라면 치매 진단을 받더라도 거동이 불편하지 않을 경우 장기요양등급은 받지 못할 수 있는
④ 65세 이상이라면 의사소견서를 신청서 제출 이후에 제출하여도 장기요양인정 조사를 받을 수 있는
⑤ 65세 미만이더라도 건강보험에 가입되어 있다면 누구나 신청할 수 있는

25. 다음 글의 ㉠에 해당하는 내용으로 가장 적절한 것은?

A시에 거주하는 갑의 집 주변에는 공용주차장인 B주차장이 있다. 갑은 이곳을 지날 때마다 냉·난방이 필요할 정도로 덥거나 추운 날씨가 아닐 때도 B주차장에 있는 다수의 차량이 공회전 중인 것을 발견하였다. B주차장은 주택가에 위치해 있고 인근에는 어린이집, 공원 등도 있어 대기오염으로 인한 건강 피해가 우려되었다. 그러던 중 A시의 관할구역 전역이 공회전 제한장소로 지정되면서 공회전 집중 단속이 실시된다는 기사를 본 갑은 이 단속의 근거가 되는 아래와 같은 A시의 「자동차 공회전 제한에 관한 조례」(이하 '조례')를 찾아보게 되었다.

「자동차 공회전 제한에 관한 조례」

제4조(제한시간) ① 자동차운전자는 공회전 제한장소에서 2분을 초과하여 공회전을 하면 아니 된다.

제8조(단속방법) ① 단속공무원이 제한장소에서 공회전 자동차를 발견한 때에는 해당 자동차 운전자에게 공회전을 중지하도록 경고하여야 한다.

② 단속공무원은 제1항에 따라 경고한 때부터 공회전 시간을 측정한다.

갑은 B주차장과 같이 공회전으로 인한 대기오염의 우려가 큰 곳에 대해서는 보다 엄격한 단속이 필요하다고 민원을 제기하였다. 갑의 민원을 검토한 A시의회는 일부 지역에 대해 더 철저한 단속이 이루어질 수 있도록 관련 규정의 보완이 필요하다고 인정하여 ㉠ 조례를 개정하였다.

① 제4조 제2항으로 "다만, 대기의 온도가 영상 25℃ 이상이거나 영상 5℃ 미만인 경우에 한정하여 제한시간을 5분 이내로 한다."를 신설한다.

② 제4조 제2항으로 "제1항의 규정에도 불구하고 실무활동 중인 긴급자동차 및 이에 준하는 자동차는 제한규정의 적용을 받지 아니한다."를 신설한다.

③ 제8조 제2항에 "다만, 중점 공회전 제한장소(터미널·차고지·주차장 등 특별히 공회전을 제한할 필요가 있는 지역을 말한다)에서는 발견한 때부터 측정한다."를 추가한다.

④ 제8조 제1항에 "다만, 해당 자동차의 운전자가 운전석에 있지 아니한 경우에는 그러하지 아니하다."를 추가한다.

⑤ 제8조 제3항으로 "단속공무원은 제2항에 따라 측정한 공회전 시간이 제4조의 제한시간을 초과하면 공회전 위반 확인서를 작성하여 자동차운전자에게 교부한다."를 신설한다.

약점 보완 해설집 p.34

자르는 선

2025 해커스PSAT 7급 PSAT FINAL 봉투모의고사 언어논리 (5회)

컴퓨터용 흑색사인펜만 사용

책형
Ⓐ
Ⓑ

【필적감정용 기재】
*아래 예시문을 옮겨 적으시오
본인은 OOO(응시자성명)임을 확인함

기 재 란

성 명	
자필성명	본인 성명 기재
시험장소	

응시번호						
	⓪	⓪	⓪	⓪	⓪	⓪
	①	①	①	①	①	①
	②	②	②	②	②	②
	③	③	③	③	③	③
	④	④	④	④	④	④
⑤	⑤	⑤	⑤	⑤	⑤	⑤
⑥	⑥	⑥	⑥	⑥	⑥	⑥
⑦	⑦	⑦	⑦	⑦	⑦	⑦
	⑧	⑧	⑧	⑧	⑧	⑧
	⑨	⑨	⑨	⑨	⑨	⑨

생년월일					
⓪	⓪	⓪	⓪	⓪	⓪
①	①	①	①	①	①
②	②		②	②	②
③	③		③	③	③
④	④		④		④
⑤	⑤		⑤		⑤
⑥	⑥		⑥		⑥
⑦	⑦		⑦		⑦
⑧	⑧		⑧		⑧
⑨	⑨		⑨		⑨

※시험감독관 서명 (서명을 정자로 기재할 것)	적색 볼펜만 사용

언어논리(1~10번)					
1	①	②	③	④	⑤
2	①	②	③	④	⑤
3	①	②	③	④	⑤
4	①	②	③	④	⑤
5	①	②	③	④	⑤
6	①	②	③	④	⑤
7	①	②	③	④	⑤
8	①	②	③	④	⑤
9	①	②	③	④	⑤
10	①	②	③	④	⑤

언어논리(11~20번)					
11	①	②	③	④	⑤
12	①	②	③	④	⑤
13	①	②	③	④	⑤
14	①	②	③	④	⑤
15	①	②	③	④	⑤
16	①	②	③	④	⑤
17	①	②	③	④	⑤
18	①	②	③	④	⑤
19	①	②	③	④	⑤
20	①	②	③	④	⑤

언어논리(21~25번)					
21	①	②	③	④	⑤
22	①	②	③	④	⑤
23	①	②	③	④	⑤
24	①	②	③	④	⑤
25	①	②	③	④	⑤

시험일: ____년 ____월 ____일

국가공무원 7급 공개경쟁채용 1차 필기시험 모의고사

| 언어논리영역 |

응시번호	
성명	

실전모의고사 **6회**

문제책형 **㉣**

응시자 주의사항

1. **시험시작 전 시험문제를 열람하는 행위나 시험종료 후 답안을 작성하는 행위를 한 사람**은 「공무원 임용시험령」 제51조에 의거 **부정행위자**로 처리됩니다.
2. **답안지 책형 표기는 시험시작 전** 감독관의 지시에 따라 **문제책 앞면에 인쇄된 문제책형을 확인**한 후, **답안지 책형란에 해당 책형(1개)**을 '●'로 표기하여야 합니다.
3. 시험이 시작되면 문제를 주의 깊게 읽은 후, **문항의 취지에 가장 적합한 하나의 정답만을 고르며**, 문제내용에 관한 질문은 할 수 없습니다.
4. **답안을 잘못 표기하였을 경우에는 답안지를 교체하여 작성**하거나 **수정할 수 있으며**, 표기한 답안을 수정할 때는 **응시자 본인이 가져온 수정테이프만을 사용**하여 해당 부분을 완전히 지우고 부착된 수정테이프가 떨어지지 않도록 손으로 눌러주어야 합니다. **(수정액 또는 수정스티커 등은 사용 불가)**
5. **시험시간 관리의 책임은 응시자 본인에게 있습니다.**
   ※ 문제책은 시험종료 후 가지고 갈 수 있습니다.

정답공개 및 해설강의 안내

1. 모바일 자동 채점 및 성적 분석 서비스
   • '약점 보완 해설집'에 회차별로 수록된 QR코드 인식 ▶ 응시 인원 대비 자신의 성적 위치 확인
2. 해설강의 수강 방법
   • 해커스PSAT 사이트(psat.Hackers.com) 접속 후 로그인 ▶ 우측 퀵배너 [쿠폰/수강권등록] 클릭 ▶ '약점 보완 해설집'에 수록된 쿠폰번호 입력 후 이용

해커스PSAT

언어논리영역

1. 다음 글에서 알 수 있는 것은?

고려의 국방 체제는 중앙군과 지방군으로 구분되며, 이 중앙군과 지방군이 국가 수호의 의무인 군역(軍役)을 부담하였다. 고려의 중앙군은 이군육위(二軍六衛)로 편제되었는데, 이군은 국왕의 호위를, 육위는 수도 경비와 궁성 수비 등을 담당하였다. 이때 중앙군에는 군적에 등재된 직업군인이 소속되었다. 군적은 호적과 별도로 작성된 문서로 마을 또는 씨족 단위로 작성되었으며, 군인이 늙거나 죽었을 때 군적에 등재되어 있는 자손이나 친족에게 군역이 계승되어 군인의 후계자를 확보하는 용도로 활용되었다. 이렇게 군적에 등재된 중앙군은 군역에 대한 대가로 군인전이라는 토지를 지급받았다. 일반적으로 중앙군은 군역을 부담하기 위해 항상 수도에 거주하고 있었기 때문에 씨족 거주민 2명이 중앙군 대신 군인전을 경작하여 중앙군의 경제적 부담을 완화하였다. 한편 지방군은 군적에 오르지 못한 군인들로 편제되었으며, 이들의 대부분은 전투나 방어보다는 노동과 잡역을 주로 담당하였다.

조선의 국방 체제는 중앙군인 오위도총부(五衛都摠府)와 지방군으로 구분되며, 조선 역시 중앙군과 지방군이 군역을 부담하였다. 조선의 중앙군과 지방군은 모두 병적이라는 군적에 등재되었는데, 중앙군은 군역을 부담하는 일반 백성인 정군과 무과(武科)에 통과하여 직업군인으로 선발되는 갑사, 고위관료의 자제 등으로 구성된 특수병으로 나뉘었다. 이때 정군은 군역을 부담하는 백성 중 신체가 건강한 자들로 국방의 요충지에 근무하였으며, 갑사와 특수병은 국왕의 호위를 담당하였다. 중앙군은 복무기간에 따라 관직, 즉 품계를 인정받았으나 녹봉이라는 경제적 보상은 갑사와 특수병만이 지급받았다. 또한 중앙군이 경비 근무를 하는 경우 갑사는 교대 없이 근무하였으나, 정군은 교대로 근무하며 근무를 하지 않을 때는 농사를 지었다. 한편 조선의 지방군은 대부분 지방에 거주하는 보인(保人)으로 구성되었다. 보인은 비상시에만 전투에 투입되고 평상시에는 농사를 지었으므로 전반적인 역할은 국방보다는 농사와 잡역에 치중되어 있었다. 또한 보인은 정군의 경제적 부담을 완화하기 위해 정군에게 면포를 납부하는 역할을 하기도 하였다.

① 고려와 조선의 모든 군역 대상자는 군적에 등재되었다.
② 고려와 조선의 중앙군 모두 군역에 대한 경제적 보상으로 토지를 지급받았다.
③ 고려의 지방군에는 군인전을 지급받는 직업군인도 포함되어 있었다.
④ 조선의 중앙군 모두 군역에 따라 품계를 인정받고 녹봉을 지급받았다.
⑤ 조선의 정군과 보인은 농사와 국방의 의무를 모두 수행하였다.

2. 다음 글에서 알 수 있는 것은?

조선시대 왕의 곤룡포를 떠올리면 대홍색, 즉 붉은색을 떠올리기 쉽지만, 청색의 곤룡포를 입은 태조의 모습을 그린 태조어진에서 확인할 수 있듯이 다른 색깔의 곤룡포도 있었다. 그러나 그 외에는 조선 초기 왕들의 곤룡포가 어떤 색이었는지에 대한 사료가 남아 있지 않다. 그러다 세종 26년에 명에서 보내온 대홍색 곤룡포를 입었고, 이후 조선 왕은 모두 대홍색 곤룡포를 입었다. 고종 역시 처음에는 대홍색의 곤룡포를 입었지만, 대한제국 황제로 등극한 후에는 황제를 의미하는 황색의 곤룡포를 착용하였다. 그리고 대한제국 제2대이자 마지막 황제인 순종도 황색 곤룡포를 입었다. 왕세자와 왕세손 역시 곤룡포를 입었는데 각각의 역할에 맞게 곤룡포의 이름을 왕은 시사복, 왕세자는 서연복, 왕세손은 강서복이라 일컬었다. 왕세자와 왕세손은 같은 색깔의 곤룡포를 입었으며, 조선 전기에는 붉은색 곤룡포와 푸른색 곤룡포가 함께 나타나다 중종 대에는 검푸른색인 아청색의 곤룡포를 착용하였다. 선조 때는 세자의 곤룡포 색깔이 흑색으로 바뀌었으며, 대한제국 시기에는 황태자가 홍색 곤룡포를 입었다.

곤룡포에는 금으로 용의 무늬를 수놓은 용보가 있다. 왕의 곤룡포에는 용의 발톱이 5개인 오조원룡보를 가슴과 등, 양쪽 어깨에 달았다. 왕세자의 경우 발톱 수가 하나 적은 사조원룡보를 왕의 곤룡포와 마찬가지로 네 곳에 붙였다. 왕세손은 삼조방룡보를 가슴과 등에만 붙였다. 그러나 대한제국 시기에는 황태자 역시 오조룡보를 사용하였다. 한편 용보는 시대에 따라 변화하였다. 조선 전기 태조어진 속 곤룡포는 가슴의 용보는 크기가 매우 크고 어깨의 용보는 그보다 작다. 이에 비해 조선 후기 영조어진 속 용보는 가슴에 있는 것은 크기가 약간 작아지고 어깨에 있는 것은 크기가 약간 커진 형태이다. 또한, 태조와 영조의 곤룡포에서 용보는 옷에 직접 자수를 놓은 것이지만, 고종과 순종의 곤룡포에는 용보를 별도로 만들어 부착한 형태로 그 크기도 매우 작아지게 된다. 이 두 황제의 용보에는 5개의 발톱을 가진 용이 여의주를 물고 있는 모습이 그려졌다는 점도 특징적이다.

① 중종 대에는 왕·왕세자·왕세손의 곤룡포 색깔에서 각각의 신분 차이가 드러났다.
② 어진 속 영조의 곤룡포에서 어깨의 용보는 가슴의 용보보다 크기가 더 크다.
③ 서연복과 강서복은 용보의 개수와 용보 속 용의 발톱 개수로 구분할 수 있다.
④ 세종은 즉위 후 몇 년간은 푸른색 계열의 곤룡포를 입었을 것이다.
⑤ 대한제국 시기에 황제와 황태자의 용보 속 용의 모습은 동일하였다.

3. 다음 글의 논지로 가장 적절한 것은?

> 부계 중심 제사, 장자 우대 등으로 대표되는 가부장 제도가 우리나라 고유의 전통이라 생각하는 사람들이 많다. 그러나 가부장 제도가 우리 사회에 정착한 것은 조선 중기의 일이다. 그전에도 여성은 관직에 진출하지 못하는 등 사회적 제약은 있었지만, 그 외의 부분에서는 상당한 자율성을 가지고 생활하였다. 남녀 관계는 자유로웠고 여성들의 재가가 허용되었다. 족보를 기록할 때 역시 딸과 외손을 차별하지 않았고, 제사와 재산 상속에 있어서 여성과 남성은 동등한 지위를 가졌다. 그래서 아들과 딸이 돌아가며 제사를 맡아 지내는 윤회봉사가 일반적이었으며, 아들이 없으면 딸이나 사위가 부모를 봉양할 수 있었다.
>
> 강력한 남성 중심의 문화는 조선 후기에 들어 자리 잡게 되었는데, 그 배경에는 정치·사회적 목적이 있었다. 지배층은 부계 중심의 가족 제도를 공고히 하여 피지배층에 대한 지배 행위를 정당화하기 위해 남성 중심의 가부장적 사회체제를 강화하였고, 이로써 여성에 대한 차별이 시작되었다. 그 결과로 여성의 재가가 금지되었고, 남녀를 불문하고 먼저 출생한 순서로 기록했던 족보는 출생 순서가 아닌 선남후녀(先男後女) 방식으로 바뀌었다. 또한, 집안에 아들이 없으면 양자를 입양하면서 부계 중심의 유대가 더욱 강화되었다.
>
> 일반적으로 전통은 집단이나 공동체에서 과거로부터 내려오는 바람직한 사상이나 관습, 행동 등이 오늘날까지 전해지는 것을 말한다. 그러나 남성 중심의 가부장 제도는 그 역사가 깊지 않을뿐더러 바람직한 관습으로 보기 어렵다. 만약 남성 중심의 문화를 우리나라의 전통이라고 여긴다면, 남녀 평등을 방증하는 고구려의 서옥제나 신라의 여왕 제도와 같이 가부장 제도 정착 이전의 더 오랜 역사와 문화를 설명할 수 없게 된다. 따라서 전통과 역사를 이해할 때 특정 시기의 관점에서 벗어나 넓은 시야로 바라볼 필요가 있다.

① 가부장 제도가 공고히 되면서 족보의 기록 순서가 변경되었다.
② 전통을 올바르게 이해하기 위해서는 역사 전체를 조망해야 한다.
③ 특정 계층의 정치·사회적 목적하에 만들어진 제도는 전통이라 해도 배척해야 한다.
④ 오랜 역사를 가진 전통이 체제를 확립하고 유지하는 데 기여한 바를 인정해야 한다.
⑤ 가부장제를 전통으로 계승하기 위해서는 그 제도가 생성된 시대적 배경을 알아야 한다.

4. 다음 글의 논지로 가장 적절한 것은?

> 기호는 의미 전달 체계로서 기표와 기의로 구성된다. 기표는 기호가 표시되는 모든 형태이며 기의는 기호가 지닌 의미이다. 일반적으로 기표는 하나의 기의와 결합하여 하나의 객관적 의미를 전달하는데 이를 1차 기호 혹은 1차 의미 전달 체계라고 한다. 예를 들어 '개(犬)'라는 기표는 '갯과의 포유류'라는 사전적 기의와 결합하여 객관적 의미를 함축하는 1차 의미 전달 체계를 형성한다.
>
> 하지만 철학자 A는 1차 의미 전달 체계에서 기표와 결합하는 기의가 단일한 의미임을 부정한다. 즉, 1차 의미 전달 체계가 개인이나 문화에 따라 주관적 의미를 갖는 2차 의미 전달 체계로 변할 수 있다고 보았다. 예를 들면 '개(犬)'라는 1차 의미 전달 체계에 사회 관습적인 의미를 대입시켜 '주인에게 충직함', '행실이 형편없음' 등의 새로운 기의를 발생시킬 수 있다는 것이다. A는 이 과정에서 추출된 새로운 기호는 본래의 1차 의미 전달 체계에 새로운 이미지가 덧붙여진 의미체로 나타나는데, 이러한 2차 의미 전달 체계를 '신화'라고 하였다.
>
> 한편 철학자 A에게 신화는 특정한 조건을 충족시키는 기호 중 하나이다. A에 의하면 신화는 메시지를 전달하는 방식에 의해 정의되며, 하나의 대상이나 개념이 아니고 담론이나 의미를 전달하기 위한 형태를 갖추고 있다. 신화를 제작하는 사람은 이데올로기 혹은 의도를 특정 이미지나 수사학적 개념으로 드러나지 않게 왜곡·조작하여 교묘하게 납득시킨다. 이로 인해 신화는 필연적으로 '자연화'라는 이데올로기적 기능을 수행한다. 신화를 수용하는 사람은 신화의 허구성에 대한 의심 없이 매우 자연스러운 이야기로 받아들이기 때문이다. 이 자연화 기능으로 인해 신화 제작자의 숨은 동기가 신화 수용자의 마음에서 자연스러운 합리성으로 둔갑한다. 결국 신화는 현대 사회의 이데올로기 혹은 의도를 은폐한 채 그들의 메시지를 자연스럽게 전달하기 위한 수사법에 불과하다.

① 신화는 기표와 결합된 단일의 기의에 새로운 의미를 부여하여 특정 의도를 은폐하려는 수사법에 해당한다.
② 신화는 합리성을 결여한 2차 의미 전달 체계를 통해 사람들에게 자연스럽게 받아들여진다.
③ 신화는 1차 의미 전달 체계에 사회 관습적이고 주관적인 의미를 입혀 제작자의 의도를 직관적으로 전달하는 의미 전달 체계이다.
④ 신화는 2차 의미 전달을 통한 자연화 이데올로기를 주입하는 수사법이므로 신화의 허구성에 속지 말아야 한다.
⑤ 신화 제작자는 자연화 이데올로기를 은폐하여 신화의 허구성에 대한 의심을 제기하지 못하게 한다.

5. 다음 글의 내용과 부합하는 것은?

> 수질오염총량관리제(TMDL)란 하천의 수질 관리를 위해 오염물질 배출 총량을 관리하는 제도이다. TMDL에 참여하는 자치단체는 목표수질을 설정하고, 목표수질 달성 및 유지를 위한 기본계획을 수립하여 환경부의 승인을 받게 된다. 기본계획에는 오염물질 배출 허용량이 포함되는데, TMDL의 핵심 개념은 실제로 배출된 오염물질의 총량을 오염물질 배출 허용량 이내에서 관리하는 것이다. 오염물질 총배출량이 배출 허용량보다 적은 자치단체는 개발이 허가되고 많은 자치단체는 개발이 제한되므로 자치단체는 개발에 유리하도록 목표수질을 설정하고 기본계획을 수립할 유인을 가지게 된다. 따라서 TMDL을 총괄하는 환경부가 목표수질설정 및 기본계획수립이 적절하게 될 수 있도록 유도해야 TMDL의 성공 가능성이 높아진다.
>
> 목표수질설정은 시·도의 경계지점에 위치한 하천의 경우 환경부장관의 고시에 따라, 시·도의 관할지점에 위치한 하천의 경우 광역자치단체장의 공고에 따라 결정된다. 목표수질 설정 시 주로 고려되는 것은 미생물이 물속 유기물을 분해할 때 사용하는 산소의 양을 의미하는 생물화학적 산소요구량(BOD)과 물속에 포함된 인의 총량을 의미하는 총인(T-P)이다. BOD나 T-P가 높을수록 수질이 좋지 않음을 나타낸다. 목표수질이 모든 하천에 대해 동일하게 지정되는 것은 아니며, 하천을 여러 개의 단위구역으로 나누어 이 단위유역을 기준으로 목표수질이 설정된다. 이에 따라 하나의 하천 내에서도 단위구역에 따라 상이한 목표수질이 적용될 수 있다.
>
> 기본계획수립의 경우 오염총량관리지역을 관할하는 시·도지사가 해당 계획을 수립하고, 환경부장관의 승인을 받게 된다. 기본계획수립의 과정에서는 수질모델링이 이용되는데, 수질모델링이란 수리계산식이나 전산 모델을 이용해 수질의 변화를 예측하는 방법으로 QUAL2E와 같은 모델링 프로그램이 사용된다. 수질모델링을 이용하면 목표수질을 준수하기 위해 어떤 오염삭감 정책을 시행하였을 때 어느 정도의 수질 개선이 가능한지와 같은 결과를 예측할 수 있다. 이를 통해 단위유역에서 배출해도 되는 오염총량이 설정된다. 이후 자치단체가 관할 하천의 단위유역을 쪼개어 소유역으로 나누고, 각 소유역별로 산업이나 배출 필요성 등을 고려해 오염총량을 분배함으로써 소유역별 할당부하량이 산정된다.
>
> 이처럼 수질오염총량관리제는 오염물질의 총량을 직접 규제하는 것이기에 규제의 효과가 매우 높다는 장점이 있다. 그러나 제도의 운영과정에서 BOD, T-P와 같은 한정적인 지표에 의존하며, QUAL2E와 같은 모델링 기법의 운용에 있어 그 정확성이나 예측도가 떨어져 목표한 수질 개선을 달성하지 못한다는 문제가 있다.

① 목표수질설정과 기본계획수립에 따르면 동일한 하천 내에서는 동일한 목표수질 및 소유역별 할당부하량이 설정될 것이다.

② 목표수질설정과 기본계획수립은 모두 TMDL에서 오염물질의 양을 동일하게 유지하기 위한 수단이다.

③ TMDL에 참여한 모든 자치단체가 수질모델링을 통해 도출된 소유역별 할당부하량을 준수하면 목표수질을 달성할 수 있다.

④ 특정한 하천의 소유역에서 소유역별 할당부하량을 초과해 오염을 배출하여도 해당 단위유역은 목표수질을 준수할 수도 있다.

⑤ 목표수질을 설정할 때 다른 지표는 동일하지만, BOD 항목의 목표수질을 3mg/L 이하로 잡은 지역은 1mg/L 이하로 잡은 지역보다 강화된 수질 기준을 적용한 것이다.

6. 다음 글에서 알 수 있는 것은?

> ○○부는 3월 28일부터 전국 16개 시도에서 청년과 신혼부부, 신생아 출산 가구를 대상으로 매입임대주택 입주자를 모집한다고 밝혔다. 모집 규모는 청년가구 1,722가구, 신혼부부·신생아가구 2,702가구로 총 4,424가구에 대해 신청자 자격 검증 등을 거쳐 이르면 6월 말부터 입주할 수 있다.
>
> 청년 매입임대주택은 무주택자인 미혼 청년 중 만 19~29세를 대상으로 공급하며, 시세의 40~50% 수준의 저렴한 임대료로 최대 10년 동안 거주할 수 있다. 신혼·신생아가구 매입임대주택은 다가구주택 등에서 시세의 30~40%로 거주할 수 있는 Ⅰ유형에 1,490가구를, 아파트·오피스텔 등에서 시세의 70~80%로 거주할 수 있는 Ⅱ유형에 1,212가구를 모집할 예정이다. 신혼·신생아 Ⅰ유형은 도시근로자 가구당 월평균 소득의 70% 이하면 신청할 수 있다. 신혼·신생아 Ⅱ유형은 도시근로자 가구당 월평균 소득의 100% 이하면 신청할 수 있다. 만약 맞벌이 가구라면 신혼·신생아 Ⅰ유형은 가구당 월평균 소득의 90% 이하, 신혼·신생아 Ⅱ유형은 가구당 월평균 소득의 120% 이하를 충족하면 된다.
>
> 신생아가구라면 이번 모집에 지원하는 것이 유리하다. 저출산 극복을 위한 주거지원 방안이 마련되어 이번 입주자 모집부터 적용되기 때문이다. 이에 따라 신생아가구는 1순위 입주자로 우선 공급 대상자에 해당한다. 명칭도 기존 신혼부부 매입임대주택에서 신혼·신생아 매입임대주택으로 변경되는 이유가 바로 여기에 있다. 아울러 결혼 7년 이내 신혼부부와 예비 신혼부부, 만 6세 이하 자녀를 양육하는 가구라면 신혼·신생아 매입임대주택 입주자 모집에 신청할 수 있다.

① 맞벌이 신혼부부의 가구당 월평균 소득이 110%라면 신혼·신생아 Ⅱ유형에 신청할 수 있다.

② 신혼·신생아가구 매입임대주택은 Ⅱ유형 이용 시보다 Ⅰ유형 이용 시에 저렴한 임대료로 이용할 수 있다.

③ 무주택자인 25세 미혼 청년 1인 가구는 1순위 입주자에 해당한다.

④ 결혼 7년 이내 신혼부부는 최대 10년까지 매입임대주택에서 거주할 수 있다.

⑤ 청년가구와 달리 신혼부부·신생아가구는 전국 16개 시도 모두에서 매입임대주택 입주자 신청을 할 수 있다.

7. 다음 대화의 ㉠에 따라 〈계획안〉을 수정한 것으로 적절하지 않은 것은?

> 갑: A시 문화재 안내판 정비 사업의 일환으로 안내문안 공모전이 진행됩니다. 오늘 회의에서는 문화재 안내문안 공모전의 개최 계획을 검토해보고자 합니다. 나눠드린 계획안을 어떻게 수정하면 좋을지 각자 의견을 말씀해 주세요.
>
> 을: 공모 내용에 기존 안내판이 이해하기 어렵거나 잘못된 내용이 있어 시민이 직접 쓴 안내문안으로 개선하려 한다는 것을 포함하면 어떨까요? 그러면 이러한 취지에 맞는 좋은 아이디어가 많이 나올 수 있을 것 같습니다.
>
> 병: 공모전의 취지가 설명되어도 어떻게 작성해야 할지 감을 잡기 어려울 수 있으니 수정 사례와 함께 문화재 안내문안 작성 방법을 설명해주면 더 좋을 것 같습니다. 또한, 공모전 결과를 궁금해하는 사람이 많을 테니 공모 기간뿐만 아니라 심사 결과를 언제 발표하는지도 안내해야 합니다.
>
> 정: 다른 지역에서 이와 비슷한 공모전을 했을 때 참가자가 안내판을 찍어서 수정한 안내문안과 함께 제출하도록 하였는데 당시 참여율이 높지 않았다고 합니다. 따라서 공모 대상이 되는 문화재 20개 정도를 선정하고, 기존 문안을 A시 홈페이지에서 확인할 수 있게 하면 좋을 것 같습니다.
>
> 무: 시민들이 쉽게 참여할 수 있어 좋은 방법인 것 같습니다. 그리고 횟수 제한을 두지 않고 한 사람이 여러 가지 안내문안을 제출할 수 있게 하면 공모전 참여율이 더욱 높아질 것입니다.
>
> 갑: 좋은 의견 내주셔서 고맙습니다. ㉠ <u>오늘 회의에서 나온 의견을 모두 반영하여 계획안을 수정하겠습니다.</u>

〈계획안〉

> A시 문화재 안내문안 공모전
>
> ○ 공모 내용: 문화재 안내문안
> ○ 공모 일정: 10. 1.(금) ~ 10. 15.(금)
> ○ 참가 자격: 우리 문화재를 사랑하는 시민 누구나
> ○ 참가 방법: A시 홈페이지를 통해 직접 쓴 안내문안 제출

① 공모 내용에 시민의 참여를 통해 안내문안을 정비한다는 공모전의 취지를 추가한다.

② 공모 일정을 '접수 기간'으로 바꾸고, 심사 결과 발표 예정일을 추가한다.

③ 참가 자격을 '우리 문화재를 사랑하는 시민 누구나(1인당 2개 이상의 안내문안 제출 가능)'으로 수정한다.

④ 응모 방법에 안내문안 제출 시 수정이 필요한 안내판의 사진을 첨부한다는 내용을 추가한다.

⑤ 문화재 안내문안 작성 가이드라인과 작성 예시를 설명하는 항목을 추가한다.

8. 다음 글의 ㉠에 대한 판단으로 적절한 것만을 〈보기〉에서 모두 고르면?

□□시는 정책전문가가 참여하는 정책평가회의를 개최하여 올해 수행된 정책 A, B, C, D를 평가하였다. 정책전문가는 각 정책을 정책 유효성과 민원 접수 빈도 두 평가 요소로 나누어 평가한 후 해당 정책의 수준을 최종적으로 '높음', '보통', '낮음'으로 평가한다. 정책 유효성은 고용 안정과 생계 안정을 실현하였는지를 기준으로 '유효함', '보통', '유효하지 않음'으로 등급을 구분하여 평가하며, 정책이 유효할수록 높은 평가를 받는다. 민원 접수 빈도는 정책 수행 시 민원이 접수된 빈도를 '적음', '보통', '많음'으로 평가하고, 접수된 민원이 적을수록 높은 평가를 받는다. 정책평가회의에서 나타난 ㉠ 정책평가의 결과는 다음과 같다.

○ 정책 A는 고용 안정만을 실현하여 정책 유효성이 '보통'이고, 정책 수행 시 민원이 접수된 빈도는 '많음'이므로 최종 평가에서 '낮음'으로 평가되었다.
○ 정책 B는 고용 안정과 생계 안정 모두 실현하지 않아 정책 유효성이 '유효하지 않음'이고, 정책 수행 시 민원이 접수된 빈도는 '적음'이므로 최종 평가에서 '보통'으로 평가되었다.
○ 정책 C는 생계 안정만을 실현하여 정책 유효성이 '보통'이고, 정책 수행 시 민원이 접수된 빈도는 '적음'이므로 최종 평가에서 '높음'으로 평가되었다.
○ 정책 D는 고용 안정과 생계 안정을 모두 실현하여 정책 유효성이 '유효함'이고, 민원이 접수된 빈도는 '많음'이므로 최종 평가에서 '보통'으로 평가되었다.

〈보 기〉

ㄱ. 생계 안정을 실현하지 않은 정책은 실현한 정책보다 최종 평가 결과가 높지 않다.
ㄴ. 정책 유효성의 등급이 '유효함'이 아닌 정책 중 민원 접수 빈도가 적은 정책들의 최종 평가 결과는 모두 '보통'이다.
ㄷ. 한 개의 평가 요소에서 가장 낮은 평가를 받고 나머지 한 개의 평가 요소에서 가장 높은 평가를 받은 정책은 최종 평가 결과가 동일하다.

① ㄱ
② ㄴ
③ ㄷ
④ ㄱ, ㄷ
⑤ ㄴ, ㄷ

9. 다음 글의 (가)와 (나)에 들어갈 말을 적절하게 짝지은 것은?

컨트롤로지는 실내에서 기구를 사용해 몸을 단련하는 운동으로 요제프 H. 필라테스에 의해 고안된 운동체계이다. 선천적으로 허약했던 필라테스는 스스로의 한계를 이겨내기 위해 운동과 건강에 관심을 가졌고, 컨트롤로지는 건강에 대한 그의 열정이 만들어낸 결과물이었다. 필라테스는 자신의 저서에서 컨트롤로지를 몸과 정신, 영혼의 완전한 정합이라고 소개하였는데, 이러한 의미를 담아 '컨트롤로지'는 몸과 마음을 통제하는 운동법이라는 뜻을 가지고 있다.

필라테스가 컨트롤로지의 영감을 얻은 곳은 영국의 독일인 수용소였다. 필라테스는 영국에서 체육인으로 생활하던 중 1차 세계대전이 발발하자 독일 태생이라는 이유로 수용소에 보내졌다. 이때 그는 열악한 수용환경에서도 건강을 유지할 수 있도록 매트를 활용한 운동법을 연구하기 시작했다. 요가와 체조 등 제자리에서 할 수 있는 운동을 조합하여 만들어진 초창기의 컨트롤로지는 마음의 안정을 가져다주는 정신치료의 성격도 함께 가지고 있었다. 이 당시 그는 컨트롤로지를 통해 (가) 하였다. 세계대전이 종식된 후 필라테스는 미국으로 이주하여 본격적으로 컨트롤로지를 전파하기 시작하였고, 이후 뉴욕에서 선풍적인 인기를 누리게 되었다.

이후 전 세계로 퍼져나간 컨트롤로지는 다양한 강사들에 의해 계승되었고, 오늘날 '필라테스'라 불리는 현대식 컨트롤로지는 아름답고 건강한 몸을 만들 수 있는 운동이라는 인식이 널리 퍼져있어, 여성들에게 선풍적인 인기를 끌고 있다. '필라테스'라 불리는 현대식 컨트롤로지가 초창기의 성격을 완전히 버린 것은 아니지만, 현재의 '필라테스'는 근력단련과 미용관리 중심으로 이루어지고 있다. 일각에서는 컨트롤로지와 '필라테스'를 구별해야 한다고 보는 견해도 있는데, 이는 '필라테스'가 초창기의 컨트롤로지와 달리 주로 (나) 하고 있기 때문이다.

① (가): 근력단련을 집중적으로 추구
(나): 미용관리보다는 정신회복을 추구
② (가): 신체회복과 정신안정의 조화를 추구
(나): 정신회복보다는 건강과 아름다움을 추구
③ (가): 신체회복과 정신안정의 조화를 추구
(나): 아름다움보다는 정신회복을 추구
④ (가): 신체회복과 정신안정의 조화를 추구
(나): 미용관리보다는 정신회복을 추구
⑤ (가): 근력단련을 집중적으로 추구
(나): 정신회복보다는 건강과 아름다움을 추구

10. 다음 글의 (가)와 (나)에 들어갈 말을 적절하게 짝지은 것은?

> 국제 관계를 설명하는 이론 중 세력 균형 이론에 의하면, 국가는 다른 국가와의 동맹 등을 통해 하나의 세력을 형성한다. 그리고 세력 간의 힘이 서로 비슷할수록 세계는 평화에 가까워진다. 세력 간의 힘이 비슷해야 어느 한 세력이 다른 세력을 흡수하기 위한 전쟁을 벌이기 어렵기 때문이다. 이로 인해 세계의 평화를 위해 힘이 상대적으로 약한 세력은 국력을 키우거나 인근 국가와 동맹을 맺어 특정 세력이 우월한 국력을 보유하지 않게 힘의 균형을 추구한다. 즉, 세력 균형 이론에 따르면 (가) . 그러나 펠로폰네소스 전쟁사를 되돌아보면 약소국의 국력 증강은 세력 균형 이론이 예측한 것과는 다른 결과를 가져왔다.
>
> 펠로폰네소스 전쟁은 국력이 증가하는 중이었던 아테네를 당시 강대국이었던 스파르타가 공격하면서 27년간 지속된 전쟁이다. 전쟁이 발발하기 이전 아테네의 국력은 점차 증가하여 스파르타와 아테네 간의 세력 균형이 이어지고 있었다. 세력 균형 이론에 따르면 어느 한 세력도 다른 세력보다 우월한 국력을 보유하지 않았으므로 전쟁 발발이 쉽지 않은 상황이다. 그러나 스파르타와 아테네는 세력 간의 균형을 깨뜨리는 전쟁을 선택했다.
>
> 이는 국가 간의 관계가 단순히 힘이라는 역학적 관계에만 의존하는 것이 아님을 의미한다. 즉, 국제 관계는 불확실성에서 나오는 심리적인 요소에도 영향을 받는다. 세력 균형 이론은 약소국이 국력을 키우는 것은 평화를 유지하기 위한 것이 목적이라고 전제한다. 그러나 (나) . 이로 인해 한 나라의 국력 증강은 강대국인 스파르타 세력의 국력 증강으로 이어질 수밖에 없다. 결국 국가 간 전쟁을 방지하기 위해서는 힘의 균형을 맞추는 것보다 세력 간의 신뢰 구축이 중요하다. 특히 어느 세력의 국력 증강 목적이 전쟁이 아닌 평화를 목적으로 하는 것임을 신뢰할 수 있어야 한다.

① (가): 압도적인 국력을 보유한 국가가 존재해야 힘의 균형이 달성되어 평화가 유지된다
(나): 아테네의 국력 증강은 아테네 동맹 국가의 세력 증강을 유발하므로 세력 간의 균형을 저해한다

② (가): 압도적인 국력을 보유한 국가가 존재해야 힘의 균형이 달성되어 평화가 유지된다
(나): 아테네의 국력 증강은 스파르타에 대한 위협으로 작용하여 전쟁 불안을 심화시킨다

③ (가): 상대적으로 세력이 약한 국가의 국력이 커질수록 평화가 유지될 확률이 높아진다
(나): 아테네의 국력 증강은 아테네 동맹 국가의 세력 증강을 유발하므로 세력 간의 균형을 저해한다

④ (가): 국가 간 국력의 격차가 작아질수록 세력 간의 균형이 유지되어 전쟁 발발 확률이 낮아진다
(나): 아테네의 국력 증강은 스파르타에 대한 위협으로 작용하여 전쟁 불안을 심화시킨다

⑤ (가): 국가 간 국력의 격차가 작아질수록 세력 간의 균형이 유지되어 전쟁 발발 확률이 낮아진다
(나): 아테네의 국력 증강은 스파르타 세력을 흡수하는 것을 목적으로 한다

11. 다음 글에서 추론할 수 있는 것만을 〈보기〉에서 모두 고르면?

> 양자역학의 원리를 활용한 양자 컴퓨터는 전통적인 이진법 계산 방식을 근본적으로 변혁한다. 이는 기존 비트의 이진법적 제약을 뛰어넘어, 0과 1의 상태가 동시에 공존하도록 만드는 중첩 원리를 활용하여 무수히 많은 중간 상태를 병렬적으로 표현할 수 있기 때문이다. 양자 컴퓨터의 핵심 메커니즘은 큐비트의 수학적 규칙성에서 드러난다. 예를 들어, 1개의 큐비트는 2가지 상태를, 2개의 큐비트는 4가지 상태를, 3개의 큐비트는 8가지 상태를 동시에 계산할 수 있다. 이는 큐비트의 수가 n개일 때 2^n가지의 상태를 처리할 수 있는 일관된 수학적 원리를 보여준다. 이러한 방식으로 큐비트의 수가 증가함에 따라 계산 가능한 상태의 수는 기하급수적으로 확장되어, 기존 컴퓨터가 순차적으로 처리해야 할 복잡한 계산을 양자 컴퓨터는 단 몇 초만에 해결할 수 있다.
>
> 양자 컴퓨터 개발과 관련하여 다양한 연구 및 개발이 진행되고 있으며, 그 중에서도 클라우드 인프라와 AI 분야에서 혁신적인 잠재력을 보유하여 해당 분야에서 양자 컴퓨터의 효율적인 적용이 주목받고 있다. 클라우드 환경에서 양자 컴퓨팅의 도입은 기존 GPU와 CPU 기반 시스템 대비 더 빠르고 효율적인 데이터 처리를 가능케 하는데, 큐비트를 활용한 병렬 처리 능력을 활용하면 대규모 데이터 세트와 복잡한 AI 모델의 학습 시간을 획기적으로 단축하고 정확도를 높일 수 있다. 이러한 양자 컴퓨팅의 병렬 처리 역량은 실시간 데이터 처리 최적화, 지연 시간의 획기적 감소, 데이터 전송 비용 절감 등으로 이어져 대규모 언어 모델(LLM) 학습 및 운영의 경제적 효율성을 개선할 수 있을 것으로 기대된다.
>
> 그러나 양자 컴퓨터의 상용화를 위해서는 여전히 많은 기술적 과제가 남아있다. 현재 개발 초기 단계에 있는 양자 컴퓨터는 최소 수천 개에서 수만 개의 큐비트 확보, 오류율 감소, 양자 특성 유지를 위한 정밀한 제어 기술 등 해결해야 할 기술적 과제들이 산재해 있다. 이러한 기술적 제약에도 불구하고, 지속적으로 발전할 것으로 예상되는 실용적인 양자 알고리즘과 응용 프로그램의 개발에 기인하여 전문가들은 향후 10년 내 양자 컴퓨터의 상용화 가능성에 대해 희망적인 시각을 견지하고 있다. 앞으로 양자 컴퓨팅 기술은 단순한 기술적 진보를 넘어 인류의 인지적 한계를 확장하고 미래 과학의 새로운 패러다임을 제시할 것으로 기대된다.

〈보 기〉

ㄱ. 양자 컴퓨터의 상용화를 위해서는 양자의 특성이 제거된 신진 기술을 통한 오류율 감소가 필수적이다.

ㄴ. 8개의 큐비트는 5개의 큐비트 대비 8배 더 많은 상태를 처리할 수 있다.

ㄷ. CPU 기반 시스템은 양자 컴퓨터를 활용했을 때보다 AI 모델의 학습 속도를 개선할 수 있다.

① ㄱ ② ㄴ ③ ㄱ, ㄴ
④ ㄴ, ㄷ ⑤ ㄱ, ㄴ, ㄷ

12. 다음 글의 A와 B에 대한 분석으로 적절한 것만을 〈보기〉에서 모두 고르면?

3개의 상자가 있고, 이 3개 중 하나를 선택하면 그 상자 안에 있는 상품을 받는 게임이 있다. 이때 상품이 있는 상자는 1개뿐이고, 다른 2개의 상자는 모두 비어 있다. 이 게임에 참가한 당신은 1번 상자를 선택하였다. 선택한 상자를 열기 전에 게임의 진행자가 2번과 3번 중 하나의 상자를 열어 보여줬는데, 그것은 빈 상자였다. 그러고 나서 진행자는 당신에게 선택을 바꿀 기회를 주겠다고 제안한다. 그렇다면 당신은 선택을 바꿔야 할까? 다음은 이 질문에 대한 A와 B의 답변이다.

A: 1번을 고른 처음의 선택을 유지해야 한다. 상자가 3개일 때는 상품을 받을 확률이 1/3이지만, 진행자가 비어 있는 상자 하나를 열어 보여줌으로써 하나의 선택지가 제거되고 2개의 선택지만이 남았다. 진행자가 연 상자가 3번이라고 하면, 1번 상자에 상품이 있을 확률과 2번 상자에 상품이 있을 확률이 같기 때문에 굳이 선택을 바꿀 필요는 없다.

B: 만약 상품이 있는 상자가 1번이라면 진행자는 빈 상자인 2번과 3번 중 임의의 하나를 보여줄 것이다. 이때 참가자가 선택을 바꾼다면 상품을 받지 못할 것이다. 그러나 상품이 있는 상자가 2번이라면 진행자는 3번을 보여줄 수밖에 없으며, 이때 선택을 바꿔야만 상품을 받을 수 있다. 이는 상품이 있는 상자가 3번일 경우도 마찬가지이므로 선택을 바꾼다면 상품을 획득할 확률은 2/3가 된다. 선택을 고수하면 1/3의 확률로 상품을 받을 수 있으므로 선택을 바꾸는 것이 유리하다.

〈보 기〉

ㄱ. A는 진행자가 하나의 상자를 여는 행위로 인해 상품을 받을 확률이 높아지게 된다고 본다.

ㄴ. B는 진행자가 열어서 보여주는 상자에는 절대로 상품이 없을 것이라고 본다.

ㄷ. 진행자는 상품이 있는 상자가 무엇인지 모르고 있다는 전제가 추가될 경우 A의 답변은 옳고, B의 답변은 옳지 않다.

① ㄱ
② ㄴ
③ ㄱ, ㄴ
④ ㄴ, ㄷ
⑤ ㄱ, ㄴ, ㄷ

13. 다음 글에서 추론할 수 있는 것만을 〈보기〉에서 모두 고르면?

갑: 빈곤한 사람과 그렇지 않은 사람을 나누는 기준이 되는 소득 수준을 빈곤선이라고 합니다. 이 빈곤선을 어떻게 규정하느냐에 따라 절대적 빈곤과 상대적 빈곤으로 나뉩니다. 먼저 절대적 빈곤이란 소득이 최저 생계비보다 낮은 경우를 가리킵니다. 이때의 최저 생계비는 최소한의 인간다운 생활을 유지하기 위해 필요한 상품을 고려하여, 이러한 상품을 구입하는 데 드는 비용을 합산하여 산출합니다.

을: 상대적 빈곤은 무엇인가요?

갑: 기본적인 의식주에는 문제가 없어도 사회 구성원 다수가 누리는 생활 수준에 미치지 못하는 경우 상대적 빈곤이라고 할 수 있습니다. 우리나라의 경우 상대적 빈곤선을 중위소득의 50%에 해당하는 소득으로 산정합니다. 이때 중위소득이란 소득에 따라 전체 가구를 차례대로 나열하였을 때 정확히 중간에 위치하는 가구의 소득을 일컫습니다. 예를 들어 중위소득이 200만 원이라면, 100만 원보다 소득이 낮은 사람을 빈곤하다고 규정하게 됩니다.

을: 그렇다면 절대적 빈곤층과 상대적 빈곤층이 항상 일치하는 것은 아니겠군요.

갑: 네, 맞습니다. 만약 물가 수준은 유지되면서 경제가 성장한다면 절대적 빈곤선은 변하지 않지만, 소득 증가로 상대적 빈곤선은 높아지게 됩니다. 그리고 전체 인구 대비 빈곤 인구의 비율, 즉 빈곤율은 일반적으로 절대적 빈곤율보다 상대적 빈곤율이 높게 나타납니다. 한편 우리나라에서는 상대적 빈곤 개념으로 빈곤갭을 산출하기도 합니다. 빈곤갭이란 상대적 빈곤선에 해당하는 소득과 하위소득계층에 속하는 사람들의 소득 차이 정도를 나타낸 것입니다. 이는 하위소득계층에 속하는 사람들이 얼마만큼의 소득을 벌어야 빈곤에서 벗어날 수 있는지 그 부족한 소득의 정도를 나타낸 값이라고 할 수 있죠.

〈보 기〉

ㄱ. 절대적 빈곤선은 최소한의 인간다운 삶을 유지하는 데 필요한 소득의 한계 수준이다.

ㄴ. 최저 생계비가 중위소득의 50%보다 낮다면 절대적 빈곤 가구는 모두 상대적 빈곤 가구에 해당한다.

ㄷ. 경제가 호황임에도 하위소득계층의 평균 소득은 변함이 없다면 빈곤갭의 값은 커진다.

① ㄱ
② ㄷ
③ ㄱ, ㄴ
④ ㄴ, ㄷ
⑤ ㄱ, ㄴ, ㄷ

14. 다음 글의 내용이 참일 때, 반드시 참인 것만을 〈보기〉에서 모두 고르면?

A시는 취약계층의 생활 안정을 위한 각종 지원자금 증액에 관해 논의를 1회씩 진행할 예정이다. A시 생계지원자금 증액 논의가 9월에 이루어지면, A시 복지지원금 증액 논의는 10월에 이루어진다. A시 복지지원금 증액 논의가 9월에 이루어지거나 A시 재난지원금 증액 논의가 10월에 이루어지면, A시 고용안정지원금 증액 논의는 9월에 이루어진다. 다만 B시의 고용안정지원자금 결정이 9월에 이루어지면, 중복수혜가 될 수 있는 A시 고용안정지원자금 증액 논의는 10월에 이루어진다. A시 재난지원금 증액 논의가 9월에 이루어지면, A시 고용안정지원금 증액 논의 역시 9월에 이루어진다. 지원자금 증액에 관한 모든 논의와 결정은 9월 또는 10월에 반드시 진행되며, A시 생계지원자금 증액 논의와 B시 고용안정지원자금 결정 중 하나만이 9월에 이루어질 예정이다.

〈보 기〉

ㄱ. A시 고용안정지원자금 증액 논의는 9월에 이루어진다.
ㄴ. A시 재난지원자금 증액 논의는 10월에 이루어진다.
ㄷ. A시 복지지원자금 증액 논의나 B시 고용안정지원자금 결정은 9월에 이루어진다.

① ㄱ
② ㄴ
③ ㄷ
④ ㄱ, ㄴ
⑤ ㄴ, ㄷ

15. 다음 대화 내용이 참일 때, ㉠으로 적절한 것은?

갑: 신임 사무관들을 대상으로 운영하는 요가 교실, 탁구 교실, 테니스 교실의 참가 신청을 받았습니다. 그 결과 세 강좌를 모두 신청한 사람은 없었어요.
을: 저도 들었어요. 탁구 교실만 신청한 사람도 없었다면서요?
갑: 네, 그리고 요가 교실과 테니스 교실을 함께 신청한 사람은 없었지만, 요가 교실은 신청하지 않고 테니스 교실은 신청한 사람은 있었어요.
을: 스포츠 강좌 운영 책임자인 ㉠ 병이 했던 말이 사실이라면, 적어도 한 명은 탁구 교실과 테니스 교실을 함께 신청했다는 결론이 나오는군요.

① 요가 교실을 신청한 사람은 모두 탁구 교실을 신청했다.
② 탁구 교실을 신청한 사람은 모두 요가 교실을 신청했다.
③ 요가 교실을 신청하지 않은 사람은 모두 탁구 교실을 신청했다.
④ 탁구 교실을 신청하지 않은 사람 중 요가 교실을 신청한 사람은 없다.
⑤ 테니스 교실을 신청하지 않은 사람 중 탁구 교실을 신청한 사람은 없다.

16. 다음 글의 내용이 참일 때, 반드시 참인 것만을 〈보기〉에서 모두 고르면?

인사혁신처는 일반행정 주무관으로 신규 채용된 갑~무 중 2명을 고용노동부에 배치하려고 한다. 새로 채용된 주무관의 배치와 관련하여 다음과 같은 사실이 밝혀졌다.

○ 갑이 고용노동부에 배치되면, 병 또는 무가 고용노동부에 배치된다.
○ 을이 고용노동부에 배치되면, 병과 정도 고용노동부에 배치된다.
○ 병이 고용노동부에 배치되면, 갑과 무는 고용노동부에 배치되지 않는다.
○ 정이 고용노동부에 배치되면, 병도 고용노동부에 배치된다.
○ 병은 고용노동부에 배치되지 않는다.

〈보 기〉

ㄱ. 갑은 고용노동부에 배치되지 않는다.
ㄴ. 을은 고용노동부에 배치되지 않고, 무가 고용노동부에 배치된다.
ㄷ. 정이 고용노동부에 배치되지 않으면, 무도 고용노동부에 배치되지 않는다.

① ㄱ
② ㄴ
③ ㄱ, ㄷ
④ ㄴ, ㄷ
⑤ ㄱ, ㄴ, ㄷ

17. 다음 글에서 추론할 수 있는 것만을 〈보기〉에서 모두 고르면?

우리 몸의 유전자 중에는 암의 발생을 억제하는 유전자가 존재한다. 이러한 암 억제인자 중에 가장 대표적인 것이 p53이다. p53은 세포의 상태를 모니터링하며 DNA 손상이나 비정상적인 성장 신호를 감지한다. 그리고 손상된 DNA를 수선하는 단백질을 활성화하거나 DNA 복구가 불가능한 세포의 자살을 유도한다. 왜냐하면 DNA가 심각하게 손상된 세포가 분열하면 암세포로 발전하기 때문이다. 그래서 p53 유전자가 제 기능을 하지 못하는 경우 암세포가 증식할 가능성이 높으며, 실제로 대부분의 암세포가 p53 유전자의 상실 또는 변이로 인해 생긴다고 알려져 있다.

한편 5-FU 기반의 항암제는 대장암 환자에게 많이 사용되는 화학 치료법이다. 5-FU는 암세포 성장을 억제하는 항암물질이다. 그러나 동시에 5-FU가 암 줄기세포의 활성화를 유발함으로써 새로운 암세포가 형성되기 때문에 암의 재발을 야기하기도 한다고도 알려져 있다.

이에 한 연구팀은 암이 재발하는 과정에서 p53의 역할을 확인하기 위한 연구를 진행하였다. 대장암 환자의 암세포를 배양하여 장기유사체인 오르가노이드를 제작하고 5-FU 처리를 하였다. 그러자 5-FU 치료 과정에서 p53이 전사인자로 작용하여 WNT 신호전달체계가 활성화되었고, 치료 후에는 암 줄기세포가 증가한 것이 확인되었다. 이때 WNT 신호전달체계는 암의 발생 및 진행에 있어 중요한 역할을 하며, 대장암을 비롯한 대부분의 암 환자의 경우 APC 유전자의 돌연변이로 인해 WNT 신호전달체계가 활성화되어 있다. 그에 비하여 대장암 환자의 암세포 유래 오르가노이드에 5-FU와 WNT 억제제를 복합 처리하자, 5-FU 단독 처리 시에 비하여 5-FU에 의한 암 줄기세포 활성화가 저해되는 것으로 나타났다.

〈보 기〉

ㄱ. 5-FU 기반의 항암제를 사용할 경우 p53은 DNA 손상 세포를 수선하는 기능을 잃게 된다.
ㄴ. WNT 억제제와의 병용치료를 통해 5-FU의 항암 치료 효과를 높이고 대장암 재발 가능성을 낮출 수 있다.
ㄷ. 암세포가 재성장하는 과정에서 WNT 신호전달체계가 암의 줄기세포 활성화에 관여한다.

① ㄱ
② ㄴ
③ ㄱ, ㄴ
④ ㄱ, ㄷ
⑤ ㄴ, ㄷ

18. 다음 글에서 추론할 수 있는 것은?

오랜 기간 동안 사람의 신체적 생리 반응은 뇌가 외부의 자극을 해석하여 판단한 결과로 나타나는 것이라고 여겨져 왔다. 외부의 자극을 뇌가 해석하여 특정 감정으로 정해지면 뇌의 해석에 따라 신경계와 내분비계가 그에 맞는 신체적 생리 반응을 한다는 것이다. 그렇다면 감정 상태와 함께 동반되는 신체적 반응, 예를 들면 불안할 때 나타나는 심장의 두근거림, 식은땀 등은 오로지 불안이라는 감정의 결과이기만 한 것일까? 심장이 두근거리고 식은땀이 나기 때문에 불안한 감정을 느끼는 것은 아닐까? 최근 미국에서는 이와 관련하여 신체적인 생리 정보가 감정의 형성에 영향을 주는지를 확인하기 위해 실험을 진행하였다.

실험에서는 광유전학을 이용하여 빛에 반응하는 통로 단백질을 생쥐의 심근세포 막에 자리하게끔 주입하였다. 이 단백질은 빛을 받으면 중앙의 통로가 열려 세포 바깥의 양이온이 세포 안으로 이동하면서 신호를 발생시킨다. 이러한 장치를 통해 연구팀은 심박수를 인위적으로 설정한 것은 물론, 다른 변수는 건드리지 않고 오로지 심박수만 높일 수 있도록 변인을 통제할 수 있었다. 평소 분당 약 660회인 생쥐의 심박수를 900회까지 증가시키며 생쥐의 행동을 관찰한 결과, 평소 행동에는 변화가 없었으나 불안 관련 행동이 증가하였다. 예를 들면, 천장이 막힌 낯선 미로에서 심박수가 증가하지 않은 대조군 생쥐는 호기심을 가지고 아무 데나 돌아다녔지만, 심박수가 증가한 생쥐는 그런 호기심 행동이 억제되었다. 또한 레버를 누르면 물이 나오는 장치에서 생쥐들이 레버를 누르도록 훈련시킨 뒤, 낮은 확률로 물과 함께 약간의 전기가 나와 전기 충격을 받게 하자, 심박수가 증가한 생쥐는 대조군 생쥐와 달리 레버 누르기를 아예 포기하는 경우가 많았다. 이러한 결과는 생쥐의 심장 박동이 증가함으로써 불안함이 유발되었음을 시사한다.

심박수가 증가했을 때 생쥐의 뇌를 관찰한 결과 뇌섬엽 부위가 활성화되었다. 뇌섬엽은 뇌의 각 부위를 연결하는 곳으로, 감각, 의사 결정, 운동 조절을 담당한다. 즉, 신체로 들어오는 감각을 수용하여 처리하고 신체적 반응을 조절하며, 감정을 인식하는 곳이다. 생쥐의 심박수를 증가시킬 때와 같은 원리로 빛을 이용하여 뇌섬엽 활동을 억제하자, 심박수가 높았을 때와 달리 불안 행동이 크게 줄어들었다. 이를 통해 신체적 반응이 감정을 형성하는 데 분명히 영향을 주고 있음을 알 수 있다.

① 호기심 행동을 많이 하는 생쥐는 그렇지 않은 생쥐보다 전기가 나오는 레버를 적게 누른다.

② 광유전학을 활용하여 부정맥, 빈맥 등 심박수 질환을 가진 환자의 증상을 치료할 수 있다.

③ 불안한 감정 상태는 전적으로 외부 자극에 대한 뇌의 해석에 의해서만 결정된다.

④ 통로 단백질이 발생시킨 양이온의 이동을 통해 뇌섬엽 활동을 조절할 수 없다.

⑤ 뇌섬엽이 억제된 생쥐는 분당 심박수가 높은 생쥐보다 전기가 나오는 레버를 누를 가능성이 높다.

19. 다음 글에 비추어 볼 때, 〈실험〉에 대한 판단으로 적절한 것만을 〈보기〉에서 모두 고르면?

동위원소란 원자 번호는 같지만 질량이 다른 원소들을 말한다. 가령 황(S)은 원자번호가 16이지만, 질량은 32, 33, 34, 36 등 다양하게 존재한다. 그중 방사능이 존재하는 동위원소를 일컬어 방사성 동위원소라 하는데, 방사성 동위원소를 이용하면 물질의 이동 경로를 파악할 수 있다.

펄스 추적 실험은 단백질의 구성 요소인 방사성 동위원소 황을 세포에 단시간 투여한 후 이를 제거한 뒤 세포를 배양하면서 일정 시간 간격으로 세포 소기관들을 얻어 방사성 동위원소인 황이 관찰되는지를 분석하는 실험이다. 방사성 동위원소 황은 세포 내에서 단백질로 합성되고 이동하기 때문에 펄스 추적 실험을 통해 일정한 단백질의 이동 경로를 파악할 수 있다.

펄스-라벨링 실험으로도 일정한 단백질의 이동 경로를 파악할 수 있다. 펄스-라벨링 실험에서는 방사성 동위원소 황을 세포에 계속 투여하면서 세포를 배양한다. 동시에 일정 시간 간격으로 세포 소기관들을 얻어 방사성 동위원소 황이 관찰되는지를 분석해 일정한 단백질의 이동 경로를 알아낸다.

〈실 험〉

○ 실험 1: 방사성 동위원소 황을 세포에 계속 투여하면서, 투여 시점으로부터 5시간 간격으로 소포체, 골지체, 소낭을 얻어 방사성 동위원소 황의 검출 여부를 확인하였다. 5시간 후 소포체에서만, 10시간 후 소포체와 골지체에서만, 15시간 후 소포체, 골지체, 소낭에서만 방사성 동위원소 황이 검출됐다.

○ 실험 2: 방사성 동위원소 황을 세포에 단시간 투여 후 이를 제거하고, 투여 시점으로부터 5시간 간격으로 소포체, 골지체, 소낭을 얻어 방사성 동위원소 황의 검출 여부를 확인하였다.

〈보 기〉

ㄱ. 실험 1은 펄스-라벨링 실험이며, 실험 2는 펄스 추적 실험이다.

ㄴ. 실험 1을 통해 단백질의 이동 경로가 소포체-골지체-소낭임을 알 수 있다.

ㄷ. 실험 1, 2가 동일한 상황에 대해 이루어진 것이라면, 실험 2에서 방사성 동위원소 황을 투입하고 15시간이 지난 후 소낭에서 방사성 동위원소 황이 검출된다.

① ㄱ

② ㄴ

③ ㄱ, ㄷ

④ ㄴ, ㄷ

⑤ ㄱ, ㄴ, ㄷ

20. 다음 글의 실험 결과가 강화하는 것만을 〈보기〉에서 모두 고르면?

수면 부족이 감정 처리에 미치는 영향을 규명하기 위해 한 실험이 설계되었다. 연구팀은 수면 시간에 따른 감정의 반응 차이를 검증하고자 충분한 수면을 취한 집단과 수면이 제한된 집단 간의 신경생리학적 변화를 비교 분석하고자 했다.

연구팀은 연구 목적에 따라 동일한 유전적 및 환경적 특성을 가진 실험용 쥐 100마리를 무작위로 A 그룹과 B 그룹으로 분류했다. 각 그룹은 50마리씩 배정되었으며, 수면 시간을 제외한 모든 조건을 동일하게 유지했다. 구체적으로 A 그룹은 최적의 수면 시간을 보장받았고, B 그룹은 수면이 제한된 환경에 놓였다. 일정 기간이 경과한 후, 두 그룹의 쥐의 뇌 신경세포에서 감정적 기억의 통합 과정을 면밀히 관찰했다. 연구는 렘수면에 주목했는데, 이는 뇌가 활발하게 활동하는 얕은 수면 단계로, 경험에 대한 정서적 반응, 기억 형성, 감정 통합에 중요한 역할을 한다. 연구 결과, 최적의 수면 시간을 가진 A 그룹의 경우 렘수면 동안 감정 관련 신경전달 경로에서 신경세포 간 감정 신호 전달이 일시적으로 억제되는 모습이 관찰되었는데 특히 부정적 감정 신호의 차단이 두드러지게 나타났다. 반면, 수면이 부족한 B 그룹에서는 이러한 선택적 감정 차단 경로가 뚜렷하게 나타나지 않았다.

이러한 차이가 발생하는 이유는 신경세포의 구조적 특성이 중요한 역할을 하기 때문이다. 신경세포는 복잡한 통신 네트워크로, 세 가지 핵심 구성 요소로 이루어져 있다. 세포의 몸통부인 세포체를 중심으로, 한쪽에는 외부 신호를 수신하는 수상돌기가, 다른 쪽에는 신호를 전달하는 축색돌기가 위치한다. 이때 신호가 오면 수상돌기는 계속해서 신호를 활발히 수신하지만, 세포체는 의도적으로 기능을 정지시켜 실제 신호 전달을 차단할 수 있다. 이러한 메커니즘은 부정적 감정의 여과 장치로 작용하여, 수면 중 정서적 정화 과정을 수행한다.

실험의 초기 연구에 따르면 안전 및 위험 신호가 모두 신경전달 과정에서 억제되는 사실이 확인되었다. 렘수면 중 일주기 동안 축적된 단기 기억은 장기 기억 네트워크로 재구성되는데, 이 기억 통합 과정에서 감정 기억은 차별적으로 처리된다. 구체적으로 긍정적 기억은 해마에서 선택적으로 저장 및 변화되어 장기기억 네트워크에 안정적으로 보존되고, 부정적 기억은 편도체에서 선택적으로 저장 및 변환되어 부정적 감정 신호가 효과적으로 제거된다. 이 연구는 렘수면이 단순한 휴식 과정이 아니라 감정 처리와 기억 통합의 중요한 단계임을 보여주며, 특히 충분한 수면 시 부정적 감정을 선별적으로 제한하는 뇌의 놀라운 능력을 확인했다는 점에서 의의가 있다.

〈보 기〉

ㄱ. 렘수면 동안 부정적인 기억은 해마에서 선별하여 처리된다.

ㄴ. 수면이 제한된다면 최적의 수면 시간을 보장받았을 때와 달리 렘수면 동안에 수상돌기로의 신호 전달이 선택적으로 차단된다.

ㄷ. 최적의 수면 시간을 보장받으면 수면이 제한되었을 때보다 렘수면 동안에 뇌가 부정적 감정을 효과적으로 선별하여 차단한다.

① ㄴ
② ㄷ
③ ㄱ, ㄴ
④ ㄱ, ㄷ
⑤ ㄴ, ㄷ

[21 ~ 22] 다음 글을 읽고 물음에 답하시오.

갑: 육식을 위해서는 동물을 기르고 죽이는 과정이 필수적으로 동반된다. 이 과정에서 동물은 필연적으로 고통을 겪게 되는데, 인간이 만들어낸 이 고통은 그들이 죽을 때뿐만 아니라 길러지는 때에도 발생한다. 많은 고기를 편리하게 얻기 위해 동물의 타고난 본성과 상관없이 관리하기 편한 작은 우리에 가두어 두기 때문이다. 동물은 자연 상태에서는 겪지 않았을 고통을 겪으며 생존의 위협을 당한다. 인간과 동물을 동등하게 고려해야 한다는 평등의 원칙에 따르면 동물에게 고통을 주는 것은 이 원칙에 어긋난다. 인간이 동물보다 지능이 높다고 해서 동물에게 고통을 주는 과정이 정당화될 수는 없다. 평등의 원칙은 지능이 아니라 고통을 받는 능력에 따라 적용되어야 할 것이다. 인간은 육식을 하지 않아도 영양학적으로 문제없이 살아갈 수 있다. 신체 활동에 필요한 영양소는 채식으로도 섭취가 가능하기 때문이다. 이것은 오히려 육식을 했을 때보다 건강한 삶을 영위할 수 있게 돕는다. 따라서 오로지 인간의 쾌락만을 위한 육식은 윤리적으로 정당화될 수 없다.

을: 자연법칙에 따를 경우 인간이 육식을 배제한 완전한 채식을 하는 것은 불가능하다. 만약 동물이 자연 상태에서 죽는다면 사체에서 나온 양분은 모두 토양으로 돌아가고, 그 토양에서 자란 식물을 인간이 먹는다. 인간이 직접 그 고기를 먹지 않았지만 모든 생명이 결국 하나의 네트워크 안에 존재하기 때문에 간접적으로 육식을 한 것이나 다름없게 된다. 생명은 모두 순환하고, 죽음이 있어야만 새로운 생명이 탄생한다는 점을 떠올린다면, 육식은 인간의 생존을 위한 자연스러운 순리이다. 또한 육식은 생태계 내의 적절한 개체 수를 유지하기 위해서도 반드시 필요하다. 인간이 육식을 모두 멈춘다고 해 보자. 인간에게 고기를 제공함으로써 적정 수준을 유지하던 동물의 개체 수가 과도하게 많아지면서 생태계의 먹이사슬이 무너지고, 이로 인해 수많은 위험이 발생한대도 우리는 바라만 보아야 할까? 인간의 육식이 자연계의 흐름을 정상 범주로 하기 위한 주요한 수단이라면, 그것이 비윤리적이라고만 말할 수는 없다.

21. 위 글에 대한 분석으로 적절한 것만을 〈보기〉에서 모두 고르면?

〈보 기〉

ㄱ. 갑과 을은 채식이 육식보다 인간의 건강 증진에 더 도움이 된다는 점에 동의한다.

ㄴ. 갑의 논증에 따르면, 동물을 고통 없이 기르고 고통 없이 죽일 수 있을 때에만 육식은 정당화될 수 있다.

ㄷ. 을은 자연법칙에 따르는 것이 정당한 것이라고 보지만, 갑은 그렇지 않다.

① ㄱ

② ㄴ

③ ㄷ

④ ㄱ, ㄴ

⑤ ㄴ, ㄷ

22. 위 글에 대한 분석으로 적절한 것만을 〈보기〉에서 모두 고르면?

〈보 기〉

ㄱ. 채식만 한 인간의 영양 상태가 채식과 육식을 고루 섭취한 인간의 영양 상태보다 나쁘다면, 갑의 주장은 약화된다.

ㄴ. 지중해 바다 생태계를 파괴하는 외래종 파란 꽃게를 인간이 요리하여 먹음으로써 지중해 내 파란 꽃게의 개체 수가 줄어들었다면, 을의 주장은 약화되지 않는다.

ㄷ. 육식을 통해 인간의 쾌락이 증대되었다는 실험 결과가 존재한다면, 을의 주장은 강화된다.

① ㄱ

② ㄴ

③ ㄱ, ㄴ

④ ㄱ, ㄷ

⑤ ㄴ, ㄷ

23. 다음 글에서 추론할 수 있는 것은?

〈A 부서 지출업무 매뉴얼〉

○ 사업비 지출 요청에 관하여 사업명, 사업 목적, 수령처, 지급액, 예산과목 등이 누락되지 않고 정확히 작성되었는지 확인한다.

○ 사업부서가 필요한 구비서류를 첨부하였는지 확인하고, 구비서류의 내용과 요청사항의 내용이 일치하는지 확인한다.

○ 사업비의 예산과목이 급여, 보조금, 출연금과 같이 사업부서의 사전절차 없이 A 부서에 직접 지출 요청이 가능한 것인지 확인한다.

〈B 부서 공문〉

제목: 빅데이터 기반 혁신 사업 추진에 관한 사업비 지출 요청

1. B 부서에서 2025년 빅데이터 기반 혁신 사업을 추진하기 위해 사업비 지출을 요청드립니다.
2. A 부서로부터 제출 요청받은 C 부서에서 평가한 사업평가서, B 부서와 사업위탁기관과의 업무협약서, 사업비 청구서, 사업위탁기관의 사업자 등록증 및 통장사본 등 구비서류를 첨부하였습니다.
3. 필요한 사업비를 사업위탁기관에 지급하기 위해 A 부서에 구비서류의 확인과 사업비의 지출을 요청하오니 다음 내용을 검토 부탁드립니다.

다 음

가. 사업명: 빅데이터 기반 혁신 사업
나. 사업 목적: 빅데이터 분석을 통해 정부·민간의 R&D 효율성 제고
다. 사업부서: B 부서
라. 사업위탁기관: 주식회사 D
(사업자등록번호: xxx-xxxxxxx)
마. 협약기간: 2025.03.01. ~ 2026.02.28.
바. 지급액: 3천만 원
사. 수령처: 주식회사 D(계좌번호: xxx-xxxx-xxxx)
아. 예산과목: 민간자본사업보조금

붙임 1. 사업평가서 1부.
2. 사업비 청구서, 사업자 등록증(주식회사 D), 통장사본(주식회사 D) 각 1부. 끝.

① A 부서는 B 부서에 사업비의 지급액을 명시하도록 재요청할 것이다.
② A 부서는 B 부서가 사업비에 관한 사전절차를 진행하도록 답변할 것이다.
③ A 부서는 B 부서의 사업비 지출 요청에 따라 B 부서에 사업비를 지출할 것이다.
④ A 부서는 B 부서가 요청한 사업비가 사업 목적에 맞게 책정되었는지 평가할 것이다.
⑤ A 부서는 B 부서에 사업위탁기관과 진행한 업무협약서 구비서류의 첨부를 재요청할 것이다.

24. 다음 대화의 빈칸에 들어갈 내용으로 가장 적절한 것은?

갑: 안녕하십니까? 저는 공립학교 A 고등학교 교사입니다. 청탁금지법 개정에 따라 공직자의 외부강의 등의 신고 방법이 변경된 것으로 들었습니다. 자세한 내용을 알고 싶습니다.

을: 예, 공직자 등이 자신의 직무와 관련되거나 그 직위·직책 등에서 유래되는 영향력을 통하여 사례금을 받는 강의나 강연, 기고 등을 요청받은 경우, 「청탁금지법」 제10조와 「공무원 행동강령」 제 15조에 따라 외부강의 등을 하기 전 또는 후에 신고하여야 합니다. 이때 강의나 강연, 기고 등은 다수인을 대상으로 의견과 지식을 전달하는 교육, 홍보, 토론회, 세미나, 공청회 또는 그 밖의 회의 등에서 진행하는 것을 말하며, 다수를 대상으로 하지 않는 강의나 서면 자문, 사례금이 없는 강의 등은 신고하지 않아도 됩니다.

갑: 그렇군요. 모든 외부강의 등이 아니라, 사례금을 받는 외부강의 등만 신고하는 점 확인하였습니다. 그런데 대학의 시간강사 등으로 위촉된 경우에는 정기적으로 1개월 이상을 출강하여야 하는 경우가 있습니다. 이런 경우 매번 출강 전 신고를 하여야 하는 것입니까?

을: 소속기관의 장으로부터 사전에 겸직 허가를 받을 경우, 또는 외부강의 요청자가 국가나 지방자치단체 기관인 경우에는 외부강의 등의 신고를 하지 않아도 됩니다.

갑: 예, 잘 알았습니다. 그런데 공무원이 출강을 하거나 겸직을 하는 경우, 공무 외 영리 업무를 하는 것 아니냐는 민원이 들어오는 경우가 있습니다. 공직자의 영리 업무 기준이 있습니까?

을: ＿＿＿＿＿＿＿＿＿＿.
이에 따라 시간 강사처럼 정기적으로 일정 기간 이상 반복되는 행위에 대해서 사전 신고를 받고 있는 것이며, 소속 부서의 장은 「국가공무원 복무규정」에 따라 외부강의 등을 신고하거나 겸직 허가를 신청한 공무원에 대해 직무수행을 저해한다고 판단될 경우에는 이를 제한하고 있습니다. 또한 「공무원 행동강령」에서 외부강의 등의 사례금은 상한액을 규정하여 사회통념을 벗어나는 고액 강의료는 수수할 수 없으며, 만약 상한액을 초과하는 사례금을 받은 경우에는 초과금액을 제공자에게 지체 없이 반환하여야 합니다.

① 교통비, 식비 등 소액의 금품을 받는 경우에도 영리 업무에 해당합니다
② 계속적으로 재산상의 이득을 취하는 행위는 영리 업무에 해당합니다
③ 임금이나 봉급을 받지 않았더라도 사기업의 영리 활동에 자문 등을 주었다면 영리 업무에 해당합니다
④ 일회성 특강이더라도 사례금을 받았다면 영리 업무에 해당합니다
⑤ 직무와 관련되는 공무 외 모든 활동은 영리 업무에 해당합니다

25. 다음 글의 ㉠의 내용으로 가장 적절한 것은?

갑은 미혼이었던 2016년 4월 18일부터 ○○군에 주민등록을 두고 거주하다가 국제결혼을 하여 2018년 4월 29일 혼인신고를 하였다. 갑의 부인은 2018년 6월 8일에 입국하여 외국인 등록을 하였고, 갑은 부인과 혼인상태로 ○○군에 거주하다가 2018년 12월 18일 정착지원금을 신청하여 2018년 12월 30일 정착지원금을 지원받았다. 이후 2020년 12월 31일 갑은 부인과 함께 ○○군 이외의 지역으로 전출을 하게 되었는데, 갑의 전출 사실을 확인한 ○○군은 갑이 부정한 방법으로 정착지원금을 지원받지는 않았으나, 지원받은 정착지원금을 목적 외의 용도로 사용하였음을 알게 되었다. ○○군은 갑에 대한 정착지원금을 회수하기 위해 회수 여부를 검토한 결과, 「○○군 다문화가족 지원에 관한 조례」(이하 "조례"라 한다)와 「○○군 다문화가족 지원에 관한 조례 시행규칙」(이하 "규칙"이라 한다)이 불일치한다는 문제를 발견하였다. 이에 따라 ○○군은 ㉠ 조례와 규칙이 서로 불일치하는 부분을 개정했고 갑이 지원받은 정착지원금의 전액을 회수하였다.

「○○군 다문화가족 지원에 관한 조례」

제11조(정착지원금 지원) ① 군수는 다문화가정의 행복하고 안정적인 정착지원과 건강가정 육성을 위하여 지원대상자의 신청에 의해 예산의 범위에서 정착지원금을 지원할 수 있다.

② 정착지원금 지원대상은 2년 전부터 계속 군내에 주민등록을 두고 거주한 미혼자로서 국제결혼 혼인신고를 하고 신부가 입국하여 외국인으로 등록한 날부터 혼인상태로 6개월 이상 거주한 사람으로 한다.

③ 군수는 정착지원금을 지원받은 사람이 정착지원금을 지원받은 날로부터 2년 내에 군 이외의 지역으로 전출한 때 또는 정착지원금을 목적 외의 용도로 사용하거나 부정한 방법으로 지원받은 사실이 발견되는 경우에는 정착지원금의 전액을 회수하여야 한다.

「○○군 다문화가족 지원에 관한 조례 시행규칙」

제5조(정착지원금의 회수) ① 군수는 조례 제11조 제3항의 규정에 의하여 회수하여야 할 정착지원금에 대하여 다음과 같이 이를 징수한다.

1. 조례 제11조 제3항의 정착지원금을 목적 외의 용도로 사용한 경우 일부 회수하고 부정한 방법으로 지원받은 사실이 발견되는 경우 전액 회수한다.
2. 조례 제11조 제3항의 정착지원금을 지원받은 자가 정착지원금을 지원받은 날로부터 2년 내에 군 이외의 지역으로 전출하는 경우 전액 회수한다.

① 조례 제11조 제2항의 '혼인신고를 하고 신부가 입국하여 외국인으로 등록한 날부터'를 '혼인신고를 한 날부터'로 개정한다.
② 조례 제11조 제3항의 '정착지원금을 지원받은 날로부터'를 '정착지원금을 신청한 날로부터'로 개정한다.
③ 조례 제11조 제3항의 '2년 내에 군 이외의 지역으로 전출한 때'를 '2년 내에 군 이내의 지역으로 전출한 때'로 개정한다.
④ 규칙 제5조 제1항 제1호의 '목적 외의 용도로 사용한 경우 일부 회수하고'를 '목적 외의 용도로 사용한 경우 전액 회수하고'로 개정한다.
⑤ 규칙 제5조 제1항 제1호의 '목적 외의 용도로 사용한 경우 일부 회수하고 부정한 방법으로 지원받은 사실이 발견되는 경우 전액 회수한다'를 '부정한 방법으로 지원받아 목적 외의 용도로 사용한 경우 전액 회수한다'로 개정한다.

약점 보완 해설집 p.42

자르는 선

2025 해커스PSAT 7급 PSAT FINAL 봉투모의고사 언어논리 (6회)

컴퓨터용 흑색사인펜만 사용

책형
㉰ ㉱

【필적감정용 기재】
*아래 예시문을 옮겨 적으시오
본인은 OOO(응시자성명)임을 확인함
기 재 란

성 명	
자필성명	본인 성명 기재
시험장소	

응 시 번 호							
	⓪	⓪	⓪	⓪	⓪	⓪	⓪
	①	①	①	①	①	①	①
	②	②	②	②	②	②	②
	③	③	③	③	③	③	③
	④	④	④	④	④	④	④
⑤	⑤	⑤	⑤	⑤	⑤	⑤	⑤
⑥	⑥	⑥	⑥	⑥	⑥	⑥	⑥
⑦	⑦	⑦	⑦	⑦	⑦	⑦	⑦
	⑧	⑧	⑧	⑧	⑧	⑧	⑧
	⑨	⑨	⑨	⑨	⑨	⑨	⑨

생 년 월 일					
⓪	⓪	⓪	⓪	⓪	⓪
①	①	①	①	①	①
②	②		②	②	②
③	③		③	③	③
④	④		④		④
⑤	⑤		⑤		⑤
⑥	⑥		⑥		⑥
⑦	⑦		⑦		⑦
⑧	⑧		⑧		⑧
⑨	⑨		⑨		⑨

※시험감독관 서명 (서명을 정자로 기재할 것)	적색 볼펜만 사용

언어논리(1~10번)					
1	①	②	③	④	⑤
2	①	②	③	④	⑤
3	①	②	③	④	⑤
4	①	②	③	④	⑤
5	①	②	③	④	⑤
6	①	②	③	④	⑤
7	①	②	③	④	⑤
8	①	②	③	④	⑤
9	①	②	③	④	⑤
10	①	②	③	④	⑤

언어논리(11~20번)					
11	①	②	③	④	⑤
12	①	②	③	④	⑤
13	①	②	③	④	⑤
14	①	②	③	④	⑤
15	①	②	③	④	⑤
16	①	②	③	④	⑤
17	①	②	③	④	⑤
18	①	②	③	④	⑤
19	①	②	③	④	⑤
20	①	②	③	④	⑤

언어논리(21~25번)					
21	①	②	③	④	⑤
22	①	②	③	④	⑤
23	①	②	③	④	⑤
24	①	②	③	④	⑤
25	①	②	③	④	⑤

시험일: ____년 ____월 ____일

국가공무원 7급 공개경쟁채용 1차 필기시험 모의고사

| 언어논리영역 |

응시번호	
성명	

실전모의고사 **7회**

문제책형 **㉑재**

응시자 주의사항

1. **시험시작 전 시험문제를 열람하는 행위나 시험종료 후 답안을 작성하는 행위를 한 사람**은 「공무원 임용시험령」 제51조에 의거 **부정행위자**로 처리됩니다.
2. **답안지 책형 표기는 시험시작 전** 감독관의 지시에 따라 **문제책 앞면에 인쇄된 문제책형을 확인**한 후, **답안지 책형란에 해당 책형(1개)**을 '●'로 표기하여야 합니다.
3. 시험이 시작되면 문제를 주의 깊게 읽은 후, **문항의 취지에 가장 적합한 하나의 정답만을 고르며**, 문제내용에 관한 질문은 할 수 없습니다.
4. **답안을 잘못 표기하였을 경우에는 답안지를 교체하여 작성**하거나 **수정할 수 있으며**, 표기한 답안을 수정할 때는 **응시자 본인이 가져온 수정테이프만을 사용**하여 해당 부분을 완전히 지우고 부착된 수정테이프가 떨어지지 않도록 손으로 눌러주어야 합니다. **(수정액 또는 수정스티커 등은 사용 불가)**
5. **시험시간 관리의 책임은 응시자 본인에게 있습니다.**
   ※ 문제책은 시험종료 후 가지고 갈 수 있습니다.

정답공개 및 해설강의 안내

1. 모바일 자동 채점 및 성적 분석 서비스
   - '약점 보완 해설집'에 회차별로 수록된 QR코드 인식 ▶ 응시 인원 대비 자신의 성적 위치 확인
2. 해설강의 수강 방법
   - 해커스PSAT 사이트(psat.Hackers.com) 접속 후 로그인 ▶ 우측 퀵배너 [쿠폰/수강권등록] 클릭 ▶ '약점 보완 해설집'에 수록된 쿠폰번호 입력 후 이용

해커스PSAT

언어논리영역

1. 다음 글에서 알 수 있는 것은?

조선시대의 형벌 중 유형(流刑)은 죄인을 고향에서 멀리 떨어진 땅에 보내 종신토록 살게 하는 형벌이다. 당시 판결이 확정되지 않은 미결수는 감옥에 갇혀있었지만, 유죄 판결을 받아 유형이 확정된 죄인은 신분에 상관없이 유배를 갔다. 조선의 유형은 명나라의 기본 법전인『대명률』에 따라 유형의 등급을 세 가지로 나누었다. 다만『대명률』에서는 죄인의 거주지에서 유배지까지의 거리를 기준으로 죄의 경중에 따라 2천 리, 2천 5백 리, 3천 리로 등급을 구분하였으나 조선은 명나라와는 달리 국토가 좁았기 때문에 죄인의 거주지로부터 유배지까지의 거리를 6백 리, 7백 5십 리, 9백 리로 조정하여 등급을 정하였다.

유형은 죄인의 관직 여부에 따라 집행하는 곳이 달랐는데 관직이 있는 경우에는 의금부에서, 관직이 없는 경우에는 형조에서 집행하였다. 지방에서는 관찰사가 국왕을 대신해 형벌을 집행하였으므로 지방에서 유형을 집행할 경우에는 관찰사가 직권으로 집행하였다. 유형이 확정되면 호송관은 죄인을 유배지로 호송하였고, 죄인들은 유배지까지 직접 하루 평균 90리를 이동해야 했다. 유배지까지 말을 타고 이동하는 죄인도 있었으나, 평민이나 가난한 양반의 경우 말을 조달할 수 없었으므로 걸어서 이동하는 경우가 많았다. 또한 죄인을 유배지로 이송하는 과정에서 발생하는 호송 비용을 모두 죄인이 부담해야 했기 때문에 유형은 죄인들에게 경제적·신체적으로 큰 부담이 되었다.

그러나 유형은 법률의 규정과 달리 실제로는 유연하게 운영되었다. 유배지 내에서는 자유롭게 돌아다닐 수 있었으며, 상당수의 죄인들은 정국의 변화나 특별한 사정에 의해 다시 자신의 생활근거지로 돌아갔다. 또한 죄인이 유배지에 도착하면 지방 관아에서는 거주할 장소를 마련해주었는데, 죄인이 유력한 관료인 경우 극진한 대접을 받았다. 그러나 죄인 중에서 역모죄를 저지른 왕족이나 고위관리는 거주하는 유배지 집 주변에 울타리를 쳐서 죄인과 외부를 완전히 단절하는 안치형(安置刑)을 가중하여 처벌하였다.

① 조선시대의 유형 등급은『대명률』의 기준을 동일하게 적용하였다.
② 조선시대에는 죄인의 관직 여부에 따라 유형을 집행하는 기관이 상이했다.
③ 안치형에 처한 죄인이라도 유배지 내에서는 집 밖을 자유롭게 돌아다닐 수 있었다.
④ 조선시대에는 판결이 확정되지 않은 미결수도 유배지로 보낼 수 있었다.
⑤ 유형이 확정된 죄인이 유배지에 도착하면 관찰사는 죄인이 거주할 장소를 마련해주었다.

2. 다음 글에서 알 수 있는 것은?

고려 제4대왕 광종은 958년 과거 제도를 시행하였다. 과거를 통해 귀족의 관직 독점을 제한할 수 있었기에, 왕권을 강화하기 위해 과거가 시행된 것으로 알려져 있다. 과거 실시에는 그뿐 아니라 외교 역량의 강화라는 목적도 존재하였다. 10세기 중국은 당이 멸망하고, 여러 나라가 세워지며 혼란스러운 5대 10국의 시대였다. 그렇기 때문에 고려에서는 여러 나라와의 관계 유지를 위한 외교문서 작성이 중요했는데, 당의 멸망으로 중국 유학생의 유입이 끊기게 되자 과거를 통해 외교문서 작성을 담당할 이들을 충원한 것이다. 광종 대에 치러진 과거시험에서는 중국 고대의 한문 문체인 사륙변려체의 작성 능력을 평가하는 과목이 포함되어 있었다는 사실도 이를 뒷받침한다. 과거를 통해 선발된 인재는 국내 문서와 외교 문서의 작성을 담당하게 될 것이므로 국내외 문서에서 빈번히 쓰이는 사륙변려체에 능통한 인재가 필요했기 때문이다.

한편 고려시대와 달리, 조선시대의 과거 제도는 양반 관료층의 특권을 유지하는 데에 기여한 측면이 있다. 문치주의 국가였던 조선에서 문과 급제자만 요직에 오를 수 있었기에, 당시 과거에서 문과가 가장 중요시되었다. 문과는 3년에 한 번씩 시행되는 식년시와 수시로 열리는 비정기 문과로 나뉜다. 정기시는 식년시가 유일했으나 비정기 문과에는 증광시·별시·알성시·정시·춘당대시 등 종류가 다양했다. 비정기 문과는 유생들의 학업을 장려하거나 국가의 경사를 축하한다는 명분으로 시행되었으나, 매회 33명의 급제자를 선발하는 식년시 문과로는 부족한 인재를 보충하는 목적도 있었다. 그런데 조선 전기 명종 대까지 비정기 문과는 응시 대상을 서울 거주자로 한정하고 시험 공고 기간이 매우 짧아 서울에 거주하는 일부 특권계층에게 유리하게 진행되었다. 이에 따라 조선 전기에는 식년시 문과로 선발되는 인원이 비정기 문과로 선발되는 인원보다 많았으나, 조선 후기에 이르러서는 비정기 문과에서 급제하는 인원이 식년시 문과 급제자 수를 초과하는 현상이 나타났다. 더구나 관직의 수가 부족하여 식년시 급제자들도 등용되지 못하는 상황에서, 관직을 추구하는 양반의 요구에 부응하여 비정기 문과가 자주 열리게 되면서 과거에 급제하였음에도 관직을 얻지 못하는 이들도 많았다.

① 광종의 과거 제도 시행에는 왕권 강화의 목적이 없었다.
② 고려시대에는 과거에 급제하여 관리가 될 자격을 갖추게 되었음에도 임용되지 못하는 사람이 크게 늘었다.
③ 식년시 문과가 더 많이 시행되었던 조선 전기와 달리, 조선 후기에는 비정기 문과가 더 많이 시행되었다.
④ 고려시대에 사륙변려체는 대(對)중국 외교 시뿐만 아니라 국내 문서에서도 사용되었다.
⑤ 조선시대에 과거 응시자격은 일부 특권층에게만 부여되었다.

3. 다음 글에서 알 수 없는 것은?

> 공공재란 모든 개인이 공동으로 이용할 수 있는 재화 및 서비스를 의미하는 것으로 소비의 비배제성과 비경합성을 특징으로 한다. 비배제성은 재화를 소비할 때 대가를 치르지 않더라도 그 소비자를 배제할 수 없는 것을 말한다. 또한 비경합성은 한 사람의 소비가 다른 사람의 소비를 방해하지 않는 것을 말한다. 즉, 공공재는 많은 소비자들이 동시에 소비할 수 있으며, 한 소비자의 소비가 다른 소비자들이 소비할 양을 감소시키지 않는다. 예컨대 맑은 공기는 소비의 대가 없이, 소비량에 상관없이 모든 소비자가 소비할 수 있다.
>
> 소비의 비배제성과 비경합성은 공공재 생산이나 가격 설정에 영향을 미친다. 특히 비배제성은 시장에서 공공재가 생산되기 어렵게 만든다. 왜냐하면 공공재는 누구나 대가를 지불하지 않고 재화 및 서비스의 혜택을 받을 수 있어 누구도 공공재 생산에 필요한 비용을 부담하지 않으려 하기 때문이다. 예를 들어 등대는 공공재이므로 배를 운항하는 선장들이 등대의 건설 비용을 내지 않더라도 등대를 이용하는 데 배제되지 않는다. 이러한 무임승차의 유인이 존재하기 때문에 등대를 건설하려면 정부가 직접 등대의 건설 비용을 지불하여야 한다.
>
> 한편 비경합성은 소비자들이 재화 및 서비스를 동시에 소비하더라도 다른 사람의 소비량을 감소시키지 않으므로 시장에서 재화 및 서비스의 가격을 설정하기 어렵게 만든다. 그럼에도 불구하고 소비자는 공공재 소비로 0보다 더 큰 편익을 얻을 수 있다. 즉, 항상 비용보다 편익이 더 크므로 소비자들이 공공재를 가능한 많이 소비할수록 사회 편익이 증가한다. 따라서 공공재의 가격이 0이 되어 공공재 소비가 최대화되는 것이 사회 전체의 편익을 극대화하므로 공공재에 가격을 설정하는 것은 사회적으로 바람직하지 않다. 결국 공공재는 사회적으로 필요한 재화 및 서비스임에도 불구하고 무임승차 문제와 가격 설정의 문제로 시장에 의해 공급되기 어렵기 때문에 현대 사회 공공재의 절대다수는 정부가 세금을 바탕으로 직접 공급하고 있다.

① 공공재의 생산에 비용이 소요되지 않으므로 가격설정이 어렵다.

② 공공재에 가격을 설정하지 않는 것이 사회 전체의 편익 극대화에 유리하다.

③ 등대는 공공재이며, 대가 없이 혜택을 누릴 수 있으므로 무임승차의 유인이 존재한다.

④ 공공재의 무임승차와 가격설정의 문제로 인해 대부분의 공공재는 정부에 의해 공급된다.

⑤ 맑은 공기는 소비량에 상관없이 모든 소비자가 소비할 수 있다는 점에서 비경합성을 갖는다.

4. 다음 글의 내용과 부합하지 않는 것은?

> 인유두종바이러스는 인간을 감염시켜 병을 일으키는 바이러스 중 하나다. 인유두종바이러스는 감염된 후 잠복기 동안은 활동하지 않다가 감염된 사람의 면역체계가 약해지면 활동해 병을 일으킨다. 인유두종바이러스는 다양한 종류가 있어 발견 순서에 따라 번호를 붙여 명명했다. 인유두종바이러스는 일으키는 병에 따라 크게 두 종류로 분류된다. 발암성 바이러스로 암을 일으킬 수 있는 고위험군과 암은 일으키지 않는 저위험군이다.
>
> 인유두종바이러스 고위험군에는 인유두종바이러스 16, 18, 31, 33번 등이 존재한다. 이 중에서도 16번과 18번은 감염 이후 암이 발생하기까지 걸리는 시간이 더 짧다. 그러나 16번과 18번도 감염 이후 암까지 발병하는 데 최소 5년이 걸리며 자궁경부이형성증 1단계, 2단계, 3단계를 거친 후 암으로 발병하기 때문에 조기 진단과 치료를 통해 암의 발생을 막을 수 있다. 자궁경부이형성증 1단계의 경우 특별한 치료 없이 경과 관찰을 하며, 자궁경부이형성증 2단계의 경우 경과 관찰, 레이저 치료, 냉동 치료, 원추절제술 등을 시행하고, 자궁경부이형성증 3단계의 경우에는 원추절제술을 한다.
>
> 인유두종바이러스 저위험군에는 인유두종바이러스 1, 2, 3, 6, 11, 13번 등이 있으며, 각 바이러스마다 일으키는 질환이 다르다. 평편 사마귀는 인유두종바이러스 3번, 10번, 곤지름은 인유두종바이러스 6번, 11번, 사마귀상표피이상증의 경우 인유두종바이러스 2번, 3번, 10번이 일으킨다. 평편 사마귀는 레이저 치료, 곤지름은 냉동 치료, 전기소작법 또는 레이저 치료, 사마귀상표피이상증에는 외과적 수술로 치료한다.
>
> 현재까지 인유두종바이러스 자체를 치료하는 방법은 없지만 인유두종바이러스 백신을 통해 감염 전 예방할 수 있다. 지금까지 개발된 인유두종바이러스 백신은 3종류로 가다실 9가, 가다실 4가, 서바릭스가 있다. 가다실 9가는 인유두종바이러스 6번, 11번, 16번, 18번, 31번, 33번, 45번, 52번, 58번, 가다실 4가는 인유두종바이러스 6번, 11번, 16번, 18번, 서바릭스는 인유두종바이러스 16번, 18번의 감염을 예방한다.

① 인유두종바이러스 2번은 암을 일으키지 않는다.

② 평편 사마귀와 사마귀상표피이상증을 모두 일으킬 수 있는 바이러스가 있다.

③ 인유두종바이러스 6번에 감염된 경우 가다실 4가를 맞음으로써 인유두종바이러스를 치료할 수 있다.

④ 가다실 9가는 인유두종바이러스 고위험군뿐만 아니라 저위험군 감염 또한 예방한다.

⑤ 레이저 치료는 인유두종바이러스 고위험군으로 인한 질병뿐만 아니라 저위험군으로 인한 질병에도 쓰일 수 있다.

5. 다음 글에서 알 수 없는 것은?

세계보건기구(WHO)는 매년 1월 마지막 주 일요일을 '세계 한센병의 날'로 지정하여 한센병에 대한 사회적 차별을 극복하고, 질병 예방의 필요성을 널리 알리기 위해 노력하고 있다. 그렇다면 여기서 한센병이란 무엇일까? 한센병은 나균에 감염되어 발생하는 만성 전염성 피부질환으로, 발병 시 피부와 근육 조직이 점차 손상되어 결국 조직 기능이 변형되거나 기능 자체를 소실할 수도 있다.

고대부터 인류와 함께해온 한센병은 의학의 발전에도 불구하고 여전히 지구상에서 완전히 사라지지 않은 질병이다. 특히 병변이 육안으로 드러나는 한센병의 특성과 맞물려 오랫동안 사회적 낙인과 편견의 대상이 되어왔다. 한센병의 감염 메커니즘이 명확히 밝혀진 것은 아니지만, 현재 가장 유력한 가설은 한센병 환자와의 장기간 밀접 접촉을 통해 나균이 전파되어 발병한다는 것이다. 다만, 대부분의 사람들은 나균에 대한 저항성을 갖고 있으므로 나균이 몸속에 침입하여도 쉽게 한센병에 걸리지는 않는다. 걸린다고 하더라도 현대 의학으로 한센병을 조기에 진단하여 신속하게 치료를 진행한다면, 질병의 완전한 치유와 병원균에 대한 전염성 차단이 가능하다. 그러나 적정 시기에 치료하지 못할 경우, 영구적인 신경 손상과 사회적 기능 상실 등 심각한 후유증에 시달릴 수도 있다.

한센병 치료의 대표적인 방법은 항생제 투여로, 최근에는 단기간에 2~3가지 약제를 병용하는 복합 치료법이 주효하다. 또한 프로민, 시바, 디아존과 같은 제한된 항생제가 사용되던 종래와 달리, 현재는 댑손, 리팜핀, 클로파지민 등 선택지가 크게 확대되면서 한센병 환자 수가 급격히 감소하고 있다. 실제로 과거에는 전세계 곳곳에서 널리 퍼져 있던 한센병은 현재에는 주로 열대와 아열대 기후 지역에서 집중적으로 발병하고 있다.

이로 인해 머지 않은 미래에 한센병의 근절을 꿈꾸고 있는 상황이다. 실제로 질병관리청의 보고에 따르면, 국내 한센병 환자 발생 추이는 2008년 이후 꾸준히 한 자릿수를 유지하고 있다. 2024년에는 국내에 총 5명의 신규 환자가 발생하였으나, 내국인 환자는 없었으므로 외국인 한센병 환자의 조기 발견과 치료가 이루어진다면 우리나라에서의 한센병은 사라질 것으로 추정된다. 한센병 무료 검진 범위를 확대하고, 다른 감염병 검진과 통합하여 외국인들이 보다 쉽게 검진을 받을 수 있도록 접근성을 높이는 등의 절차 개선이 이루어진다면 우리나라는 물론 한센병이 사라진 국가가 점차 늘어날 것으로 기대된다.

① 한센병 치료를 위한 다양한 항생제 중 시바는 현재도 사용되고 있다.
② 우리나라의 경우 2024년에는 내국인 신규 한센병 환자가 발생하지 않았다.
③ 한센병 환자의 감염 경로는 정확하게 판단되고 있다.
④ 2010년의 국내 한센병 환자 수는 10명 미만이다.
⑤ 대다수 인간의 면역체계는 나균 감염에 대해 강력한 방어 기제를 갖추고 있다.

6. 다음 글의 논지로 가장 적절한 것은?

경제학에서 합리적 인간의 의사결정 기준은 편익과 비용이다. 즉, 편익이 비용보다 크면 해당 행위를 하고 아니면 하지 않는다. 그러나 편익과 비용에 근거한 개인의 합리적 행위가 전체적으로는 불합리한 결과를 초래할 수 있다. 예를 들어 공연을 보고 있는 관객이 일어서는 경우 그 관객은 공연을 더 잘 볼 수 있다. 그러나 모든 사람들이 다 같이 일어서게 되면 결과적으로는 모두가 공연을 더 잘 볼 수 없게 될 뿐만 아니라 서서 공연을 봐야 하므로 오히려 더 피곤해진다. 이와 같이 개인의 입장에서는 편익이 비용보다 큰 행위지만, 모든 개인이 동일한 행동을 하면 오히려 비용이 편익보다 커지는 경우를 구성의 오류라 한다.

구성의 오류가 발생하는 것은 합리적 인간이 편익과 비용을 분석할 때 자신에게 돌아올 편익과 비용만 분석하지, 사회 전체의 편익과 비용은 고려하지 않기 때문이다. 예컨대 일어나서 공연을 보려고 하는 관객은 자신이 얻을 편익만 고려하고, 뒤에 앉아 있는 관객의 비용은 고려하지 않음을 의미한다. 이런 점에서 정부 정책은 구성의 오류를 유도할 수 있다. 정부 정책은 개인의 편익과 비용에 영향을 미쳐 특정 행위를 유도하거나 억제할 수 있기 때문이다. 가령 대학 입학 기준이 여전히 시험 점수에 의존하게 하는 정부 정책은 개인들의 사교육 선택을 유도할 수 있다. 학력이 중요시되는 사회에서 사교육을 활용하면 시험 점수 상승에 도움을 받을 수 있어 개인이 사교육을 선택할 편익이 증가하기 때문이다. 문제는 개인의 입장에서는 합리적인 사교육 선택이 대학입시 경쟁 과열을 유도하여 사교육 비용을 지속적으로 증가시키면, 사회 전체적으로는 비효율적인 결과를 가져오는 것이다. 즉, 정부 정책이 구성의 오류를 불러온 것이다.

이와 같이 정부 정책은 개인의 편익과 비용에 영향을 미쳐 개인의 행동 변화를 가져온다. 정부는 개인의 행동 변화로 인한 구성의 오류 발생 가능성을 염두에 두어야 한다. 즉, 어떤 행위를 하는 것이 개인에게 비용 대비 더 많은 편익을 가져온다고 하더라도, 이것이 사회 전체적으로 더 많은 비용을 가져온다면, 정부는 사회 전체의 비용을 우선하여 개인이 그 행위를 하지 못하도록 경제적 유인을 제공해야 한다.

① 정부는 개인의 비용과 편익에 영향을 미치는 정책을 모두 폐지해야 한다.
② 정부는 교육을 통해 개인의 합리성을 높여 구성의 오류 발생을 방지해야 한다.
③ 정부는 사회 전체 편익을 위해 개인의 비합리적인 행위를 억제해야 한다.
④ 정부는 구성의 오류가 발생하지 않도록 정책이 개인의 행동에 미치는 영향을 고려해야 한다.
⑤ 정부는 사회 전체의 편익과 비용보다 개인의 편익과 비용을 더 중요하게 고려해야 한다.

7. 다음 글의 (가)~(다)에 들어갈 말을 적절하게 나열한 것은?

> 집단으로서 가족을 개별 구성원보다 중시하고 가족 내의 인간관계를 사회관계에 확대시켜 적용하려는 경향을 말한다. 현대의 가족주의에서 가족이란 여성이 남성에 예속되고 가장이 가족 전체보다 우선시되는 등 일반적으로 부정적인 모습으로 떠올리기 쉽다.
>
> 우리가 일상적으로 사용하는 단어인 가족은 한자어이다. 때문에 가족이 한자문화권에 포함되는 유교적 전통에서 시작된 단어라고 생각하기 쉽다. 그러나 우리나라에서 사용되는 가족이라는 단어는 유교 문화에서 파생된 것이 아니다. 가족이라는 단어는 19세기 후반 서구의 근대를 수용했던 당시 일본의 관점에서 만들어졌다. 일제강점기 당시 조선에는 없던 가족법이 제정되고 가족이라는 단어가 사용되면서 지금 우리가 인식하는 가족 관념이 형성된 것이다.
>
> 우리는 여전히 일제 강점기에 만들어지고 유포되었던 가족과 가족법의 영향 안에 살고 있다. 식민지 조선의 가족 관념이 오래전부터 존재했던 전통의 연장인 것처럼 왜곡되었음에도 적어도 가족 담론에 있어서 우리는 이에 대해 관심이 없다. 오히려 현대에서 나타나는 부정적인 가족주의와 관련된 담론을 논의할 때는 식민지 시절이 아니라 조선의 유교적 전통과 관련 지어 생각하는 경향이 (가) .
>
> 이러한 경향을 반영하듯 현대 한국사회의 병폐로 지목되는 가족주의의 기원으로 유교문화가 가장 많이 언급된다. 물론 조선시대에 일제시대와 같은 근대적인 가족 개념이 없었다고 해서 친족집단이 없었다거나, 명문화된 가족법이 없었다고 해서 관련된 전통과 법규가 없었던 것은 아니다. 일제시대 이전부터 유교문화 특유의 가장(家長) 위주의 가부장제도가 존재해 왔으며 그러한 관념의 관성이 지속적으로 작용해온 것이 사실이다. 그럼에도 불구하고 일제시대에 새롭게 유입된 가족 관념은 기존의 관념을 대체하였다. 실제로 우리의 일상을 규율할 수 있는 가족법을 명문으로 제정한 것은 현재에 영향을 (나) .
>
> 가족 담론은 그 배경이 되는 시대의 사회적 영향을 강하게 받는다. 따라서 시간에 따라 유동적이기 마련이다. 또한 복잡하고 다층적인 역사적 시간성을 담고 있기 때문에 항상 (다) 것은 아니다. 그렇기에 같은 시대 속에서도 다른 가족 문화나 양상이 쉽게 발견될 수 있다. 기존에 논의된 가족 담론은 이러한 점을 고려하지 못한 채 조선의 유교적 문화에 한정되어 좁은 시야에서 한국의 가족을 바라본 경향이 있다. 따라서 보다 확장된 관점에서 한국사회의 유교적 가족 이데올로기와 가족 담론을 살펴볼 필요가 있다.

	(가)	(나)	(다)
①	강하다	준다	일률적인
②	강하다	주지 못한다	일률적인
③	강하다	준다	다양한
④	약하다	주지 못한다	다양한
⑤	약하다	준다	일률적인

8. 다음 글의 ㉠~㉤을 문맥에 맞게 수정한 것으로 가장 적절한 것은?

> 화재를 진압하기 위해서는 각종 소화장비를 이용하여 연소의 4요소 중 하나 이상을 제거해야 한다. 연소의 4요소는 온도, 산소, 가연물, 연쇄반응이며, 화재는 이 네 가지 조건이 모두 충족될 때 지속된다. 따라서 '화재가 진압되었다'는 말은 ㉠ 화재현장에서 온도, 산소, 가연물, 연쇄반응 중 하나 이상을 제거했다는 것을 의미한다.
>
> 연소의 4요소 중 온도는 발화점을 넘는 온도를 말한다. 발화점은 물질이 연소현상을 보이는 최저온도이므로 연소 중인 물체의 온도를 발화점 아래로 낮추면 화재를 진압할 수 있다. 이와 같이 물체의 온도를 낮춰 화재를 진압하는 방법을 '냉각소화'라고 한다. 물은 냉각소화에 적합한 소화약제 중 하나이다. 그러나 유류화재의 경우 물을 사용하면 기름이 물을 타고 흘러 오히려 화재를 확산시킬 수 있다. 따라서 유류화재의 경우 기름에 산소의 접촉을 차단하는 물체를 사용하여 화재를 진압한다. 이처럼 산소를 차단하여 화재를 진압하는 방법을 '질식소화'라고 하는데, 이때 질식소화는 질소와 같이 다른 물질과 화학반응이 잘 일어나지 않는 비활성기체를 사용한다. 특히 화재현장이 밀폐된 공간인 경우 비활성기체를 불어넣으면 공기 중에 남아있는 산소를 밀어내 화재를 진압할 수 있다. 따라서 ㉡ 비활성기체를 사용하는 질식소화는 실내화재나 유류화재를 진압하는 데 사용된다.
>
> 산림화재 등의 경우 확산 방향에 따라 가연물을 제거하는 방식으로 화재를 진압한다. 산림화재는 주로 바람을 타고 확산되는데, ㉢ 확산 방향의 가연물을 미리 제거하여 화재를 자연 소멸시킬 수 있다. 이와 같이 가연물을 제거하여 화재를 진압하는 방법을 '제거소화'라고 한다. 만약 가연물의 제거가 어려울 경우 연소의 연쇄반응을 일으키는 열에너지를 차단하는 화학적 소화약제를 투입하는데, 이처럼 열에너지의 연쇄반응을 차단하여 화재를 진압하는 방법을 '억제소화'라고 한다.
>
> 만약 아파트 단지에 화재가 발생한 경우, ㉣ 화재를 진압하기 위해 소방대가 질소방출밸브를 사용하였다면 질식소화를 시도했을 가능성이 높다. 또한 소방대가 물을 사용하였다면 물체의 온도를 낮춰 화재를 진압하려는 시도였을 것이다. 마찬가지로 ㉤ 소방대가 열에너지를 차단하는 소화약제를 투입하였다면 냉각소화를 시도했다고 볼 수 있다.

① ㉠을 '화재현장에서 온도, 산소, 가연물, 연쇄반응을 모두 제거한다는 것을 의미한다'로 수정한다.
② ㉡을 '비활성기체를 사용하는 질식소화는 실내화재나 유류화재를 진압하는 데 적합하지 않다'로 수정한다.
③ ㉢을 '확산 반대 방향의 가연물을 미리 제거하면 화재를 자연 소멸시킬 수 있다'로 수정한다.
④ ㉣을 '화재를 진압하기 위해 소방대가 질소방출밸브를 사용하였다면 제거소화를 시도했을 가능성이 높다'로 수정한다.
⑤ ㉤을 '소방대가 열에너지를 차단하는 소화약제를 투입하였다면 억제소화를 시도했다고 볼 수 있다'로 수정한다.

9. 다음 글에서 추론할 수 있는 것은?

> 남성과 여성을 나누는 데에는 크게 3가지 정의가 있다. 첫 번째 기준은 성염색체로, 성염색체가 XX일 경우 여성, XY일 경우 남성으로 정의한다. 두 번째 기준은 성선으로, 태아 때 미분화된 성선이 난소로 분화하는 경우는 여성으로, 정소로 분화하는 경우는 남성으로 정의한다. 세 번째 기준은 외부 생식기 기준으로 대음순, 소음순이 발달하는 경우 여성으로, 음낭과 음경이 발달하는 경우는 남성으로 정의한다. 일반적으로는 3가지 정의에 따른 성별이 일치하지만, 각 정의에 따른 성별이 일치하지 않는 경우도 있다.
>
> 성 분화는 성염색체에 따른 미분화된 성선의 발달로 시작된다. 태아 때 분화되지 않은 성선은 TDF에 노출되면 정소로, TDF에 노출되지 않으면 난소로 발달한다. TDF는 성염색체 XY의 일부인 SRY 유전자가 만드는 인자로 성염색체 XY가 있는 사람에게서만 생성된다. 정소는 MIS를 만들어 원래 MIS에 노출되지 않았더라면 발달했을 뮐러관을 퇴화시키고, 테스토스테론을 만들어 원래 테스토스테론에 노출되지 않았더라면 퇴화돼 사라졌을 볼프관을 발달시킨다. 여성의 경우 정소 대신 난소가 발달하기 때문에 MIS와 테스토스테론이 생성되지 않는다.
>
> 성선의 분화는 외부 생식기의 발달에 영향을 준다. 정소에서 만들어진 테스토스테론은 알파환원효소에 의해 디하이드로테스토스테론으로 바뀐다. 디하이드로테스토스테론은 디하이드로테스토스테론에 노출되지 않았다면 대음순으로 발달할 미분화된 외부 생식기를 음낭으로, 소음순으로 발달할 미분화된 외부 생식기를 음경으로, 음핵으로 발달할 미분화된 외부 생식기는 귀두로 발달시킴으로써 서로 다른 형태의 기관으로 발달시킨다. 따라서 남성과 여성은 음핵과 귀두처럼 형태나 기능은 다르나 기원이 같은 기관인 상동기관을 가지게 된다.

① 성염색체가 XY이지만 알파환원효소가 작동하지 않는 경우 볼프관은 발달하지만 음낭은 발달하지 않는다.

② 여성의 경우 MIS가 없으므로 볼프관이 퇴화하고, 테스토스테론이 없으므로 뮐러관이 발달한다.

③ 성염색체 XY를 가진 사람에서 SRY 유전자의 문제로 TDF가 생성되지 않으면 성선 기준에 따른 성별은 남성이 된다.

④ 여성에게 있는 대음순과 남성에게 있는 음경은 형태는 다르나 서로 기원은 같다.

⑤ 성별을 구분하는 3가지 정의에 따른 성별이 일치하는 사람이 정소를 가지고 있다면 외부 생식기는 디하이드로테스토스테론에 노출되지 않았다.

10. 다음 글의 〈표〉를 수정한 것으로 적절한 것만을 〈보기〉에서 모두 고르면?

> 2024학년도 국가공무원 7급 공개경쟁 채용시험 최종 합격자가 발표되었다. ○○처는 사이버국가고시센터를 통해 국가공무원 7급 공개경쟁 채용시험 최종 합격자 700명을 19일 발표했다. 최종 모집 분야별로는 행정직군에서 511명, 기술직군에서 189명이 합격했고, 이 중 장애인 구분모집에서 43명이 최종 합격했다.
>
> 어느 한쪽 성별 합격자가 합격 예정 인원의 30% 미만일 경우, 해당 성별 응시자를 추가로 합격시키는 양성평등 채용목표제 적용으로는 모집 단위 감사와 전기에서 1명씩 추가로 합격하여 각 모집단위에서 30명, 16명이 최종 합격하였다. 또한, 세무, 일반기계, 화공 등의 모집 단위에서도 총 15명이 추가로 합격했다. 지방인재의 공직 진출 확대를 위한 지방인재 채용목표제 적용으로는 총 30명이 추가로 합격했다. 모집 단위 일반행정(일반)의 목표제 적용 전 합격 인원 172명에 22명이 추가로 합격했으며, 외무영사에는 1명이 추가로 합격하여 해당 모집단위에서 24명이 최종 합격했다. 그 밖에 우정사업본부, 교정 2개 모집 단위는 각각 16명, 36명의 합격자에 모두 동일한 인원수가 추가로 합격했고 관세에서는 4명의 추가합격자가 나왔다.
>
> ○○처 주무관 갑은 2024학년도 국가공무원 7급 공개경쟁 채용시험의 지방인재 채용목표제 적용 현황을 아래와 같이 〈표〉로 작성하였으나 적용 현황을 적절히 반영하지 않아 수정이 필요하다.
>
> 〈표〉 지방인재 채용목표제 적용 현황
>
> | 구분 | 추가 합격 인원 | 최종 합격 인원 |
> |---|---|---|
> | 일반행정(일반) | 22명 | 194명 |
> | 일반행정(장애인) | 1명 | 19명 |
> | 우정사업본부 | 1명 | 17명 |
> | 관세 | 4명 | 19명 |
> | 감사 | 1명 | 17명 |
> | 교정 | 1명 | 37명 |
> | 외무영사 | 2명 | 24명 |

〈보 기〉

ㄱ. 일반행정(일반)의 최종 합격 인원 항목의 "194명"을 "204명"으로 수정한다.

ㄴ. "감사" 항목을 삭제한다.

ㄷ. 외무영사의 추가 합격 인원 항목의 "2명"을 "1명"으로 수정한다.

① ㄱ

② ㄴ

③ ㄱ, ㄷ

④ ㄴ, ㄷ

⑤ ㄱ, ㄴ, ㄷ

11. 다음 글에 대한 분석으로 적절한 것만을 〈보기〉에서 모두 고르면?

갑: 유전자 변형 기술은 세계 식량 생산능력 확보를 위한 필수적인 기술이다. 2050년이 되면 세계 인구는 90억 명을 돌파할 것으로 전망된다. 그러나 지구 온난화로 인한 해수면 상승과 가뭄, 홍수 등의 이상 기후로 인해 농작물 생산량은 오히려 감소할 것으로 예측된다. 이러한 문제를 극복하기 위해서는 척박하고 메마른 농지에서 잘 자라고, 수확량을 늘릴 수 있는 유전자 변형 작물이 필요하다. 유전자 변형 작물 재배를 통해 지난 수십 년간 수확량 증가와 농약 사용량 감소 효과가 나타났다. 반면에 유전자 변형 작물 섭취가 인체에 부작용을 야기한다는 보고는 아직 없다. 따라서 많은 이점을 가진 유전자 변형 기술을 발전시켜 미래에 다가올 식량 위기에 대비해야 한다.

을: 유전자 변형 기술은 다양성이라는 자연적 가치를 훼손시켜 궁극적으로 식량 생산능력이 저하될 수 있다. 유전자 변형 기술을 이용하면 병충해를 방제하고, 제초제에 대한 내성이 있으면서도 수확량이 높은 품종을 만들 수 있다. 그러나 이렇게 생성된 품종은 높은 생산성으로 인해 기존의 다양한 품종의 생산을 감소시키고 도태시키면서 식품 생산에 있어 독점적 지위를 차지할 것이다. 이때 유전자 변형 기술로 생성된 품종에서 치명적인 바이러스가 발생하거나 이상 기후로 인해 변화하는 환경에 적응하지 못해 생산량이 급감한다면, 이러한 품종을 대체하는 데 어려움을 겪을 것이다. 또한, 지금까지 유전자 변형 식품 섭취로 인한 부작용이 보고되지는 않았지만, 유전자 변형 작물이 상용화된 지 20여 년밖에 되지 않아 이러한 데이터만으로 미래에 인간에게 어떤 영향을 미칠지 예측하는 것은 위험하다.

〈보 기〉

ㄱ. 갑과 을 모두 과거에 유전자 변형 기술을 작물 재배에 사용하여 부작용이 발생한 사례는 없었음을 인정한다.
ㄴ. 갑과 달리 을은 유전자 변형 기술이 장기적으로 인류의 식량 생산에 부정적인 영향을 끼칠 수 있다고 본다.
ㄷ. 을과 달리 갑은 기후 변화로 인한 농작물 생산량 감소에 유전자 변형 작물이 대안이 될 수 있다고 본다.

① ㄱ
② ㄴ
③ ㄱ, ㄴ
④ ㄱ, ㄷ
⑤ ㄱ, ㄴ, ㄷ

12. 다음 글에 대한 분석으로 적절한 것만을 〈보기〉에서 모두 고르면?

의학적 목적에서 동물을 대상으로 행해지는 동물실험이 정당화될 수 있는지에 대하여 학자 A는 다음과 같은 〈논증〉을 제시하였다.

〈논 증〉

㉠ 인간과 실험동물의 유사성을 판단하는 기준은 인간과 실험동물이 생물학적으로 유사해야 한다는 것, 생체 반응 측면에서 인과적 메커니즘이 동일해야 한다는 것 두 가지이다.
㉡ 인간과 실험동물의 유사성을 판단하는 두 가지 기준 중 하나라도 입증할 수 없으면, 인간과 실험동물은 유사성을 보유하지 않은 것이다.
㉢ 동물실험에 사용되는 동물이 인간과 생물학적으로 유사함은 입증할 수 있으나, 인과적 메커니즘이 동일한지는 입증할 수 없다.
㉣ 인간과 실험동물은 유사성을 보유하지 않는다.
㉤ 인간과 실험동물이 유사성을 보유하지 않는다면 동물실험의 결과를 인간에게 적용할 수 없다.
㉥ 동물실험은 그 결과를 인간에게 적용할 수 있을 때만 정당화될 수 있다.
㉦ 동물실험은 정당화될 수 없다.

〈보 기〉

ㄱ. ㉡과 ㉢으로부터 도출되는 결론이 ㉦을 도출하는 전제로 사용된다.
ㄴ. ㉢을 "인간과 실험동물이 생물학적으로 유사함이 입증된다면, 인과적 메커니즘의 동일성도 입증된다."로 바꾸어도 ㉣이 도출된다.
ㄷ. ㉤을 "오직 인간과 실험동물이 유사성을 보유할 때, 동물실험 결과를 인간에게 적용할 수 있고 부작용이 발생하지 않는다."로 수정해도 위 논증에서 ㉦이 도출된다.

① ㄱ
② ㄴ
③ ㄷ
④ ㄱ, ㄷ
⑤ ㄴ, ㄷ

[13 ~ 14] 다음 글을 읽고 물음에 답하시오.

우리는 여러 가지 대안 중 어떤 한 가지를 결정할 때, 다수가 선택한 대안으로 결정하는 것이 가장 합리적이고 공정한 방법이라고 믿는다. 이에 따라 민주주의 사회는 다수결 원칙이 모든 결정의 기본 원칙이 된다. 하지만 다수결 원칙이 항상 합리적인 결과를 보장하는 것은 아니다. 다음의 사례를 살펴보자.

직장 동료인 갑, 을, 병이 여름휴가에 함께 갈 여행지를 고민하고 있다. 여행지 후보는 A, B, C이며 여행지 후보에 대한 갑의 선호도는 A>B>C 순이다. 즉, A를 B보다 선호하고, C보다는 B를 더 선호한다. 을의 경우 C>A>B 순으로, 병의 경우 B>C>A 순으로 여행지를 선호한다. 그런데 갑, 을, 병이 가장 선호하는 여행지는 각각 다르기 때문에 세 곳의 여행지 후보 모두를 투표에 부쳐서는 여행지를 결정할 수 없다. 따라서 두 여행지끼리 비교하여 최종 결정을 해야 한다. 예를 들어 여행지 A와 B를 먼저 투표에 부쳐 다수의 선호를 받은 여행지를 다시 C와 투표에 부치는 것이다. 이때 A와 B를 투표에 부치면 갑과 을은 A를 선택하고, 병은 B를 선택하여 갑, 을, 병은 A와 B 중 A를 선호함을 알 수 있다. 이후 다시 A와 C를 투표에 부치면 갑은 A, 을과 병은 C를 선택하므로 최종 여행지는 C로 결정된다. 하지만 투표 순서를 달리하여 B와 C를 먼저 투표에 부치고, 둘 중에 다수의 선호를 받은 여행지를 다시 A와 투표에 부친다면, 이 경우의 최종 여행지는 A로 결정된다.

이처럼 단지 비교 순서만 바꿔도 투표의 결과가 달라지는 것을 가리켜 투표의 역설 현상이라고 한다. 투표의 역설은 비교 대상 간에 관계 전이성을 충족하지 못하기 때문에 발생한다. 관계 전이성이란 여러 대안 간의 투표를 통해 결정되는 선호 관계가 항상 일관적임을 의미한다. 예를 들어, A를 B보다 선호하고 B를 C보다 선호하면 자동으로 A를 C보다 선호하는 관계가 성립하여야 관계 전이성이 있다. 그런데 관계 전이성이 없으면 다수결 원칙에 따르더라도 비교 순서에 따라 결과가 달라진다. 이러한 투표의 역설 현상은 모두의 선호가 반영되는 합리적인 의사결정을 방해한다. 일상생활에서는 대부분 위 사례처럼 [　　　　　　　　　　] 투표의 역설 현상이 자주 나타난다. 따라서 다수결 원칙으로 합리적인 의사결정을 내리는 것은 매우 어려운 일임을 알 수 있다.

13. 위 글의 빈칸에 들어갈 내용으로 가장 적절한 것은?

① 대안을 투표하는 방식이 민주적이지 않기 때문에
② 투표의 순서를 결정하는 방식이 민주적이지 않기 때문에
③ 특정 대안에 대한 유권자의 선호가 일관적이지 않기 때문에
④ 투표를 통해 결정되는 대안의 선호 관계가 항상 일관적이기 때문에
⑤ 특정 대안에 대한 유권자의 선호가 제각각으로 나타나는 경우가 드물기 때문에

14. 위 글에서 추론할 수 있는 것만을 〈보기〉에서 모두 고르면?

〈보 기〉

ㄱ. 합리적인 의사결정을 하기 위해서는 투표의 역설 현상을 최소화해야 한다.
ㄴ. 다수결 원칙에 따라 투표를 하면 그 투표 결과에는 관계 전이성이 있을 수 없다.
ㄷ. 병이 본인이 가장 선호하는 여행지로 여행을 가기 위해서는 B와 C를 먼저 투표에 부칠 것이다.

① ㄱ
② ㄴ
③ ㄱ, ㄷ
④ ㄴ, ㄷ
⑤ ㄱ, ㄴ, ㄷ

15. 다음 논쟁에 대한 분석으로 가장 적절한 것은?

갑: 고통은 악이고 쾌락은 선이므로 쾌락은 삶의 궁극적인 목적이자, 인생을 살아가며 취할 행동의 기준이 된다. 우리가 추구해야 할 쾌락은 단순히 고통이 없는 정신적 상태가 아니며, 감각적이고 육체적인 쾌락을 추구해야 한다. 그렇기 때문에 금욕, 절제와 같이 소극적인 태도보다는 적극적인 쾌락의 추구가 필요하다.
을: 쾌락이 행복한 삶을 사는 데 있어 필수적이며, 쾌락을 추구하는 것이 삶의 목표가 되어야 한다는 데에는 이견이 없다. 하지만 쾌락은 이성적이고 정의로운 삶에서 지향해야 할 대상이다. 따라서 도덕적으로 살지 않으면 참된 쾌락에 이를 수 없다. 쾌락은 정신적으로 고통과 불안이 없는 상태인 완전한 쾌락과 그렇지 않은 상태인 불완전한 쾌락을 구분된다. 그중 순간적이고 감각적인 욕구를 충족함으로써 얻어지는 쾌락은 후자에 해당하므로 지양해야 한다. 그리고 완전한 쾌락을 추구하기 위해 불완전한 쾌락을 가려낼 수 있는 이성을 갖추어야 한다.
갑: 쾌락을 얻는 데에 있어 이성이 필요한 이유는 이성을 사용함으로써 더 강렬한 쾌락을 얻을 수 있기 때문이다. 또한, 쾌락을 극대화하기 위함이라면 비도덕적이거나 반사회적인 행위라 할지라도 행해야 한다. 어떤 행위를 통해 쾌락이 생산되었는지에 관계없이 그 자체로 최고의 선이기 때문이다. 그래서 덕이나 우정과 같은 것들 역시 쾌락을 생산하는 데에 도움이 되는 경우에만 추구해야 한다.
을: 우정을 쌓고 덕을 발휘하여 그 자체로 정신적인 고통과 불안이 없는 상태로 이어진다면 이는 쾌락을 추구하는 것으로 봐야 한다. 간혹 쾌락을 추구하는 것을 사치와 향락을 추구하는 것과 동일시하여 비판하는 자들이 있다. 그러나 이는 불완전한 쾌락을 가려내지 못함으로 인한 것일 뿐이다. 부와 명예를 탐닉하는 것과 같이 불필요한 욕구는 결코 충족될 수 없기에 이러한 욕구를 억제하고, 살아가는 데 있어 기본적이며 필연적인 욕구를 충족시키는 데에 노력을 기울여야 한다.

① 갑에 따르면 사회적 규범에 어긋나지 않는 행위보다는 비도덕적인 행위를 통해 얻은 쾌락이 더 크다.
② 을에 따르면 이성을 갖추는 것은 완전한 쾌락을 추구하기 위한 필요조건이다.
③ 갑과 달리 을은 고통은 회피해야 할 대상이며, 쾌락을 추구하기 위해 이성이 필요하다고 여긴다.
④ 을과 달리 갑은 덕과 우정을 추구하는 것이 쾌락을 얻는 행위가 아닐 수 있다고 여긴다.
⑤ 갑의 입장에서는 쾌락을 위한 것이지만, 을의 입장에서는 그렇지 않은 행위라면 이는 비도덕적이거나 반사회적인 행위일 것이다.

16. 다음 논쟁을 분석한 것으로 적절한 것만을 〈보기〉에서 모두 고르면?

갑: 인공지능의 발전으로 인간이 해야 할 작업을 최소화할 수 있게 되면서 업무 효율성이 증대되었다. 인공지능이 인간의 일자리를 대체할 것이라는 우려가 있지만, 인공지능은 상황에 대한 인식·이해·판단의 최적화를 추구하는 기계에 불과하기 때문에 그러한 우려는 기우에 불과하다. 역사적으로 볼 때 기술의 진보로 인해 일자리가 감소하게 될 경우 반드시 그보다 더 많은 새로운 일자리가 창출되었다. 예컨대 자동차가 등장했을 때 마차를 모는 마부와 같은 직업은 사라졌지만, 자동차 기술의 발전을 통해 직간접적으로 더 많은 일자리가 생겨났다.
을: 인공지능은 자동차와 같은 한정적인 기술 혁신과는 차원이 다르다. 자동차는 이동 수단이라는 분야에만 영향을 끼쳤지만, 인공지능은 인간 사회의 모든 분야를 대체할 수 있다. 더구나 인공지능으로 인해 새롭게 생겨나는 일자리가 인간을 위한 것이라고 장담할 수 없다. 인공지능이 대체하지 못하는 것은 인간의 창의성이 있어야 하는 소수의 일자리에 불과하며, 이는 인공지능의 발달로 파생되는 일자리와 관련이 없기 때문이다.
갑: 인공지능으로 인간의 노동을 제어할 수 있게 된다면 이로 인해 또 다른 형태의 사회·경제체제가 만들어지게 될 것이다. 기존에 인간이 해야 했던 노동은 기계가 하는 일로 여겨지게 될 것이고, 인간의 노동은 창의적이고 진보적인 활동으로 재정의될 것이다. 이로써 생존을 위해 의미없이 반복적으로 해야 했던 일에서 벗어나 인간은 창의적이고 진보된 활동을 통해 자아실현을 이룰 수 있게 된다.
을: 인공지능이 기존의 기술 진보와 다른 점은 발전 속도가 매우 빠르다는 것이다. 머지않은 미래에 인간의 지적 수준을 뛰어넘는 인공지능이 등장할 수도 있다. 그렇게 된다면 모든 분야에서 인공지능이 인간의 경쟁 상대가 되어, 또 다른 경쟁 사회가 열리게 된다. 인공지능은 기존에 혁신으로 평가받던 기술과는 발전 속도나 양상이 달라서 예측할 수 없기에 두려움을 유발한다.

〈보 기〉

ㄱ. 갑은 인공지능의 발전으로 인간의 삶이 더 나아질 것임을 전제로 하고 있다.
ㄴ. 을은 인공지능이 과거에 경험했던 기술 진보와 다른 차원의 기술임을 주요 근거로 삼고 있다.
ㄷ. 인공지능으로 인해 이전에 없던 새로운 일자리가 생겨날 것이라는 데에 갑과 을 모두 동의할 것이다.

① ㄱ
② ㄷ
③ ㄱ, ㄴ
④ ㄴ, ㄷ
⑤ ㄱ, ㄴ, ㄷ

17. 다음 글의 내용이 참일 때, 청년 취업박람회에 반드시 참여하는 기업의 수는?

> △△시는 청년 취업박람회를 개최할 예정이다. 청년 취업박람회에 참여할 기업을 모집한 결과 A~G가 후보로 나왔으며, 이와 관련하여 다음과 같은 사실이 밝혀졌다.
>
> ○ A나 B가 참여하지 않으면, C는 참여한다.
> ○ B가 참여하지 않는 경우에만, D와 E 모두 참여한다.
> ○ C가 참여하지 않으면, F는 참여하고 G는 참여하지 않는다.
> ○ G가 참여하지 않으면, C도 참여하지 않는다.
> ○ A와 F 둘 다 참여하는 것은 아니다.
> ○ G가 참여하면, B와 F도 참여한다.

① 1개
② 2개
③ 3개
④ 4개
⑤ 5개

18. 다음 글의 내용이 모두 참일 때, 반드시 참인 것만을 〈보기〉에서 모두 고르면?

> ○ 소속 부서가 총무과인 직원 중 기혼인 직원은 없다.
> ○ 근무 기간이 3년 이상이고 회계학을 전공한 직원은 석사 학위를 보유하고 있다.
> ○ 회계학을 전공하지 않았거나 근무 기간이 3년 이상이 아닌 직원은 기혼이다.
> ○ 유학 경험이 있는 직원은 회계학을 전공하였거나 기혼이 아니다.
> ○ 미혼이거나 소속 부서가 총무과인 직원은 유학 경험이 없다.

〈보 기〉

ㄱ. A의 근무 기간이 3년 이상이 아니라면, 총무과가 아니다.
ㄴ. A가 회계학을 전공하지 않았다면, 유학 경험이 없다.
ㄷ. A가 유학 경험이 있고 근무 기간이 3년 이상이라면, 석사 학위를 보유하고 있다.

① ㄱ
② ㄷ
③ ㄱ, ㄴ
④ ㄱ, ㄷ
⑤ ㄱ, ㄴ, ㄷ

19. 다음 글의 내용이 참일 때, 반드시 참인 것만을 〈보기〉에서 모두 고르면?

> 갑은 전공 수업인 A, B, C와 교양 수업인 D, E 중에서 일부를 수강하려고 한다. 이 5개의 강의 중에서 갑이 수강할 강의를 선택하는 기준은 다음과 같다.
>
> ○ A를 수강하지 않으면, E를 수강한다.
> ○ B를 수강하면 C는 수강하지 않는다.
> ○ D와 E 모두 수강하지 않을 경우에만 B를 수강하지 않는다.
> ○ 교양 수업 중 하나를 수강하지만, 둘 다 수강하지는 않는다.

〈보 기〉

ㄱ. 갑이 A를 수강한다면, D도 수강한다.
ㄴ. 갑이 2개의 강의만 수강한다면, 갑이 수강하는 강의에 E가 포함된다.
ㄷ. 갑이 B와 D를 포함해 3개의 강의를 수강할 수 있다.

① ㄱ
② ㄷ
③ ㄱ, ㄴ
④ ㄱ, ㄷ
⑤ ㄴ, ㄷ

20. 다음 글에서 추론할 수 있는 것만을 〈보기〉에서 모두 고르면?

> 지구의 역사는 40억 년이 넘지만 기후에 대한 관측 기록이 남아 있는 것은 100년 정도이다. 관측 기록이 남아 있지 않은 나머지 시대의 기후를 고기후(古氣候)라고 하는데, 고기후는 빙하나 해저 퇴적물과 같은 자연물을 분석하여 추측할 수 있다.
>
> 빙하를 통해서 고기후를 어떻게 분석할 수 있을까? 빙하가 만들어지기 위해서는 눈이 내리고, 그 눈이 퇴적되어야 한다. 이때 하강하는 눈에는 당시의 대기가 포함되어 있다. 대기를 포함한 눈이 쌓이고 압축되면서 빙하 속에 갇혀 유지되므로 빙하를 추출하여 층위별로 분석하면 각 시기의 대기 조성을 복원할 수 있다. 특히 대기에 포함된 산소 원자의 비율을 분석하여 당시의 기온을 파악할 수 있다. 자연 상태에서 산소 동위원소는 질량수가 16, 17, 18인 세 가지가 존재하며, 구성비는 ^{16}O이 약 99.8%를 차지하고 ^{17}O이 약 0.04%, ^{18}O이 약 0.2%를 차지한다. 그중 물 분자에 포함된 산소는 ^{16}O와 ^{18}O로 구분할 수 있는데, 물이 기온의 영향을 받아 액체, 고체, 기체로 상태변화를 일으킬 때 ^{16}O에 대한 ^{18}O의 비가 달라지게 된다. 그래서 이 산소동위원소비를 통해 과거 지구의 기온을 추론할 수 있는 것이다. 기온이 낮을 때는 바닷속에 존재하는 산소 중 질량이 무거운 것은 증발이 잘 이루어지지 않아 해수에서 대기로의 ^{18}O 이동이 약해진다. 이에 따라 육지에 내리는 눈비에 의해 형성된 빙하 속 산소동위원소비가 낮아진다. 기온이 높아질 경우 바닷속 산소는 질량과 상관없이 증발이 활발히 이루어져, 해수 속 산소동위원소비는 낮아지고 빙하 속 산소동위원소비는 높아진다. 이로 인해 해당 시기에 형성된 해양 퇴적물을 시추하여 해양생물의 탄산칼슘 껍질을 분석하면 산소동위원소비가 낮게 나타난다.

〈보 기〉

ㄱ. 빙하를 통한 기후 분석은 기록이 남아 있지 않은 시대의 대기 상황만을 분석할 수 있다.
ㄴ. 빙하 속의 산소동위원소비는 당시의 기온과 양의 상관관계를 보인다.
ㄷ. 기후가 온난할 때에 비해 한랭할 때 해수 속 $^{18}O/^{16}O$의 값이 더 낮게 나타난다.

① ㄱ
② ㄴ
③ ㄱ, ㄴ
④ ㄱ, ㄷ
⑤ ㄴ, ㄷ

21. 다음 글의 내용에 대한 평가로 적절한 것만을 〈보기〉에서 모두 고르면?

유산균은 장(腸)내에 서식하는 세균 중 인체에 해로운 물질을 생성하지 않으면서 음식물의 소화 및 흡수를 돕고 부패를 방지하는 등 건강 유지에 유익한 작용을 하는 세균을 말한다. 유산균은 면역력을 증진시켜 질병 발생을 예방하거나 장 내 대사 활동을 촉진하여 유해균의 증식을 억제하는 역할을 한다. 즉, 면역계에서 유산균은 유해균을 신속하게 감지하고, 혈액 내 항체의 생산을 증가시켜 질병에 대항한다. 실제로 유산균은 갓 태어난 아기의 장내에서 외부 감염을 막아주는 등 면역력 증진에 중요한 역할을 담당하는 것으로 알려져 있다.

그러나 유산균을 인위적으로 섭취하는 것은 오히려 면역력을 해칠 수 있다. 최근 연구 결과에 의하면 유산균 섭취로 장 내, 특히 소장에 과도하게 미생물이 존재하게 되면 미처 소화가 안 된 음식물이 세균에 의해 발효하면서 가스가 발생하게 된다. 이러한 가스는 소화를 어렵게 하여 속을 불편하게 만들 뿐만 아니라, 집중력 부족과 불안 등을 초래하며 심할 경우 영양소가 제대로 흡수되지 않아 면역 불균형을 유발할 가능성도 있다.

또한 미국 연구 사례에 의하면 집중력 부족과 불안 증세를 보이는 42명의 환자 중 약 80%의 환자가 평소 유산균을 따로 섭취하고 있었으며 대부분이 복부팽만, 복통, 가스 생성 등의 위장질환도 함께 가지고 있었다. 그리고 이들이 유산균 섭취를 3개월 동안 중단하자 그 중 약 85%의 환자에게서 집중력 부족과 불안 증세가 사라졌고, 약 70%의 환자에게서 위장질환이 개선되었다. 이러한 사실에 비추어 볼 때, 유산균을 인위적으로 섭취하지 않는 것이 면역력에 더 도움이 된다는 결과를 얻을 수 있다.

〈보 기〉

ㄱ. 유산균을 섭취한 갓난아이가 그렇지 않은 갓난아이에 비해 외부 감염에 대한 면역력이 더 높았다는 사실은 글의 논지를 약화한다.
ㄴ. 집중력 부족과 불안 증세를 보이는 환자 중 유산균을 섭취하지 않은 환자가 3개월 동안 유산균을 섭취하자 집중력 부족과 불안 증세가 개선되었다는 사실은 글의 논지를 약화한다.
ㄷ. 집중력 부족이나 불안 증세가 면역력과 무관하다는 사실은 글의 논지를 강화한다.

① ㄱ
② ㄴ
③ ㄱ, ㄴ
④ ㄱ, ㄷ
⑤ ㄱ, ㄴ, ㄷ

22. 다음 글의 A와 B에 대한 평가로 적절한 것만을 〈보기〉에서 모두 고르면?

언어와 사고의 상관관계에 관해서는 여러 가지 주장이 제기되고 있다. 언어와 사고가 독립적으로 이뤄진다는 주장도 있지만, 다수의 연구에서 언어와 사고가 서로 의존 관계에 있음이 드러났다. 이와 관련하여 다음과 같은 상반된 두 가지 견해가 존재한다.

A에 따르면 사고가 언어를 지배하며, 언어는 사고를 수동적으로 반영한다. A는 인간이 언어를 구사하기 위해서는 사물에 대한 인지능력을 갖춰야 하며, 인지능력이 갖춰진 후에는 자주 접하는 사회적 관습이나 환경에 의해 언어가 결정된다고 주장한다. 즉, 사고는 언어의 선행 조건이며, 사고와 사회적 환경에 의해서 언어가 완성된다고 보는 것이다.

B에 의하면 오히려 언어가 사고에 영향을 미친다. 이 가설에 의하면 언어의 도움이 없는 사고는 무의미하다. 언어는 인간의 지적 사고를 결정하는 핵심이다. 즉, 언어는 인간이 듣고 이해하는 모든 방법에 영향을 준다. 인간의 지적 능력은 사고의 사회적 도구인 언어 습득에 부수되어 발달하므로 단어를 많이 조합하고 사용할수록 사고는 그만큼 발달한다. 예를 들면 무지개가 일곱 가지 색으로 되어 있다고 생각하는 것은 색깔을 분류하는 말 때문이다. 서로 인접하고 있는 색, 예컨대 녹색과 청색 사이에는 분명한 경계선이 있는 것이 아니라 그 부분을 지칭하는 단어가 없기 때문에 그런 모호한 색깔이 인식되지 않는 것이다. 따라서 색깔을 지칭하는 단어가 많을수록, 무지개색 역시 수십 또는 수백 가지로 세분될 수 있다.

〈보 기〉

ㄱ. 눈이 많이 내리는 북극에 사는 에스키모인의 경우 눈에 대해 수십 가지 이상의 단어를 보유하고 있다는 연구결과는 A의 주장을 약화한다.
ㄴ. 어린아이에게 사물을 같은 것들끼리 묶어서 사고하는 방법을 가르치지 않은 상태에서 ‘비교’라는 단어를 알려주면 단어의 의미를 이해하지 못한다는 연구결과는 B의 주장을 약화한다.
ㄷ. 한자(漢字)는 한 글자에 일정한 소리와 의미가 묶여 있어 그 자체로 추상적인 알파벳에 비해 창의적 사고력을 기르는 데 불리하여, 한자를 사용하는 동북아시아가 서양에 비해 과학 및 기술 분야의 발전이 더디다는 연구결과는 A의 주장은 약화하지만, B의 주장은 약화하지 않는다.

① ㄱ
② ㄷ
③ ㄱ, ㄴ
④ ㄴ, ㄷ
⑤ ㄱ, ㄴ, ㄷ

23. 다음 대화의 빈칸에 들어갈 내용으로 가장 적절한 것은?

> 갑: 안녕하십니까? 「지방자치법」 제30조에서는 시·군 및 자치구의 조례나 규칙은 시·도의 조례나 규칙을 위반해서는 안 된다고 규정하고 있는데, 이를 광역지방자치단체 조례의 효력이 기초지방자치단체 조례의 효력보다 항상 우위에 있다는 의미로 해석하면 됩니까?
>
> 을: 「지방자치법」 제30조에서는 광역지방자치단체 자치법규의 기초지방자치단체 자치법규에 대한 효력우위의 원칙을 명시하고 있습니다. 그러나 이는 기초지방자치단체의 모든 사무에 적용된다고는 할 수 없으며, 광역지방자치단체로부터 위임받은 사무, 광역지방자치단체와 기초지방자치단체가 공동으로 수행하는 사무 등에 적용될 수 있습니다. 이러한 경우에 해당하지 않는다면 양자는 상하관계에 있는 것이 아닌, 별개의 자치법규로서 지위를 가진다고 보아야 할 것입니다.
>
> 갑: 그렇다면 한옥 건축 시의 지원 내용으로 「A도 한옥 등 건축자산의 진흥에 관한 조례」(이하 "A도 조례")에서는 보조지원만 명시하고 있으나, 「A도 B시 한옥 지원 조례」(이하 "B시 조례")에서는 융자지원까지 포함하여 조례로 규정할 수 있습니까?
>
> 을: ________________.
>
> 갑: 「지방자치법」상 지방자치단체 종류별 사무를 규정한 조항 가운데 지방문화예술의 진흥과 관련한 '문화사업의 육성·지원'이 시·도의 사무와 시·군 및 자치구의 사무 모두에 각각 포함되어 있는데도 그러합니까?
>
> 을: 그렇기 때문에 한옥 지원과 관련한 사무는 광역지방자치단체뿐만 아니라 기초지방자치단체에서도 자율적으로 수행할 수 있는 사무로 보아야 합니다. 한편 「한옥 등 건축자산의 진흥에 관한 법률 시행령」에서는 지원의 대상을 해당 지방자치단체의 조례로 정하도록 하고 있을 뿐 시·도의 조례와 시·군 및 자치구의 조례를 구분하고 있지 않습니다. 또한 지원 내용에 대해서도 해당 지방자치단체의 조례로 정하는 범위에서의 사업비 보조 및 융자로 규정하고 있으므로 융자지원은 조례로 제정할 수 있는 법령의 범위를 벗어나지 않는다고 할 수 있습니다.

① A도 조례에도 불구하고 융자지원까지 포함하여 B시 조례로 규정할 수 있습니다

② A도와 B시가 공동으로 수행하는 사무에 해당하므로 「지방자치법」 제30조에 위배됩니다

③ B시 조례에 한옥 건축 시의 지원 내용으로 융자지원을 포함할 경우 A도 조례도 함께 개정되어야 합니다

④ A도 조례에서 B시에 위임하도록 규정된 사무에 대해서만 B시 조례로 규정할 수 있습니다

⑤ 효력우위의 원칙이 적용되지는 않지만, 상위 법령으로부터 위임받지 않은 사무이므로 보조지원에 한정하여 B시 조례로 정해야 합니다

24. 다음 대화의 빈칸에 들어갈 내용으로 가장 적절한 것은?

> 갑: 최저임금 인상에 따른 영세 사업주의 경영부담 완화를 위해 사업주에게 지급하는 일자리안정자금에 대한 문의가 많습니다. 학원 사업주 A씨는 일자리안정자금을 지원받을 수 있는지 문의하였습니다.
>
> 을: 일자리안정자금을 지원받기 위해서는 노동자를 30인 미만으로 고용하는 사업주여야 하고, 고소득·임금체불 사업주, 국가 등으로부터 인건비 지원을 받는 사업주 등에 해당하면 지원받을 수 없습니다. 다만, 공동주택 경비·청소원은 고용 인원 수와 관계없이 지원합니다.
>
> 갑: A씨는 3개월 전인 올해 2월에 학원을 열면서 5명의 직원을 고용했고, 해당 직원들 모두 현재까지 근무하고 있다고 합니다. 지원 제외 사업주에 해당하지도 않는데, 근로자 요건은 어떻게 됩니까?
>
> 을: 일자리안정자금의 취지를 고려하여 최저임금을 준수해야 하며, 월 보수액이 올해 최저임금 월 환산액의 120% 이하인 근로자로서 지원금 신청 이전 1개월 이상 고용이 유지되어야 하고, 고용보험에 가입해야 합니다. 이때 5인 미만 농림어업 노동자, 합법취업 외국인, 초단시간 근로자 등 법률상 고용보험 적용대상이 아닌 경우에는 근로관계 확인이 가능한 서류를 제출하면 신청 가능합니다. 한편 사업주와 배우자, 사업주의 직계 존비속 등 특수관계인에 대해서는 지원하지 않습니다.
>
> 갑: 직원들은 모두 월 보수액이 올해 최저임금 월 환산액의 110% 수준이며 고용보험에 가입되어 있고, 그 외의 근로자 요건도 모두 충족합니다. 그런데 A씨가 인터넷 사용에 익숙지 않다고 했는데 오프라인 신청할 수도 있나요?
>
> 을: 신청은 건강보험공단, 국민연금공단, 근로복지공단 등에서 운영하는 사이트를 통해 온라인으로 신청서와 첨부서류를 제출하거나, 방문·우편·팩스로 신청하려면 사업장 소재지 관할 근로복지공단에서 가능합니다.
>
> 갑: 설명해주신 내용을 바탕으로 A씨에게 ________고 안내하겠습니다.

① 최저임금 위반으로 본 지원 사업의 취지에 맞지 않아 신청이 불가하다

② 고용된 직원이 특수관계인에 해당하여 일자리안정자금이 지원되지 않는다

③ 공동주택 경비·청소원은 고용 인원 제한이 없어 30명 이상이어도 지원금을 받을 수 있다

④ 일자리안정자금 지원 요건을 충족하므로 근로복지공단 관할 지사를 방문하여 신청하면 된다

⑤ 국민연금공단 팩스로 일자리안정자금 신청서와 근로관계를 확인할 수 있는 서류를 발송하면 된다

25. 다음 글의 〈논쟁〉에 대한 분석으로 적절한 것만을 〈보기〉에서 모두 고르면?

K국의 「형법」 제10조(이하 '현행 조항')는 다음과 같다.

> 제10조 심신장애로 인해 사물을 변별할 능력이 없거나 의사를 결정할 능력이 없는 자의 행위는 벌하지 아니한다. 다만, 사물을 변별할 능력 또는 의사를 결정할 능력이 미약한 심신미약자의 행위는 형을 감경할 수 있다.

최근 K국 의회에서는 현행 조항에 "술에 취한 상태에서 저지른 범죄는 심신미약 상태로 인정하지 않는다"는 단서를 추가하는 개정안을 추진하고 있다. 이에 대하여 갑과 을이 논쟁한다.

〈논 쟁〉

쟁점 1: 갑은 음주가 스스로의 선택이며 형법이 책임주의 원칙을 따르는 만큼, 술을 마신 상태에서 저지른 범죄도 온전한 법적 책임을 져야 한다고 주장한다. 또한, 주취감경이 유지되면 같은 범죄를 저지르고도 술을 마신 사람만 감경되는 형평성 문제도 발생할 수 있어 개정이 필요하다는 입장이다. 그러나 을은, 음주는 충동 조절 능력을 저하시킬 수 있으며, 음주 상태의 행위자가 자신이 한 행동의 결과를 판단할 수 없는 상태에 있을 수 있으므로 형법이 행위자의 심신 상태를 고려하는 원칙을 유지해야 한다고 반박한다. 또한, 주취감경이 폐지되면 같은 범죄를 저질렀더라도 심신미약 여부를 고려하지 않고 모든 범죄자를 일괄적으로 처벌하는 결과를 초래하여, 오히려 형평성을 잃을 수 있다고 본다.

쟁점 2: 갑은 주취감경은 범죄 억제력을 저해하고, 음주가 책임 회피의 수단으로 악용될 가능성을 높일 수 있으므로 음주 후 행위에 대한 법적 책임을 분명히 하고, 개인이 더 신중하게 행동하도록 만들기 위해 개정이 불가피하다고 주장한다. 그러나 을은, 음주 상태에서 발생하는 범죄의 경우 범행 당시 행위자가 합리적으로 처벌을 예상하지 못할 가능성이 높다고 본다. 따라서 주취감경을 폐지한다고 해도 행위자가 범죄를 저지르기 전 단계에서 이를 충분히 인식하고 행동을 조절하지 못한다면 예방 효과는 기대하기 어렵다고 주장한다.

〈보 기〉

ㄱ. 쟁점 1과 관련하여, 갑과 을은 음주 상태의 범죄 행위를 행위자의 자발적 선택에 따른 위험 부담으로 볼 것인지 인지 및 충동 통제 능력의 일시적 저하로 인한 불가피한 상황으로 볼 것인지에 대한 근본적 차이를 드러내고 있다.

ㄴ. 쟁점 1과 관련하여, 갑은 동일 범죄에서 음주 여부에 따른 차등 처벌이 형평에 반한다고 주장하나, 을은 심신 상태를 일괄 배제하는 일률적 처벌이 오히려 형평성을 침해한다고 본다.

ㄷ. 쟁점 2와 관련하여, 갑과 을의 범죄 예방 효과에 대한 의견 불일치는 행위자가 처벌 가능성을 인식하는 시점에 대한 해석 차이에서 비롯되었다.

① ㄱ
② ㄷ
③ ㄱ, ㄴ
④ ㄴ, ㄷ
⑤ ㄱ, ㄴ, ㄷ

약점 보완 해설집 p.50

자르는 선

2025 해커스PSAT 7급 PSAT FINAL 봉투모의고사 언어논리 (7회)

컴퓨터용 흑색사인펜만 사용

책형
㉑ ㉒

【필적감정용 기재】
*아래 예시문을 옮겨 적으시오
본인은 OOO(응시자성명)임을 확인함

기 재 란

성 명	
자필성명	본인 성명 기재
시험장소	

응시번호							
⑤⑥⑦	⓪①②③④⑤⑥⑦⑧⑨	⓪①②③④⑤⑥⑦⑧⑨	⓪①②③④⑤⑥⑦⑧⑨	⓪①②③④⑤⑥⑦⑧⑨	⓪①②③④⑤⑥⑦⑧⑨	⓪①②③④⑤⑥⑦⑧⑨	⓪①②③④⑤⑥⑦⑧⑨

생년월일					
⓪①②③④⑤⑥⑦⑧⑨	⓪①②③④⑤⑥⑦⑧⑨	⓪①	⓪①②③④⑤⑥⑦⑧⑨	⓪①②③	⓪①②③④⑤⑥⑦⑧⑨

※시험감독관 서명 (서명을 정자로 기재할 것)	적색 볼펜만 사용

언어논리(1~10번)					
1	①	②	③	④	⑤
2	①	②	③	④	⑤
3	①	②	③	④	⑤
4	①	②	③	④	⑤
5	①	②	③	④	⑤
6	①	②	③	④	⑤
7	①	②	③	④	⑤
8	①	②	③	④	⑤
9	①	②	③	④	⑤
10	①	②	③	④	⑤

언어논리(11~20번)					
11	①	②	③	④	⑤
12	①	②	③	④	⑤
13	①	②	③	④	⑤
14	①	②	③	④	⑤
15	①	②	③	④	⑤
16	①	②	③	④	⑤
17	①	②	③	④	⑤
18	①	②	③	④	⑤
19	①	②	③	④	⑤
20	①	②	③	④	⑤

언어논리(21~25번)					
21	①	②	③	④	⑤
22	①	②	③	④	⑤
23	①	②	③	④	⑤
24	①	②	③	④	⑤
25	①	②	③	④	⑤

시험일: ____년 ____월 ____일

국가공무원 7급 공개경쟁채용 1차 필기시험 모의고사

| 언어논리영역 |

응시번호	
성명	

실전모의고사 **8회**

문제책형 **⑤**

응시자 주의사항

1. **시험시작 전 시험문제를 열람하는 행위나 시험종료 후 답안을 작성하는 행위를 한 사람**은 「공무원 임용시험령」 제51조에 의거 **부정행위자**로 처리됩니다.
2. **답안지 책형 표기는 시험시작 전** 감독관의 지시에 따라 **문제책 앞면에 인쇄된 문제책형을 확인**한 후, **답안지 책형란에 해당 책형(1개)**을 '●'로 표기하여야 합니다.
3. 시험이 시작되면 문제를 주의 깊게 읽은 후, **문항의 취지에 가장 적합한 하나의 정답만을 고르며**, 문제내용에 관한 질문은 할 수 없습니다.
4. **답안을 잘못 표기하였을 경우에는 답안지를 교체하여 작성**하거나 **수정할 수 있으며**, 표기한 답안을 수정할 때는 **응시자 본인이 가져온 수정테이프만을 사용**하여 해당 부분을 완전히 지우고 부착된 수정테이프가 떨어지지 않도록 손으로 눌러주어야 합니다. **(수정액 또는 수정스티커 등은 사용 불가)**
5. **시험시간 관리의 책임은 응시자 본인에게 있습니다.**
   ※ 문제책은 시험종료 후 가지고 갈 수 있습니다.

정답공개 및 해설강의 안내

1. 모바일 자동 채점 및 성적 분석 서비스
   • '약점 보완 해설집'에 회차별로 수록된 QR코드 인식 ▶ 응시 인원 대비 자신의 성적 위치 확인
2. 해설강의 수강 방법
   • 해커스PSAT 사이트(psat.Hackers.com) 접속 후 로그인 ▶ 우측 퀵배너 [쿠폰/수강권등록] 클릭 ▶ '약점 보완 해설집'에 수록된 쿠폰번호 입력 후 이용

해커스PSAT

언어논리영역

1. 다음 글에서 알 수 있는 것은?

> 한강은 우리나라에서 가장 넓고 유량이 많은 강으로 육상 교통이 발달하기 전 교통의 중심이었다. 우리나라의 주요 하천은 물론, 중국과 해상 교역로가 연결되는 지점이 바로 한강이었기 때문이다. 또한, 한강 주변에는 넓고 비옥한 평야가 있어, 농경 중심의 사회에서 가치가 더 높을 수밖에 없었다. 이에 한강은 한반도에 등장했던 고대국가의 흥망성쇠와 연결되는 요충지로서 기능했다.
>
> 삼국시대에는 고구려·백제·신라가 번갈아 한강을 지배하며 번영과 쇠퇴를 경험했다. 가장 먼저 한강을 차지한 국가는 위례성에 터전을 잡고 건국된 백제였다. 이후 전성기를 맞이하여 충청도와 전라도 대부분의 지역을 병합하고 중국과 일본에까지 그 세력을 넓혔다. 그러나 세력을 키운 고구려의 광개토대왕이 한강 이북 지역을 차지하고, 그의 아들인 장수왕이 적극적인 남진 정책을 추진하며 한강 유역부터 한반도 남부까지 영토를 확장하였다. 이에 백제는 신라와 손을 잡고 고구려를 공격해 한강 하류를 되찾았으나, 동맹을 깬 신라에 의해 백제는 탈환했던 한강 유역을 다시 빼앗기게 된다. 이러한 삼국의 치열한 경쟁을 잘 보여주는 유적이 바로 장미산성이다. 장미산성은 한강 유역을 점령하기 위해서는 반드시 필요했기 때문에, 한강 유역을 점령했던 시기의 삼국 유물이 발견된다.
>
> 한편 고려는 북부 지방인 송악의 호족 출신 왕건이 통일한 나라로 건국 당시에는 한강 유역의 중요성이 부각되지 않았다. 그러다 고려 제11대 왕 문종 대에 이르러 현대의 서울인 양주에 궁궐을 건설하며 이 지역을 남경으로 승격시켰다. 이전에는 개성, 평양, 경주에 해당하는 중경, 서경, 동경이 주요한 세 도시로서 삼경이라 일컬어졌으나, 남경을 포함한 네 도시를 사경이라 부르거나 중경이나 동경을 제외한 세 도시를 삼경이라 부르게 되었다. 남경 건설 당시부터 한강 일대의 중요성은 계속 부각되었으며, 고려 말 남경이라는 명칭 대신 한양부로 개칭되고 본격적으로 한양 천도가 추진되었다. 이에 우왕 8년, 한양으로의 천도를 단행했으나 풍수지리설에 따라 개경으로 환도하였고, 고려 마지막 왕인 공양왕도 한양으로 천도했으나 불길한 일이 자주 발생해 개경으로 환도하였다.

① 백제는 고구려로부터 한강 유역을 탈환하지 못해 전성기를 맞이할 수 없었다.

② 장미산성에는 광개토대왕 이전 재위했던 고구려 왕 시대의 유물은 남아있지 않을 것이다.

③ 신라와 손을 잡고 한강 유역을 되찾은 백제는 이를 바탕으로 중국과의 교류를 재개할 수 있었다.

④ 고려는 한양으로의 천도를 여러 차례 시도하였으나 성공하지 못하여 고려의 수도는 항상 개경이었다.

⑤ 고려시대에는 문종 시기에 왕건의 출신 지역이라는 이유로 한강 유역의 중요성이 인식되기 시작했다.

2. 다음 글에서 알 수 있는 것은?

> 현재까지 전해지는 한반도 지도 중 가장 오래된 것은 조선방역지도이다. 제작 연도가 기록되어 있지는 않지만, 지명이나 제작에 참여한 사람들에 대한 기록을 통해 명종 연간인 1557년에 제작된 것으로 추정된다. 조선방역지도는 한반도의 해안선이나 산과 강의 경계를 자세히 나타내서, 현대의 전국 지도에 견줄 만큼 정확하다. 그리고 이 지도에는 조선 팔도의 군현, 수영(水營)과 병영(兵營) 등이 표시되어 있으며 남쪽으로는 제주도와 대마도까지 그려져 있다. 군현을 타원형으로 표시하고, 도에 따라 다른 색으로 칠해 팔도를 구분하였다. 조선방역지도는 임진왜란 때 일본에 유출되었으나 1930년에 되찾아왔다.
>
> 훗날 대동여지도 제작의 바탕이 된 것으로 알려진 동국지도는 정상기가 만든 원본이 전해지지는 않는다. 그러나 홍문관으로 하여금 이 지도를 모사하여 보관하도록 한 영조의 명에 따라 만들어진 동국대지도를 비롯하여 다수의 사본이 현전하기 때문에 원본의 내용을 알 수 있다. 동국지도는 1장의 전국도와 함께 도별로 1장씩, 동일하게 백리척이 사용된 8장의 도별도로 되어 있어 이 도별도를 모두 합치면 전국도가 된다. 여기서 백리척이란 정상기가 고안한 축척인데, 100리를 1척으로 하고 산지나 계곡처럼 굴곡이 있는 지형의 경우에는 1척을 120~130리로 하여 차이를 두었다. 이 지도에서 팔도는 각각 서로 다른 색으로 칠해져 있어 한눈에 알아보기가 쉬우며, 고갯길이나 봉수, 병영, 수영 등을 기호로 나타낸 점이 이전의 지도와 구별되는 특징이다. 또한, 동국지도는 울릉도 옆에 우산도를 정확히 그려 넣음으로써 독도가 우리 고유의 영토임을 분명히 드러낸 지도로 평가된다.
>
> 조선시대에는 한반도 지도뿐만 아니라 세계지도가 제작되기도 했다. 태종 2년인 1402년에 제작되었으며, 현존하는 동양 최고(最古)의 세계지도로 알려진 혼일강리역대국도지도가 그것이다. 이 지도 역시 원본은 전해지지 않으며, 15세기 후반에 만들어진 것을 포함해 4점의 필사본이 일본에 있다. 혼일강리역대국도지도는 중앙에 중국이 가장 크게 그려져 있고, 우리나라 영토가 아프리카 대륙보다도 크게 그려져 있는 점은 당시 조선의 세계관을 엿볼 수 있게 한다.

① 조선시대의 지도 중 현전하는 가장 오래된 지도는 일본에 반출되었다가 반환되었다.

② 조선방역지도가 제작될 당시 독도와 제주도가 조선의 영토로 인식되었다.

③ 영조는 군사시설을 표시할 수 있는 지도의 필요성을 느껴 정상기에게 지도 제작을 지시했다.

④ 동국지도에서 지형이 평평한 곳과 험준한 곳은 축척의 비를 다르게 했다.

⑤ 조선 전도 중에서 색깔을 이용해 팔도를 구분한 것은 동국지도가 유일하다.

3. 다음 글에서 알 수 없는 것은?

영국에서는 1348년에 발병한 흑사병과 급격한 산업화로 도시에 노동력이 부족해지자 사회혼란을 방지하기 위해 구빈법을 제정하였다. 구빈법은 기존에 교회를 중심으로 산발적으로 제공되던 빈민 구제를 정부 책임으로 처음 명시한 법이었다. 이에 따라 영국 정부는 구빈세라는 조세로 구빈 비용을 마련하였고, 빈민구제위원회를 선출하여 빈민법에 따른 정책을 정부가 세운 원칙과 규제에 따라 실행하도록 철저히 통제하였다.

그러나 구빈법은 빈민 구제 그 자체를 위한 것보다는 사실상 산업혁명에 의해 날로 증가하는 노동 수요를 충당하기 위한 방안이었다. 구빈법은 빈곤한 사람을 노동 능력 보유 여부에 따라 노동능력자, 노동 무능력자 및 빈곤아동으로 분류하였다. 노동능력자는 생활보호를 위한 현물을 제공하고 그 대가로 작업장에서 강제로 노동을 하게 하였다. 노동 무능력자는 거처할 곳이 없는 경우 구빈원에 수용하여 제한된 도움을 받도록 하고, 거처할 곳이 있는 경우 음식, 의류, 난방 등 생활보호를 위한 현물 등을 집으로 보냈다. 빈곤아동은 아동이 8세 이상일 경우 도제계약을 맺어 기술을 배워 일하게 하였다. 다만, 빈민의 친척, 남편 또는 부인, 부모 혹은 자녀들이 부양능력이 있을 경우에는 해당 빈민을 구제 대상에서 배제하였다. 이는 가족의 책임을 일차적으로 강조한 것이었다. 결과적으로 구빈법은 가능한 빈민을 모두 노동력으로 동원하였고, 심지어 아동에게는 미래의 노동력이 될 수 있도록 기술 훈련을 강제하며 실질적인 빈민 구제 방안으로서 제 역할을 다하지 않았다.

또한 산업화의 진행에 따라 빈민을 구제하는 비용이 지속적으로 증가하자 영국 정부는 구빈비용을 최소화하기 위해 빈민에게 제공되는 급여 등을 노동자의 최하위 임금보다 낮게 책정하였다. 그 결과 빈민의 사회적 지위와 빈민에 대한 처우가 극도로 저하되었다. 이러한 한계 때문에 구빈법은 빈민의 복지에 대한 정부의 책임을 명시한 근대적 사회복지의 출발점이었음에도 불구하고 당시 지식인들로부터 신랄한 비판을 받았다.

① 구빈법이 실제로 시행된 후에도 빈민 구제는 큰 성과를 내지 못했다.
② 구빈법이 시행된 후 빈민구제위원회는 자율적으로 빈민 구제 활동을 이어나갔다.
③ 구빈법은 노동능력이 있는 빈곤자에게도 생활보호를 위한 복지를 제공하였다.
④ 구빈법이 시행되기 전에는 정부를 중심으로 한 공식적인 빈민 구제가 이루어지지 않았다.
⑤ 구빈법은 노동능력이 없더라도 부양능력이 있는 자식이 있을 경우 구제 대상에서 배제하였다.

4. 다음 글에서 알 수 없는 것은?

폐수 처리는 가정과 산업시설에서 배출되는 폐수에서 오염물질을 제거하여 다시 자연으로 방류하는 과정으로, 이때 사용되는 공법은 물리적 방식과 생물학적 방식으로 구분된다.

물리적 처리 방식 중 하나인 침전 방식은 고체와 같은 큰 오염물질 제거율은 높지만, 용존성 유기물 제거에 대한 효율성은 떨어진다. 다만 최근에는 응집제를 주입하여 용존성 유기물을 응집시킴으로써 침전 처리의 효율성을 높이고 있다. 여과 방식 역시 물리적 폐수 처리 공법인데, 이는 구멍의 크기가 작은 투과성 여과재를 사용하여 오염물질을 제거하는 방식이다. 여과 방식은 지표수가 토양층을 통과하면서 많은 입자성 물질이 제거되는 원리를 이용한 것으로, 여과 공정의 처리 효율을 높이기 위해 여과 전에 응집제를 사용한다.

한편 폐수의 주요 성분인 유기물을 제거하기 위해서는 생물학적 처리가 필요하다. 생물학적 처리 방식은 미생물의 대사 과정을 이용하여 하수 유기물을 제거하는 공법으로, 호기성 공정과 혐기성 공정으로 나눌 수 있다. 호기성 공정은 산소로 미생물을 증식시켜 얻어진 호기성 호흡을 이용한 처리 방식이다. 호기성 공정은 빠른 반응 속도로 유기물을 완전히 분해하기 때문에 환경에 해가 되지 않는다. 다만 미생물의 반응 속도가 빨라 지속적인 산소 공급을 위한 비용 소모가 크고, 고농도 유기물의 경우에는 산소 소모 속도보다 산소 전달 속도가 느려 호기성 공정의 효율성이 떨어진다는 단점이 있다. 반면 혐기성 공정은 용존산소가 없는 상태에서 미생물이 화학적으로 결합된 산소를 이용하여 오염물질을 제거하는 방식으로, 산소 공급을 필요로 하지 않는다. 혐기성 공정은 고농도의 유기물질을 처리할 수 있고 처리 과정에서 메탄가스가 생성되어 에너지 자원 회수도 가능하나, 냄새가 난다는 단점이 있다.

일반적으로 물리적·생물학적 처리 방식의 조합이 하나의 폐수 처리 공정으로 사용되는데 활성슬러지법이 대표적이다. 하수에 산소를 공급하여 각종 미생물을 증식시키면 이 미생물은 폐수의 유기물과 응집하여 부유 상태로 유지된다. 이러한 부유 유기물이 침전지에서 중력 침전에 의해 분리되고, 처리된 폐수는 방류되게 하는 것이 활성슬러지법이다.

① 호기성 공정은 고농도 유기물질과 용존성 유기물 제거에는 효율성이 떨어진다.
② 생물학적 폐수 처리 공법은 미생물의 대사 과정을 이용하여 유기물을 제거한다.
③ 폐수 처리 방식 중 호기성 공정과 혐기성 공정 모두 오염물질 제거에 있어 산소가 이용된다.
④ 활성슬러지법은 호기성 공정을 통해 응집된 오염물질을 침전을 통해 폐수에서 분리시키는 공법이다.
⑤ 침전 방식과 여과 방식 모두 응집제를 사용함으로써 폐수 처리 효율을 높일 수 있다.

5. 다음 글의 A~C에 대한 판단으로 가장 적절한 것은?

질적 연구는 연구 대상에 대한 심층적인 정보를 얻기 위한 연구 방법이다. 질적 연구에서 많이 활용되는 자료 조사 방법 세 가지를 진행 방식의 구조화 정도, 깊이 있는 응답의 정도, 새로운 아이디어 발견 가능성, 질문의 민감성 정도를 기준으로 비교하여 다음과 같이 나타낼 수 있다.

특징 / 방법	진행 방식의 구조화 정도	깊이 있는 응답의 정도	아이디어 발견 가능성	질문의 민감성 정도
A	높음	낮음	높음	낮음
B	보통	높음	보통	보통
C	낮음	보통	낮음	높음

A는 동질적인 특성을 가진 사람들을 한 장소에 모은 뒤 조사자의 진행에 따라 좌담 형식으로 이야기를 나누게 하여 의견을 청취하는 방법이다. 조사자의 진행은 구조화된 가이드라인을 기반으로 하지만, 흐름에 따라 조사자가 가이드라인에 없는 질문을 던질 수도 있다. 이때 예상치 못한 아이디어를 도출할 수 있어, 신제품 개발을 위한 소비자 의견 청취의 수단으로도 이용된다. B나 C에 비하면 A는 상대적으로 적은 비용이 든다는 장점이 있지만, 다른 응답자를 의식하게 되어 민감한 주제를 다루기 어렵고 응답 내용 역시 피상적이라는 한계가 존재한다.

B는 조사 대상자를 일대일로 만나 의견을 듣는 방법으로, 감정이나 태도를 면밀히 파악할 수 있다. 질문 가이드라인이 있지만, 조사자는 응답이 불충분할 경우 추가 질문을 하는 등 조사 대상자의 응답에 따라 유동적으로 대화를 이끌어야 한다. 1명당 응답 시간이 긴 만큼 A보다 다양한 주제를 다룰 수 있고 심도 있는 응답을 도출해낼 수 있다. 그러나 조사 대상자 개개인의 의견이 상이한 경우가 많아, A에 비하면 조사 결과를 정리하고 결론을 도출하는 데에 어려움이 따른다.

C는 단어, 문장, 그림 등을 제시하고 느낌을 말하거나 연상되는 것을 설명하게 하는 식으로 간접적인 자극을 통해 개인적인 욕구와 감정, 가치관 등을 표출하게 만드는 조사 방법이다. 조사 대상자의 자유로운 반응을 유도할 수 있도록 비구조화된 자극을 활용하므로 조사자의 풍부한 경험과 고도의 기술이 요구되는데, 이로 인해 A와 B에 비해서 사용이 제한적이다. 한편 직접적인 질문과 응답의 방식으로 진행되지 않기 때문에 민감한 주제를 다루기에 적합한 반면, 조사 목적에 맞게 결과를 분석하고 해석하는 것이 쉽지 않다.

① 아이디어 발견 가능성이 높은 방법은 조사 진행을 위한 비용 부담이 더 크다.
② 진행 방식의 구조화 정도가 낮은 방법은 이에 대한 숙련된 전문가가 필요하여 사용이 제한적이다.
③ 깊이 있는 응답의 정도가 높은 방법은 민감한 주제에 대한 의견이나 가치관을 파악하기에 적합하다.
④ B를 통해 얻은 조사 결과보다 C를 통해 얻은 조사 결과의 해석이 더 용이하다.
⑤ C는 A와 B에 비해 조사의 진행 방식이 체계적이고, 사용되는 자극이 상대적으로 한정적일 것이다.

6. 다음 글의 논지로 가장 적절한 것은?

인종주의는 특정 인종이 다른 인종보다 생물학적으로 우월하다고 보는 사상이다. 이에 따라 인종주의자는 유색인종이 백인종에 비해 지적으로 열등하다고 생각했다. 이들은 유전적 차이가 개인의 특성을 전적으로 결정한다고 믿었던 것이다. 그러나 이러한 견해는 정치적으로는 주목받았지만 이를 입증하는 과학적인 근거를 제시할 수는 없었다.

이후 최근에는 유전적 차이가 아닌 문화의 차이로 인종의 차이를 설명하는 문화주의가 등장했다. 문화주의자에 따르면 서로 다른 문화를 가지고 있는 인종은 서로 다른 행동 패턴을 가진다. 이러한 행동 패턴의 차이는 인간관계를 맺는 방식, 일을 처리하는 방식 등에도 통계적으로 유의미한 차이를 나타낸다. 문화주의자는 이러한 통계적 사실을 통해 인종의 차이뿐만 아니라 개인의 특성까지 설명할 수 있다고 주장한다. 예를 들어 동양인 영희는 유교 문화의 영향으로 서양인 제임스에 비해 인간관계에서 개인보다 유대감을 강조하는 반면, 합리주의 문화의 영향을 받은 제임스는 유대감보다 개인을 강조하기 때문에 영희에 비해 냉철하다.

문화주의자는 통계적 근거를 토대로 내린 이러한 평가가 합리적이라고 주장하지만 실제로는 개인의 특성을 설명하기에는 부족하다. 오히려 문화주의는 문화의 차이에 따른 인종 차별을 정당화할 수 있다. 문화주의에 따르면 영국 기업은 동양인이 냉철하지 않다는 이유로 채용을 거부하며, 한국 기업은 서양인이 개인주의적이라는 이유로 채용에 소극적인 태도를 보일 것이기 때문이다. 또한 문화의 차이에 따른 인종의 차이가 통계적으로 사실인 것과는 별개로 각 개인의 특성은 각자의 독특한 개인사에 의해서 형성된다. 즉, 개인은 통계적인 평균값에서 벗어나는 경우가 많으므로 문화의 차이가 개인의 특성을 전적으로 결정짓는다고 할 수 없다. 영국 기업이 서양 문화에 맞게 인간관계가 냉철한 직원을 선호하는 것은 타당하다. 하지만 문화의 차이로 개인의 특성을 설명하는 시도는 합리적일 수 없다.

① 인종의 차이에 대한 규명은 인종 차별을 정당화한다.
② 문화의 차이에 따른 인종의 차이가 통계적으로 입증되더라도 이것으로 개인의 특성을 설명할 수는 없다.
③ 개인의 특성이 결정되는 요인을 설명하기 위해서는 과학적 근거를 제시해야 한다.
④ 유전적 요소가 개인의 특성을 결정짓는다는 근거가 없으므로 인종주의는 합리적이지 않다.
⑤ 문화의 차이는 개인의 행동 패턴에 가장 큰 영향을 미치는 요소이다.

7. 다음 글의 (가)와 (나)에 들어갈 말을 짝지은 것으로 가장 적절한 것은?

미니멀리즘은 1960년대 미국에서 등장한 예술로, '매우 작은, 가장 작은, 최소의'라는 뜻을 가진 '미니멀(minimal)'이라는 용어에서 비롯되었다. 미니멀리즘은 원형이나 직각, 사각, 정육면체 등의 기하학이 강조되고 대상에 대한 세부적인 묘사가 결여되므로 단순하고 반복적인 표현 기법을 구사한다. 현대에 이르러 산업이 급속히 발전하면서 미니멀리즘은 사회에도 더 많은 영향을 끼치게 되었는데, 대표적인 예로 패션이 있다. 미니멀리즘 패션은 미니멀리즘에서 강조하고 있는 단순함과 최소화에 근간을 둔 채 발전한 것이다. 현대인들이 즐겨 입는 옷이 점차 단순하고 기능적인 스타일로 변화하게 되어 미니멀리즘 패션이 등장하게 된 것이다. 특히 세계적인 디자이너인 샤넬은 1990년대에 진취적으로 활동하는 여성들을 위해 형태가 단순하여 입고 다니기 편안한 디자인을 발표하였는데, 이는 미니멀리즘 패션이 (가) 을 추구하는 특징에서 비롯된 것임을 알 수 있다.

그뿐만 아니라 미니멀리즘은 어떠한 형태가 일정한 질서를 갖추고 반복적으로 나타나는 디자인을 자주 구사하는데, 특히 조각 디자인에서 그 특징이 잘 드러난다. 미니멀아트 조각의 선구자인 도널드 저드는 유리, 베니어판 등의 산업 재료로 미니멀리즘을 표현하였는데, 색깔이 구분된 동일한 형태의 도형을 일정한 패턴으로 이어 붙임으로써 단순하지만 질서를 갖춘 디자인을 선보였다. 이는 자신의 작품이 특수한 조각의 부분으로 보이기보다는 하나의 물체나 구조물처럼 보이길 원하는 의도가 깔려 있다. 이처럼 반복적인 형태를 갖춘 디자인은 (나) 하나의 큰 공간으로 확장되는 성격을 갖기도 한다.

① (가): 장식성을 배제하고 실용성을 중시하는 디자인
(나): 전체보다는 세밀화된 각각의 부분을 강조하게 되어
② (가): 장식성을 배제하고 실용성을 중시하는 디자인
(나): 부분보다는 단일화된 전체 질서를 강조하게 되어
③ (가): 추상적인 면을 형상화하여 장식성을 강조하는 디자인
(나): 각각의 구분되는 패턴이 드러나 개성을 강조하게 되어
④ (가): 장식성을 배제하고 실용성을 중시하는 디자인
(나): 전체를 이루는 각 부분의 세밀함을 강조하게 되어
⑤ (가): 장식성을 강조하고 실용성을 배제하는 디자인
(나): 부분보다는 단일화된 전체 질서를 강조하게 되어

8. 다음 글의 ㉠~㉤을 문맥에 맞게 수정한 것으로 가장 적절한 것은?

수면은 신체 부위와 에너지를 회복하게 하고 호르몬을 조절하는 등 생존을 위해 반드시 필요한 활동을 한다. 수면이 부족하게 되면 판단력과 집중력이 흐려지는 등 건강에 영향을 미친다는 점은 여러 연구를 통해 밝혀졌는데, 미국의 연구팀이 세 가지 실험을 통해 수면 부족이 ㉠ 사회성 결여에도 영향을 미친다는 연구 결과를 밝혀냈다.

먼저 연구팀은 수면 부족이 사회성에 어떤 부정적인 영향을 미치는지 조사하기 위해 실험 참가자들에게 두 가지의 설문지를 작성하도록 하였다. 설문지에는 일상에서 낯선 사람을 도울 수 있는지 묻는 내용이 적혀 있었다. 연구팀은 실험 참가자들이 첫 번째 설문지를 작성할 때는 24시간 밤을 새도록 하였고, 두 번째 설문지를 작성할 때는 수면을 충분히 취하도록 하였다. 설문 조사 결과, 낯선 사람을 돕겠다는 설문에 답한 경우는 24시간 밤을 새었을 때가 훨씬 적었던 것으로 드러났다. ㉡ 수면 부족이 심할수록 이타심이 줄어든다는 것이다.

또한 연구팀은 사회적 활동에 관여하는 뇌 영역을 중심으로 충분한 수면을 취한 사람과 수면을 전혀 취하지 않은 사람의 뇌 영역을 영상 촬영을 통해 비교·분석하였다. 사회적 활동에 관여하는 뇌 영역은 타인에 대한 공감과 이타심을 발휘하는 데 관여하는데, 이 뇌 영역이 비활성화되면 ㉢ 타인을 배려하지 않는 성향과 이기심이 줄어들게 된다. 영상을 비교·분석한 결과, 수면을 전혀 취하지 않은 사람의 뇌 영역의 활동이 크게 감소한 것으로 드러났다. 이는 수면 부족이 타인의 감정을 공감하고 이타심을 발휘하는 뇌 영역 전반에 부정적인 영향을 미친 것이다.

세 번째 실험에서 연구팀은 '서머타임' 때 미국인들의 기부 건수를 조사하였다. 미국은 '서머타임' 때 낮 시간이 1시간 늘어나 미국인들의 잠재적 수면 손실이 발생하는데, 연구팀이 이 기간의 기부 건수 변화를 조사한 것이다. 그 결과, 미국인들의 기부 건수는 ㉣ 서머타임 때가 서머타임이 아닌 때보다 10% 더 감소한 것으로 드러났다. 수면 부족이 심할 때 타인을 배려하는 행위 빈도가 줄어든다는 것이다. 연구팀은 "범세계적으로 수면 부족이 유행하고 있으며, 수면 부족은 개인, 공동체, 국가 모두를 덜 관대하게 만든다."고 주장한다. 또한 "수면 부족이 ㉤ 국가 전체의 이타적 정서를 해치는 일이 없도록 모든 사람들이 수면 시간 확보하는 데 신경을 써야 한다."고 강조하였다.

① ㉠을 '사회성 향상에는 긍정적인 영향을 미친다'로 수정한다.
② ㉡을 '수면의 양과 질은 이타심과 관련이 없다'로 수정한다.
③ ㉢을 '타인에 대한 공감 능력과 이타심'으로 수정한다.
④ ㉣을 '서머타임이 아닌 때가 서머타임 때보다'로 수정한다.
⑤ ㉤을 '국가 전체의 정서적 유대를 강화하는 일'로 수정한다.

9. 다음 글에서 추론할 수 있는 것은?

> 현재 우리나라의 자동차 번호판은 흰색 바탕에 검은색 글씨로 적힌 여덟 자리의 차량 등록 번호와 위·변조 방지 홀로그램으로 구성되어 있다. 차량 등록 번호 중 앞의 세 자리는 차량의 종류를 나타내는데, 100~699는 승용차, 700~799는 승합차, 800~979는 화물차, 980~997은 특수자동차, 998~999는 긴급자동차에 해당한다. 네 번째 자리에는 용도 기호가 한 글자로 들어가며, 크게 자동차운수사업용과 비사업용으로 나뉜다. 이에 따라 관용을 포함한 자가용은 '가~마, 거~저, 고~조, 구~주'의 32종이 쓰인다. 자동차 운수사업용의 경우 버스나 택시는 '바~자', 렌터카는 '하·허·호', 택배 차량은 '배'가 사용된다.
>
> 오늘날에도 종종 볼 수 있는 초록색 바탕에 흰색 글씨로 차량 식별 번호가 두 줄로 적힌 자동차 번호판은 1973년에 도입되어 2004년까지 사용되었다. 이 번호판의 윗줄에는 '서울', '경기' 등 차량을 등록한 지역과 함께 차종을 나타내는 숫자가 들어간다. 이때 차종 기호로 승용차는 1~4, 승합차는 5~6, 화물차는 7~8, 특수·긴급자동차는 9, 그리고 수입차의 경우 0의 번호가 부여되었다. 한편 아랫줄에는 한 글자의 용도 기호와 네 자리의 일련번호가 들어간다. 용도 기호는 자동차운수사업용과 그렇지 않은 것으로 구분하여, 자동차 운수사업용인 경우 '바~하'와 렌터카를 나타내는 '허'의 10종이 부여되었다.
>
> 하지만 자동차 등록 대수가 증가함에 따른 번호 부족 문제가 발생하였고, 이를 해소하고자 1996년부터는 차종을 두 자릿수로 표시하게 되었다. 그래서 이때부터 승용차는 01~69, 승합차는 70~79, 화물차는 80~97, 특수차는 98~99의 차종 기호가 부여되었고, 이것이 세 자릿수로 늘어나게 되는 2019년까지 사용되었다. 또한, 당시에는 지역별로 차종 기호를 할당하였기 때문에 이 두 자릿수가 등록한 시·군·구를 나타내기도 하였다.
>
> 한편 지역감정을 유발하는 점과 시도 간 전출입 시 자동차 번호판도 교체할 수밖에 없어 번거롭다는 점에 대하여 지속적인 문제 제기가 있었다. 그래서 2004년부터는 번호판에서 지역명을 빼고, 차종 기호와 함께 용도 기호를 윗줄에 넣는 것으로 변경되었다. 2006년에는 현재와 같이 한 줄로 된 자동차 번호판이 도입되었다.

① 흰색 바탕에 검은색 글씨로 된 자동차 번호판은 차종 기호가 두 자릿수로 변경된 해부터 사용되었다.

② 1980년에 등록 번호를 부여받은 '경기 3 하 5678'은 경기도에서 등록하여 렌터카로 사용되는 승용차일 것이다.

③ 1999년에 '서울 50 가 1234'와 '서울 50 나 9876'의 등록 번호가 부여된 두 차량은 같은 구청에서 등록하였을 것이다.

④ 2005년에 부산에서 등록한 영업용 승합차의 번호판에서 둘째 줄에 '바 8972'가 기재될 수 있다.

⑤ 2021년에 등록한 자가용 승용차의 번호판 윗줄에 '07 조'가 쓰여 있을 수 있다.

10. 다음 대화의 ㉠에 따라 〈계획안〉을 수정한 것으로 적절하지 않은 것은?

> 갑: 'A시 디지털 리터러시 특강' 계획안을 사전에 공유드렸는데요. 이를 토대로 특강 계획을 구체화하여 계획안을 수정해봅시다.
>
> 을: 디지털 리터러시 특강은 교육 대상이 포괄적이면 기본적이고 피상적인 내용으로 교육이 진행되리라 생각합니다. 최근 조사에 따르면 한국 청소년의 디지털 정보 파악 능력이 낮은 편이라고 하여, 학부모들 사이에서 자녀의 디지털 리터러시 역량 강화에 대한 관심이 뜨겁다고 합니다. 이를 주제로 교육을 진행하면 많은 참여를 이끌어낼 수 있지 않을까요?
>
> 병: 좋은 의견이네요. 교육 대상을 청소년 자녀를 둔 학부모로 제한한다면, 교육 방법도 그에 맞춰 조정할 필요가 있습니다. 실시간 온라인 교육으로 진행하되 강사가 일방적으로 정보를 전달하는 것이 아닌, 쌍방향 소통이 가능한 방식으로 진행하는 것이 효과적일 것 같습니다.
>
> 정: 쌍방향 소통형으로 교육을 진행할 경우 운영 규모를 축소하여 보다 적은 인원을 대상으로 해야 합니다. 또한, 모집 인원보다 많은 사람이 신청할 수 있으므로 형평성을 고려해 선착순 모집이 아닌 선발형 모집으로 진행해야겠네요.
>
> 무: 온라인 교육을 위해서는 인터넷 연결과 스피커 사용이 가능한 PC를 구비하도록 안내해야 하는데요. 말씀해주신 방식으로 교육이 진행된다면 그뿐만 아니라 카메라와 마이크도 필요합니다.
>
> 갑: ㉠ <u>오늘 회의에서 나온 의견</u>을 반영하여 계획안을 수정하겠습니다. 좋은 의견 내주셔서 감사합니다.

〈계획안〉

A시 디지털 리터러시 특강

- ○ 교육 주제: 디지털 리터러시 역량 강화
- ○ 교육 일시: 7. 27.(수) 13:00~15:00
- ○ 교육 대상: A시 시민 누구나
- ○ 교육 방법: 실시간 온라인 교육
- ○ 모집 인원: 100명(선착순 모집)
- ○ 신청 기간: 7. 5.(화) 9:00~7. 12.(화) 18:00

① 교육 주제를 "자녀의 리터러시 역량 강화를 위한 지도법"으로 수정한다.

② 교육 대상을 "청소년 자녀를 둔 학부모"로 수정한다.

③ 모집 인원을 "30명(추첨 선발)"으로 수정한다.

④ 신청 기간을 "7. 5.(화) 9:00~모집 인원 마감 시"로 수정한다.

⑤ "PC(인터넷 연결, 스피커, 카메라, 마이크 필수)"라는 내용의 '준비물' 항목을 추가한다.

11. 다음 글의 갑과 을의 견해에 대한 분석으로 적절한 것만을 〈보기〉에서 모두 고르면?

실업이란 노동력이 있는 사람이 일할 기회를 얻지 못하거나 일자리를 잃은 상태이다. 이는 노동 공급이 노동 수요를 초과함으로써 노동시장의 균형이 깨진 현상으로, 경제 안정을 위해 예방과 해결이 중요하다. 실업의 발생 이유와 그 해결 방안에 대해 갑과 을은 다음과 같이 주장한다.

갑: 임금은 기업과 노동조합 간의 합의에 따라 결정되며, 기업은 이러한 임금에 따라 고용량을 결정한다. 그런데 노동의 수요와 공급을 고려하지 않은 채 임금이 고용량에 비해 높게 결정되면 노동의 수요는 감소하고 공급은 증가한다. 이 경우 노동시장의 수요와 공급이 불균형 상태가 되면서 실업자가 발생하는 것이다. 따라서 이를 해결하기 위해서는 정부가 적극적인 경기부양정책을 펼쳐 민간 기업의 고용량을 늘리거나 정부가 직접 노동 수요자가 되어야 한다. 고용량이 증가하면 재화나 서비스가 많이 창출되고, 이로 인해 노동자의 임금도 고용량에 맞춰 책정할 수 있다. 그러나 노동시장 자체에서는 이러한 역할을 기대할 수 없으므로 임금이 노동시장의 수요와 공급에 의해 결정되도록 정부가 개입해야 한다.

을: 실업은 공급충격으로 인한 경기 변동의 일환으로 이해할 수 있다. 공급충격이란 재화나 서비스와 같은 상품의 공급이 급격히 증가·감소함에 따라 가격이 변동하는 현상으로 공급충격 현상이 일어나면 국가 전체의 경기가 영향을 받는다. 긍정적 공급충격은 상품의 공급이 증가함에 따라 고용량이 증가하고 임금도 상승하여 경기가 활성화되지만, 부정적 공급충격은 상품의 공급이 감소함에 따라 고용량이 감소하고 임금도 하락하여 실업이 발생한다. 부정적 공급충격의 경우 정부가 개입하더라도 긍정적인 효과를 기대할 수 없기 때문에 노동시장의 자발적인 고용량 증가, 즉 민간 기술의 개발을 통해 경기를 활성화시켜야 한다. 다만, 경기 침체 외의 요인으로 발생한 실업은 정부의 개입이 필요하므로 정부가 일자리에 관한 정보를 제공하는 프로그램을 만들거나 실업자에게 취업에 필요한 기술을 교육해야 한다.

〈보 기〉

ㄱ. 실업의 발생 원인에 대해 갑은 임금과 고용량의 불균형, 을은 상품 공급량의 급격한 변화에 있다고 본다.

ㄴ. 을은 부정적 공급충격으로 발생하는 실업에 대해 정부의 적극적인 지원이 필요하다고 본다.

ㄷ. 갑과 을 모두 실업 문제의 해결 방안으로 민간 기업의 고용량 증가를 제시한다.

① ㄱ
② ㄴ
③ ㄷ
④ ㄱ, ㄷ
⑤ ㄱ, ㄴ, ㄷ

12. 다음 글에 대한 분석으로 적절한 것만을 〈보기〉에서 모두 고르면?

철수는 취업을 하기 위해 A회사와 B회사에 모두 지원하였다. 이후 철수는 자신의 친구들인 갑, 을, 병에게 A회사 채용에 합격했다고 알렸다. 그리고 갑, 을, 병은 철수의 채용 결과에 대해 아래 (1)과 같은 소식을 추가로 접하게 되었다.

(1) 철수는 A회사에 합격하지 않았고 B회사에도 합격하지 않았다.

이때 철수의 말이 참 또는 거짓이고, (1)이 반드시 거짓이라고 밝혀졌을 때, 갑, 을, 병은 각자의 판단에 따라 철수의 회사 채용 여부에 대해 다음과 같이 추측하였다.

갑: 난 철수의 말이 참이라고 생각해. 그리고 (1)이 거짓인 이유는 A회사에 합격하거나 A회사에 합격하지 않은 사실이 모두 성립하는 것은 가능하지 않기 때문이야. 따라서 ㉠ 철수는 A회사 한 곳에 합격했어.

을: 글쎄, ㉡ 철수가 반드시 A회사에 한 곳에만 합격했는지는 아직 알 수 없어.

병: 두 사람 모두 철수가 A회사에 합격하였다고 추측하고 있지만, ㉢ 철수가 A회사가 아닌 B회사에 합격했을 수도 있을 것 같아.

〈보 기〉

ㄱ. 갑이 ㉠을 추론한 이유는 철수가 회사에 합격하는 경우를 한 가지만 파악하였기 때문이다.

ㄴ. 을이 ㉡을 추론한 이유는 철수의 말을 참이라 간주하였을 때 철수가 회사에 합격하는 경우가 두 가지 이상이기 때문이다.

ㄷ. 병이 ㉢을 추론한 이유는 철수의 말과 (1)이 모두 거짓이라고 간주하였기 때문이다.

① ㄱ
② ㄷ
③ ㄱ, ㄴ
④ ㄴ, ㄷ
⑤ ㄱ, ㄴ, ㄷ

[13 ~ 14] 다음 글을 읽고 물음에 답하시오.

오늘날 인간 사회에서 발생하는 생활 관계의 대부분은 법률 관계로 형성되고 있다. '권리'는 이 법률 관계에서 발생하는 법적 문제를 해결하는 데 가장 빈번하게 사용되는 용어이자 법학의 기초를 이루는 주요 개념이다. 법철학에는 이 '권리'의 본질을 어떻게 볼 것인지에 대해 여러 가지 학설이 존재한다. 그중 A학설은 권리는 항상 다른 사람의 의무와 연결되어 있으며 권리의 본질은 자율성, 즉 자유 의지가 발현되는 데 있다고 본다. 이에 따르면 권리를 가지는 개인, 즉 권리자는 자신의 자유 의지와 의사를 통해 권리를 행하거나 행하지 않을 선택을 할 수 있고, 그렇기 때문에 법률 관계에 있는 타인에게 의무를 지게 할 수 있는 통제력을 가진다. 예를 들어 갑이 을에게 돈을 빌려주는 계약을 맺었다면, 갑은 을에게 단순히 돈을 받을 권리가 아니라 갑이 원한다면 을에게 변제 기간을 연장해줄 수도 있고 채무를 면제해줄 수도 있는 통제력을 갖는 것이다. 이 '통제'가 바로 권리의 핵심이다. 따라서 권리는 자유 의지를 가진 개인에게만 귀속되며, 만약 (가).

이러한 이유로 A학설은 권리의 주체를 제한한다는 비판을 받기도 한다. 합리적으로 선택하고 자유로운 의사를 결정할 수 있는 존재가 아닌 동물 등의 권리는 어떻게 보호할 것인지 설명하지 못하기 때문이다. 또한 강도를 당하지 않을 권리처럼 자유 의지와 상관없는 행위에 대해서는 권리를 어떻게 보호할 것인지도 명확하지 않다.

B학설은 권리는 자율이라는 형이상학적 속성이 아니라고 주장한다. 특히, A학설의 주장에 따르면 누구를 권리자로 볼 것인지, 또 어떤 것을 권리로 보호하여야 하는지에 대해 답을 할 수 없다고 비판한다. B학설에 따르면 권리는 그 권리의 행사를 통해 쾌락과 행복이라는 이익을 얻을 수 있어야 한다. 그리고 최대 다수에게 최대 행복을 주는 행위가 정당한 행위라는 공리주의적 원칙을 의사 결정에도 적용한다. 즉, 다수가 행복할 수 있는 행위에 의무를 부여하고, 이 의무를 이행하는 행위로부터 일정한 이익을 얻는 사람이 존재한다면 그 사람이 권리를 가진 것으로 보는 것이다. 결국 (나).

B학설은 이익을 얻기만 하면 그 사람은 권리자가 될 수 있다고 보기 때문에 권리와 의무의 관계에 대해서는 적절하게 설명하지 못한다는 한계가 제기되기도 한다. 또한 B학설로는 권리자가 반드시 이익을 얻는 것이 아닌 상황을 설명하기 어렵다. 즉, 갑과 을이 계약하여 을이 병을 간호하는 의무를 지게 되었다면, 이익은 병이 얻는 것이지만 을에 대한 통제권은 갑이 가지게 된다.

13. 위 글의 (가)와 (나)에 들어갈 말을 짝지은 것으로 가장 적절한 것은?

① (가): 타인의 의무 이행 여부를 통제할 수 없다면 권리를 가졌다고 말할 수 없다
(나): 타인의 의무 이행 결과 이익이 발생하지 않는다면 권리 역시 존재하지 않는다고 볼 수 있다

② (가): 타인의 의무 이행 여부를 통제할 수 없다면 권리를 가졌다고 말할 수 없다
(나): 타인의 의무 이행 결과 이익이 발생한다면 이익의 크기에 따라 권리가 정해진다고 볼 수 있다

③ (가): 타인의 의무 이행 여부를 통제할 수 없다면 권리를 가졌다고 말할 수 없다
(나): 개인이 가진 권리는 다수가 이익을 얻을 수 있는 경우에만 행사가 가능하다고 볼 수 있다

④ (가): 개인이 권리를 가진다면 자신의 의무 이행 여부도 통제할 수 있다
(나): 타인의 의무 이행 결과 이익이 발생하지 않는다면 권리 역시 존재하지 않는다고 볼 수 있다

⑤ (가): 개인이 권리를 가진다면 자신의 의무 이행 여부도 통제할 수 있다
(나): 타인의 의무 이행 결과 이익이 발생한다면 이익의 크기에 따라 권리가 정해진다고 볼 수 있다

14. 위 글에 대한 분석으로 적절한 것만을 〈보기〉에서 모두 고르면?

〈보 기〉

ㄱ. A학설과 B학설은 개인의 권리가 타인의 행위와 밀접한 관련이 있다고 보는 점에서 동일하다.
ㄴ. A학설은 B학설에 대해 타인의 의무 이행 행위로 이익을 얻게 되는 사람이 있더라도 의무 이행 여부를 선택하는 통제력을 갖지 못한다면 권리를 가진 자라고 볼 수 없다고 비판할 것이다.
ㄷ. B학설은 A학설과 달리 인간에게는 합리적인 선택을 할 수 있는 이성이 있다는 것을 부정한다.

① ㄱ
② ㄷ
③ ㄱ, ㄴ
④ ㄴ, ㄷ
⑤ ㄱ, ㄴ, ㄷ

15. 다음 글에서 추론할 수 없는 것은?

우리나라에서 예산안의 편성권은 정부가, 심의·확정권은 국회가 갖고 있다. 정부는 다음 회계연도의 예산안을 편성하여 9월 3일까지 국회에 제출한다.「헌법」에 의하면 회계연도 개시 90일 전까지,「국가재정법」에 따르면 회계연도 개시 120일 전까지 예산안을 제출해야 하기 때문이다. 제출된 예산안은 의장에 의해 소관 상임위원회에 회부되어 예비심사를 진행한다. 이때 의장은 예비심사기간을 정할 수 있으며, 그 기간 내에 심사가 완료되지 않으면 바로 예산결산특별위원회에 회부하여 종합심사를 진행할 수 있다. 한편 예산안 제출 후 당해 정책의 기본 방향과 중점 사업에 관하여 설명하는 정부의 시정연설이 진행된다. 과거에는 시정연설을 들은 후에 예산안을 상임위원회에 회부하도록 했으나,「국회법」이 개정되어 현재는 이와 관계없이 예산안의 회부가 가능하며 보통 종합심사 전에 시정연설을 갖는다.

각 상임위원회에서 소관 부처의 예산안을 심사하는 단계인 예비심사는 예산안에 대한 각 부처 장관의 제안 설명과 전문위원의 검토 보고를 들은 후 대체토론, 찬반토론, 의결 순으로 진행한다. 각 상임위원회에서 예비심사 결과를 의장에게 보고하고, 의장은 이 보고서를 예산안과 함께 예산결산특별위원회에 회부한다. 예비심사 내용이 예산결산특별위원회를 구속하는 것은 아니지만, 예산결산특별위원회로 하여금 예비심사 내용을 존중하도록 하고 있다. 또한, 상임위원회에서 삭감한 세출예산 각 항의 금액을 늘리거나 새 비목을 설치할 때는 소관 상임위원회의 동의를 얻도록 하고 있다.

예산결산특별위원회는 예비심사를 거친 예산안에 대한 종합심사를 진행한다. 종합심사는 제안 설명과 전문위원 검토 보고를 진행한 후, 종합정책질의와 부별심사 또는 분과위원회 심사를 진행한다. 종합정책질의에서는 국정 전반에 대하여 각 위원이 질문하고 관계 국무위원이 출석하여 답변하게 되며, 부별심사는 경제부처와 비경제부처로 나누어 각 위원의 질의와 출석한 관계 국무위원의 답변으로 진행한다. 이러한 절차를 거친 예산안은 예산안등조정 소위원회에 회부되어 심사한 후 전체회의에서 찬반토론과 의결을 진행한다.

예산결산특별위원회의 심사를 거친 예산안은 본회의에 상정되어 재적의원 과반수의 출석과 출석의원 과반수의 찬성으로 의결된다. 이로써 예산안은 내년 예산으로 확정되며, 확정된 예산은 정부에 이송되어 대통령이 공고한다. 예산은 회계연도의 시작과 함께 집행되어야 하기에 예산 의결의 법정시한은 회계연도 개시 30일 전까지로 정해져 있다. 그러나 실제로는 법정시한을 넘기는 경우가 많으며, 연말 혹은 새해 첫날에 예산안이 통과된 적도 있다. 이러한 사태를 막고자 도입된 예산안 자동부의제도는 예산결산특별위원회의 심사기한을 11월 30일까지로 하여, 그때까지 심사가 완료되지 않으면 그다음 날 본회의에 예산안이 부의되게 하는 제도이다. 이 제도가 신설된 후에도 예산 의결의 법정시한을 넘긴 해가 있지만, 이때도 그 기한을 크게 벗어나지 않는 범위에서 예산이 확정되어 도입 목적의 달성 측면에서 긍정적으로 평가된다.

① 정부가「헌법」과「국가재정법」중 어떤 것에도 위배되지 않게 예산안을 제출했다면, 국회는 최소 90일간 심의·의결을 진행할 수 있다.

② 종합심사 과정에서 종합정책질의와 부별심사 모두 심사 대상 예산안의 관계 국무위원이 참석한다.

③ 소관 상임위원회에서 의결이 완료되지 않았거나 시정연설 전에 예비심사를 시작한 예산안도 종합심사의 대상이 될 수 있다.

④ 예산결산특별위원회 심의 과정에서 정부가 제출한 세출예산을 증액하려는 경우 소관 상임위원회의 동의를 받아야 한다.

⑤ 예산안 자동부의제도를 시행해도 12월 2일까지 본회의에서의 예산 의결이 완료되지 못할 수 있다.

16. 다음 글의 갑~병에 대한 판단으로 적절한 것만을 〈보기〉에서 모두 고르면?

갑: 본래 선한 본성을 갖고 태어났음에도 인간은 살면서 외부적인 무언가에 부족함을 느껴 욕망을 갖게 된다. 예컨대 배고프면 음식을 맛있게 먹고, 목마르면 물을 달게 마신다. 이는 음식이 맛있거나 물이 달기 때문이 아니라 배고픔과 목마름에서 비롯된 욕망이 본래의 맛과 향을 해친 결과이다. 또한 욕망으로 인해 권력이나 부귀영화를 좇다 인의(人義)를 저버리기도, 침략과 정복 전쟁이 일어나기도 한다. 이처럼 위험한 욕망을 마음속에서 떨쳐내야 하나, 완전히 떨쳐버릴 수는 없기에 욕망을 절제하고 의로운 일을 꾸준히 실천하여 스스로의 선한 본성을 깨우쳐야 한다.

을: 욕망은 인간의 악한 본성에서 나오는 것이다. 인간은 태어날 때부터 사사로운 이익을 추구하고 서로를 질투하기 때문에 개인에게 내재된 도덕적 판단능력만으로는 욕망을 다스릴 수 없다. 그렇기 때문에 인간의 악한 본성을 교화할 수 있는 수단이자 욕망으로 인해 혼란해진 사회를 바로잡을 규범이 되는 예(禮)를 배워야 한다. 인간이 스스로 욕망을 다스리는 노력을 하는 동시에 예를 통해 인위적으로 선을 발현해야 자신의 내면에 깃든 욕망과 악한 본성을 제어할 수 있다.

병: 욕망은 이기적인 본성에서 비롯되므로 인간은 한없이 욕망을 추구하지만, 이것이 반드시 해롭다고 볼 수는 없다. 욕망 추구의 이기적인 본성이 삶에 대한 동기를 부여하고, 나아가 부국강병을 도모하는 역할도 하기 때문이다. 다만, 욕망을 추구함에 있어 그 목적과 수단이 부당하거나 불공평하지 않도록 경계해야 한다. 그러나 인간은 매사에 이익을 위해 경쟁하고 타인을 시기하기 때문에 욕망 추구의 목적과 수단이 공정한지 스스로의 판단으로 따질 수 없다. 따라서 엄격한 원칙과 기준을 법(法)으로 설정하여 인간의 악한 본성과 욕망을 다스려야 한다.

〈보 기〉

ㄱ. 갑은 인간이 욕망을 추구하게 된 계기가 외부 요인에 있다고 보지만, 을은 그렇지 않다.

ㄴ. 갑과 을은 인간의 욕망이 개인이나 국가에 유해하다고 보지만, 병은 그렇지 않다.

ㄷ. 을과 병은 인위적인 수단으로 인간의 욕망을 다스려야 한다고 보지만, 갑은 그렇지 않다.

① ㄱ
② ㄴ
③ ㄷ
④ ㄱ, ㄷ
⑤ ㄱ, ㄴ, ㄷ

17. 다음 글의 내용이 모두 참일 때, 갑국에서 반드시 채택되는 사안만을 모두 고르면?

갑국은 최근 대책 마련에 대한 국민적 요구가 증대하고 있는 사회적 문제 중 A, B, C, D, E 다섯 가지 사안을 검토한 후 일부 사안에 대해서만 종합대책 마련 TF팀을 결성하고자 한다. 사안을 채택하는 기준은 다음과 같다.

○ A를 채택하지 않으면 B와 C 모두 채택한다.
○ B를 채택하면 C와 D 모두 채택하지 않는다.
○ C와 E를 모두 채택하지 않는 경우는 없다.
○ D를 채택하면 A와 C 중 적어도 하나의 사안은 채택한다.
○ E를 채택하지 않으면 D를 채택한다.

① A
② C
③ A, D
④ B, E
⑤ A, D, E

18. 다음 글의 내용이 모두 참일 때, 면접 대상자의 최소 인원과 최대 인원은?

A기업의 경력직 사원 채용에 갑, 을, 병, 정 무 5명이 지원하였다. 입사지원서를 검토한 채용 담당자는 이들 가운데 면접 대상자를 선정할 예정이다. 면접 대상자는 다음과 같은 조건에 따라 선정된다.

○ 갑과 정 가운데 적어도 한 명은 선정된다.
○ 갑과 정이 모두 선정될 경우, 병은 선정되지 않는다.
○ 을이 선정되지 않으면, 병과 정도 선정되지 않는다.
○ 정이 선정되지 않으면, 무도 선정되지 않는다.
○ 무가 선정되는 경우에 한하여, 을이 선정된다.
○ 을이 선정되지 않으면, 갑이 선정되지 않거나 병이 선정된다.

① 최소 2명, 최대 3명
② 최소 2명, 최대 4명
③ 최소 3명, 최대 4명
④ 최소 3명, 최대 5명
⑤ 최소 4명, 최대 5명

19. 다음 글의 내용이 참일 때, 반드시 참인 것만을 〈보기〉에서 모두 고르면?

서울 본사에 근무하고 있는 가훈, 나은, 다솔은 수원, 담양, 부산 중 한 곳으로 출장을 갈 예정이며, 출장지 한 곳에 한 명만 간다. 동료 직원 갑~정은 세 사람의 출장지에 대해 다음과 같이 진술하였는데, 나중에 확인해보니 이 중 한 명의 진술만이 거짓인 것으로 드러났다.

○ 갑: 가훈은 수원으로 출장을 가고, 나은은 부산으로 출장을 간다.
○ 을: 다솔이 담양으로 출장을 가면, 가훈은 수원으로 출장을 간다.
○ 병: 가훈이 수원으로 출장을 가지 않으면, 나은은 수원으로 출장을 간다.
○ 정: 다솔이 담양으로 출장을 가고, 나은은 수원으로 출장을 간다.

〈보 기〉

ㄱ. 가훈은 부산으로 출장을 간다.
ㄴ. 다솔은 담양으로 출장을 간다.
ㄷ. 정의 진술은 거짓이다.

① ㄱ
② ㄷ
③ ㄱ, ㄴ
④ ㄴ, ㄷ
⑤ ㄱ, ㄴ, ㄷ

20. 다음 글에서 추론할 수 있는 것만을 〈보기〉에서 모두 고르면?

우리가 눈으로 본 대상을 뇌에서 인식하기까지는 복잡한 신호 전달 과정을 거쳐야 한다. 왼쪽 눈으로 인식하는 시야를 좌측 시야, 오른쪽 눈으로 인식하는 시야를 우측 시야라고 한다. 이를 좀 더 세분화하면, 코를 기준으로 안쪽 시야와 바깥쪽 시야로 다시 나눌 수 있다. 즉, 우리가 보는 시야는 좌측 안쪽 시야와 좌측 바깥쪽 시야, 우측 안쪽 시야와 우측 바깥쪽 시야 등으로 구분할 수 있다. 이러한 네 가지 시야를 통해 들어온 정보는 각기 다른 시신경을 통해 전달된다. 좌측 바깥쪽 시야와 좌측 안쪽 시야로 들어온 정보는 각각 왼쪽 눈의 안쪽과 바깥쪽에 위치한 시신경을 따라 전달되며, 우측 바깥쪽 시야와 우측 안쪽 시야로 들어온 정보는 각각 오른쪽 눈의 안쪽과 바깥쪽에 위치한 시신경을 따라 전달된다. 그중 양쪽 눈의 바깥쪽에 위치한 2개의 시신경은 같은 쪽으로 나아가지만, 양쪽 눈의 안쪽에 위치한 2개의 시신경은 뇌하수체가 있는 곳에서 서로 교차된다. 이에 따라 왼쪽 눈의 안쪽 시신경은 뇌하수체를 지난 후 오른쪽으로 가서 오른쪽 눈의 바깥쪽 시신경과 합쳐져 우측 시각로가 된다. 오른쪽 눈의 안쪽 시신경 역시 뇌하수체 이후 왼쪽 눈의 바깥쪽 시신경과 합쳐져 좌측 시각로가 된다. 최종적으로 좌측과 우측의 시각로를 통해 동측의 시각피질에 정보를 전달하여 각각 좌뇌와 우뇌에서 해당 시야를 통해 들어온 정보를 받게 된다.

만약 이러한 전달 경로에 문제가 생기게 되면 뇌는 해당 경로가 전달하는 정보를 인식할 수 없게 된다. 그래서 특정 부분의 시신경이 손상될 경우, 장애 부위에 해당하는 시야만 까맣게 보이게 된다. 바꾸어 말하면 손실된 시야를 통해 시신경 신호의 전달 경로 중 어느 부위에 문제가 있는지를 파악할 수 있는 것이다.

〈보 기〉

ㄱ. 좌측 안쪽 시야만 까맣게 보이는 경우, 오른쪽 눈의 바깥쪽에 위치한 시신경 손상에 의한 결과일 수 있다.
ㄴ. 뇌하수체 부위가 손상되면 양측의 바깥쪽 시야를 인식할 수 없다.
ㄷ. 좌측 시각로가 손상될 경우 좌측 안쪽과 우측 바깥쪽 시야를 통해 들어온 정보를 인식할 수 없다.

① ㄴ
② ㄷ
③ ㄱ, ㄴ
④ ㄴ, ㄷ
⑤ ㄱ, ㄴ, ㄷ

21. 다음 글의 ㉠과 ㉡에 대한 평가로 적절한 것만을 〈보기〉에서 모두 고르면?

공룡은 트라이아스기에 지구상에 출현해 쥐라기를 거쳐 백악기 말에 멸종했다. 공룡이 멸종한 원인에 대해서는 그동안 많은 가설이 제기되어 왔다. 그중 가장 정설로 여겨지는 것이 바로 ㉠ 소행성 충돌설이다. 이 가설은 공룡이 멸종된 시기에 형성된 지층에서 소행성에서만 높게 검출되는 이리듐 원소가 발견되면서 제기되기 시작하였다. 이에 따르면, 거대한 소행성이 지구와 충돌하면서 큰 폭발이 일어났고, 이때 발생한 대량의 먼지가 오랜 기간 빛을 차단하면서 식물 감소, 초식 공룡의 멸종, 육식 공룡의 멸종을 연쇄적으로 초래하였다. 특히 이 기간 동안 지구의 기온이 영하였기 때문에 대형 공룡들은 지구 환경의 변화에 무방비로 노출되면서 삽시간에 멸종될 수밖에 없었다. 게다가 최근 연구에서 육상 공룡의 화석 1,000점 이상을 분석한 결과, 지구가 소행성과 충돌하기 1000만 년 전부터 이미 공룡의 종 다양성이 감소하기 시작했음이 드러났다. 종 다양성이 떨어지면 기후 변화나 바이러스 같은 환경 변화에 살아남는 종은 줄어들게 되기 때문에 멸종에 취약한데, 이미 종 다양성이 감소하여 멸종 위기에 있던 공룡이 소행성 충돌이라는 큰 변화를 겪으면서 완전히 멸종했다는 것이다.

이에 대한 반박으로 제기되는 가설이 ㉡ 화산 폭발설이다. 지구 곳곳에 대규모로 화산이 폭발하면서 발생한 화산재와 먼지, 그리고 온실가스가 급격한 기후 변화를 일으켰다는 것이다. 여기에는 다량의 용암이 굳어서 만들어지는 '범람 현무암'과 '거대 화성암체'가 지구상의 생물이 크게 멸종했던 대멸종 시기에 형성되었음이 근거로 제시되어, 화산 폭발과 공룡 멸종의 상관 관계에 힘을 실어주고 있다. 범람 현무암은 넓은 대지를 현무암 용암이 뒤덮는 것을 말하는데, 대멸종 시기에 형성된 범람 현무암은 대륙 전체를 뒤덮을 정도로 큰 규모였다고 추정된다. 또한 분출된 용암이 굳어져 계단처럼 생긴 지형을 만드는 '거대 화성암체' 역시 격렬한 화산 폭발로 만들어지는데, 이 지대에만 최소 10만 km^3의 용암이 포함되므로 실제 분출은 그보다 훨씬 많았을 것으로 분석하고 있다.

〈보 기〉

ㄱ. 지구에 존재하는 운석 충돌구 내부 암석에서 이리듐이 검출되었다면 ㉠은 강화된다.

ㄴ. 백악기 말에 형성된 범람 현무암보다 더 넓은 면적의 범람 현무암이 쥐라기에 형성된 적 있다는 것이 밝혀진다면, ㉡은 약화된다.

ㄷ. 공룡 멸종 시기에 형성된 생물체 화석 대부분이 수온이 높은 곳에 사는 생물로 확인되었다면, ㉠은 강화되고 ㉡은 약화된다.

① ㄱ
② ㄴ
③ ㄱ, ㄴ
④ ㄴ, ㄷ
⑤ ㄱ, ㄴ, ㄷ

22. 다음 ㉠을 약화하는 것만을 〈보기〉에서 모두 고르면?

코호트 조사법은 흡연과 같은 위험요인이 폐암과 같은 질병 발병에 미치는 영향을 분석할 때 주로 사용하는 방법이다. 코호트 조사법을 사용하여 분석할 때는 상대위험도라는 개념을 활용하는데, 상대위험도는 위험요인이 있는 경우 질병이 발생하는 비율과 위험요인이 없는 경우 질병이 발생하는 비율의 비로 정의된다. 이를 흡연이 폐암 발병에 미치는 영향을 분석하는 데 적용하면, 흡연 집단의 폐암 발병률을 비흡연 집단의 폐암 발병률로 나누어 상대위험도를 도출할 수 있다. 이때 상대위험도의 결괏값이 3이면 '흡연이라는 위험인자에 노출될 경우, 노출되지 않은 경우에 비해 폐암 발병 확률이 3배 더 높다'로 해석한다.

이러한 방식으로 분석한 흡연과 폐암의 상관관계에 대해 폐암 발병은 흡연 요인 외에 유전적 요인이나 음주 빈도 등 생활습관에 의해서도 영향을 받으므로 상대위험도 수치를 온전히 흡연 요인으로만 귀결시킬 수 없다는 비판이 제기되기도 한다. 그러나 ㉠ 이러한 비판은 타당하지 않다. 실험에 참여한 흡연 집단과 비흡연 집단의 크기가 충분히 크면 실험에 참여한 집단은 전체 모집단인 국민의 평균을 대표할 수 있기 때문이다. 유전적 요인이나 음주 빈도와 같은 흡연 외의 요인들은 모든 국민에게 발생할 수 있는 평균적인 수준의 요인으로 반영되며, 이럴 경우 흡연 집단과 비흡연 집단의 차이는 오직 흡연 여부에 있으므로 유전적 요인이나 음주 빈도 등이 상대위험도의 도출에 영향을 미치지 못한다. 이에 따라 폐암 발병과 관련하여 흡연과 흡연 외의 요인 간에는 상관관계가 존재하지 않는다. 즉, 흡연 집단과 비흡연 집단 간에 흡연 외의 요인에는 차이가 없다. 따라서 위험요인에 노출된 집단과 그렇지 않은 집단 간에 흡연 외의 요인들이 모두 동일하다면, 흡연이라는 요인에 노출된 집단의 발병률을 조사하는 상대위험도의 수치는 여전히 신뢰할 만하다.

〈보 기〉

ㄱ. 실험에서 흡연 집단과 비흡연 집단의 크기를 전체 모집단을 대표할 수 있을 만큼 키우기 힘들다.

ㄴ. 상대위험도 결괏값이 1이면 위험요인과 질병 발생 간 상관관계의 판단이 어렵다.

ㄷ. 흡연 집단의 음주 빈도가 비흡연 집단의 음주빈도보다 높다.

① ㄱ
② ㄱ, ㄴ
③ ㄱ, ㄷ
④ ㄴ, ㄷ
⑤ ㄱ, ㄴ, ㄷ

23. 다음 대화의 빈칸에 들어갈 내용으로 가장 적절한 것은?

갑: 안녕하십니까? 「A구 인권보장 및 증진에 관한 조례」(이하 '조례')를 제정하려고 하는데, 이 조례에서 아동·청소년의 개념을 정의하는 것과 관련하여 궁금한 점이 있습니다. 「아동복지법」에서는 '아동'을 "18세 미만인 사람"으로, 「청소년기본법」에서는 '청소년'을 "9세 이상 24세 이하인 사람"으로 정의하고 있는데요. 조례에서 각각을 구분하지 않고, '아동·청소년'을 "24세 미만인 사람"으로 규정할 수 있나요?

을: 일반적으로 상위법령의 위임에 따라 제정되는 자치법규의 경우 상위법령에서 정의된 것과 상이하게 용어를 정의하는 것은 상위법령에 위반되거나 자치법규 해석상 혼란을 야기할 소지가 있어 바람직하지 않습니다.

갑: 조례에는 「아동복지법」과 「청소년기본법」에서 위임한 사항에 대해 규정한 바가 없어서, 해당 법의 위임 조례가 아닌데도 그러합니까?

을: 상위법령의 위임을 받아 제정되는 조례가 아닐 경우에도 그 내용의 이해와 해석 측면을 고려할 때 가급적 법령 상호 간의 통일된 용어를 사용하여 정의하는 것이 더 바람직하다고 할 수 있습니다. 그러나 반드시 이와 같이 해야 하는 것은 아니며, '아동·청소년'을 하나의 개념으로 정의하는 법령도 존재합니다. 또한, 지방자치단체는 상위법령에 위반되지 않는 범위에서 자치사무를 수행하는 데 필요한 사항을 자유롭게 정할 수 있습니다.

갑: 조례의 대상이 되는 인권보장 및 증진에 관한 사무는 기관위임사무가 아닌 자치사무로 볼 수 있습니까?

을: 인권보장에 관한 업무를 국가만이 가지는 고유권한으로서 지방자치단체에서는 수행할 수 없다고 보기는 어렵습니다. 또한, 인권보장을 위한 실질적 이행수단을 마련하는 것이 전국적으로 통일적인 처리가 요구되는 기관위임사무에 해당한다고 볼 수도 없습니다. 그러므로 [빈칸].

① 아동과 청소년을 "24세 미만인 사람"이라고 하나의 개념으로 정의하는 것이 가능합니다

② 기관위임사무에 관한 조례이므로 상위법령의 아동, 청소년에 대한 정의와 동일하게 각각 규정하는 것이 바람직합니다

③ 법령 용어에 대한 혼란을 방지하기 위하여 법령 상호 간의 통일된 용어를 사용하지 않는 것은 금지됩니다

④ 자치사무에 관한 조례가 아니므로 아동과 청소년을 하나의 개념으로 정의하되 "18세 미만인 사람"으로 규정해야 합니다

⑤ 상위법령의 위임을 받아 제정되는 조례가 아니므로 「아동복지법」, 「청소년기본법」의 정의와 동일하게 규정해서는 안 됩니다

24. 다음 대화의 빈칸에 들어갈 내용으로 가장 적절한 것은?

갑: 미세먼지 계절관리제 시행으로 오는 12월부터 내년 3월까지 배출가스 저감장치를 부착하는 등 저공해 조치를 취하지 않은 차량은 수도권 전역에서 운행이 제한됩니다. 이와 관련하여 A씨는 본인이 소유한 경유차가 배출가스 5등급 차량으로 분류되었는데 저공해 조치를 취하지 않았다며 운행이 제한되는지 문의하였습니다.

을: 저공해 조치를 취하지 않은 배출가스 5등급의 경유차는 운행 제한 대상으로, 평일 오전 6시부터 오후 9시 사이에 수도권에서 운행 시 과태료가 부과됩니다.

갑: 만약 A씨가 배출가스 저감장치를 부착한다면 보조금 지원을 받을 수 있을까요?

을: 경유차에서 발생하는 대기오염물질을 최소화할 수 있는 저감장치를 부착하는 경우 10% 정도의 자기부담금만 내면 되며 나머지 부착 비용은 국가와 지자체에서 지원합니다. 이 경우 의무 운행 기간이 있어, 정부 지원을 받아 배출가스 저감장치를 부착한 후 2년이 경과되지 않은 차량을 폐차할 경우 위약금이 발생할 수 있습니다.

갑: 배출가스 저감장치가 개발되지 않은 차종도 있다고 하던데 그러면 어떻게 해야 하나요?

을: 배출가스 저감장치 장착 불가 차량에 대해서는 올해 12월 31일까지 단속을 유예합니다. 또한, 이런 차량은 조기폐차도 고려해볼 수 있습니다. 조기폐차 시에는 600만 원 이내에서 지원금이 제공되며, 배출가스 저감장치 장착 불가 차량이라면 60만 원이 추가 지원됩니다. 다만, 차령 7년 이상, 대기관리권역 2년 이상 연속등록 등 노후 경유차 조기폐차 대상 조건을 만족해야 하며, 정부 지원을 통해 배출가스 저감장치를 부착하거나 저공해 엔진 개조를 한 사실이 없어야 조기폐차 지원금을 받을 수 있습니다.

갑: 설명해주신 내용을 바탕으로 민원인 A씨에게 [빈칸] 고 말씀드리겠습니다.

① 올해까지는 단속 제외 대상에 해당하지만, 내년부터는 수도권에서 운행 시 단속된다

② 배출가스 저감장치 부착 보조금을 지원받았으므로 조기폐차 지원 대상에 해당하지 않는다

③ 배출가스 5등급 차량은 단속 제외 대상으로, 미세먼지 계절관리제 기간에 운행이 제한되지 않는다

④ 배출가스 저감장치를 부착하고 2년이 지난 후 조기폐차를 하면 최대 660만 원의 지원금을 받을 수 있다

⑤ 운행 제한 대상이며, 배출가스 저감장치 부착 비용의 약 90% 또는 조건 충족 시 조기폐차 지원금을 받을 수 있다

25. 다음 글의 〈논쟁〉에 대한 분석으로 적절한 것만을 〈보기〉에서 모두 고르면?

갑과 을은 상품과 서비스의 판매 및 홍보를 위해 개최되는 A, B, C의 전시회가 「전시산업발전법」의 전시회 종류 및 규모에 해당하는지에 대해 논쟁하고 있다. 해당 법의 일부 조항은 다음과 같다.

「전시산업발전법」

제○○조(전시회의 종류와 규모) 전시회란 무역상담과 상품 및 서비스의 판매·홍보를 위하여 개최하는 상설 또는 비상설의 견본상품박람회, 무역상담회, 박람회 등으로서 다음 각 호의 어느 하나에 해당하는 것을 말한다.

1. 박람회 국제사무국 총회에 등록하거나 박람회 국제사무국 총회에서 승인한 박람회
2. 다음 각 목의 어느 하나에 해당되는 상설 또는 비상설 전시회
   가. 옥내와 옥외 전시면적이 2천 제곱미터 이상일 것
   나. 100명 이상의 외국인 구매자가 참가 등록할 것
3. 그 밖에 상설 또는 비상설 전시회로서 다음 각 목의 어느 하나에 해당하는 요건을 갖춘 전시회 중 전시주최사업자의 신청에 의하여 산업통상자원부장관이 전시산업 발전이 필요하다고 인정하는 전시회
   가. 옥내와 옥외 전시면적이 1천 제곱미터 이상일 것
   나. 10개 이상의 전시부스를 갖출 것

〈논 쟁〉

쟁점 1: A는 무역 관련 상품을 판매 및 홍보하기 위해 비상설 견본상품박람회를 개최하였다. 갑은 A가 개최한 전시회가 전시산업발전법 제○○조 제1호를 어기고 있다고 주장하지만 을은 그렇지 않다고 주장한다.

쟁점 2: B는 옥내 전시면적과 옥외 전시면적이 1천 5백 제곱미터인 전시회를 개최하였다. B가 개최한 상설 전시회에는 내국인 및 외국인 구매자 180명이 참가 등록을 했는데, 갑은 B가 개최한 전시회가 전시산업발전법 제○○조 제2호를 어기고 있다고 주장하지만 을은 그렇지 않다고 주장한다.

쟁점 3: C는 옥내 전시면적과 옥외 전시면적이 9천 5십 제곱미터인 전시회를 개최하였다. C가 개최한 비상설 전시회는 20개의 전시부스를 갖추고 있는데, 갑은 C가 개최한 전시회가 전시산업발전법 제○○조 제3호를 어기고 있다고 주장하지만 을은 그렇지 않다고 주장한다.

〈보 기〉

ㄱ. 쟁점 1과 관련하여, A가 박람회 국제사무국 총회에 자신이 개최한 박람회를 등록했으나 관련 승인을 받기 전이라면 갑의 주장은 옳지 않지만 을의 주장은 옳다.

ㄴ. 쟁점 2와 관련하여, B가 개최한 전시회에 참가 등록을 한 180명의 구매자 중 2/5가 내국인 구매자라는 사실이 밝혀진다면 갑의 주장은 옳지만 을의 주장은 옳지 않다.

ㄷ. 쟁점 3과 관련하여, 갑은 C가 개최한 전시회를 전시주최사업자의 신청에 의해 산업통상자원부장관이 전시산업 발전이 필요하다고 인정하지 않은 전시회라고 생각하지만 을은 그렇지 않다고 생각하면, C가 개최한 전시회에 대한 갑과 을 사이의 주장 불일치를 설명할 수 있다.

① ㄱ
② ㄴ
③ ㄱ, ㄷ
④ ㄴ, ㄷ
⑤ ㄱ, ㄴ, ㄷ

자르는 선

2025 해커스PSAT 7급 PSAT FINAL 봉투모의고사 언어논리 (8회)

컴퓨터용 흑색사인펜만 사용

책형
⑤
⑥

【필적감정용 기재】
*아래 예시문을 옮겨 적으시오

본인은 OOO(응시자성명)임을 확인함

기 재 란

성 명	
자필성명	본인 성명 기재
시험장소	

응시번호							
	⓪	⓪	⓪	⓪	⓪	⓪	⓪
	①	①	①	①	①	①	①
	②	②	②	②	②	②	②
	③	③	③	③	③	③	③
	④	④	④	④	④	④	④
⑤	⑤	⑤	⑤	⑤	⑤	⑤	⑤
⑥	⑥	⑥	⑥	⑥	⑥	⑥	⑥
⑦	⑦	⑦	⑦	⑦	⑦	⑦	⑦
	⑧	⑧	⑧	⑧	⑧	⑧	⑧
	⑨	⑨	⑨	⑨	⑨	⑨	⑨

생년월일					
⓪	⓪	⓪	⓪	⓪	⓪
①	①	①	①	①	①
②	②		②	②	②
③	③		③	③	③
④	④		④		④
⑤	⑤		⑤		⑤
⑥	⑥		⑥		⑥
⑦	⑦		⑦		⑦
⑧	⑧		⑧		⑧
⑨	⑨		⑨		⑨

※시험감독관 서명
(서명을 정자로 기재할 것)

적색 볼펜만 사용

언어논리(1~10번)					
1	①	②	③	④	⑤
2	①	②	③	④	⑤
3	①	②	③	④	⑤
4	①	②	③	④	⑤
5	①	②	③	④	⑤
6	①	②	③	④	⑤
7	①	②	③	④	⑤
8	①	②	③	④	⑤
9	①	②	③	④	⑤
10	①	②	③	④	⑤

언어논리(11~20번)					
11	①	②	③	④	⑤
12	①	②	③	④	⑤
13	①	②	③	④	⑤
14	①	②	③	④	⑤
15	①	②	③	④	⑤
16	①	②	③	④	⑤
17	①	②	③	④	⑤
18	①	②	③	④	⑤
19	①	②	③	④	⑤
20	①	②	③	④	⑤

언어논리(21~25번)					
21	①	②	③	④	⑤
22	①	②	③	④	⑤
23	①	②	③	④	⑤
24	①	②	③	④	⑤
25	①	②	③	④	⑤